HIDDEN VALLEY

HUNDEBEIN

BERGIE PFANNE

LEOPARDEN BAUM

LETZTER HALT

NORDBAUM

FUCHSHÖHLE

CAPTAINS LAGER

GEPARDEN HÜGEL

NORD- PFANNE

ZWILLINGS- AKAZIEN

HYÄNEN GEMEINSCHAFTSLAGER

ADLERINSEL

ALTES CAMP

BONES UND DAS BLAUE RUDEL

WASSERLOCH

AKAZIEN PUNKT

MITTELPFANNE

ROLLBAHN

NORDBUCHT- HÜGEL

STARS ZWEITE HÖHLE

DÜNEN- WALD

DECEPTION VALLEY

OSTDÜNE

D1726524

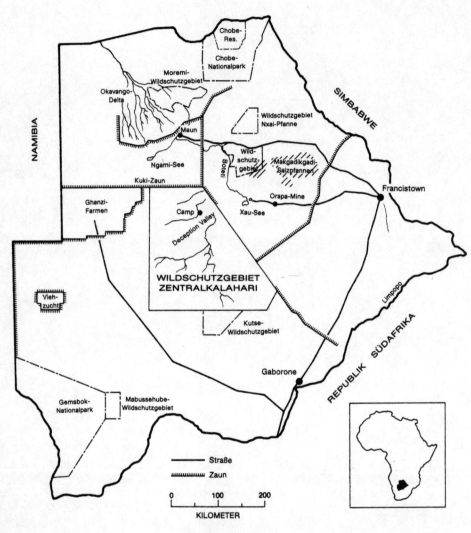

Chobe-
Res.

Chobe-
Nationalpark

Moremi-
Wildschutzgebiet

SIMBABWE

Okavango-
Delta

Wildschutzgebiet
Nxai-Pfanne

NAMIBIA

Maun

Ngami-See

Wild-
schutz-
gebiet

Boteti

Makgadikgadi-
Salzpfannen

Kuki-Zaun

Ghanzi-
Farmen

Camp

Deception Valley

Orapa-Mine

Xau-See

Vieh-
zucht

WILDSCHUTZGEBIET
ZENTRALKALAHARI

Limpopo

REPUBLIK SÜDAFRIKA

Kutse-
Wildschutzgebiet

Gaborone

Gemsbok-
Nationalpark

Mabussehube-
Wildschutzgebiet

———— Straße

Zaun

0   100   200

KILOMETER

REPUBLIK BOTSWANA

Mark und Delia Owens

Der Ruf
der Kalahari

Aus dem Amerikanischen von
Siegfried Schmitz

C. Bertelsmann

Die Originalausgabe erschien unter dem Titel
»Cry of the Kalahari«
1985 bei William Collins
Sons & Co Ltd, London

© Mark und Delia Owens
Alle deutschen Rechte bei
C. Bertelsmann Verlag GmbH, München 1987/5 4 3 2 1
Gesamtherstellung: Mohndruck Graph. Betriebe GmbH, Gütersloh
ISBN 3-570-07144-8 · Printed in Germany

Wir widmen dieses Buch Prof. Bernhard Grzimek
sowie
Dr. Richard Faust und Ingrid Koberstein
von der Zoologischen Gesellschaft Frankfurt,
die so viel für die Tiere dieser Erde getan haben.

Und wir widmen es Christopher,
der uns nicht begleiten konnte.

Inhalt

Prolog

Mark

*D*ie linke Schulter und die Hüfte taten mir weh vom Liegen auf dem harten Boden. Ich wälzte mich auf die rechte Seite, wand mich auf Grasbüscheln und Steinen
hin und her, konnte es mir aber nicht richtig bequem machen. Fest eingemummt in
meinen Schlafsack, um mich vor der morgendlichen Kühle zu schützen, versuchte
ich, noch ein wenig Schlaf zu finden.

Wir waren am Abend zuvor nordwärts das Tal entlanggefahren und hatten gehofft, das Gebrüll eines Löwenrudels würde uns heimgeleiten. Doch um drei Uhr
in der Frühe war es ruhig geworden, wahrscheinlich hatten sie eine Beute gerissen.
Da wir uns nicht mehr an ihren Stimmen orientieren konnten, vermochten wir sie
nicht zu finden und hatten uns neben einem Gebüsch auf einer kleinen grasbewachsenen Lichtung zum Schlafen gelegt. Wie zwei große, fette Raupen glänzten
unsere taubedeckten Nylonschlafsäcke in der Morgensonne.

Aaoouu – ein leises Grollen schreckte mich auf. Langsam hob ich den Kopf und
lugte über meine Füße hinweg. Mir stockte der Atem. Es war eine sehr große Löwin, mehr als einhundertfünfzig Kilogramm schwer, und aus meiner Froschper-
spektive wirkte sie noch gewaltiger. Noch fünf Schritte entfernt, bewegte sie sich
auf uns zu. Ihr Haupt schwang hin und her, und ihre schwarze Schwanzquaste
zuckte. Ich packte ein Grasbüschel, hielt es ganz fest und erstarrte. Die Löwin kam
näher, ihre breiten Pranken hoben und senkten sich in gleichmäßigem Rhythmus,
Tröpfchen funkelten wie Edelsteine in ihrem Schnurrbart, und ihre dunklen
Bernsteinaugen waren direkt auf mich gerichtet. Ich wollte Delia aufwecken, hatte
aber Angst, mich zu bewegen.

Als die Löwin am Fußende unserer Schlafsäcke angelangt war, wandte sie sich
ein wenig zur Seite. »Delia! Schschsch – wach auf! Die Löwen sind da!«

Delias Kopf kam langsam hoch, und ihre Augen weiteten sich. Der lange Körper
der Katze, der von der Nasenspitze bis zur Schwanzquaste fast drei Meter maß,
glitt an unseren Füßen vorbei und auf einen gut drei Meter entfernten Busch zu.
Da ergriff Delia meinen Arm und zeigte stumm nach rechts. Als ich mich leicht
umwandte, erblickte ich, etwa vier Schritte entfernt, eine zweite Löwin . . . dann
eine dritte, eine vierte. Das »Blaue Rudel«, neun Tiere insgesamt, war vollzählig

um uns versammelt, und fast alle schliefen noch. Wir hatten buchstäblich das Lager mit einem Rudel wilder Kalahari-Löwen geteilt!

Wie eine überdimensionale Hauskatze warf sich die Löwin Blue auf den Rükken. Sie schloß die Augen, streckte die Hinterläufe von ihrem weißen Bauchpelz ab und faltete die Vorderpranken über ihrer daunenweichen Brust. Hinter ihr lag Bones, der mächtige Löwenmann mit der zottigen schwarzen Mähne und der runzligen Narbe über dem Knie – Überbleibsel eines überhasteten chirurgischen Eingriffs, den wir vor Monaten in einer finsteren Nacht vorgenommen hatten. Zusammen mit Chary, Sassy, Gypsy und den übrigen mußte er sich irgendwann vor Tagesanbruch zu uns gesellt haben.

Wir erlebten noch viele hautnahe Begegnungen mit Kalahari-Löwen, und nicht immer ging es dabei so freundschaftlich zu. Aber das »Blaue Rudel« hatte uns so vollständig akzeptiert, daß es sich neben uns zum Schlafen ausstreckte. Das war einer der beglückendsten Augenblicke seit dem Beginn unserer Forschungsarbeit in der Kalahari, mitten in Botswana, im Herzen Südafrikas. Der Anfang war nicht leicht gewesen.

Wir waren als idealistische junge Studenten, ganz auf uns allein gestellt, nach Afrika gekommen, um das Leben der wilden Tiere zu erforschen. Nach monatelanger Suche nach einem jungfräulich unberührten Landstrich hatten wir schließlich das Gebiet des »Großen Durstes« entdeckt, eine riesige Wildnis und so entlegen, daß wir in einer Region von der Größe Irlands die einzigen Menschen waren, abgesehen von einigen wenigen steinzeitlichen Buschmannhorden. Wegen der Hitze und des Mangels an Wasser und Baumaterial ist ein großer Teil der Zentral-Kalahari unerforscht und unbesiedelt geblieben. Unser Camp lag nicht neben einem Dorf oder an einer Straße. Es gab keine Straßen. Wir mußten unser Wasser über hundert Meilen hinweg durch das Buschveld[1] herbeischaffen, und wenn wir oft monatelang ohne Hütte, Elektrizität, Radio, Fernsehen, Krankenhaus oder Lebensmittelladen auskommen mußten und keine Menschenseele zu Gesicht bekamen, waren wir von der Außenwelt vollkommen abgeschnitten.

Die meisten Tiere, denen wir dort begegneten, hatten noch nie einen Menschen gesehen. Noch nie hatte jemand auf sie geschossen, sie mit Lastwagen gehetzt oder ihnen mit Fallen und Schlingen nachgestellt. Deshalb hatten wir die einmalige Gelegenheit, viele von ihnen so kennenzulernen, wie nur wenige Menschen Wildtiere kennengelernt haben. Wenn wir in der Regenzeit morgens aufwachten, grasten oft dreitausend Antilopen rings um unser Zelt. Löwen, Leoparden und Braune Hyänen besuchten nachts unser Camp, weckten uns auf, wenn sie an den Spannschnüren des Zeltes zerrten, überraschten uns zuweilen beim Baden und tranken unser Spülwasser, falls wir vergessen hatten, es wegzuschütten. Manchmal saßen sie im Mondschein um uns herum und beschnupperten sogar unsere Gesichter.

Wir gingen Risiken ein, fast jeden Tag, und es gab Katastrophen, die wir nur mit viel Glück überstanden. Wir stießen mit Terroristen zusammen, strandeten irgendwo ohne Wasser, wurden von Stürmen heimgesucht und von Dürreperioden ausgedörrt. Wir mußten Veldbrände bekämpfen, die in einer kilometerbreiten Front über unser Camp hinwegrasten – und wir trafen einen alten Wüstenbewohner, der uns half zu überleben.

Als wir mit einem Landrover aus dritter Hand, einem Lagerfeuer und in einem Tal namens »Deception« anfingen, konnten wir nicht ahnen, wieviel Neues und Aufregendes wir über die Naturgeschichte der Kalahari-Löwen und Braunen Hyänen erfahren würden: Wie diese Tiere die Trockenzeiten ohne Wasser und mit sehr wenig Nahrung überstehen, wie sie umherwandern, um diesen Widrigkeiten zu entgehen, und wie die Angehörigen dieser beiden Arten bei der Jungenaufzucht zusammenarbeiten. Wir konnten einen der größten Antilopenwanderzüge der Welt dokumentieren und feststellen, daß Zäune das Leben in der Kalahari erdrosseln.

Ich weiß nicht mehr genau, wann wir beschlossen haben, nach Afrika zu gehen. Ich vermute, daß wir beide schon immer diesen Wunsch hatten. Denn so weit wir zurückdenken können, haben wir die unberührte Natur gesucht, um in ihr Kraft, Frieden und Einsamkeit zu finden, und schon immer wollten wir sie vor der Zerstörung schützen. Was mich angeht, so kann ich mich noch gut an die Traurigkeit und die Bestürzung erinnern, die mich überkamen, als ich als kleiner Junge von der Spitze einer Windmühle aus zusehen mußte, wie mehrere Bulldozer den Wald unserer Farm in Ohio niederwalzten, um Platz für eine neue Autobahn zu schaffen – und wie sich dadurch mein Leben veränderte.

Delia und ich sind uns erstmals in einem protozoologischen Praktikum an der Universität von Georgia begegnet, und schon bald hatten wir entdeckt, daß wir dasselbe Ziel hatten. Am Ende des Semesters wußten wir, wir wollten nach Afrika gehen, und zwar gemeinsam. Damals hörten wir den Vortrag eines Gastprofessors, der über den Untergang der afrikanischen Wildnis sprach. Wir erfuhren, daß die afrikanischen Wildtiere bereits zu mehr als zwei Dritteln ausgerottet waren, weil ihr Lebensraum von den großen Farmen und wuchernden Städten immer mehr eingeschränkt wurde. Daß in den südlichen Regionen zum Schutz der Haustierbestände Tausende von Raubtieren abgeschossen, mit Fallen gefangen oder vergiftet wurden. In einigen afrikanischen Staaten waren Naturschutzgesetze und -maßnahmen praktisch unbekannt.

Das war ein aufrüttelnder Bericht. Wir entschlossen uns, eine afrikanische Raubtierart in einem großen unberührten Wildnisgebiet zu erforschen und unsere Forschungsergebnisse in ein Programm zur Erhaltung dieses Ökosystems einzubringen. Vielleicht wollten wir uns aber auch nur selbst davon überzeugen, daß es eine solche Wildnis noch gab. Wir konnten freilich nicht sofort aufbrechen, denn vorher mußten wir noch ein wenig studieren.

Ein Afrikaaufenthalt als Bestandteil unserer Examensvorbereitung hätte eine jahrelange Verzögerung bedeutet, und da wir unsere Doktorarbeiten noch nicht abgeschlossen hatten, war uns klar, daß wir kaum auf ein Stipendium einer Naturschutzorganisation hoffen konnten. Wir beschlossen deshalb, uns eine Zeitlang von der Universität beurlauben zu lassen, um das Geld zur Finanzierung der geplanten Expedition zu verdienen. Sobald wir ein geeignetes Forschungsgelände gefunden und mit unseren Feldstudien begonnen hätten, würde uns bestimmt irgend jemand die Mittel zur Fortsetzung der Arbeit zur Verfügung stellen.

Nach halbjähriger Lehrtätigkeit hatten wir nichts gespart. Ich wechselte den Beruf und bediente fortan die Zerkleinerungsmaschine eines Steinbruchs, während Delia alle möglichen Gelegenheitsarbeiten annahm. Nach weiteren sechs Monaten hatten wir viertausendneunhundert Dollar beisammen sowie genügend Geld für die Flugtickets nach Johannesburg in Südafrika. Das reichte bei weitem nicht für den Aufbau eines Forschungsprojekts. Aber es war Ende 1973, und die Araber hatten soeben den Erdölhahn zugedreht; die Preise stiegen rasant. Wir mußten jetzt fahren – oder überhaupt nicht.

In dem verzweifelten Versuch, genügend Geld zusammenzukratzen, packten wir all unsere Habseligkeiten – Stereoanlage, Radio, Fernseher, Angelgerät, Töpfe und Pfannen – in unseren kleinen Kombi und fuhren eines Morgens zum Steinbruch, kurz bevor die Männer von der Nachtschicht kamen. Ich stellte mich auf das Autodach und versteigerte den ganzen Kram, einschließlich des Wagens, für eintausendeinhundert Dollar.

Am 4. Januar 1974, ein Jahr nach unserer Hochzeit, bestiegen wir ein Flugzeug mit zwei Rucksäcken, zwei Schlafsäcken, einem kleinen Zweimannzelt, einem Kocher, einer Kamera, einer Wechselgarnitur Kleidung für jeden und sechstausend Dollar. Das war unser ganzes Startkapital.

Dieses Buch ist keine ausführliche wissenschaftliche Darstellung unserer Forschungsergebnisse; sie werden anderswo veröffentlicht. Es ist vielmehr die Geschichte unseres Lebens mit Löwen, Hyänen, Schakalen, Vögeln, Spitzmäusen, Eidechsen und vielen anderen Geschöpfen, die wir nach und nach kennenlernten. Und es erzählt davon, wie wir in einem der letzten und größten Naturparadiese dieser Erde überlebt und Forschungen angestellt haben. Der Bericht stützt sich auf unsere Tagebücher und entspricht ganz und gar der Wahrheit, einschließlich der Namen und Dialoge. Wir haben zwar die einzelnen Kapitel abwechselnd geschrieben, aber das ganze Buch gemeinsam entwickelt.

1 Die »Jumblies«

Mark

Sie fuhren zur See in 'nem Sieb, juchhe!
In 'nem Sieb fuhren sie zur See:
Trotz all ihrer Freunde Sorgen
Fuhr'n sie an einem Wintermorgen
Doch in 'nem Sieb zur See!

Fern und versteckt, fern und versteckt
Liegt das Land, wo die *Jumblies* leben,
Mit grünen Köpfen, mit Händen, blaugescheckt;
Im Sieb hat man sich zur See begeben.

EDWARD LEAR

*D*a ich keinen Schlaf finden konnte, lehnte ich den Kopf gegen die dicke Doppelscheibe des Flugzeugs und starrte hinaus in die schwarze Nacht über dem Mittelatlantik. Die Erde drehte sich langsam unter mir, während die Maschine der Morgendämmerung über Afrika entgegenstrebte.

Vorsichtig und voller Anmut trabt der Gepard über die Steppe. Er hebt den Kopf und überläßt den Schwanz wie eine leichte Wetterfahne dem Spiel des Windes, als er sich an die unruhig gewordene Herde anschleicht. Die aufgeschreckten Antilopen springen hin und her, laufen aber nicht davon. Die hungrige Katze macht ein paar Sätze nach vorn.

Das Flugzeug durchquerte das Morgengrauen. Wenig später stand es auf dem Asphalt und spuckte nahe einer dunstverhangenen Stadt ihre Passagiere aus. Zollbeamte in kurzen Hosen und ärmellosen weißen Hemden mit imposanten schwarzen Epauletten schrien Befehle und schwenkten Papiere. Wir füllten lange Formulare und Fragebogen aus, warteten in der überfüllten Ankunftshalle und starrten durch kettengesicherte Gitter.

Viel Zeit zum Träumen.

Der Gepard, Geschwindigkeit, Körperbeherrschung, Ausgewogenheit und Schönheit in vollkommener Weise in sich vereinigend, schießt immer schneller auf die davonstiebenden

Antilopen zu und sucht sich eine aus. Die anderen geben den Weg frei, und das uralte Wett-
rennen zwischen Jäger und Beute beginnt.

Ein kleineres Flugzeug, ein kürzerer Flug – wir waren noch lange unterwegs.
Dann in einem Zug, und wieder blickten wir an unserem Spiegelbild im Fenster
vorbei in die Ferne. Meilenweit erstreckte sich eine Dornbuschlandschaft, die eintönig wie das »Klicketiklack« der Wagenräder vorüberflog. »Klicketiklack, klicketiklack, weiter und immer weiter, klicketiklack . . . «

*Der Gepard fegt wie ein Schattenfleck über die Steppe. Mit achtzig, einhundert, einhun-
dertzehn Stundenkilometern rast die lebende Rakete auf ihr Ziel zu. In dem Augenblick, da
sich der Gepard der aufblitzenden Hinterpartie seiner Beute nähert, offenbart sich die schreck-
liche Schönheit dieses Wettkampfes. Jedes der beiden Tiere ist ein Bildhauer, der die Jahrmillionen als Schlegel und die Evolution als Meißel benutzt hat, um dem anderen Tier eine un-
verwechselbare Gestalt, Lebenskraft und Wahrheit zu geben. Diese Wechselbeziehung ist das
Höchste, was die Natur zu bieten vermag.*

*Für die Antilope ist dies der Augenblick der Wahrheit. Der Gepard, noch immer in vollem
Lauf, streckt eine keulenförmige Pranke aus, um sein Opfer aus dem Gleichgewicht zu bringen. Die Antilope vollführt eine scharfe Wendung, und das, was soeben noch der Inbegriff
der Eleganz war, wird mit einem Schlag zerstört: Mit einhundertzehn Stundenkilometern
prallt der Gepard gegen den Drahtzaun, der ihm das Gesicht zerschneidet, seinen Kiefer zer-
schmettert und seinen Kopf abknickt. Noch ehe das Drahtgeflecht die Wucht des Aufpralls
aufgefangen hat und der elegante Hals verdreht und gebrochen ist, bohrt sich ein zersplitterter
weißer Knochen durch die Haut eines Vorderlaufs. Der Zaun schwingt zurück und wirft die
entstellte Gestalt, zerfetzt und blutig, in den Staub.*

Mit quietschenden Bremsen kam der Zug zum Stehen und machte dem Alp-
traum ein Ende. Wir schulterten unsere Rucksäcke und betraten den sandbedeck-
ten Bahnsteig, eingehüllt von der tiefschwarzen afrikanischen Nacht. Hinter uns
setzte sich die Diesellok rumpelnd wieder in Bewegung. Als wir um zwei Uhr am
Morgen allein neben dem baufälligen Bahnhof standen, hatten wir das Gefühl, als
ob wir uns in einem langen dunklen Tunnel befänden. Ein schmutziges Schild unter einer trüben gelben Lampe trug die Aufschrift: GABORONE BOTSWANA.

Die stumme Dunkelheit schien uns zu verschlucken. Allein in einem fremden
Land, mit zuwenig Geld, das alles in meiner Rucksacktasche steckte, wurde uns
plötzlich das ganze Ausmaß der Herausforderung bewußt. Wir brauchten einen
Geländewagen mit Vierradantrieb, mußten geeignetes Terrain finden und so viel
solide Forschungsarbeit leisten, daß wir ein Stipendium lockermachen konnten.
Doch wir waren völlig erschöpft von der Reise, und ehe wir uns Gedanken über
das alles machen konnten, brauchten wir vor allem Schlaf.

Auf der anderen Seite der staubigen Straße, die vom Bahnhof wegführte, pen-
delte eine schwache Glühbirne über der altersschwachen Lattentür des Gaborone-
Hotels – eines windschiefen Gebäudes, von dessen Wänden die Farbe abblätterte
und dessen Fundament von hohem Gras umgeben war. Die Zimmer kosteten acht
Dollar pro Nacht, mehr, als wir uns leisten konnten.

Als wir schon weitergehen wollten, winkte uns der alte Nachtportier zu sich heran. Im Schein einer flackernden Kerze führte er uns durch die kahle Hotelhalle in einen kleinen Hinterhof, der überwuchert war von Unkraut und Dornsträuchern. Grinsend tippte der Alte zuerst auf meinen Rucksack und dann auf den Erdboden. Wir nickten dankbar, und drei Minuten später hatten wir unser kleines Zelt neben einem Dornbusch aufgestellt und waren in die Schlafsäcke gekrochen.

Am anderen Morgen erwachten wir von dem Geplapper der Afrikaner, die wie Marschkolonnen der Treiberameisen auf die Stadt zustrebten. Die meisten trugen westliche Hemden ohne Knöpfe oder Reißverschlüsse sowie Anzüge oder Hosen in knalligen Farben. Die Frauen balancierten Lasten auf dem Kopf – eine Milchpackung, einen Korb mit Früchten oder ein Bündel Brennholz. All diese Menschen fristeten ihr Dasein, indem sie den Reisenden durch die Fenster der Eisenbahnwaggons Schnitzereien, Spazierstöcke und sonstiges Kunsthandwerk verkauften. Sie lebten in Hütten aus verrostetem Blech oder Pappe, aus alten Brettern oder Lehmziegeln. Eine Behausung war ganz aus leeren Bierdosen erbaut. Delia warf einen Blick in das bunte Treiben und murmelte: »Wo zum Teufel sind wir hier?«

Wir machten uns auf den Weg in Richtung der Rauchwolke, die über der Stadt Gaborone lag. Sie breitet sich am Fuße einiger Felsenberge aus. Gaborone ist die Hauptstadt von Botswana, das 1967 unabhängig wurde und bis dahin als britisches Protektorat Betschuanaland hieß. Architektonisch ist die Stadt ein Zwitter: Eine Avenue mit kleinen Läden und ein paar dreistöckigen Amtsgebäuden westlichen Zuschnitts zieht sich durch einen Mischmasch aus Lehmhütten, die hier *Rondavels* genannt werden. In den staubigen Gassen wimmelt es von europäisch gekleideten Afrikanern und Europäern in afrikanischer Batik.

Es ist eine faszinierende Mischung verschiedener Kulturen, doch in Gaborone läßt man sich viel Zeit, und so saßen wir zwei Monate nach unserer Ankunft noch immer hier fest. Tag für Tag zogen wir von einer Regierungsstelle zur anderen, um eine Aufenthalts- und Forschungsgenehmigung zu erhalten und um uns mit Leuten zu besprechen, die vielleicht ein passendes Terrain kannten. Wir waren fest entschlossen, ein solches Gebiet zu finden, eines, das weit entfernt von Zäunen lag und in dem das Verhalten der Raubtiere noch nicht durch menschliche Siedlungen beeinträchtigt war.

Aus allen Berichten ging hervor, daß die geeignetsten Gebiete für Forschungen, wie wir sie anstellen wollten, in den abgeschiedenen Regionen Nordbotswanas lagen, doch kein Vertreter der Wildschutzbehörde war jemals in den unzugänglichen Teilen dieser Gegend gewesen. Ohne jemanden, der uns dorthin führen konnte, erschien uns das Unternehmen noch gefährlicher und schwieriger, als wir ohnehin vermutet hatten. Selbst wenn wir uns auf eigene Faust in eine so unerschlossene Region vorwagen sollten, mußten wir die Lebensmittel, Brennstoffe und sonstigen Vorräte für die Einrichtung und Versorgung einer Forschungsstation durch eine riesige unkartierte Wildnis schaffen. Zudem war das gesamte nördliche Drittel des Landes nach den schwersten Regenfällen seit Menschengedenken mehr oder weniger überschwemmt. Die einzige Straße nach Norden war seit Monaten unpassierbar.

Eines unserer vordringlichsten Probleme war, unter den vielen zerbeulten Allradwagen, die durch die Stadt ratterten, ein Fahrzeug für uns zu finden. Das Beste, was wir uns leisten konnten, war ein alter Landrover aus dritter Hand mit Hohldach, zerkratzten Seitenwänden und düsterem grauem Anstrich. Wir erstanden die »Graugans« für eintausend Rand – eintausendfünfhundert Dollar –, überholten den Motor, installierten einen Reservetank und bauten auf der Ladefläche flache Vorratsbehälter ein. Bedeckt mit einer quadratischen Schaumgummiplatte, würden sie uns auch als Bett dienen.

Als wir endlich mit der Sonderausstattung unserer »Graugans« fertig waren, war es bereits Anfang März 1974. Wir waren bislang noch nicht draußen im Gelände gewesen, und wir besaßen nur noch dreitausendachthundert Dollar; davon mußten wir eintausendfünfhundert Dollar zurücklegen, um die Heimreise bezahlen zu können, wenn es mit einem Stipendium nicht klappen sollte. Jede Verzögerung bedeutete verlorene Zeit für die Forschung. Falls wir die verbleibenden Chancen nutzen wollten, irgendeine Organisation für die Gewährung eines Zuschusses zu gewinnen, solange wir noch Geld hatten, dann mußten wir so schnell wie möglich ein Forschungsterrain finden und mit der Arbeit beginnen. Ungeachtet der Warnungen, daß wir nicht bis in die Nordregion durchkommen würden, verließen wir also eines Tages am frühen Morgen Gaborone und fuhren hinaus in die wellige Dornbuschsavanne.

Einige Kilometer außerhalb der Stadt ließen wir mit einem knochenerschütternden Stoß die einzige gepflasterte Straße Botswanas hinter uns. Während ich heftig kurbelte, um den ausgefahrenen Rinnen und den Erdlöchern auszuweichen, führte uns die schmale Schmutzpiste immer tiefer ins Buschveld hinein. Tief und befriedigt sog ich den Atem des wilden Afrika ein, unser Projekt nahm endlich Gestalt an. Das Gefühl der Freiheit und Erleichterung war fast wie ein Rausch, und ich streckte den Arm aus, um Delia an mich zu ziehen. Sie lächelte mir zu – ein Lächeln, das die ganze Spannung wegwischte, die sich in den langen frustrierenden Vorbereitungswochen aufgestaut hatte.

Unser Bestimmungsort, das Dorf Maun, lag dort, wo die Wasser des Okavango-Deltas den Sand der Kalahari-Wüste streiften, mehr als siebenhundertzwanzig Kilometer weit im Norden. Es gab nur eine einzige schmale Kiespiste in diesem Gebiet, das nur wenig Schutz bot, sieht man von ein paar verstreuten Ansammlungen von Eingeborenenhütten ab. Wegen der Überschwemmung war die Piste seit Wochen nicht mehr befahren worden. Als wir mit einer Geschwindigkeit von fünfzehn bis fünfundzwanzig Stundenkilometern nordwärts krochen, wurde die Savanne immer feuchter, bis wir schließlich durch tiefen schwarzen Schlamm mahlten.

Bei Francistown, dem letzten größeren Dorf im Osten von Botswana, wandten wir uns nordwestlich in Richtung Maun, das noch immer über vierhundertfünfzig

Kilometer entfernt war. Ganze Straßenabschnitte waren völlig weggespült. Manchmal mußte ich durch flache Seen, die einen Durchmesser von fast zwei Kilometern hatten, hindurchwaten und mit nackten Füßen unter Wasser nach festem Grund tasten, während mir Delia mit dem Landrover folgte. Wir wichen metertiefen Fahrrinnen aus und kamen an lehmverkrusteten Lastwagen vorbei, die mit dem Bauch nach oben im Schlamm steckten, kaum anders als Dinosauriergerippe in einer Teergrube. Sie mußten schon seit Wochen hier liegen. Immer wieder sank unsere »Graugans« bis zur Bodenplatte ein. Wir befreiten sie mit Hilfe eines großen Wagenhebers und packten Büsche, Steine und Äste unter die Räder. Doch nach wenigen Metern versanken wir wieder bis zu den Achsen im Schlamm.

Abends hockten wir dann an einem Schlammloch und wuschen die Lehmkruste von Gesicht, Armen und Beinen ab, immer im Kampf mit den Moskitos, die uns dicht umschwärmten. Danach schliefen wir auf den Vorratsbehältern im Laderaum des Landrovers. Wir stellten den Wagen mitten auf der Straße ab, denn wenn ich den Fahrdamm verlassen hätte, wären wir hoffnungslos versackt. In mehreren Tagen waren uns nur zwei oder drei andere Fahrzeuge begegnet, und es war somit unwahrscheinlich, daß während der Nacht jemand vorbeikommen würde.

Am Morgen waren wir wieder auf Achse. Leicht benommen vor Erschöpfung, arbeiteten wir uns voran, sanken ein, gruben den Wagen wieder aus und fuhren weiter. An manchen Tagen legten wir nur wenige Kilometer zurück. Doch wir durften nicht aufgeben. Wir sprachen zwar nicht darüber, aber wir hatten das dumpfe Gefühl, daß, wenn wir es nicht einmal bis Maun schafften, wir auch bei unseren Forschungen versagen würden. Und zu versagen, das war eine Möglichkeit, mit der wir uns nicht abfinden konnten. Wir hatten alle unsere Ersparnisse – und unsere Träume und unseren Stolz – in dieses Vorhaben investiert. Es gab keinen Grund zur Umkehr; es gab nichts, wohin wir hätten zurückkehren können.

Hin und wieder sahen wir Ziegen, Rinder und Esel, welche die Schlammlöcher am Wege als Tränke und Suhle benutzten. Sie waren die einzigen Anzeichen tierischen Lebens in dieser flachen, eintönigen und überweideten Dornbuschlandschaft. Es war deprimierend und irritierend zugleich, daß wir einen so weiten Weg zurückgelegt hatten, um in dieser abgeschiedenen Gegend nicht einmal freilebende Antilopenherden vorzufinden. Vielleicht hatten wir uns am Ende doch ein Land ausgesucht, in dem es nur noch wenige Wildtiere gab. Schon damals wußten wir, daß bereits große Teile Afrikas von Haustierbeständen zu Tode abgeweidet worden waren.

Elf Tage nachdem wir Gaborone verlassen hatten, standen wir hohlwangig und schmutzbedeckt auf der einspurigen Brücke, die über den Thamalakane-Fluß führt. An seinen Ufern lag Maun, ein Dorf aus Schilf- und Strohhütten, Eseln und Sand. Herero-Frauen hatten auf den smaragdgrünen Uferwiesen ihre üppigen, bunt zusammengestückelten Röcke zum Trocknen ausgebreitet, wie Riesenschmetterlinge, die in allen möglichen roten, gelben, blauen, grünen und purpurnen Farbtönen schillerten.

Delias Augen waren gerötet, ihr Gesicht und ihr Haar mit grauem Schmutz besprenkelt. Ihre Hände trugen tiefe Kratzspuren von den Steinen und Dornbüschen, die wir unter den Wagen schieben mußten, wenn er im Schlamm stecken geblieben war. Aber sie strahlte und stieß einen trotzigen Siegesruf aus. Wir hatten es geschafft!

Auf Sandwegen fuhren wir zwischen den *Rondavels* zur Firma Riley, einem großen umzäunten Anwesen, zu dem eine Autowerkstatt, ein Kaufhaus, ein Hotel und eine Bar gehörten. Dort kauften wir Benzin und ein paar Vorräte: Fett, Weizenmehl, Maismehl und Zucker. Verderbliche Lebensmittel wie Milch, Brot und Käse gab es in Nordbotswana nicht, und als wir dort ankamen, waren selbst die Grundnahrungsmittel knapp geworden, weil die Lieferwagen seit Wochen ausgeblieben waren. Die Dorfbewohner hungerten. Wir mieden die Blicke der bettelnden Kinder, weil es uns peinlich war, daß wir ihnen nichts geben konnten, obwohl wir im Vergleich zu ihnen wohlhabend waren.

Die Beamten der Wildschutzbehörde in Gaborone hatten uns empfohlen, wir sollten uns bei Berufsjägern nach einem geeigneten Gelände für unsere Forschungsarbeit erkundigen. Einer der Namen, die wir in unser Tagebuch gekritzelt hatten, lautete: Lionel Palmer, Maun. Lionel war bei Riley wohlbekannt, und man konnte uns den Weg zu ihm beschreiben. Wir fuhren über unbefestigte Sandpisten und abermals durch viele Schlammlöcher, bis wir, etwa acht Kilometer nördlich des Dorfes, Palmers Behausung entdeckten. Über dem Fluß hingen mächtige Feigenbäume, überwuchert von orangefarbener, roter und gelber Bougainvillea. Rotaugenbülbüls, Grautokos, Wiedehopfe und ungezählte andere Vögel flatterten im Wipfeldach über dem Garten umher.

Lionel Palmer, ein braungebrannter Mann mit graumeliertem dunklem Haar, trug ausgebeulte Jeans, ein Cowboyhemd und ein großes buntes Halstuch. Er kam schlendernd auf uns zu, ein Glas Whisky in der Hand. Als ältester und erfahrenster Berufsjäger in der ganzen Gegend genoß er in Maun beträchtliches gesellschaftliches Ansehen. Er war berühmt für seine Trinkfestigkeit und für seine Partys, bei denen schon mal die Schlafzimmereinrichtung auf dem Dach oder ein Landrover hoch oben auf einem Feigenbaum landen konnte. Nach einem mehrtägigen Besäufnis wachte er einmal mit einem bohrenden Schmerz im Ohr auf. Der Arzt in der Klinik entfernte eine fünf Zentimeter lange Wurstfliege – ein rötlichbraunes röhrenförmiges Fluginsekt –, die sich in Lionels Ohr häuslich eingerichtet hatte, während er in einem Blumenbeet seinen Rausch ausschlief. Eine Woche lang trug er die Fliegenleiche in einer mit Watte ausgepolsterten Streichholzschachtel mit sich herum und zeigte sie jedem Bekannten und Unbekannten, der ihm über den Weg lief.

Als wir zusammen auf der Terrasse saßen, mit Blick auf den Fluß, schlug Lionel ein paar Gebiete in Nordbotswana vor, die von der Überschwemmung einigermaßen verschont geblieben waren und in denen die Raubtiere noch unbehelligt von Menschen lebten. Eines dieser Gebiete, die Makgadikgadi-Pfannen, ist eine weite unberührte Buschveldwildnis, die sich mehr als einhundertsechzig Kilometer entfernt im Südosten von Maun erstreckt. Die Pfannen sind die Überbleibsel eines riesigen Binnensees, der vor ungefähr sechzehntausend Jahren ausgetrocknet ist.

»Fahren Sie auf der Straße nach Nata etwa einhundertfünfzig Kilometer in östlicher Richtung, und suchen Sie dann eine Palme mit abgebrochener Spitze. Dort halten Sie Ausschau nach einer alten Piste, die von der Hauptroute nach Süden abzweigt. Da steht zwar kein Schild, aber hier beginnt das Reservat. Kaum ein Mensch verirrt sich dorthin – eine verrufene Gegend, meilenweit nichts als verdammtes Afrika.«

Die meisten Wildschutzgebiete in Botswana sind ausgedehnte unverfälschte Naturlandschaften. In ihnen gibt es keine befestigten Straßen, keine Imbißbuden, Brunnen, Lagerplätze, Raststätten oder sonstigen »Annehmlichkeiten«, wie sie für die Nationalparks und Reservate in höherentwickelten Ländern typisch sind.

Zwei Tage später fanden wir bei einer abgebrochenen Palme eine kaum noch erkennbare Fahrrinne, bogen von der Hauptstraße ab und ließen alle Spuren der Zivilisation hinter uns. Jetzt hatten wir das Gefühl, mitten in Afrika zu sein, in jenem echten Afrika, von dem wir schon immer geträumt hatten. Angesichts der unermeßlichen weglosen Savannenlandschaft mit ihren verstreuten einzelstehenden Bäumen kamen wir uns schwach, winzig und verwundbar vor. Es war schön und aufregend – aber auch ein bißchen einschüchternd.

Etwa fünfzig Kilometer südlich der Hauptstraße endete die Piste, der wir gefolgt waren, am Rande einer weiten Ebene. Delia notierte die Kompaßpeilung, die Kilometerzahl und das Aussehen eines einsamen Baums, den wir vermutlich wiedererkennen würden. Ohne Karte oder Reiseführer und mit nur sechzig Litern Wasser und denkbar knappem Lebensmittelvorrat begannen wir die Durchquerung des Makgadikgadi.

Die Savanne war sehr uneben, das Gras hoch und überreif, und es war heiß. An diesem Tag schafften wir nur noch fünf Kilometer. Das Vorderteil der »Graugans« verschwand allmählich unter einem dicken beweglichen Teppich aus Grassamen und Insekten, bis von den Scheinwerfern und der Kühlerhaube nichts mehr zu sehen war. Jeden halben Kilometer mußten wir die Front des Motors sauberfegen und den kochenden Kühler mit kaltem Wasser übergießen.

Am späten Vormittag des zweiten Tages erreichten wir eine gewaltige Ansammlung von tellerförmigen Salzpfannen, durchsetzt mit halbmondähnlichen Grasflächen, kümmerlichen Waldstücken und Andeutungen von Palmeninseln. Einige Pfannen enthielten brackiges, ungenießbares Wasser und Massen von orangefarbenen, violetten, grünen und roten Algen; andere waren von einer dünnen Salzkruste bedeckt. Wir befanden uns am Rande einer fremden Welt – keine Wege, keine Pfade, keine Menschen. Eine leuchtende Fata Morgana verlängerte die Palmenwipfel bis in den Himmel.

»Fahren Sie auf keinen Fall über diese Pfannen, denn sonst versacken Sie wie ein Stein«, hatte Lionel uns gewarnt. »Die Salzkruste sieht stabil aus, ist es aber nicht, vor allem nicht nach dem vielen Regen der letzten Zeit. Drunter ist nichts als Gott weiß wie tiefer Schlamm. Die Wildschutzbehörde hat im letzten Jahr einen ganzen Lastwagen in einem solchen Loch verloren. Fahren Sie darum herum, auch wenn Sie meinen, Sie könnten auf dem direkten Weg noch so viel Zeit gewinnen!«

Während ich um diese großen unregelmäßigen Vertiefungen herumkurvte, skizzierte Delia eine Karte unserer Route, und sie trug in regelmäßigen Abständen die Kompaßwerte und Entfernungsangaben ein, so daß wir wieder zu unserem »einsamen Baum« zurückfinden konnten.

Zerstochen von Grassamen und Insekten, steuerte ich auf eine große Pfanne zu, die so aussah, als enthielte sie genügend Süßwasser für ein Bad. Wir überquerten gerade das erhöhte Ufer, als der Wagen plötzlich unter uns wegsackte. Im Chassis krachte es wie ein Flintenschuß, und wir beide wurden aus unseren Sitzen gegen die Windschutzscheibe geschleudert. Der Motor blieb stehen, und vor uns stieg eine Staubwolke auf. Als sie sich verzogen hatte, sahen wir, daß die Motorhaube bis oben in einem großen Erdferkelbau steckte, der im hohen Gras verborgen gewesen war. Nachdem ich mich vergewissert hatte, daß Delia nichts passiert war, bockte ich den Wagen auf und begann damit, eine Tonne Sand unter die Räder zu schaufeln. Als wir endlich zurücksetzen konnten, kroch ich unter die »Graugans«, um nach Beschädigungen Ausschau zu halten. Ich entdeckte mehrere neue Risse im Chassis, einen in der Nähe der Motoraufhängung. Noch so ein Loch, und der Motor konnte abreißen. Trotz allem hatten wir noch einmal Glück gehabt.

Mir wurde schmerzlich bewußt, daß wir kaum eine Chance hätten, lebend aus dem Makgadikgadi herauszukommen, wenn unsere »Graugans« uns im Stich lassen sollte. Ich traute meinen bescheidenen technischen Kenntnissen nicht so recht, und wir hatten uns nicht alle die Ersatzteile leisten können, die man eigentlich auf einer solchen Expedition mitnehmen sollte. Außerdem wußte kein Mensch, wann oder wo man uns zurückerwarten konnte. Lionel wußte lediglich, daß wir Maun verlassen hatten und eines der verschiedenen Gebiete, die er uns genannt hatte, zu erreichen versuchten.

Wir sprachen nicht über diese Risiken, doch sie rumorten in unseren Hinterköpfen. Wir wuschen uns im Brackwasser der Salzpfanne, und als unsere Haut im Wind trocknete, spannten sich unsere Gesichter wie allzu stark aufgeblasene Luftballons.

Den ganzen übrigen Tag schritt ich vor dem Landrover einher und suchte das hohe Gras nach Erdlöchern ab, während Delia am Steuer saß. Mehrmals trat ich in Nagetierbaue, und jedesmal hoffte ich, daß sich darin keine Giftschlange verborgen hielt. Wir hatten kein Schlangenserum dabei, denn es hätte gekühlt werden müssen.

In dieser zweiten Nacht kampierten wir neben einem kleinen Baum, der knapp zwei Meter hoch und meilenweit der einzige war. Er hatte uns unwiderstehlich angezogen und uns sogar ein gutes Stück von unserem Kurs abgebracht. Obwohl wir im Wagen schliefen, gab uns der Baum ein unbestimmtes Gefühl der Sicherheit.

Unsere frühen Menschenahnen wären wahrscheinlich ähnlich begeistert gewesen, wenn sie einen solchen Schößling in einer fast baumlosen Steppe gefunden hätten, als sie vor Jahrmillionen den Schutz der Wälder verließen und sich in die weite Savanne hinauswagten.

Am späten Nachmittag des vierten Tages bestiegen wir eine flache Bodenerhebung. Ich ging voraus. Plötzlich blieb ich stehen. »Mein Gott! *Schau* doch nur!« Die leichte Brise trug uns die Geräusche und Gerüche von Tieren zu, von Zehntausenden von Tieren. So weit wir sehen konnten, waren die Ebenen vor uns bedeckt mit Zebras und Weißbartgnus, die im Umkreis einer großen Wasserstelle friedlich grasten. Kämpfende Zebrahengste traktierten einander mit Bissen und Hufschlägen. Staubwölkchen stiegen unter ihren Hufen auf. Einzelne Gnus warfen den Kopf hoch, vollführten Bocksprünge und stießen Warnlaute aus. Die großen Herden gerieten in Bewegung, und mir kribbelte es auf der Haut beim Anblick dieses Naturschauspiels. Allein dieses Erlebnis, dieser einzige Blick auf das, was Afrika einmal war, entschädigte uns für die Monate im Steinbruch und für die Aufgabe all unserer Besitztümer.

Stundenlang schauten wir den Tieren zu. Das Fernglas wanderte hin und her, und wir zeichneten alles auf, was wir sahen – wie sich die Herden vermischten und bewegten, wie viele Tiere tranken, wie viele miteinander kämpften –, als wollten wir damit anzeigen, daß unsere Forschungsarbeit begonnen hatte. Wir schlugen das Lager unweit des Hügelkamms auf, damit wir die Geparden oder Löwen beobachten konnten, die in den Herden auf Beute ausgingen. Als es zu dunkel wurde, zogen wir uns in den Wagen zurück, erhitzten über der Kerosinlampe eine Büchse mit Würstchen und erörterten die Errichtung einer Forschungsstation im Makgadikgaki.

Wir beobachteten die Herden auch den ganzen nächsten Tag bis zum Abend. Dann kehrten wir in die Wirklichkeit zurück: Unser Wasservorrat ging zur Neige. Enttäuscht und begierig, endlich einmal solide Feldforschung zu betreiben, nahmen wir widerwillig Abschied von den Zebras und Gnus und fuhren den weiten Weg zurück. Indem wir uns an die schematische Zeichnung hielten, in die Delia unseren östlichen Kurs eingetragen hatte, wollten wir in genau entgegengesetzter Richtung den »Einsamen Baum« erreichen, unseren Standort bestimmen und dann westwärts zum etwa zwanzig Kilometer entfernten Boteti-Fluß fahren, um uns mit Wasser zu versorgen.

Zwei Tage lang verfolgten wir den Weg zurück, doch irgendwo kamen wir von der Route ab. Eine große Salzpfanne, die uns fremd vorkam – eine blendend weiße Senke, die mehr als 1,5 Kilometer breit war und sich kilometerweit von Norden nach Süden erstreckte –, versperrte uns den Weg. Wir stiegen auf das Dach des Landrovers und sondierten die Landschaft mit dem Feldstecher, konnten aber keine Möglichkeit entdecken, die Pfanne zu umfahren.

Nachdem wir am Ufer ein Stück nach Norden und dann nach Süden gefahren waren, beschloß ich, die Festigkeit der Oberfläche zu prüfen. Vielleicht konnten wir sie vorsichtig überqueren. Mit dem Spaten grub ich ein Probeloch. Der Lehm unter dem Salz war erstaunlich trocken und fest, und so kräftig ich auch mit den Absätzen auf ihm herumsprang, es zeigte sich kaum eine Vertiefung. Als nächstes ließ ich die Vorderräder langsam auf die Salzschicht rollen: Die Kruste hielt stand. Dann brachte ich das ganze Gewicht des Wagens auf die Oberfläche, die so hart wie eine Betondecke war. Also schlugen wir Lionels Warnungen in den Wind und entschlossen uns zur Überfahrt.

Nach dem Anfahren beschleunigte ich rasch. Bei einer schnellen Fahrt mit Vierradantrieb hoffte ich über alle dünnen Stellen hinwegzukommen, auf die wir weiter draußen vielleicht stoßen würden.

Ich beugte mich über das Lenkrad und suchte die weiße Kruste vor mir nach dunklen Flecken ab, die darauf hindeuteten, daß die Salzpfanne dort nicht vollständig ausgetrocknet war. Es war, als führe ich auf einem Billardtisch umher, und ich begann mich zu entspannen. Dann, ungefähr achthundert Meter vom Rand entfernt, erblickten wir einige Holzbretter und Stangen, die in verschiedenen Richtungen aus einer Mulde in der grauen, zerborstenen Oberfläche emporragten. Wir stiegen aus, um die Sache zu untersuchen. Wodurch konnte eine solche Vertiefung entstanden sein? Und woher stammte das Holz? Wir konnten keine Fahrspuren oder andere Indizien entdecken. Verwirrt blickte ich in die tiefe, zerklüftete Grube und auf die Stelle, wo die Enden der Stangen zusammenliefen und dann im schlammigen Abgrund verschwanden. Plötzlich bekam ich fast keine Luft mehr: Irgend jemand hatte vergebens versucht, seinen Wagen zu retten. Rasch blickte ich zu unserem hinüber.

»O Gott! Der Wagen sinkt! Steig ein, schnell, wir müssen hier weg!«

Die Räder rutschten langsam durch die Salzschicht hinab in einen Hohlraum, der sich unten im weicheren Schlamm gebildet hatte. Die Oberfläche gab nach; in wenigen Sekunden würde unser Landrover einbrechen.

Ich versuchte loszufahren, doch der Motor streikte. Die Räder waren schon zu tief eingesunken. Wie ein Besessener startete ich erneut und warf den kleinen Allradgang ein. Die Räder drehten durch und schleuderten Schlammbrocken hoch, aber der Landrover kam voran und erreichte schließlich wieder festen Grund. Ich schaltete schnell in den höheren Gang um, wendete und raste auf die sichere Grasbank am Rande der Pfanne zu. Dann saßen wir da, starrten einander an und schüttelten erleichtert den Kopf. Ich war wütend auf mich, weil ich die Überfahrt gewagt hatte, aber ich hatte uns beide noch mehr in Gefahr gebracht, als ich auf der Pfanne angehalten hatte. Nachdem wir noch einmal unsere Kartenskizze studiert hatten, fuhren wir in nördlicher Richtung weiter. Wir brauchten den ganzen Nachmittag, um die Salzpfanne zu umrunden.

Am Morgen des vierten Rückreisetages erreichten wir endlich den westlichen Rand der Makgadikgadi-Steppe und suchten Zuflucht unter dem kühlen, erfrischenden Blätterdach des Galeriewaldes. Spinnweben zogen sich wie Fischernetze von einem Baum zum anderen, und ihre behaarten schwarz-gelben Baumeister krabbelten auf der Motorhaube herum, als sich der Wagen durch den tiefen Sand bis zum Ufer durchpflügte. Aus den dunklen Schatten beäugten uns Kudus.

Endlich standen wir auf dem steilen Ufer des Boteti. Tiefblaues Wasser umfloß die Lilien, Hyazinthen und anderen Wasserpflanzen, die sich in der schläfrigen Strömung beugten. In den höchsten Ästen eines mächtigen Feigenbaums warf ein Fischadlerpaar den Kopf zurück und schickte seinen Ruf in den Himmel. Wir liefen das steil abfallende Ufer hinab und stürzten uns in das kühle Wasser.

Als wir nach dem Schwimmen das Ufer hochkletterten, sahen wir etwas Rotes im Gras liegen. Es war ein Zweihundert-Liter-Faß – ein toller Fund! Wir hatten in Maun ein solches Faß gesucht, aber nicht bekommen. Wenn wir den Behälter auf dem Dach des Landrovers befestigten und mit Wasser füllten, konnten wir die Suche nach einem entlegenen Forschungsterrain erheblich ausdehnen.

Am Spätnachmittag vernahmen wir vom Fluß her heftiges Platschen. Nachdem wir seit Wochen von Maismehl, Haferflocken, Milchpulver und ein paar schmierigen Würstchen aus der Dose gelebt hatten, sehnten wir uns nach einem dicken, saftigen Stück Fleisch. Frischer Fisch wäre ein Festmahl! Ich fand ein Stück Angelschnur, das der Vorbesitzer im Landrover liegengelassen hatte, bog mit einer Zange einen Haken zurecht und verfertigte aus dem polierten Deckel einer Milchpulverbüchse einen Blinker.

Delia hatte mir bei meiner Arbeit skeptisch zugeschaut, doch jetzt machte sie sich daran, in unserem dreibeinigen Eisentopf ein Brot aus Maismehl zu backen. Ich rannte zum Ufer, fing unterwegs eine Heuschrecke im Gras, steckte sie auf den Haken und warf die Angelschnur aus. Es war schon dämmrig, und an der Wasseroberfläche wimmelte es von großen Fischen. In wenigen Sekunden hatte ich eine herrliche Brasse und einen stattlichen Wels gefangen.

Delia wälzte die Filets in Mais- und Weizenmehl, bevor sie sie briet, und schon bald hockten wir am Feuer und stopften dampfendes Maisbrot und zartes weißes Fischfleisch in uns hinein. Dann saßen wir noch eine Zeitlang hoch über dem still dahinströmenden Fluß und unterhielten uns über unser Makgadikgadi-Abenteuer. Afrika hatte uns gepackt.

Am nächsten Tag fingen und verspeisten wir noch mehr Fische. Dann versorgten wir uns mit Flußwasser, das wir in Kanistern das steile Ufer hinaufschleppten. Als wir das rote Faß gefüllt hatten, legten wir es auf die Seite und zurrten es auf dem Dach des Landrovers fest. Am Nachmittag waren wir bereits auf dem Weg zum Makgadikgadi, um nach Raubtieren Ausschau zu halten.

Nach vier Tagen standen wir wieder auf unserem »Zebrahügel«, doch die Tausende von Antilopen, die wir vor einer Woche gesehen hatten, waren verschwunden. Wir fuhren stundenlang kreuz und quer herum, ohne ein einziges Tier zu entdecken. Und wo Beute fehlte, waren auch schwerlich Löwen, Geparden oder andere Raubtiere anzutreffen. Das war deprimierend. Wir hatten ernsthaft daran gedacht, uns im Makgadikgadi niederzulassen, um hier unsere Forschungsarbeit aufzunehmen, doch wie konnten wir angesichts der weiträumigen und offenbar ziellosen Wanderbewegungen der großen Herden und der ihnen wahrscheinlich nachfolgenden Beutegreifer unsere Studienobjekte aufspüren und den Kontakt zu ihnen aufrechterhalten? Wir kehrten nach Maun zurück, um uns dort neue Vorräte und neuen Rat zu holen.

In den folgenden Wochen unternahmen wir Erkundungsfahrten zur Nxai-Pfanne, zum Savuti-Sumpf und zu anderen Gegenden im Umkreis des Okavango-Deltas. Der Sumpf, die Salzpfannen und die Wälder beherbergten allesamt eine verlockende Vielfalt von Antilopen und Raubtieren, aber diese Gebiete waren immer noch weitgehend überschwemmt. Das Wasser schränkte unseren Aktionsradius erheblich ein. Wenn wir die *Malopos,* die verschilften, sumpfigen Wasserläufe zwischen den Palmeninseln, passierten, drang oftmals Wasser in den Wagen ein, und der Motor blieb stehen. Wir brachten Stunden damit zu, den Landrover aus dem schwarzen Schlamm auszugraben.

Entmutigt fuhren wir nach Maun zurück. Mit jeder erfolglosen Sondierungsfahrt und jeder neuen Vorratsbeschaffung schrumpfte unser »Betriebskapital« zusammen. Wieder war es der Jäger Lionel Palmer, der uns schließlich den Vorschlag machte: »Warum probiert ihr es nicht in der Kalahari? Vom Flugzeug aus habe ich dort ein Gebiet gesehen, das Deception Valley heißt ... und jede Menge Wildtiere. Ich habe da natürlich nie gejagt, weil die Gegend mitten im Reservat liegt.«

Auf der Karte von Botswana, Maßstab 1:1 000 000, konnten wir sofort erkennen, daß das Wildschutzgebiet Zentral-Kalahari eines der größten Reservate der Welt ist – mehr als dreiundachtzigtausend Quadratkilometer unverfälschte, unwegsame Wildnis. Und die Wildnis endete nicht an den Reservatsgrenzen, sondern erstreckte sich in fast allen Richtungen noch rund einhundertfünfzig Kilometer weiter, unterbrochen nur durch vereinzelte Viehweiden oder kleine Dörfer. Lionel zufolge gab es in der gesamten Region, die größer sei als Irland, keine einzige Straße, kein einziges Bauwerk, kein Wasser und keinerlei Menschen außer ein paar Buschmannhorden. Das Gebiet war so abgelegen, daß es zum größten Teil noch völlig unerschlossen war, und die Regierung von Botswana verwehrte Besuchern den Zutritt. Folglich hatte man dort auch noch keine Wildtierforschung betrieben. Das war genau das, was wir suchten – falls es uns gelingen sollte, dorthin zu kommen und das Überlebensproblem in einer so abgeschiedenen und schwierigen Umwelt zu lösen.

Nachdem wir eine Weile über der schlichten Landkarte gebrütet hatten, zeichneten wir eine Route zur Kalahari ein, und wir beschlossen, die Wildschutzbehörde nicht von unserem Vorhaben zu unterrichten. Sie hätte uns vermutlich die Genehmigung verweigert, in einer derartig abgelegenen Region zu arbeiten, und im übrigen würde man schon früh genug von uns erfahren.

Wir beluden die »Graugans« mit Treibstoff und anderen Vorräten, zurrten unser rotes Wasserfaß auf dem Dach fest und brachen in Richtung Kalahari auf, um das Deception Valley zu suchen. Es war inzwischen Ende April 1974 geworden. Etwa fünfzehn Kilometer östlich des Dorfes stießen wir auf eine Piste, die nach Süden zur Samadupe-Furt am Boteti-Fluß führte. Dort war das Wasser etwas seichter, und der Boden war wie ein Cordsamtmuster dicht mit Baumstämmen belegt. Das Wasser rauschte über die Bohlen und Steine hinweg, fiel dann steil ab und bildete kleine Stromschnellen und Strudel zwischen den schilfbestandenen Ufern und einer großen Allee von riesigen Feigenbäumen. Kormorane tauchten, und Watvögel trippelten zwischen den Uferpflanzen umher. Sporengänse und Reiher strichen flach über das Wasser, ihre Flügel sangen in der Luft.

Wir hielten bei der Furt an, um ein letztes Mal zu schwimmen, und ich schnitt Delia das schulterlange Haar ab; für die Haarwäsche würden wir in der Wüste zuviel Wasser brauchen. Ihre langen Strähnen fielen ins Wasser, wirbelten herum und trieben mit der Strömung davon. Einen Augenblick lang konnte ich das Abbild ihres lachenden Gesichts im Wasserspiegel erkennen – so hatte sie dreingeschaut, als ich sie zum ersten Mal sah.

Als wir den Fluß überquert und eine steile Sandkuppe erklommen hatten, verengte sich die Fahrbahn zu zwei Radspuren, die von dichtem Akaziendorngebüsch gesäumt wurden. Den Rest des Tages arbeiteten wir uns durch Hitze, Staub und Tiefsand voran. Am späten Nachmittag hörten die Fahrrinnen unvermittelt auf. Wir standen auf einer kleinen staubigen Lichtung, wo der Wind Steppenläuferblüten an einer verfallenen Lehmhütte und einem Blechtrog vorbeitrieb. Wir fragten uns, wohin wir uns verirrt haben mochten.

Ein knorriger alter Mann, der nur aus Ellbogen, Knien und Knöcheln zu bestehen schien, mit einem ebenso knorrigen Spazierstock tauchte zwischen den Büschen auf. Seine Frau und vier spindeldürre Jungen, die kaum mehr trugen als einen Lederschurz, führten eine Reihe von knochigen Rindern durch den wirbelnden Staub zum Wassertrog.

Ich winkte. »Hallo!«

»Hallo!« rief einer der Knaben zurück. Alle lachten.

Sie können also Englisch, dachte ich.

»Können Sie uns helfen? Wir haben uns verirrt.« Ich kletterte aus dem Wagen und begann unsere Landkarte auszubreiten.

»Hallo!« wiederholte der Junge. Alle umdrängten uns. »Hallo-hallo-hallo . . . «

Ich steckte die Karte wieder weg und nahm einen neuen Anlauf.

»Ma-kal-a-ma-bedi?« fragte ich und drehte die Handflächen nach oben in der Hoffnung, sie würden den Namen des Zauns verstehen, der uns den Weg zur Kalahari weisen sollte. Der hagerste und lauteste Knabe krabbelte auf die Motorhaube des Landrovers und zeigte nach hinten auf die Fahrspur; die anderen drei gesellten sich zu ihm. Vom allgemeinen Lachen angesteckt, fuhren wir den Weg zurück, den wir gekommen waren. Die Kinder hüpften auf der Haube herum, und ihre eifrigen Finger wiesen uns den Weg.

Nach einigen Minuten begannen alle gleichzeitig auf dem Wagen herumzuhämmern. Ich hielt an. Sie sprangen herunter und zeigten ostwärts durch den Busch. Zuerst begriffen wir nicht, was sie wollten. Dann stellten wir uns neben sie und konnten eine unscheinbare Linie durch die Savanne erkennen, einen alten Vermessungsgraben, der nach Osten führte. Wir hatten keine andere Wahl, denn wir waren fest entschlossen, nicht nach Maun zurückzukehren, ehe wir das Deception Valley gefunden hatten. Wir dankten den Jungen, schenkten ihnen eine Tüte Zukker und fuhren weiter. »Hallo-hallo-hallo!« Sie riefen und winkten, bis uns der Busch verschluckt hatte.

Am nächsten Morgen stießen wir schon früh auf den Zaun – verwitterte Pfosten und fünf Drähte. Er querte unseren Weg und verlief schnurgerade nach Norden und Süden, so weit das Auge reichte. Wir wandten uns nach Süden, und Stunden später war die Absperrung noch immer neben uns, wie eine lange Narbe im Antlitz der Savanne. Damals ärgerte sie uns nur, doch später sollte uns schon ihr Anblick mit Haß erfüllen.

Wir schliefen in dieser Nacht neben dem Zaun. Als sich der Wagen am anderen Morgen wieder durch den Sand mahlte, klebte unser schweißnasser Rücken am Sitz, und wir waren bedeckt mit einer Schicht aus Staub und Grassamen. Unverhofft hörte der Zaun auf: vor uns nichts als Sand, Dornensträucher, Gras und Hitze. Zwei Radspuren liefen durch das Gras, wurden schwächer und schwächer, bis sie völlig verschwanden. Wir fuhren jetzt über die meist flache Grassavanne und über vereinzelte niedrige Sandhügel, die mit saftiggrünen Büschen und Baumgruppen bestanden waren. Sollte das die Kalahari-Wüste sein? Wo waren die großen Wanderdünen?

Es war unmöglich, unsere Position zu bestimmen. Wir sahen uns die Landkarte an und errechneten die Entfernung von Maun. Dann fuhren wir in Richtung Westen weiter. Wir wollten noch ungefähr dreißig Kilometer zurücklegen. Wenn wir dann das Deception Valley nicht gefunden hatten, waren wir gezwungen, nach Maun zurückzufahren.

Siebenundzwanzig . . . achtundzwanzig . . . neunundzwanzig . . . Gerade als wir schon alle Hoffnung aufgeben wollten, erreichten wir den Kamm einer großen Düne. Unter uns lagen die sanft abfallenden Hänge und offenen Ebenen von Deception Valley, einem alten versteinerten Flußtal, das sich durch bewaldete Sanddünen schlängelte. Herden von Springböcken, Spießböcken und Kuhantilopen weideten friedlich auf dem alten grasbewachsenen Flußbett, durch das einstmals Wasser geströmt war. Der blaue Himmel war übersät mit weißen Wölkchen. Das Tal war von einer unbeschreiblichen Heiterkeit erfüllt und genau so, wie wir es erhofft hatten. Wir schrieben den 2. Mai 1974. Vor fast fünf Monaten hatten wir die Vereinigten Staaten verlassen, und nun hatten wir unseren Platz in Afrika gefunden – unsere Heimat für die nächsten sieben Jahre, wie sich herausstellen sollte.

Der sanfte Dünenhang geleitete uns in das Tal. Wir durchfuhren das trockene Flußbett, doch die Springböcke hoben kaum die Köpfe aus dem Gras, als wir an ihnen vorbeikamen. Am westlichen Uferrand entdeckten wir eine alleinstehende Akazienbaumgruppe, die uns Unterschlupf und einen weiten Ausblick gewähren würde. Das würde ein idealer Lagerplatz sein.

Nachdem wir monatelang unterwegs gewesen waren und ständig unsere Behausung mit uns herumgeschleppt hatten, kamen wir uns allmählich vor wie Schildkröten in einem Stahlpanzer. Es war ein herrliches Gefühl, endlich Wurzeln schlagen zu können.

Wir brauchten nicht lange, um unser erstes Basislager aufzuschlagen: Wir hängten unsere Mehlbeutel an den Ästen einer Akazie auf, um sie vor Nagetieren zu schützen, stapelten unsere wenigen Konservendosen am Fuße des Baumes und arrangierten die Töpfe und Pfannen an einem starken Zweig. Dann sammelten wir Brennholz. Da wir keine andere Unterkunft als unser winziges Zelt besaßen, verbrachten wir die Nächte bis zum Ende des Jahres in unserer »Graugans«.

Delia machte Feuer und brühte etwas Tee auf, während ich unser altes rotes Faß ablud und unter den Akazienbaum rollte. Es enthielt das einzige Wasser in einem Tausende von Quadratkilometern großen Gebiet.

2 Wasser

Mark

... Wenn jemand zuversichtlich in Richtung seiner Träume
voranschreitet und das Leben zu führen wagt, das er sich
vorgestellt hat, dann ist ihm ein Erfolg beschieden, den er in
nüchternen Stunden nicht erwartet ... Wenn du Luftschlösser
erbaut hast, muß deine Arbeit nicht umsonst gewesen sein; denn
dort gehören sie hin. Doch jetzt mußt du das Fundament
einziehen.

HENRY DAVID THOREAU

*Durch den Druck von oben zusammengepreßt, schwitzten Wassermoleküle Stunde um
Stunde durch die Rostflecken. Draußen verschmolzen sie: Ein Tropfen bildete sich. Er schwoll
an und rann den zerbeulten Rand entlang. Schließlich verlor er den Halt, zerplatzte auf dem
durstigen Sand und verschwand. Oben auf dem Rand hatte unterdessen ein neuer Tropfen
seinen Platz eingenommen.*

*Die Tage vergingen. Die Tropfen setzten ihren Marsch fort, von der Roststelle zum Rand
und in den Sand. Die Wunde im Faß wurde immer größer, und die Tropfen folgten immer
schneller aufeinander und platschten auf den dunklen Fleck im Schatten.*

Eine fast vollkommene Stille umfing mich, als ich die Augen aufmachte und zum
Dach des Landrovers emporstarrte. Ein Augenblick der Verwirrung: Wo war ich?
Ich schaute durch das Fenster. Eine knorrige Schirmakazie ragte draußen auf; ihr
Geäst hob sich wie eine Silhouette vom ergrauenden Himmel ab. Hinter dem
Baum fielen die bewaldeten Sanddünen in weichen, sanften Linien zum Flußbett
ab. Der Morgen, unser erster Morgen im Deception Valley, stieg weit hinter den
Dünen empor.

Delia regte sich. Wir hörten, wie Afrika rings um uns erwachte: Eine Taube
gurrte auf der Akazie, ein Schakal[1] klagte mit tremolierender Stimme, und fern aus
dem Norden mischte sich das dumpfe und beharrliche Gebrüll eines Löwen ein.

Ein einsamer Turmfalk kreiste am Himmel, der sich leuchtend orange-rot verfärbte.

Ein Grunzen und Schnauben drang von außen herein – aus nächster Nähe. Leise und behutsam richteten wir uns beide auf und lugten durch das Fenster. Unmittelbar vor unserem Camp erblickten wir eine Herde von mindestens dreitausend Springböcken, kleinen Gazellen mit fußlangen und nach innen gedrehten Hörnern. Ihr Gesicht trug eine kühne Zeichnung aus weißen und schwarzen Streifen, die von den Augen bis zur Muffel verliefen. Sie wirkten theatralisch, wie Marionetten, als sie das taunasse Gras abweideten, einige Tiere waren nur etwa fünfzehn Schritte entfernt. Ein paar junge Weibchen blickten uns aus dunklen, wäßrigen Augen an, während sie bedächtig Grashalme kauten. Doch die meisten Tiere grasten mit rumpelndem Magen und zuckendem Schwanz, ohne uns zu beachten. Wir saßen aufrecht auf unserem Bett, mit dem Rücken gegen die Vordersitze gelehnt, und sahen zwei einjährigen Böcken zu, die ihr Gehörn in einem Sparringskampf ineinander verhakten.

Obwohl sich die Gazellen kaum zu bewegen schienen, hatten sie sich innerhalb von zwanzig Minuten fast einhundert Meter von uns entfernt. Als ich gerade etwas sagen wollte, um meine Gefühle auszudrücken, zeigte Delia nach Osten. Ein Schabrackenschakal, ein naher Verwandter des amerikanischen Kojoten, aber kleiner und mit einem verschlagenen Fuchsgesicht und einem schwarzen Sattel auf dem Rücken, trabte auf unsere Bauminsel zu und begann das ausgebrannte Lagerfeuer zu beschnuppern. Schakale, die in weiten Gebieten Afrikas als Raubzeug betrachtet und sofort abgeschossen werden, ergreifen gewöhnlich beim ersten Anzeichen eines Menschen die Flucht. Doch dieser Schakal ging unbekümmert auf einen Blechbecher zu, den wir neben dem Aschenhaufen vergessen hatten, packte ihn mit den Zähnen und stülpte ihn sich über die Nase. Er blickte nach rechts und links. Bevor er gemächlich davontrottete, inspizierte er unsere wenigen Habseligkeiten und warf uns dann einen Blick zu, als ob er sagen wollte: »Ich komme wieder.«

Die freudige Erregung, die uns angesichts all dessen überkam, ist schwer zu beschreiben. Wir hatten unseren Garten Eden gefunden. Doch wir wollten auf keinen Fall die komplexen Lebensvorgänge stören, die um uns her abliefen. Hier war ein Ort, an dem die Tiere noch nichts von den Verbrechen der Menschen gegen die Natur wußten. Wenn wir das Freiheitsbedürfnis dieser Geschöpfe respektierten, würde es uns vielleicht gelingen, uns unbemerkt in dem alten Flußtal einzunisten und seine Schätze kennenzulernen, ohne sie zu beschädigen. Wir waren entschlossen, einen der letzten unberührten Winkel der Erde vor uns selbst zu schützen.

Tausendfacher Hufschlag ließ die Luft erzittern. Die Springbockherde galoppierte nach Süden durch das Flußbett. Ich nahm die Ferngläser, und wir sprangen aus dem Wagen in das hohe, feuchte Gras. Acht Hyänenhunde verfolgten die Herde. Als sie auf der Höhe unseres Camps waren, steuerten zwei von ihnen direkt auf uns zu.

Delia riß schnell wieder die Hecktür des Landrovers auf, doch da blieben die Wildhunde, deren golden-schwarz gesprenkeltes Fell taufeucht schimmerte, knapp fünf Meter vor uns stehen. Ihre kühnen dunklen Augen maßen uns von oben bis unten. Wir rührten uns nicht; mehrere Sekunden vergingen, in denen die Tiere sich uns entgegenreckten, mit zuckenden Nüstern und aufgerichtetem buschigem Schwanz. Dann kamen sie mit erhobener Schnauze näher, behutsam eine Pfote vor die andere setzend. Delia wollte sich zur Tür hin schieben. Ich drückte ihre Hand – in einem solchen Augenblick durfte man sich nicht bewegen. Die Hunde waren bis auf kaum mehr als eine Armlänge herangekommen und starrten uns an, als hätten sie so etwas noch nie gesehen.

Ein Grollen stieg tief aus der Kehle des einen Tieres auf, von dessen Nacken ein goldenes Haarbüschel herabhing; sein Körper bebte, und seine schwarzen Nüstern waren weit geöffnet. Dann fuhren beide herum, stellten sich auf die Hinterläufe und legten einander die Vorderpfoten auf die Schulter, als wollten sie eine Gigue tanzen. Gleich darauf rannten sie davon, um sich wieder ihrem Rudel anzuschließen.

Wir zogen uns rasch an, starteten den Wagen und folgten ihnen. Das Rudel, das wie ein Team zusammenarbeitete, spaltete die Herde in drei kleinere Gruppen auf und begann sie reihum zu hetzen. Der Rudelführer erspähte einen Jährling, der offenbar verwundbar war. Nach kilometerlanger Verfolgungsjagd begann der Springbock, der die Augen weit aufgerissen hatte und heftig atmete, scharfe Haken zu schlagen. Der Räuber packte den gut vierzig Kilogramm schweren Bock hoch oben am Hinterlauf und zerrte ihn zu Boden. Acht Minuten später war von ihm nichts mehr übrig, und die Hunde trotteten in den Schatten einer Baumgruppe, wo sie den Rest des Tages verschliefen. Das sollte nicht unsere letzte Begegnung mit »Bandit« und seinem Rudel sein.

Ins Camp zurückgekehrt, rollten wir unsere Schlafsäcke zusammen, holten etwas Milchpulver und Haferflocken aus dem Vorratsbehälter und spülten die Mischung mit einem Schluck Wasser herunter. Nach dem Frühstück brachen wir auf, um das ausgetrocknete Flußbett zu erkunden.

Die Springböcke hatten sich nach der Jagd wieder beruhigt und grasten nun in einer Linie, die quer zu unserer Fahrtrichtung verlief. Langsam und jedesmal anhaltend, wenn ein Tier in Panik zu geraten drohte, steuerte ich den Wagen durch die Herde. Wir wären gern außen um sie herumgefahren, aber die Springböcke waren überall. Also achteten wir darauf, nicht schneller als fünf Stundenkilometer zu fahren und alle plötzlichen Bewegungen und Geräusche zu vermeiden, die sie hätten erschrecken können. Sie hatten noch keine schlechten Erfahrungen mit Menschen und Autos gemacht, und wir wollten alles tun, um sie davor zu bewahren.

Das Deception Valley ist das Überbleibsel eines alten Flußlaufs, der bis vor ungefähr sechzehntausend Jahren die Kalahari durchzog, zu einer Zeit also, in der die Regenfälle sehr viel ergiebiger waren als heutzutage. Aber dieses Land und sein Wetter waren schon immer unbeständig, und damals, wie mindestens dreimal zuvor, schlug das Klima um, und die einsetzende Trockenheit mumifizierte den Leichnam des Flusses im Sand. Das alte Flußbett ist erstaunlich gut erhalten, ein schmales grasbewachsenes Band, das sich durch die Dünen windet. Als wir hindurchfuhren, konnten wir uns mühelos vorstellen, daß hier, wo sich jetzt das Gras im Wind wiegte, einmal Wasser geflossen war.

Weil die Zentral-Kalahari häufig mehr als fünfundzwanzig Zentimeter Regen pro Jahr abbekommt, ist sie keine echte Wüste. Es gibt keine kahlen, wandernden Sanddünen, die für die Sahara und andere großen Wüstenlandschaften der Erde charakteristisch sind. In manchen Jahren übersteigt die Niederschlagsmenge fünfzig Zentimeter – einmal waren es sogar mehr als einhundert –, und dann verwandelt sich das Land in ein verzaubertes grünes Paradies.

Andererseits geht, wie wir später erfuhren, die ganze Feuchtigkeit schnell wieder verloren; sie verdunstet und wird vom Sand und der Vegetation absorbiert. Schlimmer noch ist es, daß es zuweilen mehrere Jahre lang kaum regnet. Somit entsteht nur selten ein Wasserüberschuß, es gibt keine verborgenen Quellen, keine stehenden Gewässer oder gar Bäche. In dieser Hinsicht ist die Kalahari einzigartig, ein Land großer Gegensätze, eine Halbwüste ohne Oasen. Sie kennt keine Jahreszeiten, wie wir sie gewohnt sind. Statt dessen lassen sich drei Phasen unterscheiden: die Regenzeit, die irgendwann zwischen November und Januar beginnt und bis März, April oder gar Mai dauert, eine kalt-trockene Periode von Juni bis Ende August und eine heiß-trockene Saison von September bis Dezember oder bis zum Einsetzen der Regenfälle. Wir trafen nach der Regenzeit und vor der kalten und trockenen Periode im Deception Valley ein.

Die sandigen Hänge, bewachsen mit Gräsern und Dornbüschen, stiegen von den alten Flußufern zu den Dünenkämmen an, die auf beiden Seiten mehr als eineinhalb Kilometer entfernt waren. Oben auf den Dünen standen Langfadengewächse (*Combretum* und *Terminalia*) und Akazien (*Acacia*), die zusammen mit den gemischten Strauch- und Grasbeständen ihre Wurzeln tief in den Sand senkten und ihn dadurch verfestigten.

Verschiedene Vegetationszonen lagen wie die Schichten eines Kuchens zwischen der Grasflur des Flußbetts und den bewaldeten Dünenkuppen, und jede dieser Pflanzengesellschaften hatte den vielerlei Vögeln und Säugetieren etwas Besonderes zu bieten: Mehrere Steppenantilopenarten, meist Springböcke und Spießböcke, weideten das kurze, nahrhafte Gras des Flußbettes ab, Steinantilopen, Ducker, Kuhantilopen und Elenantilopen ernährten sich von den höheren und faserreicheren Gräsern und Blättern auf den Dünenhängen. Noch weiter oben, in der Nähe der Kämme, ästen Giraffen und Große Kudus die Blätter und Früchte der Gehölze. Die Ansammlung von Antilopen würde sicherlich Raubtiere wie Löwen, Leoparden, Geparden, Schakale und Tüpfelhyänen anlocken.

Schon auf unserer ersten Rundfahrt begannen wir damit, auffälligen Landmarken Namen zu geben. Das würde uns helfen, wichtige Beobachtungen genau zu lokalisieren und die Schweifgebiete der Tiere zu vermessen. Die Gruppen der Akazien- und Jujubenbäume glichen kleinen runden Inseln im »Grasfluß«, und schon bald kannten wir sie bei ihrem Namen: »Adlerinsel«, »Bauminsel«, »Buschinsel« und »Löweninsel«. Eine strauchbestandene Sandzunge, die sich in das Flußbett erstreckte, wurde zum »Akazienpunkt«; ein Gebüsch, in dem eine Löffelhundfamilie schlief, hieß »Löffelbusch«. Schließlich trugen alle hervorstechenden Merkmale der Landschaft einen Namen.

Das Deception Valley war offensichtlich ein ideales Gebiet für unsere Raubtierforschung. Im Unterschied zum Makgadikgadi war der Lebensraum des versteinerten Flusses ein besonderer Anziehungspunkt für Beutetierpopulationen in Gestalt der Antilopenherden, und er würde uns die Möglichkeit geben, unsere Studienobjekte, die Beutegreifer, langfristig zu beobachten.

Die Schwierigkeiten und Gefahren, welche die Arbeit in einem so isolierten Areal mit sich brachte, lagen auf der Hand. Im Gegensatz zu den meisten anderen Forscherteams in Afrika konnten wir uns in der näheren Umgebung weder Wasser noch Lebensmittel beschaffen; es gab keinerlei Gebäude, keine Kontakte zu anderen Menschen und niemanden, der uns in einer Notsituation hätte beistehen können. Und wenn wir zu Tode kommen sollten, würde es wahrscheinlich monatelang kein Mensch erfahren. Wir empfanden diese Abgeschiedenheit zwar nicht als Nachteil, aber wir würden es mit großen Nachschubproblemen zu tun bekommen. Wenn das Wasser in unserem Faß zur Neige ging, stand uns eine kostspielige Fahrt zum fast einhundert Kilometer entfernten Boteti-Fluß bevor. Obwohl wir uns seit der Abreise aus Maun bemüht hatten, den täglichen Wasserverbrauch auf etwa vier Liter zu beschränken, hatten wir den in den Landrover eingebauten Tank schon zur Hälfte und auch die anderen Kanister weitgehend geleert. Ich war froh, daß wir noch das volle Zusatzfaß besaßen. Nach unserem Makgadikgadi-Abenteuer war uns bewußt, daß zwei Dinge für das Überleben in der Kalahari absolut notwendig waren: Wasser und ein Fahrzeug.

All diesen Schwierigkeiten zum Trotz waren wir überzeugt, daß wir mit unserer Raubtierforschung sowie einer ökologischen Bestandsaufnahme der Bodenbeschaffenheit, der Pflanzengemeinschaften und der Niederschlagstätigkeit die dynamischen Lebensprozesse im gesamten fossilen Flußtalsystem erfassen würden. Eine so breitangelegte Untersuchung war unerläßlich, weil bis dahin noch niemand in dieser Region geforscht hatte und weil es keine Vorarbeiten gab, auf die wir uns hätten stützen können. Wir betrachteten es als ein großes Privileg, ein solches Neuland zu erobern, aber das bedeutete, neben der eigentlichen Raubtierbeobachtung, sehr viel harte Arbeit.

Angesichts unserer knappen Geldmittel wollten wir uns hauptsächlich auf eine Tierart konzentrieren, die verhältnismäßig leicht zu beobachten war, damit wir nicht, um sie aufzuspüren, endlos in der Gegend umherfahren und dabei viel kostbaren Sprit verschwenden mußten. Außerdem sollte es ein Tier sein, über das nur wenig bekannt war, denn dadurch würde unser Forschungsvorhaben attraktiver für potentielle Geldgeber.

Tagelang saßen wir am Morgen und am Nachmittag auf dem Dach unseres Landrovers, beobachteten die Antilopenherden in den verschiedenen Abschnitten des Flußbetts und hielten Ausschau nach Raubtieren. Wir sahen zwar Löwen, Schakale, Geparden und Hyänenhunde, aber aus dem einen oder anderen Grund kamen sie für unsere Zwecke nicht in Frage. Da man alle diese Arten schon in anderen Teilen Afrikas studiert hatte, würden wir mit neueren Untersuchungen schwerlich ein Stipendium bekommen können. Die Hyänenhunde und die Geparden waren in der Kalahari selten und sehr beweglich; es würde also schwierig werden, sie regelmäßig zu finden und zu beobachten. Überdies erwiesen sich die Geparden, die wir entdeckten, als sehr wachsam und scheu – offensichtlich aus gutem Grund. Wie wir später erfuhren, vertreiben die Buschmänner sie oft vom Riß und nehmen ihnen ihre Beute ab.

Um uns die Wahl zu erleichtern, sammelten wir alle Informationen über die Raubtierarten, die wir vorfanden. Dabei machten wir eine Entdeckung, die unsere Forschungsarbeit in den nächsten Jahren bestimmen sollte: In der Kalahari gehört die Nacht den Raubtieren.

Schwarz-violett und dunkler als die Nacht ruhten die sanften Dünen neben dem alten Fluß. Die Sterne funkelten am Himmel, und Meteore schossen durch die Atmosphäre. Unten im dürren und bräunlichen Gras spiegelte sich das Licht des Firmaments, als ob der Fluß wieder sein altes Bett durchströmte.

Ich stellte den Motor ab, und der Suchscheinwerfer bohrte sich in die Dunkelheit. Tausende von Augen leuchteten auf wie Phosphorkugeln. Hinter den Augen ruhte die Springbockherde, die leicht gebogenen Hörner und die weißen Streifen ihrer Gesichter tauchten über dem Gras auf. Einige Tiere standen auf und hoben und senkten nervös den Kopf. Ich schwenkte den Scheinwerfer zu einem Baum hinüber. Ein anderes, größeres Auge starrte wie eine schimmernde Murmel aus dem Wipfel: Eine Giraffe äste Akazienblätter ab.

Schon bald konnten wir in der Nacht die verschiedenen Tierarten an der Farbe und Bewegung des Augenwiderscheins und an der Höhe der Augen über dem Gras erkennen. Schakalaugen leuchteten gelb und hüpften dicht über den Grasspitzen dahin. Die Augen eines Löwen waren ebenfalls gelb, aber größer und höher über dem Erdboden, und sie schwankten leicht hin und her, wenn das Tier einherschritt.

Als wir eines Nachts von einer Exkursion heimkehrten, versuchten wir mit Hilfe des Scheinwerfers die verschwommenen Umrisse der Bäume auszumachen, zwischen denen unser Camp stand. Plötzlich spiegelten sich Augen im Licht, wie wir sie noch nie gesehen hatten: smaragd-grün und weit auseinanderstehend. Eine dunkle bärenähnliche Gestalt, bedeckt mit langem wehendem Haar, bewegte sich durch den Rand des Lichtkegels. Sie hatte eine stattliche Schulterhöhe und einen großen, fast quadratischen Kopf, doch das Hinterteil wirkte klein, wie gestaucht, und trug einen langen buschigen Schwanz. Das Tier strebte eilig von uns fort. Ich trat auf das Gaspedal, und wir spähten angestrengt durch die gesprungene, gelb-getönte Windschutzscheibe, um es nicht aus den Augen zu verlieren. Es bewegte sich immer schneller und schien wie ein düsteres, zottiges Gespenst über die Savanne dahinzugleiten. Dann war es verschwunden.

Im Camp blätterten wir eifrig in unserem Bestimmungsbuch herum. Erdwolf? Tüpfelhyäne? Erdferkel? Eine Katzenart war es sicherlich nicht. Keine Beschreibung oder Abbildung schien zu passen. Wir hatten das Tier nicht gut sehen können, doch wie es auch heißen mochte, bestimmt war es selten. Wir saßen mit gekreuzten Beinen auf den zusammengerollten Schlafsäcken im Wagen und blätterten im Schein einer flackernden Kerosinlampe das Buch nochmals gründlich durch. Kleiner als eine Tüpfelhyäne, größer als ein Erdwolf; eine Streifenhyäne konnte es wegen des Verbreitungsgebiets nicht sein – aber nach den Körperproportionen war es eindeutig eine Hyäne. Wir entschieden schließlich, daß es nur die Art *Hyaena brunnea* gewesen sein konnte, eine Braune Hyäne, auch Schabrackenhyäne oder Strandwolf genannt, eines der seltensten und unbekanntesten Raubtiere der Welt.

Was für ein Glück! Da hatten wir also eine vom Aussterben bedrohte Art, die noch nie zuvor in ihrem natürlichen Umfeld erforscht worden war und über die man kaum etwas wußte. Alles, was wir über sie in Erfahrung bringen konnten, würde ein Beitrag zur Wissenschaft und zur Erhaltung seltener und gefährdeter Tierarten sein. Es war offenbar das ideale Tier für unser Forschungsunternehmen.

Obwohl die Braunen Hyänen ein nächtliches und heimliches Leben führten, sahen wir sie immer wieder, oft nur ein paar Sekunden lang, wenn wir durch das Flußbett holperten. Ihre Lebensweise würde es uns schwermachen, sie zu studieren, aber unser Interesse für sie wuchs von Tag zu Tag. Jede Nacht nach Einbruch der Dämmerung durchkämmten wir das Tal mit dem Wagen und dem Suchscheinwerfer und hielten Ausschau nach ihnen. Links – rechts, rechts – links. Stundenlang schwenkte ich den Scheinwerfer hin und her, während wir langsam umherfuhren. Es war frustrierend. Schakale, Löffelhunde, Schwarze Trappen, Kronenkiebitze und Falbkatzen fanden sich allenthalben im dichten Gras. Hin und wieder entdeckten wir auch weit auseinanderstehende smaragd-grüne Augen, aber sie tauchten stets nur in der Randzone des Lichtkegels auf und verschwanden schnell in der Dunkelheit.

Ende Mai kehrten wir eines frühen Morgens nach langer enttäuschender Hyänensuche zum Camp zurück, steif, wund und völlig übermüdet. Neben der Feuerstelle stand ein Schakal. Er hatte die Beine gespreizt und steckte seine Schnauze tief in unseren schwarzen Kochtopf. Die dreisten gelben Augen lugten über den Topfrand zu uns herüber, und aus dem Schnurrbart tropfte Fett. Der Schakal leckte in aller Gemütsruhe den Topf sauber, hob das Bein, urinierte hinein und trottete lässig davon. Als er in die Nacht eintauchte, erkannten wir ihn an dem schwarzen ankerförmigen Schwanzfleck: Es war »Captain«, ein großes, breitbrüstiges Männchen, das wir des öfteren sahen. Er hatte einen Sattel aus pechschwarzem, silbern durchschossenem Haar und einen fülligen buschigen Schwanz.

Einige Nächte danach beobachteten wir einen Spießbockkadaver, den Löwen zurückgelassen hatten, nachdem sie sich die Mägen vollgeschlagen hatten. Wir hofften, eine Braune Hyäne würde sich einfinden, um sich am Aas zu bedienen. Um halb vier Uhr konnte ich meine Augen nicht mehr offenhalten, sosehr ich mich auch bemühte. Ich überließ Delia die »Hyänenwache« und rollte auf dem Boden neben dem Landrover lautlos meinen Schlafsack aus. Ich schlüpfte in den Sack und benutzte mein Hemd als Kopfkissen.

Ich war gerade fest eingeschlafen, als mein Kopf plötzlich hart auf den Boden schlug. Ich richtete mich auf und tastete nach meiner Taschenlampe. Fünf Schritte hinter mir sauste ein Schakal davon und schleppte das Hemd hinter sich her, das er mir unter dem Kopf weggezogen hatte. »He! Laß das fallen!« Ich war halb belustigt, halb verärgert und auch nur zur Hälfte wach. Ich strampelte aus dem Schlafsack und hätte mich am liebsten selbst geohrfeigt, weil ich so laut geworden war: Ich hätte doch eine Hyäne verscheuchen können. Dann suchte ich im Gras nach meinen Schuhen. Sie waren ebenfalls weg.

Das war schlimmer, denn ich hatte nur dieses eine Paar. Ich torkelte hinter dem Schakal her. Im Schein meiner Lampe konnte ich seine Augen erkennen, die auf mich gerichtet waren, während er mein Hemd durch das Gras zerrte. Mir taten die Füße weh, und so brach ich die Jagd ab und schlief im Wagen weiter. Im Morgengrauen fand ich die besabberte Spitze eines Schuhs und die zerfetzten Überreste meines Hemdes wieder. Captain, der Piratenschakal, hatte wieder einmal zugeschlagen. Später am Tage verbrachte ich mehrere Stunden damit, aus zwei verschossenen Stückchen Zeltleinwand ein Paar Mokassins zusammenzunähen.

Beim Frühstück kam Delia und mir gleichzeitig derselbe Gedanke. Warum sollten wir uns nicht, während wir jede Nacht stundenlang im Flußtal umherkreuzten und auf die scheuen Braunen Hyänen warteten, soviel wie möglich mit den Schakalen beschäftigen? Sie waren noch nie in einem Gebiet wie der Kalahari studiert worden, also mußte alles, was wir über sie erfuhren, neu sein.

Bei Sonnenuntergang stellten wir fortan den Wagen auf dem Gepardenhügel ab, einer strauchbestandenen Sandkuppe, die sich nördlich des Camps in das Flußbett vorschob. Bewaffnet mit Fernglas, Schreibzeug und einer Büchse Corned Beef, saßen wir dann, jeder in einem Reservereifen, auf dem Dachträger des Landrovers und beobachteten, wie das Nachtleben im Deception Valley begann.

Irgendwann vor Anbruch der Nacht erhob sich Captain gewöhnlich von seinem Lieblingslagerplatz in der Nähe des Nordbaums, streckte die Schnauze himmelwärts und rief seinen Schakalnachbarn etwas zu. Dann lauschte er mit aufgestellten Ohren den hohen Tremolorufen, die ihm aus dem ganzen Tal antworteten. Er kratzte sich, schüttelte seinen dicken Pelz, und die Silberhaare seines schwarzen Sattels schimmerten im schwindenden Zwielicht. Nachdem er sich ausgiebig gestreckt hatte, rannte er los. Seine Nasenspitze fuhr wie ein Speer durch das Gras, während er Jagd auf Mäuse machte. Vom Gepardenhügel aus ermittelten wir seinen Kurs, dann folgten wir ihm.

Während ich mit der linken Hand steuerte und schaltete und mit der rechten den Scheinwerfer aus dem Fenster hielt, versuchte ich mit Captain Schritt zu halten. Dabei blieb ich immer fünfzehn bis fünfundzwanzig Meter hinter ihm. Wenn wir näher heranfuhren, blickte er sich, offensichtlich irritiert, nach uns um; blieben wir weiter hinter ihm zurück, verloren wir ihn im Gras aus den Augen. Unterdessen machte sich Delia, die einen Kompaß im Schoß und eine Taschenlampe über ihren Schreibblock hielt, Notizen über sein Verhalten, die Richtung, die er einschlug, die Entfernungen und die verschiedenen Biotope, die er durchquerte. Der Feldstecher lag auf dem Sitz zwischen uns, so daß jeder nach ihm greifen und beschreiben konnte, was gerade passierte. Mit einiger Übung funktionierte das sehr gut. Wir konnten die von Captain erbeuteten Vögel und oft auch die Mäuse und Ratten identifizieren, bevor er sie verschlang. Und wenn wir auf die Stelle im Gras zufuhren, wo er gerade herumgeschnuppert hatte, entdeckten wir dort meist zahlreiche aufgeregte Termiten oder Ameisen, deren Artgenossen er soeben aufgeschleckt hatte.

Als wir eines Nachts Anfang Juni, kurz nach dem Schuhdiebstahl, hinter Captain herfuhren, nahm er plötzlich, ohne Vorwarnung und mit unglaublicher Geschwindigkeit, die Verfolgung eines jungen Steinböckchens auf. Ich beschleunigte, und es gelang uns, ihn während einer langen Verfolgungsjagd, bei der er mehrere vollständige Kreise beschrieb, im Auge zu behalten, bis er schließlich verschwand. Die Laterne, die wir über dem Camp an einem Ast aufgehängt hatten und die uns in der Dunkelheit sicher heimgeleiten sollte, war nicht mehr auszumachen. Captain hatte uns aus dem uns vertrauten Abschnitt des Flußtals herausgelockt, und er hatte seine Richtung so oft gewechselt, daß uns unsere Entfernungsmessungen und Kompaßweisungen nicht mehr weiterhalfen. Wir hatten uns verirrt.

Da wir nur noch einen Liter Wasser hatten, konnten wir es nicht wagen, uns womöglich noch weiter vom Camp zu entfernen. Also machten wir Station für die Nacht. Am nächsten Morgen erblickten wir vom Wagendach aus den Nordbaum am Flußufer; er war ungefähr 1,6 Kilometer entfernt, und von ihm bis zum südlich gelegenen Camp war es etwa ebenso weit. An diesem Tag beschloß ich, das rote Faß anzuzapfen und einen Kanister mit Wasser zu füllen, den wir von nun an immer mit uns führen wollten. Seit Wochen hatte es nicht mehr geregnet. Der Himmel war wolkenlos, und jeden Tag trocknete die Savanne mehr aus.

Während Delia im Camp das Frühstück zubereitete, holte ich einen Schraubenschlüssel aus dem Werkzeugkasten und nahm ihn zusammen mit einem leeren Kanister und einem Schlauchstück mit zum roten Faß. Ich begann den Verschluß aufzuschrauben. Aus dem Faß drang ein hohles Geräusch.

Das konnte doch nicht wahr sein ... Ich ließ den Schraubenschlüssel fallen und stieß gegen das Faß. Es fiel um und rollte zur Seite: leer! Von unserem Wasservorrat war nicht mehr übriggeblieben als ein feuchter Flecken im Sand.

36

»Delia! In dem verdammten Faß ist kein Wasser mehr!« Ich beugte mich nieder und inspizierte den durchgerosteten Boden. Dann versetzte ich dem verfluchten Ding einen Fußtritt. Delia war genauso entsetzt wie ich. Mit leiser Stimme fragte sie: »Mark, was machen wir jetzt? Kommen wir noch bis zum Fluß?«

Zum Boteti war es fast eine ganze Tagesreise durch Hitze, Sand und Dornbusch-land. Wir hatten weniger als einen Liter Wasser im Wagen, und wir brauchten sehr viel mehr, nur um den Motor zu kühlen. Wenn der sein Leben aushauchte, saßen wir noch viel tiefer in der Patsche. Wie hatte ich nur so dumm sein können! Jeden Tag hatte ich nachgemessen, wieviel Benzin sich noch im Zusatztank des Landro-vers befand, um sicherzugehen, daß wir genug Treibstoff für die Fahrt bis Maun besaßen. Ich dachte, wir hätten reichlich Wasser – doch ich hätte *nachsehen* müssen! Wir starrten auf den feuchten Sandflecken.

»Wir müssen heute nacht fahren, wenn die Luft kälter ist. Dann brauchen wir nicht so viel Wasser für den Kühler«, sagte ich und nahm Delia in die Arme.

Am Nachmittag stiegen wir in den Landrover. Ich drehte den Zündschlüssel, im-mer wieder. »Mach schon, du altes Miststück!« Wut und Angst stiegen in mir hoch. Doch nichts als ein müdes Klicken. Ich sprang aus dem Wagen und riß die Motorhaube auf. »Probier's noch mal!« rief ich Delia zu und horchte in den Motor hinein, um festzustellen, was ihm fehlte.

Seit dem Abschied von Gaborone hatte ich nichts so sehr gefürchtet wie eine Panne mit dem Landrover, die ich nicht selbst beheben könnte, weil es mir dazu an Talent, Werkzeugen und Ersatzteilen fehlte. Bislang hatte es nur kleinere Pro-bleme mit unserem altersschwachen Vehikel gegeben: korrodierte Batteriekabel, eine defekte Lichtmaschine, platte Reifen und eine gebrochene Auspuffaufhän-gung. Solche kleinen Reparaturen hatte ich selbst durchführen können. Doch als ich jetzt unter die Motorhaube schaute und Delia den Zündschlüssel betätigte, wurde es mir ganz schwummrig zumute. Das Klicken, das von einer toten Batterie herrührt, verwandelte sich in ein lauteres, unheilvolleres Knirschen – ein Zeichen dafür, daß es diesmal ernst war.

Ich behielt meine schlimmsten Befürchtungen für mich und machte mich an die Arbeit. Es war schon dunkel, als ich feststellte, daß der Anlasser kaputt war. Sein Drehkranz war in das Schwungradgehäuse gefallen und blockierte den Motor. Also würde es auch sinnlos sein, den Wagen mit der Handkurbel zu starten.

Ich fand ein Stück Draht und bog es am Ende zu einem Haken. Wir krochen beide unter den Wagen. Delia hielt die Taschenlampe, während ich den Draht in das Gehäuse einführte und mich am Schwungrad vorbeitastete. Doch ich spürte nichts Ungewöhnliches und konnte nur raten, wo die Maschine klemmte.

Gegen Mitternacht gaben wir auf. Meine Knöchel und meine Stirn bluteten und waren mit einer Mischung aus Grashalmen, Öl, Schmierfett und Dreck überkru-stet. Es schien aussichtslos zu sein. Ich wußte nicht einmal, ob ich den Drehkranz auch nur berührt hatte. Ich stemmte mich auf die Kurbel. Der Motor drehte sich ein wenig und saß dann fest.

Wir legten etwas Holz aufs Feuer, und während wir uns aufwärmten und ausruhten, versuchte ich meine Gedanken zu sammeln. Wenn wir hier noch einmal lebend herauskommen wollten, mußte der Anlasserkranz entfernt werden. Wir hatten beide Durst, doch keiner trank. Ich blickte zu Delia hinüber, die neben dem Feuer saß, den Kopf auf die Arme gestützt. Ich fühlte mich maßlos elend. Ich wußte nicht, was ich noch versuchen sollte, und die Zeit wurde knapp.

Ich ging zum Wagen zurück und drehte die Kurbel nach links bis zum Anschlag, dann ein bißchen nach rechts. Ich war überzeugt, daß der Draht lang genug war und den Drehkranz erreichen mußte. Den Rest der Nacht brachte ich damit zu, aus dem Drahtende verschiedenerlei Haken zu formen und damit im Gehäuse herumzustochern, während Delia die Lampe hielt.

Die Sonne war bereits aufgegangen, als ich ein Klappern hörte. Ich stürzte zur Handkurbel und drehte den Motor durch – er lief rund! Wir wollten uns bis zum Abend ausruhen und dann losfahren.

Dieser Zwischenfall machte uns bewußt, daß der Aufenthalt in einem so entlegenen Gebiet eigentlich eine Unmöglichkeit war. Auch wenn wir die Fahrt zum Fluß und zurück schafften – wie lange würde es bis zur nächsten kritischen Situation dauern? Und wie viele solcher Situationen hatten wir zu überstehen bis zur endgültigen Katastrophe? Die harte Wahrheit war, daß wir einfach nicht genug Geld hatten, um in einer solchen Gegend Forschungen zu betreiben. Das wenige, was wir noch besaßen, würde schon bald für »Einkaufsfahrten« nach Maun draufgehen, zumal wir keine Möglichkeit hatten, größere Mengen Wasser und Benzin zu transportieren und zu lagern. Wir mußten eine weniger abgelegene Arbeitsstätte finden, eine Gegend, wo es weniger wild zuging – und weniger frei. Das war eine bittere Erkenntnis. Zwei Jahre hatten wir geplant und gearbeitet, um genug Geld für die Expedition zusammenzubringen, fünf Monate lang hatten wir uns in Afrika umgesehen und informiert, und das alles schien nun wie unser Wasser im Sand zu versickern. Obwohl wir erst seit gut einem Monat in der Kalahari waren, hatten wir bereits eine tiefe Zuneigung zu diesem alten Flußbett und seinen Tieren gefaßt, vor allem zu jenen, die wir wie Captain näher kannten.

Wir stocherten in unserem tristen Frühstück herum. Es bestand aus Bohnen, die wir in den letzten sechzehn Tagen dreimal täglich gegessen hatten. Dann begannen wir unsere wenigen Habseligkeiten auf den Wagen zu laden. Das Aufheulen eines Motors riß uns jäh aus unserer Apathie. Ein grün-weiß gestrichener Landrover raste den Dünenhang östlich des Flußbetts hinab und zog einen langen Schweif aus Staub hinter sich her. Wir standen da und sahen zu, wie er näher kam, und konnten es gar nicht fassen, daß es noch einen zweiten Wagen in dieser Gegend geben sollte. Ehe noch der Landrover zum Stehen gekommen war, sprang ein sommersprossiger Mann mit gerötetem Gesicht vom Fahrersitz. Er trug sackförmige Shorts, Kniestrümpfe und ein Strickhemd, das über dem rundlichen Bauch spannte. Sein schütteres, graumeliertes Haar war glatt auf dem sonnenverbrannten Schädel zurückgekämmt, und in seinen zusammengekniffenen Augen stand ein

Lächeln. Die Sonne, der Wind und der Sand der Kalahari hatten in sein Gesicht tiefe Furchen gegraben.

»Hallo! Ich heiße Berghoffer, Bergie Berghoffer. Sie können Bergie zu mir sagen. Irgendwer in Maun hat mir erzählt, ihr beide stecktet irgendwo hier draußen, und als ich ein paar Meilen weiter östlich auf Radspuren stieß, habe ich mir gedacht, daß die nur von euch stammen könnten.« Während er hinten in seinem Landrover herumwühlte, rief er uns über die Schulter zu: »Ich vermute, ihr könnt einiges brauchen.« Er holte ein paar braune Kartons mit Ziegenfleisch, einen Eimer Maismehl, in dem Eier vergraben waren – damit sie kühl blieben und nicht zerbrechen konnten –, Kartoffeln und Kaffee hervor. Als wir ihm ungefähr zum zwölften Mal danken wollten, hob er abwehrend die Hände und sagte augenzwinkernd: »Es ist mir ein Vergnügen . . . Ich bin selber ein halber Yankee, wissen Sie.«

Wie wir später erfuhren, streifte Bergie seit dreiundzwanzig Jahren in der Kalahari umher; er hauste in Buschcamps, während er für das Landvermessungsamt von Botswana Probebohrungen zum Aufspüren von Mineralvorkommen machte. Er führte ein Nomadenleben und zog von einer Region zur anderen, meist weit außerhalb des Reservats. »Ich erzähle wohl besser niemandem davon, daß ich hier draußen etwas anderes als Tiere angetroffen habe«, meinte er verschmitzt. »Ich bin nämlich verdammt froh, daß endlich jemand hier ist, um die Wildtiere zu studieren. Das hat bis jetzt noch keiner getan, wissen Sie. Die Kalahari braucht jemanden, der sich für sie einsetzt.«

Bergie hatte eine Schwäche für »Yankees«, weil sein Vater ein Amerikaner war, der mit der Bill Codys Wild-West-Show die Republik Südafrika bereist hatte. Dort hatte er eine Engländerin kennengelernt, geheiratet und sich niedergelassen. Bergie meinte, die Reiselust seines Vaters stecke auch ihm im Blut und habe ihn fast sein Leben lang umhergetrieben.

»Es tut mir leid, wir würden Ihnen gern Tee oder Kaffee anbieten«, entschuldigte ich mich. »Aber wir haben ein Problem.« Ich zeigte ihm das leere Faß.

»Das ist Pech.« Er runzelte die Stirn und rieb sich das Kinn. »Nur keine Sorge wegen des Kaffees, aber wie wollt ihr an Wasser kommen?«

Ich erklärte ihm, daß wir zum Fluß und dann weiter nach Maun fahren wollten und daß wir nicht mehr zum Deception Valley zurückkehren könnten.

»Ach . . . , das tut mir aber leid . . . , das ist wirklich eine üble Geschichte.« Er ließ seinen Blick über das Flußbett schweifen und seufzte.

»Ich sage euch was.« Sein Gesicht hellte sich auf. »Ihr nehmt das, nur damit ihr sicher hinkommt.« Damit hievte er einen Wasserkanister aus seinem Landrover. »Und jetzt hätte ich gern eine Tasse Kaffee, wenn es Ihnen nichts ausmacht, Gnädigste!«

Trotz unserer Proteste wollte Bergie das restliche Wasser nicht mitnehmen, das ihm die sichere Rückkehr zu seinem Camp garantiert hätte. Er hatte kaum seinen Kaffee ausgetrunken, als er mir die Hand entgegenstreckte.

»Okay, Mark, okay, Delia. Ich muß mich auf die Socken machen. Wir sehen uns wieder.« Dann war er fort, und sein Landrover verschwand hinter der östlichen Düne.

Blinder Zufall und Bergies Großzügigkeit hatten uns mit mehr als genug Wasser versorgt, um zum Fluß zu kommen – oder sogar bis Maun. Wir beschlossen, noch eine Nacht im Tal zu bleiben. Der Abschied fiel uns schwer, und außerdem waren wir noch ganz erledigt von den Strapazen der letzten Nacht.

Eine knappe Stunde bevor wir Deception Valley am nächsten Morgen auf immer verlassen wollten, war Bergie wieder da, diesmal mit einem großen Lastwagen und mit seiner Bohrmannschaft, die aus acht Eingeborenen bestand. Sie entluden einen Klapptisch aus Holz, zwei Stühle, einen schweren eisernen Feuerrost, einen Gasherd plus Gasflasche, ein kleines Küchenzelt, vier Wasserfässer und etwas Benzin. Bergie glich einem Hexenmeister. Er wedelte mit den Armen und brüllte seinen Leuten Befehle zu, und wie von Zauberhand entstand vor unseren Augen ein richtiges kleines Camp.

Ehe wir wirklich begriffen hatten, was hier vorging, war Bergie schon wieder verschwunden. Wir standen mitten in unserem neuen, blitzschnell aufgebauten Camp und starrten diesem wirbelnden Derwisch der Kalahari nach. Mit einer einzigen Geste von unglaublicher Menschenfreundlichkeit hatte er es uns ermöglicht zu bleiben, wenigstens noch einige Zeit, in der wir uns um mehr Forschungsergebnisse für ein Stipendium bemühen konnten.

Wir nahmen unsere Arbeit wieder auf, aber mit einem defekten Anlasser war es nicht leicht, Tiere auszuspähen und zu verfolgen. Wenn wir abends einen Schakal entdeckten, der im Gras des Flußbettes schlief, hielten wir in der Nähe an, stellten den Motor ab und warteten, bis das Tier aufstand und auf Nahrungssuche ging. Sobald es sich erhob und sich zu strecken begann, schlich ich zum Wagen und warf den Motor mit der Handkurbel an, während Delia den Schakal im Auge zu behalten versuchte, wenn er sich im hohen Gras davonbewegte. Die Kurbelei machte einen solchen Lärm, daß alle Tiere im Umkreis von einem Kilometer aufschreckten. Und wenn wir des Nachts Löwen beobachteten, überkam mich jedesmal ein komisches Gefühl, sobald ich ihnen in der Dunkelheit den Rücken zukehren mußte, denn ich wußte, daß sie mich anstarrten, wenn ich an der Kurbel hantierte.

Zwei Wochen nachdem uns Bergie das Camp geschenkt hatte, war er mit einem neuen Wasservorrat wieder zur Stelle. Während Delia Kaffee kochte, nahm er mich unauffällig beim Arm und führte mich zu seinem Wagen. »Nun hören Sie mal, junger Mann. Wenn Sie Delia hier in der Kalahari bei sich behalten wollen, müssen Sie sie ein bißchen verwöhnen. Jede Frau braucht mal ein warmes Bad!« Er drehte sich um und zog eine Blechbadewanne von der Ladefläche. »Und hat sie überhaupt einen Spiegel?« Er langte durch das Wagenfenster und brachte einen Spiegel zum Vorschein. Als Delia diese Präsente erblickte, konnte ich von ihrem Gesicht ablesen, daß Bergie recht gehabt hatte.

Sein Camp war so weit entfernt, daß wir ihn nur selten sahen, aber er besaß ein untrügliches Gespür für das richtige Timing. Wochen vergingen, doch wenn uns das Wasser auszugehen drohte, tauchte er auf, jedesmal mit neuen Geschenken, mit Ziegen- oder Gnufleisch, Eiern, Kartoffeln, Sülze und anderen Luxusartikeln, die er entweder aus seinem Camp oder aus Gaborone mitbrachte. Wir hätten uns diese Dinge nie leisten können, selbst wenn es uns möglich gewesen wäre, an sie heranzukommen.

Eines Tages fuhr er mit uns nach Süden durch das Tal, weiter, als wir es bis dahin erkundet hatten. Nach einer einstündigen Fahrt in seinem Landrover, der mit starren, extrastarken Blattfedern ausgerüstet war – darauf war er besonders stolz –, hatten wir Nierenschmerzen und einen steifen Hals von dem ständigen Gerumpel. Endlich hielten wir auf einer Düne, unter der sich eine große, kreisrunde Lehmpfanne erstreckte. Ihr schiefergrauer Boden sah so aus, als wäre er mit Wasser bedeckt. Die Illusion war dermaßen perfekt, daß wir in späteren Jahren Zugvögel, einmal sogar einen Pelikan, beobachten konnten, die sich in der Trockenzeit zu diesem »Wasserspiegel« hingezogen fühlten. Bergie erzählte uns, die Buschmänner hätten das Tal nach dieser Pfanne benannt, mit einem Wort, das in ihrer Sprache soviel wie *Deception*, Täuschung, bedeute. Außerdem komme der Name daher, daß jemand, der durch das Tal wandere, bei jeder Biegung den Eindruck habe, es sei die letzte. Unter uns schlängelte sich das alte Flußbett jenseits der »echten Täuschungspfanne«, wie wir sie oft nannten, endlos weiter durch die Kalahari.

»Bis hierher bin ich gekommen und keinen Schritt weiter«, sagte Bergie, »was vor uns liegt, weiß kein Mensch.« Lange sprach keiner von uns. Wir lauschten dem Wind, der im Gras sang, und schauten über die unermeßliche Wildnis hinweg, die sich noch Hunderte von Kilometern weit ausdehnte. »Wissen Sie«, meinte Bergie, »es gibt nur eines, wovor ich hier draußen Angst habe, nämlich vor einem Feuer.«

3 Feuer

Mark

Stille wird es wieder,
Nach dem Heulen der Schakale.
Trocknes Erdreich stürzt hernieder,
Poltert laut zu Tale.

RUDYARD KIPLING

Die Regenfälle des Jahres 1974, die weite Landstriche unter Wasser setzten, waren die schwersten, die jemals in Botswana gemessen wurden. Sie hörten im Mai auf, und danach stand das Gras der Savanne höher, als ein Buschmann seinen Kopf trägt, es glich einem endlosen goldenen Weizenfeld, das sich im Wind wiegt. Im Juli, als wir die ersten drei Monate im Deception Valley hinter uns hatten, hatte die Sonne der Trockenzeit den Weizen in Stroh verwandelt und das Stroh in Zunder. Manche Leute behaupteten, er könne sich entzünden, wenn die Sonnenstrahlen auf ein Tautröpfchen träfen.

»Gras Nummer 27: Basis 9,2 cm; trockene Blätter 57,2 cm; grüne Blätter 14,3 cm . . . « Den ganzen Vormittag waren wir schon damit beschäftigt, die Grundflächen, die Ausdehnung der Blätterkronen und die Artenzusammensetzung der Gräser- und Kräutergesellschaften längs einer Linie zu ermitteln, die wir für unsere Stichprobenerhebung vom Flußbett bis zur Dünenkuppe gezogen hatten.

Als ich mich aufrichtete, um meine verkrampften Knie zu entspannen, bemerkte ich eine seltsame graue Wolke, die am östlichen Horizont emporstieg. Sie wölbte sich viele Hundert Meter hoch in die Luft. Ihre Spitze hatte der Wind zu einem dunstigen Schweif umgeformt, der langsam nach Süden trieb. Weit weg – wie weit, konnten wir nicht erkennen – stand die Kalahari in Flammen.

Während wir dastanden und die unheilschwangere Wolke betrachteten, schlug uns eine heftige Böe mit fast fünfzig Stundenkilometern ins Gesicht. Sie zerrte an unseren Kleidern und trieb uns die Tränen in die Augen. Zwischen uns und dem Feuer lagen nur einige Kilometer verdorrter Grasflur.

Wir verfolgten weiterhin Nacht für Nacht Captain und die anderen Schakale, doch stets hatten wir das unheimliche Leuchten am östlichen Horizont vor Augen. Noch immer lag so viel Savanne zwischen dem Feuer und unserem Camp, daß es mehrere Wochen dauern mußte, bis es uns erreichte. Bis es so weit war, mußten wir uns einen Plan ausdenken, um uns selbst, den Landrover und das Lager zu schützen.

Die Julinächte waren bitterkalt. Wir hatten nicht mit Temperaturen gerechnet, die tagsüber auf zwanzig Grad Celsius stiegen und kurz vor Einbruch der Dämmerung auf minus zehn Grad abfielen. Wir besaßen keinerlei Wintersachen – dafür war in unserem Gepäck kein Platz gewesen. Bei unserer Schakalpirsch konnten wir die Kälte kaum noch ertragen, und wenn ich den Suchscheinwerfer auch nur wenige Minuten lang aus dem Fenster gehalten hatte, waren mein Arm und meine Schulter erstarrt. Der Landrover hatte keine Heizung, deshalb schnitt ich Löcher in eine Kaffeekanne, stülpte sie über eine Kerze und stellte beides auf den Boden. Wir benutzten Socken als Handschuhe, breiteten die Schlafsäcke auf dem Schoß aus und aßen Eintopf aus Büchsen, die wir über dem Auspuffkrümmer erwärmt hatten. Dennoch konnten wir es höchstens drei oder vier Stunden im Wagen aushalten und mußten dann so schnell wie möglich zum Lagerfeuer zurückkehren.

Anfangs sahen für uns alle Schakale gleich aus, vor allem in der Nacht. Also beschlossen wir, einige Tiere zu betäuben und zur leichteren Identifizierung mit einem Kragen zu versehen. Auf unserer ersten Nachschubfahrt nach Maun, wo ich den Anlasser hatte reparieren lassen, hatte mir Norbert Drager, ein deutscher Tierarzt im Dorf, etwas Büffelleder und ein Betäubungsgewehr mit Kohlendioxidpfeilen geschenkt. Es war durchlöchert und mit Rost bedeckt. Ich dichtete die Löcher mit Reifenflicken ab und fertigte aus dem Leder ein paar leichte Kragen, die sich mit kleinen Bolzen verschließen ließen.

In einer sehr kalten Julinacht gelang es uns, einen Schakel unweit unseres Lagers zu betäuben. Es besteht die Gefahr einer Unterkühlung, wenn ein Tier bei solchen Temperaturen das Bewußtsein verliert, und so trugen wir unser Opfer, nachdem wir ihm den Kragen umgelegt hatten, behutsam ins Camp, wo er sich am warmen Lagerfeuer erholte. Danach bewachten wir ihn vom Landrover aus, um ihn vor größeren Raubtieren zu schützen, bis er seiner Sinne wieder ganz mächtig war.

Die Stunden verstrichen, die Nacht wurde immer kälter, und unsere Kaffeekannenheizung konnte uns nicht mehr warm halten. Um ein Uhr hatte Delia genug. Mit dem trüben gelben Licht ihrer schwachen Taschenlampe den Weg ausleuchtend, schleppte sie ihren Schlafsack und unsere dünne Schaumgummimatratze in das kleine Küchenzelt. Sie mußte sich unbedingt aufwärmen und ein wenig Schlaf finden, ungeachtet der Ratten und Mäuse, die vielleicht über sie hinweghuschen würden. Im Tal wimmelte es nämlich von Nagetieren, so daß wir mehrere Wochen lang beim Abendessen die Füße auf Blechbüchsen stellen mußten, um die Tiere daran zu hindern, an unseren Beinen hochzuklettern.

Ich saß allein im Wagen und richtete ab und zu den Scheinwerfer auf den Schakal, der jetzt um sich zu schlagen begann und sich aufzurichten versuchte. Die Lampe wärmte meine Hände, und ich hätte sie am liebsten gar nicht mehr ausgeschaltet, doch ich mußte die Batterie schonen. So hockte ich also mit dem Feldstecher hinter dem Steuer, zitternd vor Kälte, und betrachtete den fernen Schein des Steppenbrandes. Wie weit er wohl noch entfernt war?

Zwei Wochen waren seit dem Tag vergangen, an dem wir ihn zum ersten Mal bemerkt hatten. Seitdem hatte er sich ausgedehnt und zu einer orange-roten Korona gesteigert, die sich über den ganzen Horizont von Norden nach Süden erstreckte. Jetzt, in der Stille der Nacht, in der unbewegten und feuchten Luft, war das lebhafte Farbenspiel am Himmel verblaßt. Das Feuer schien sich zur Ruhe begeben zu haben. Doch ich wußte, daß der Wind am Morgen auffrischen und einen riesigen Vorhang aus grauem Rauch in die Atmosphäre blasen würde.

Das kleine Camp, das Bergie uns geschenkt hatte, stellte zwar keinen großen materiellen Wert dar, aber es war alles, was wir auf dieser Welt besaßen, und wir würden es uns nie und nimmer leisten können, es zu ersetzen. Sollte es vom Feuer zerstört werden, wären wir finanziell am Ende und müßten unsere Forschungsarbeiten einstellen. Andererseits hatten wir in unserer »Bauminsel« bereits kräftige Wurzeln geschlagen. In der kurzen Zeit war das Deception Valley unsere Heimat geworden.

Wir sorgten uns auch um Captain und die anderen Tiere. Sicherlich würden viele von ihnen in den Flammen umkommen. Nach dem Feuer wäre wohl nur noch wenig vorhanden, was sich zu erforschen lohnen würde.

Plötzlich stiegen Farbfontänen in den Nachthimmel, die wenig später auf geheimnisvolle Weise zu einem kleinen trüben Schimmer zusammenschmolzen, um nach wenigen Minuten wieder aufzuflackern: Das Feuer wanderte über die Dünen. Jedesmal wenn es in ein Dünental hinabstieg, wo es weniger Zündstoff vorfand, nahm seine Intensität ab, doch sobald es wieder einen bewaldeten Hang hinaufkroch, wurde es vom Wind und dem zusätzlichen Brennmaterial kräftig angefacht. Mit wachsender Beunruhigung begann ich mir klarzumachen, wie riesengroß das Feuer tatsächlich war. Die Kalahari brannte auf einer Breite von mehr als achtzig Kilometern.

Ich hängte den Scheinwerfer an den Außenspiegel und schaltete ihn ein. Es war ungefähr halb vier, und der Schakal erholte sich prächtig. Nachdem ich das Licht ausgeschaltet hatte, blies ich in die Hände, um sie aufzuwärmen. Doch dann zwang mich irgend etwas, noch einmal hinzuschauen. Ich knipste den Scheinwerfer wieder an und erblickte *sieben Löwen, die sich über den Schakal beugten.*

Aufgeschreckt durch das Scheinwerferlicht, sprangen die zwei Weibchen und die fünf halbwüchsigen Löwen zurück und machten kehrt. Doch wenige Sekunden später kamen sie wieder und fixierten ihre Beute. Ich startete und raste am Zelt vorbei, in dem Delia fest schlief. Die Löwinnen ignorierten den Lärm des Autos und weigerten sich, von dem Schakal abzulassen. Nachdem Überraschung und

Verwirrung verflogen waren, schritten sie mit gesenktem Kopf und heftig zuckendem Schwanz auf ihn zu.

Ich fuhr schnell in Richtung Schakal und setzte mich zwischen ihn und die Löwen. Sie drehten ab, um dem Wagen auszuweichen, und ich streifte dabei eine Löwin mit der Stoßstange am Hinterteil. Sie ließ ein Grollen hören, wandte sich um und spuckte die Autoscheinwerfer an. Die Raubtiere wollten um den Wagen herumgehen, doch ich versperrte ihnen den Weg, drängte sie ab und bugsierte sie im Schrittempo auf die »Westprärie« zu, wie wir das Grasland hinter dem Camp nannten. Indem ich das Lenkrad nach links und rechts drehte und mit der Stoßstange dicht hinter ihnen blieb, konnte ich sie in die gewünschte Richtung treiben. Mir gefiel es nicht, daß ich die Löwinnen in dieser Form manipulieren mußte, aber meine Hauptsorge galt jetzt dem Schakal, den wir vorübergehend hilflos gemacht hatten.

Ich befand mich etwa vierhundert Meter westlich des Camps, als ich im Rückspiegel ein schwaches Leuchten wahrnahm, das irgendwo hinter dem Wagen aufblinkte. Es dauerte ein paar Sekunden, bis mir klar wurde, daß es aus dem Küchenzelt kam.

Delia hatte zunächst von den Löwen gar nichts bemerkt. Als das Motorgeräusch sie aufweckte, glaubte sie, ich führe hinter dem Schakal her, um mich zu vergewissern, daß er sich völlig erholt hatte. Doch bald darauf vernahm sie schwere Schritte vor dem Zelt. Die Wand des Zeltes erbebte. Dann spürte sie einen starken Luftzug an den Füßen. Langsam hob sie den Kopf. Im Rahmen des Eingangs – die Türklappe besaß keine Reißverschlüsse mehr – und verschwommen sichtbar im Sternenlicht erblickte sie die massigen Köpfe von zwei männlichen Löwen, die sich über ihre Zehen beugten.

Sie hielt den Atem an, als die Löwen den Zeltboden beschnupperten, wobei sie die Luft heftig durch die Nüstern ausstießen und mit den Schnurrbarthaaren den Nylonstoff des Schlafsacks streiften.

Sie bewegte ihre Füße. Die Löwen erstarrten und blickten unverwandt in das Zelt hinein. Sie hörte, wie der Landrover sich weiter entfernte. Behutsam tastete sie nach der Taschenlampe, die neben ihr auf dem Boden lag. Die Löwen rührten sich nicht und schienen sogar zu atmen aufgehört zu haben. Delia richtete die Lampe auf das Plastikfenster über ihrem Kopf. Der linke Löwe bewegte sich gegen die Zeltwand, die wieder zu wackeln begann. Delia hielt die Lampe gegen das Fenster, zögerte aber, den Knipsschalter zu betätigen, weil sie befürchtete, das würde zuviel Lärm machen. Schließlich knipste sie einmal – in der Stille klang es wie ein Gewehrschuß.

Die Löwen regten sich nicht. An-aus, an-aus, an-aus. Immer wieder gab sie Lichtsignale. Ein Weilchen später atmete sie tief und langsam aus, als sie das Aufheulen des Motors und das unverkennbare Knarren der Stoßstange hörte, das ihr anzeigte, daß der Landrover auf das Camp zuratterte.

Als ich mich unserer Bauminsel näherte, schwenkte ich den Scheinwerfer hin und her. Mir fiel nichts Ungewöhnliches auf. Doch das schwache Aufblinken der Taschenlampe ging weiter. Ich fuhr um das Zelt herum und trat, das Steuer fest umklammernd, heftig auf die Bremse: Zwei schwarzmähnige Löwen standen Schulter an Schulter im Eingang. Delia war gefangen wie eine Maus in einem Schuhkarton!

Ich mußte etwas unternehmen, um die Löwen abzulenken, ohne sie zu irritieren und in die falsche Richtung zu treiben. Eine ungeschickte Bewegung würde die Gefahr nur noch vergrößern. Als wir zuletzt in Maun gewesen waren, hatten wir von einer Frau erfahren, die in Chobe, einem Nationalpark im Nordosten Botswanas, von Löwen aus ihrem Schlafsack gezerrt worden war. Zum ersten Mal wünschte ich mir, ich besäße eine Waffe. Durch einen Schuß in die Luft hätte ich die Löwen vom Zelt verscheuchen können.

Vielleicht konnte ich die Männchen, so wie vorhin die Weibchen, mit dem Landrover abdrängen. Langsam fuhr ich auf sie zu. Sie blieben wie angewurzelt im Zelteingang stehen, wandten sich jedoch mit runden Augen, aufgestellten Ohren und peitschendem Schwanz zum Wagen um. Zumindest richtete sich nun ihre Aufmerksamkeit auf mich und nicht mehr auf Delia. Je näher ich heranfuhr, desto größer schienen sie zu werden, bis sie schließlich so hoch waren wie die Motorhaube. Ihre Schultermuskeln waren vorgewölbt und gespannt. Doch sie wichen nicht von der Stelle. Ich stoppte.

Nach einigen Sekunden begannen sie zu blinzeln. Sie setzten sich auf die Hinterhand und wandten sich wieder Delia zu. Ich ließ die Kupplung kommen und fuhr wieder an. Diesmal streckte ich den Kopf aus dem Fenster und schlug auf die Seitenwand des Landrovers, damit die Tiere ihre Aufmerksamkeit auf den Wagen richteten. Als ich ganz dicht vor ihnen war, drehten sie endlich ab. Sie legten, offensichtlich verärgert, die Ohren an, senkten die Nase zum Boden und schritten in Richtung der Weibchen davon. Außerhalb des Lagers begannen sie zu brüllen, und auf das Crescendo ihrer Stimmen, das im ganzen Tal widerhallte, antworteten die Löwinnen aus der Buschsavanne weiter westlich. Der Schakal hatte im allgemeinen Trubel entkommen können.

Ich schlüpfte schnell ins Zelt zu Delia. Halb erschrocken und halb fasziniert redete sie eine Weile und barg dann den Kopf an meiner Brust. Bald waren wir fest eingeschlafen. Ich wachte nur einmal auf, als eine Ratte auf meine Stirn plumpste.

Als wir einige Nächte danach einen unserer markierten Schakale verfolgten, überzog sich der Himmel im Osten plötzlich feuerrot. »Mark, das Feuer ist ganz nahe! Wir müssen zum Camp zurück und uns fertig machen!« Ich meinte hingegen, daß es noch immer ziemlich weit entfernt sei und daß es zu früh wäre, das Lager jetzt schon abzubrechen. Aber Delia blieb hartnäckig, und so gab ich schließlich ihren Bitten nach und wendete.

Noch bevor ich den Landrover richtig zum Stehen gebracht hatte, sprang Delia von ihrem Sitz. Sie begann Töpfe, Pfannen und Mehlbeutel zusammenzuraffen und alles, was sie ziehen oder tragen konnte, zum Wagen zu schleppen. Ich versuchte, ihr gut zuzureden: »Schau, Boo, das Feuer kommt nicht in den nächsten Minuten über die Dünen angerast, auch noch nicht vor Tagesanbruch.«

»Wie willst du das wissen?« gab sie zurück, während sie sich mit einem schweren Zwiebelsack abmühte. »Du hast noch nie einen Flächenbrand in der Kalahari oder sonstwo erlebt!«

»Wir werden das Feuer rechtzeitig hören, und man sieht die Flammen im Gras – dann fliegen nämlich die Funken. Wo sollen wir denn essen, schlafen und arbeiten, wenn wir schon einpacken, bevor das Feuer überhaupt hier ist?«

Aber sie ließ sich nicht aufhalten. Ich war fast darauf gefaßt, daß sie mich im nächsten Augenblick mit einem nassen Bettuch ersticken würde. Soeben stolperte sie mit einer neuen Ladung Büchsen, Kleidern und einem Kanister auf den Wagen zu. Der Berg auf dem Landrover wurde von Minute zu Minute höher. Ich begann die Sachen aus dem Seitenfenster hinauszuwerfen, sobald sie sie hinten auftürmte. »Hör doch auf, verdammt noch mal! Wenn das Feuer herkommt, werden wir es schon merken. Reiß dich bitte zusammen!«

»Ich will kein Risiko eingehen!« rief sie zurück.

Ich hatte gerade den Zwiebelsack auf der unbeleuchteten Seite des Wagens wieder an einen Ast gehängt, als das Küchenzelt halb in sich zusammenfiel. Delia zerrte an dem Stangengewirr herum wie ein Karnickel in einem Möhrenbeet.

»Was hast du vor?« quengelte ich.

»Ich verstaue das Zelt auf dem Landrover.«

Ich stapfte zum Wagen hinüber und schob den ganzen Kram von der Ladefläche auf den Boden. »Schluß jetzt!« brüllte ich und baute mich zwischen ihr und dem Haufen auf. »Wir sollten lieber etwas Konstruktives tun – zum Beispiel eine Feuersperre rings um das Camp legen.«

Ich band mit einem starken alten Baumwollseil einen umgestürzten Baum an das Heck des Landrovers. Nachdem ich ein paarmal um das Lager gefahren war, hatte ich in das hohe Gras eine Schneise gewalzt. Als ich damit fertig war, begann ich unser Bett im Hinterteil des Wagens herzurichten. Mitternacht war längst vorbei.

»Was machst du da?« fragte Delia, die hinter mir stand.

»Ich lege mich schlafen. Ich weiß, daß wir jetzt vollkommen sicher sind. Aber du bist ja so verdammt stur. Meinetwegen kannst du die ganze Nacht auf das Feuer aufpassen.«

Sehr viel später kroch sie, zerknirscht und steif vor Kälte, in ihren Schlafsack und kuschelte sich an mich. Ich legte einen Arm um sie und schlief wieder ein.

Am späten Vormittag vernahmen wir das mahlende Geräusch von Bergies Lastwagen, der über die Ostdüne das Lager ansteuerte. Lachend glitt er vom Fahrersitz herunter. »Was soll das alles?« fragte er und musterte unser aufgelöstes Camp.

Wir erkundigten uns nach dem herannahenden Steppenbrand.

»Na ja, ich vermute, ihr werdet wohl noch ein Weilchen überleben.« Er kicherte.

»Das Feuer ist immer noch ungefähr fünfzig Kilometer weit weg. Bei mir ist es vorgestern vorbeigekommen.«

Delia warf mir einen Blick zu und lächelte schwach.

Dann runzelte Bergie die Stirn. »Macht bloß keinen Fehler, das Feuer meint es verflucht ernst. Ich habe mit einem Traktor eine Schneise gelegt und mit der ganzen Mannschaft das Feuer bekämpft, und trotzdem war es ziemlich schlimm. Seht euch vor, wenn es hierherkommt – mit ihm ist nicht zu spaßen.«

»Wie ist es überhaupt entstanden?« wollte ich wissen.

»Die verflixten Buschmänner legen jedes Jahr solche Feuer. Sie können besser jagen und Fährten lesen, wenn das dichte Gras abgebrannt ist. Und sie finden dann leichter Bauhinia-Nüsse, die für sie eine Grundnahrung sind. Wahrscheinlich darf man ihnen das nicht allzusehr übelnehmen, aber für die Bäume im Waldland ist das Feuer eine Katastrophe. Es dörrt die untere Laubschicht aus, die die Tiere in der Trockenzeit als Äsung brauchen. Doch die Buschmänner sind nicht allein schuld. Auch die Safarijäger setzen das Veld in Brand, obwohl sie es niemals zugeben werden.«

Er ging zum Heck seines Lastwagens. »Ich habe ein paar Sachen übrig, die ihr vielleicht brauchen könnt.« Er stellte einen Jutesack mit Ziegenfleisch, Eiern und Maismehl in das Gras neben dem Küchenzelt. Unsere fast leeren Wasserfässer füllten wir bis zum Rand aus den Fässern auf seinem Lastwagen auf. Delia kochte Kaffee.

Nach dem letzten Schluck stand er auf und verabschiedete sich. »Ich habe drei Wochen Urlaub. Werde wohl nach Johannesburg fahren und meine Tochter und ihre Familie besuchen. Aber lange halte ich es in der Stadt bestimmt nicht aus – in zehn Tagen oder so bin ich wieder da. Mit dem Feuer werdet ihr schon fertig. Es wird jede Nacht sehr viel kleiner, und so braucht es noch ein paar Wochen bis Deception.«

Wir baten ihn, nach seiner Rückkehr einige Tage bei uns zu bleiben, damit wir ihm einiges von dem zeigen könnten, was wir bislang erforscht hatten. »In Ordnung, in Ordnung – ich komme gleich herüber, wenn ich wieder im Lande bin. Okay, Mark, okay, Delia – Wiedersehen!«

Zwei Wochen vergingen, aber Bergie war noch immer nicht da. Tag für Tag lauschten wir in den Wind, und Dutzende Male glaubten wir, wir könnten seinen Wagen hören. Doch immer wieder narrte uns das Surren einer Spannleine im Wind oder das Dröhnen der allgemeinen Stille in unseren Ohren. So kann es einem im Busch ergehen, wenn man sehnlich auf einen Freund wartet.

War er krank geworden? Hatte sich sein Wagen auf der Fahrt zu uns überschlagen? Wir waren so besorgt, daß wir schließlich die Piste abfuhren, die er stets benutzte, doch vergebens. Wir redeten uns ein, er habe sich doch etwas länger als vorgesehen in Johannesburg aufgehalten.

Einige Tage später, an einem frostigen Morgen Anfang August, öffnete ich die Hecktür des Landrovers und kroch aus dem Bett. Die kränklich wirkende Sonne tauchte das alte Flußbett in ein schwaches, fahles Licht. Die Vögel schwiegen. Scharen von Insekten – solche, die gewöhnlich nur des Nachts munter sind – schwärmten in der Luft oder krabbelten in der gespenstischen Stille im Geäst und auf dem Erdboden herum. Das zu Asche gewordene Skelett eines Grashalms, den die Hitze versengt hatte, legte sich auf meinen Handrücken. Ich blickte hoch und sah, daß die Luft erfüllt war von solchen eingeäscherten Halmen, die auf uns zutrieben und alles ringsum wie schwarzer Schnee bedeckten. Im Osten stieg in breiter Front ein brodelnder Rauchschleier himmelwärts. Das Feuer hatte uns schon fast erreicht. Ich kam mir klein und hilflos vor. Es war größer und gewaltiger, als ich es mir vorgestellt hatte. Wahrscheinlich wäre es doch besser gewesen, wenn wir schon vor Tagen das Camp abgebrochen und die Flucht nach Maun angetreten hätten.

In aller Eile packte ich Töpfe, Pfannen, Mehlsäcke und alles andere, was sonst noch hineinpaßte, in den Landrover, während Delia das Zelt zusammenlegte. Doch falls die Flammen am Nachmittag im Tal zuschlagen sollten, bei extrem niedriger Luftfeuchtigkeit und einer Windgeschwindigkeit von fünfzig bis sechzig Stundenkilometern, dann würde es fast unmöglich sein, das Camp vor dem Feuer zu retten. Abgesehen von unserer persönlichen Sicherheit und dem Schicksal der Tiere, machten wir uns am meisten Sorgen um unsere wissenschaftlichen Aufzeichnungen und um den Landrover. Ich band den Baumstamm noch einmal an den Wagen und zog ihn um das Lager, um die Feuerschneise zu verbreitern. Mit Spaten und Axt räumten wir so viel Gras und totes Holz wie möglich beiseite. Delia stellte neben dem Küchenzelt Gefäße mit Wasser bereit, und ich schnitt Zweige ab, die wir als Feuerpatschen benutzen wollten. Viel mehr konnten wir nicht tun.

Der Vormittag schleppte sich dahin, der Wind wurde stärker, das Getöse des Feuers lauter. Immer mehr Asche regnete auf das Camp herab und fegte über den Boden dahin. Am späten Nachmittag erreichten die vom Wüstensturm angefachten Flammen den Kamm der Ostdüne. Sie hielten einen Augenblick inne, beleckten die hohen Gräser und die unteren Zweige eines Baums, sprangen dann in den Wipfel und verwandelten den Baum in eine zehn Meter hohe Fackel. Ein zweiter Flammenvorstoß erklomm die Düne, dann noch einer. Eine geschlossene Feuerfront schob sich durch den lichten Wald vor. Ganze Bäume explodierten wie Feuerwerkskörper.

Die gewaltige Hitze erzeugte ihren eigenen Wind, der den Flammen zusätzlichen Sauerstoff zuführte und sie mit ungeheurer Geschwindigkeit den Dünenhang hinabtrieb, auf das Flußbett zu. Sie rasten durch Gras und Gebüsch, so weit wir nach Norden und Süden blicken konnten. Auf ein solches Naturschauspiel waren wir nicht vorbereitet.

»Unsere Schneise wird das Feuer nie und nimmer aufhalten!« brüllte ich, um das Tosen zu übertönen. Ich ließ den Zweig, den ich in der Hand hielt, fallen und rannte zum Landrover, band den Baumstamm wieder am Heck fest und zog ihn mehrmals um das Camp, um die Feuersperre nochmals zu verbreitern.

Als die Flammen im Flußbett anlangten, knapp tausend Meter vom Lager entfernt, fielen sie zusammen und breiteten sich im Gras aus. Eine riesige Wolke aus sengendem weißem Rauch türmte sich über der Savanne auf, und das Feuer wälzte sich mit zwei bis drei Meter hohen Stichflammen durch das Tal. Ich hatte gehofft, unser Fahrweg, der das Flußbett in einer Entfernung von fast vierhundert Metern querte, würde den Vormarsch verlangsamen, doch das Feuer legte nur eine kleine Pause ein. Die Schneise um das Camp war noch immer viel zu schmal.

Wiederum zog ich den Baumstamm durch das Gelände, diesmal in großen Achterschleifen. Als die Flammen bis auf zweihundert Meter herangekommen waren, lief ich zum Rand der Schneise und kniete nieder, um ein Gegenfeuer zu entzünden. Meine Hände fummelten mit den Streichhölzern herum. Doch bei dem Wind gelang es mir nicht, auch nur ein einziges anzuzünden. Ich drehte mich um, um meinen Körper als Windschutz zu benutzen, und spürte die Hitze im Nacken. Ich mußte mich zusammenreißen, um nicht aufzustehen und davonzurennen. Schließlich rieb ich alle restlichen Streichhölzer auf einmal an und warf sie ins Gras. Doch es war schon zu spät. Das Gegenfeuer konnte sich gegen den starken Wind nicht schnell genug entwickeln. Ich sprintete zum Wagen und fuhr mit dem Stamm im Schlepp dicht vor der Feuersbrunst entlang. Wenn es mir gelingen sollte, die Wucht des Feuers zu brechen, konnten wir es vielleicht mit unserem Gegenfeuer rund um das Camp leiten.

Ich machte unmittelbar vor den Flammen mehrere Ausfälle. Aber sie bewegten sich noch immer viel zu schnell auf Delia und das Camp zu. An einer Stelle, wo sich das Feuer im plattgewalzten Gras ein wenig verlangsamt hatte, fuhr ich direkt in das Flammenmeer hinein, und zwar so schnell, wie es mir der Baumstamm erlaubte. Nach etwa fünfzig Schritt kehrte ich um und schaute zurück. Es funktionierte! Es entstanden Lücken in der Feuerfront, und sie drang jetzt langsamer vor. Ich wendete und machte einen neuen Vorstoß, dann noch einen.

Beim dritten Versuch war die Rauchentwicklung so stark, daß ich kaum noch etwas sehen konnte. Plötzlich tauchte Delia vor dem Landrover auf, die mit einem Zweig auf die Flammen einschlug. Ich trat heftig auf die Bremse und verfehlte sie nur um einen Fußbreit. Sie sprang zurück und rannte fort.

Als ich kehrtmachte, um einen neuen Vorstoß zu wagen, lief Delia schreiend und winkend auf mich zu. Ihr Gesicht war kreideweiß.

»Mark! Mein Gott, du brennst! Der Wagen steht in Flammen! Spring heraus, bevor er explodiert!« Ich blickte nach hinten. Der Baumstamm, das Seil und das Chassis hatten Feuer gefangen.

Ein 200-Liter-Tank, in dem Benzin schwappte, stand hinter meinem Sitz; das Überlaufrohr führte durch den Wagenboden und kam vor dem rechten Hinterrad wieder zum Vorschein. Ich bremste abrupt, stellte den Motor ab und schnellte durch die Tür, während die Flammen schon an beiden Seiten des Landrovers hochzüngelten. Dann rannte ich dreißig Meter zu der Stelle, wo Delia stand. Zusammen warteten wir auf die Explosion.

»All unsere Aufzeichnungen, unsere Kameras, *alles* ist da drin!« rief Delia aus.

Da erinnerte ich mich an den alten Feuerlöscher, der an der Decke über den Vordersitzen angeklammert war. Ich kletterte zurück in den brennenden Wagen, aber der Schlagknopf des Löschers war festgerostet. Ich schleuderte das Ding aus dem Fenster, startete den Motor und warf einen Gang ein. Während ich das Gaspedal ganz niedertrat und der Motor aufheulte, nahm ich den Fuß von der Kupplung. Der Wagen machte einen Satz nach vorn, wobei er in allen Fugen krachte. Das lichterloh brennende Seil riß mitsamt dem Baumstamm ab, und auf wunderbare Weise löste sich auch zum größten Teil das brennende Gras vom Unterboden. Ich brachte den Landrover auf einer kleinen kahlen Felsplatte zum Stehen und warf Sand in das Chassis, um die restlichen Flammen zu ersticken.

Wir übergossen das Küchenzelt mit Wasser und schlugen mit Zweigen und Autoschläuchen um uns, während es rings um das Camp brannte. Die Flammen krochen über den Boden, wo wir soeben gelöscht hatten, und suchten sich über einzelne Grashalme einen Weg durch die Schneise. Ein Spannseil der Eingangsklappe fing Feuer; ich hieb es ab. Einen Plastik-Benzinkanister und eine Kiste mit Ersatzteilen zerrten wir näher ans Camp heran. Ein Funkenregen ging auf uns nieder. Wir schlugen auf die Flammen ein, konnten kaum noch atmen und keuchten und japsten in dem beißenden Rauch und der heißen, sauerstoffarmen Luft. Nach einer Weile schien das Feuer auf der Stelle zu treten. Wir hatten kaum noch die Kraft, mit unseren Feuerpatschen zuzuschlagen.

In wenigen Minuten oder Sekunden – ich weiß wirklich nicht mehr, wie lange es dauerte – war der Feuersturm vorüber. Wir hatten ihn gerade so stark abgebremst, daß er um das Camp herumgelenkt wurde. Nachdem wir noch einige kleine Brandstellen gelöscht hatten, waren wir endlich in Sicherheit.

Hustend und vor Erschöpfung heftig atmend, sanken wir auf die Knie. Unsere Lungen waren wie ausgebrannt. Als wir aufblickten, sahen wir wie in Trance, wie sich im Tal eine Baumgruppe nach der anderen in orange-rot leuchtende Fackeln verwandelte. Der Nordbaum und die Adlerinsel standen in hellen Flammen.

Lippen, Stirn und Hände waren mit Blasen bedeckt, Augenbrauen und Wimpern abgesengt. Noch tagelang husteten wir Asche und Ruß aus, und die Holzkohle, die sich in unseren Poren festgesetzt hatte, ließ sich einfach nicht abwaschen. In den nächsten Wochen umhüllte uns überall, wo wir gingen oder fuhren, eine graue Wolke. In windigen Nächten überzog sich der Landrover mit einem Staubschleier, der das Licht unserer Kerosinlampe zu einem trüben Schimmer verdunkelte. Zum Schlafen banden wir uns ein Tuch über das Gesicht.

Nachdem der Steppenbrand abgezogen war, bewegte er sich über die Dünenkuppen in die Kalahari hinaus und erhellte den Nachthimmel wie ein prächtiger Sonnenuntergang. Das Nachglühen der verbrannten Bäume blieb sichtbar, bis der scharlachrote Schein des Feuers mit der Morgenröte verschmolz.

Als anderntags die Sonne aufging, saßen wir da und starrten auf die geschwärzte Kalahari. Weiße Rauchfäden krochen wie Ranken aus verkohlten Baumstümpfen. Graue Aschenhäufchen – das war alles, was vom Gras der Dünen und des Flußbetts übriggeblieben war – zerfielen im Wind schon bald zu Staub. Ganze Bäume, selbst die großen, waren völlig verbrannt und hinterließen auf dem schwarz verfärbten Sand Stickmuster aus weißlicher Asche. Wir hatten das Gefühl, die einzigen Bewohner einer Vulkaninsel zu sein, die über Nacht entstanden war. Lava und Asche hatten sich noch nicht abgekühlt, und Feuerbrände aus dem Innern der Erde flackerten noch immer auf der geschmolzenen Oberfläche. Unser Forschungsvorhaben war in Schutt und Asche versunken.

Gegen Mittag kam Bergies großer Lastwagen brummend über die geschwärzte Kuppe der Ostdüne und holperte auf unser Camp zu. Delia schürte sofort das Lagerfeuer, um Kaffee zu kochen.

Der weiße Bedford-Viertonner rollte aus, und die Afrikaner, die bei Bergie arbeiteten, stellten sich in einer ungeordneten Reihe auf.

»*Dumella*!« begrüßte ich sie.

»*Ee*«, erwiderten sie verlegen.

»Wo ist Mr. Bergie? Wie geht es ihm?« fragte Delia. Alle blickten zu Boden, hüstelten und scharrten mit den Schuhen im Sand.

»Khaopheli«, sprach ich den Vorarbeiter an, »was ist los? Wo ist Mr. Berghoffer?« Sie ließen in verwirrtem Schweigen die Köpfe hängen.

»Mr. Bergie kommt nicht mehr zurück«, sagte Khaopheli leise und betrachtete noch immer seine Füße.

»Wieso nicht? Sie meinen, er ist noch in Johannesburg?«

»Mr. Bergie ist tot.« Ich konnte ihn kaum verstehen.

»Tot!? Was soll das heißen – das ist doch unmöglich!«

Er hob den Kopf, klopfte sich auf die Brust und murmelte: »*Pilo* – Herz.«

Ich setzte mich auf die Stoßstange des Lastwagens und vergrub das Gesicht in den Händen. Obwohl wir Bergie erst so kurze Zeit kannten, war er wie ein Vater zu uns gewesen. Ich schüttelte den Kopf und wollte es noch immer nicht glauben.

»Wir nehmen Camp mit ... Mr. Bergies Sachen«, stammelte Khaopheli. Ich nickte und ließ den Blick wieder über die Kalahari schweifen, die Bergie so sehr geliebt hatte. Die Männer begannen unverzüglich damit, unseren einzigen Tisch, die beiden Stühle, das Zelt und anderes Zubehör auf den Lastwagen zu laden.

»Aber Mr. Bergie wollte, daß wir die Sachen behalten«, protestierte ich. Khaopheli bestand darauf, daß die Regierung entscheiden müsse, was damit geschehen solle. Als sie die Wasserfässer zum Wagen rollen wollten, weigerte ich mich, sie herzugeben. Ich erklärte, ich würde mich mit dem Landvermessungsamt in Verbindung setzen und erwirken, daß sie uns offiziell als Leihgaben überlassen blieben. Die Männer gaben schließlich nach und fuhren davon. Die wenigen Bäume, die wir vor dem Feuer gerettet hatten, der Landrover, die Fässer, ein Sack mit Maismehl und andere Lebensmittel waren alles, was uns geblieben war.

Wir waren noch nie so verzweifelt gewesen. Wir konnten nicht einmal Bergies Angehörigen sagen, wieviel er uns bedeutet hatte; wir kannten den Namen seiner

Tochter nicht. Ein Buch, das wir ihm schenken wollten, lag auf der Erde neben der Stelle, wo das Zelt gestanden hatte. Die Seiten flatterten im Wind und überzogen sich mit Staub.

Nach einer Weile rafften wir uns auf und fuhren durch das verkohlte Flußbett. Dichte Ruß- und Aschewolken wirbelten um uns her auf und drangen in Augen, Nase und Hals ein. Alles war schwarz. Oben auf der Westdüne stiegen wir auf das Wagendach: So weit das Auge reichte, war alles vernichtet.

Ungefähr einen Monat früher hatten wir unsere Tickets für den Rückflug in die Vereinigten Staaten zu Geld gemacht, um neue Vorräte für unser Projekt zu kaufen, denn wir wollten versuchen, unsere Forschungsarbeit weiterzuführen. Während wir auf die Zusage für ein Stipendium warteten. Aber sie blieb aus, und jetzt besaßen wir nur noch knapp zweihundert Dollar. Wir waren am Ende. Irgendwie mußten wir etwas verdienen, um nach Hause fahren zu können.

Hoffnungslos starrten wir auf die schwarzverbrannte Dünenlandschaft. Delia stiegen Tränen in die Augen, als sie den Kopf an meine Schulter lehnte und sagte: »Was hat uns nur hierhergeführt?!«

4 Der Ruf der Kalahari

Mark

Die Erde wird niemals müde,
Die Erde ist wild, schweigsam und unbegreiflich zuerst,
Die Natur ist wild und unbegreiflich zuerst.
Laß dich nicht entmutigen, suche weiter: Es gibt göttliche Dinge,
wohlverhüllt,
Ich schwöre dir, es gibt göttliche Dinge, die schöner sind, als
Worte sagen können.

WALT WHITMAN

*D*er rauhe, beharrliche Wind hatte den Sand freigelegt. Die zu Asche gewordenen Überreste der verbrannten Blätter trieben vor dem Sturm über die Dünen – schwarz fegte der Wind über die Kalahari.

Das Feuer hatte die Wohnstätten der Steinböckchen, der Trappen, der Schakale und der anderen Bewohner des Graslandes niedergebrannt. Löffelhunde streiften nervös umher und versuchten mit ihren traurig herabhängenden Riesenohren, sich hinter einem wenige Zentimeter hohen Vorsprung zu verstecken. Es gab keine Zuflucht mehr. Doch nicht tief unter der geschwärzten Erdoberfläche war es warm und dunkel, und im Boden war nach den schweren Regenfällen der vergangenen Monate noch Feuchtigkeit verborgen, das universale Lebenselement. Lange Ketten von Wassermolekülen, zusammengehalten durch die Kapillarität, wurden von den heißen, durstigen Winden aus den Tiefen der Dünen nach oben gesogen.

Ein winziger Grassame ruhte wartend in seinem feuchten unterirdischen Bett. Prall gefüllt mit Leben, sprang er schließlich auf. Ein bleicher Sproß entwickelte sich, bohrte sich zwischen den Sandkörnchen hindurch und wuchs zur Oberfläche empor. Als er sich verdickte und streckte, schob er eine Aschenflocke beiseite und reckte sich zum Himmel. Er war nicht allein. Er stand zwischen Millionen Hälmchen, die den Sand mit einem grünen Hauch überzogen.

Drei Monate nach dem Steppenbrand bedeckten üppige Büschel aus kurzen

54

Grashalmen den geschwärzten Untergrund. Springbock- und Spießbockherden wanderten über die Dünen neben dem Flußbett und rupften das saftige Grün ab.

Wir standen lange Minuten auf der Düne, nachdem Bergies Leute uns verlassen hatten, und fuhren dann schweigend zum Camp zurück. Wir mußten jetzt bestimmten Fakten ins Gesicht sehen: Unser Geld ging zur Neige, und wir hatten kaum Aussichten, in Maun eine Arbeit zu finden, denn die Safariunternehmen stellten meist nur einheimische Helfer ein, für zwei oder drei Dollar pro Tag. In Südafrika waren die Chancen nicht viel besser. Wir würden Monate brauchen, um genug Geld für die Heimreise zu verdienen, drüben einen besser bezahlten Job zu finden und so viel zu sparen, daß wir hierher zurückkehren konnten.

Wir hatten im Camp noch Lebensmittel und Brennstoff für mehrere Wochen, und wenn wir noch einige Zeit im Deception Valley blieben, konnten wir vielleicht herausbekommen, ob die Erforschung der Braunen Hyäne überhaupt möglich war. Indem wir die Nahrung und das Wasser rationierten, konnten wir es schaffen, vor unserer Rückkehr nach Maun genügend Beobachtungen und Daten zusammenzutragen. Dafür entschieden wir uns, so töricht es auch erscheinen mag.

Am Tag nach dem Durchzug des Steppenbrandes fuhren wir nach Westen bis zur »Feuerlinie«, um die Reaktionen der Tiere auf das Feuer zu beobachten. Nur wenige Antilopen und Vögel zeigten sich beunruhigt: Ein Spießbockrudel flüchtete im Galopp zu einem steinigen Areal, wo nur wenig Gras wuchs, und ließ die Flammen passieren. Mehrere Springböcke bewegten sich ständig im Kreis und sprangen, nur einhundert Schritte vom Feuer entfernt, steifbeinig hoch in die Luft. Regenpfeifer und fasanähnliche Trappen strichen kreischend vor dem brennenden Gras ab.

Doch die meisten Tiere blieben erstaunlich ruhig. Eine fünfköpfige Löffelhundfamilie lag schlafend im Gras, bis sich die Flammen auf einige hundert Meter genähert hatten, und erhob sich dann, offensichtlich nicht wegen der drohenden Gefahr, sondern wegen der Insekten, die sich fliegend oder krabbelnd zu Tausenden in Sicherheit zu bringen versuchten. Die Löffelhunde gähnten und streckten sich wie üblich, um dann im Gras auf die Jagd zu gehen, wo sie eine große Heuschrecke nach der anderen erbeuteten. Überall in den Pfannen und im versteinerten Flußbett gab es vereinzelte kahle Stellen und mit kurzem, spärlichem Gras bewachsene Flächen. Wenn das Feuer zu nahe heranrückte, benutzten Löwen, Springböcke, Spießböcke und Kuhantilopen diese Fluchtwege, um in das breite abgebrannte Gebiet zu gelangen. Viele Tiere, unter anderem Eichhörnchen, Füchse, Scharrtiere, Mungos, Schlangen und sogar Leoparden, suchten Zuflucht in unterirdischen Bauten und warteten ab, bis das Feuer vorübergezogen war. Da die Feuerfront so rasch vorrückte, war in den Höhlen die Gefahr des Erstickens gering. Die einzigen Opfer des Steppenbrandes waren einige Nagetiere und Insekten sowie einzelne Reptilien.

Captain, der Schabrackenschakal, verlor keine Zeit, die günstige Situation zu nutzen. Im gewohnten Schnelltrab setzte er über die verkohlten Dünen und verspeiste tote Heuschrecken, Käfer, Mäuse und Schlangen. Er tat sich auch an den bedauernwerten Insekten und Nagern gütlich, die ihre Deckung verloren hatten und nun weithin sichtbar auf dem kahlen Sand umherirrten.

Die Befürchtungen, das Feuer könnte unser Forschungsprojekt zunichte gemacht haben, erwiesen sich als grundlos. Im Gegenteil, der Steppenbrand eröffnete uns interessante neue Aspekte und erleichterte es uns, die Tierwelt zu beobachten und zu verfolgen. Wir versuchten zu ergründen, wie schnell sich die Grasdecke neu bildete und wie sich die Ernährungsgewohnheiten und Wanderbewegungen der Schakale, Löffelhunde und Antilopen veränderten. Wie die anderen Lebewesen versuchten wir die Vorteile der neuen Lage zu nutzen. Wir lernten viel über die Schakale und viel *von* ihnen.

Unser Entschluß, im Deception Valley zu bleiben, solange unsere Vorräte reichten, wurde uns nicht leicht gemacht. Vor dem Brand hatten wir viele Wochen lang hauptsächlich von Maisbrei, Haferflocken und einer Mischung aus Babynahrung und Milchpulver gelebt. Ich hatte dreißig Pfund und Delia fast fünfzehn Pfund abgenommen. Wir waren geschwächt und in lethargischem Zustand, und ich war überzeugt, daß Delia an Blutarmut litt.

Ende Juli, einige Tage vor dem Steppenbrand, wurde ich durch das Öffnen der Hecktür unseres Landrovers aufgeweckt. Ich fand Delia draußen auf der Erde, wie sie sich vor starken Magenschmerzen krümmte. Das war in den letzten Wochen schon öfter vorgekommen, aber sie hatte es mir verheimlicht. Mir war klar, daß die Krankheitsursache nicht nur unsere mangelhafte Ernährung war, sondern auch die seelische Belastung, daß wir nicht genügend Mittel besaßen, um entweder unsere Forschungsarbeit fortzusetzen oder nach Hause zu fahren. In jener Nacht lag ich lange wach und grübelte, wie ich für Delia etwas Nahrhafteres herbeischaffen könnte.

Als wir in der darauffolgenden Nacht einen Schakal im Sandveld verfolgten, tauchte unverhofft ein Steinböckchen im Scheinwerferlicht auf. Ganz selbstverständlich, ohne ein Gefühl der Schuld, zog ich mein großes Jagdmesser aus der Scheide, streifte die Schuhe ab und glitt leise aus dem Wagen, ohne auf Delias Proteste zu hören. Ich achtete darauf, daß ich nicht zwischen das Böckchen und den Scheinwerfer geriet, und pirschte mich an die gut zwanzig Pfund schwere Antilope an. Ihre großen smaragdgrünen Augen glühten im Lichtschein, ihre Nase zuckte und versuchte meine Witterung aufzunehmen, und in den großen Lauschern, die gespitzt waren, damit ihnen nicht das kleinste Geräusch entging, standen die Adern vor. Ich befand mich in einem gesteigerten Bewußtseinszustand; der Sand kühlte meine nackten Füße, als ich behutsam den Grasbüscheln auswich und die Augen unverwandt auf das Tier richtete. Währenddessen stand ich gleichsam neben mir und betrachtete interessiert diesen ungewöhnlichen Zug meines Wesens, der so lange brachgelegen hatte.

Zitternd und stark schwitzend kauerte ich, das erhobene Messer in der rechten

Hand, nur anderthalb Meter vor dem Steinböckchen. Ich konzentrierte mich, sprang vor und zielte mit der Klinge auf eine Stelle dicht hinter dem Schulterblatt. Aber das Tier hatte mich bemerkt; es wich mir in der letzten Sekunde aus und rannte davon. Ich lag ausgestreckt im Sand, an Armen, Beinen und Bauch zerstochen von »Teufelskrallen«, scharfen dreieckigen Dornen. Ich kam mir ziemlich albern vor, als ich mit leeren Händen zum Wagen zurückkehrte.

Andere, ähnliche Versuche, proteinreiche Nahrung zu beschaffen, schlugen ebenfalls fehl, und so lebten wir weiterhin hauptsächlich von Getreideprodukten. Delias Zustand besserte sich nicht.

Nachdem wir unsere Schakalstudien den ganzen Juli und in den August hinein fortgesetzt hatten, machten wir die Entdeckung, daß wir die einzelnen Tiere aufgrund ihrer unverwechselbaren schwarzen Fleckenzeichnungen auf der Schwanzmitte identifizieren konnten. Wir konnten also auf den Einsatz des Betäubungsgewehrs verzichten, der stets die Gefahr einer Verletzung oder Entfremdung mit sich brachte. Da sowohl die Schakale als auch die Braunen Hyänen Aasfresser sind, nahmen wir an, daß es zwischen den beiden Arten zu einem Nahrungswettbewerb kommen müsse. Wenn wir demnach den Schakalen oft genug folgten, würden sie uns mit Sicherheit zu den versteckt lebenden Hyänen führen.

Jeden Abend ließen die Schakale überall im Tal ihr Geheul wie ein Wecksignal erschallen, bevor sie zur nächtlichen Jagd aufbrachen. Im Unterschied zu den Schabrackenschakalen der Serengeti, wo die verpaarten Partner oft ganzjährig zusammenbleiben, gingen die Kalahari-Schakale in der Trockenzeit vielfach allein auf Nahrungssuche. Mit dem Kompaß ermittelten wir die Herkunft der Heultöne, um einzelne Tiere zu orten, denen wir dann folgen konnten. Captains heisere Stimme, die so klang, als litte er an einer chronischen Kehlkopfentzündung, war besonders leicht zu unterscheiden.

In den drei Monaten seit Errichtung unseres Lagers im Deception Valley war noch kein Regen gefallen, und es gab in der ganzen Kalahari kein Trinkwasser. Die Schakale deckten ihren Flüssigkeitsbedarf mit der Feuchtigkeit, die in den erbeuteten Nagern und Vögeln enthalten war, mit Maretwa-Beeren, die sie mit den Zähnen pflückten, und mit wilden Melonen, die verstreut auf den Dünenhängen gediehen.

Captain war ein hervorragender Jäger und ein ausgemachter Opportunist. In der Abendkühle, kurz nach Sonnenuntergang, trabte er oft unterhalb des Gepardenhügels das Flußbett entlang und hielt zuweilen inne, um Termiten aus einer Marschkolonne aufzulecken, die Grashalme ins Nest trug. Das Eintauchen in ein grünes Grasbüschel wurde gewöhnlich mit einer großen Heuschrecke, einer Spinne oder einem Käfer belohnt, die er blitzschnell packte und verschlang. Dann schnürte er weiter, die Nase auf dem Boden. Als er flink einen Skorpion greifen wollte, zog er die Lippen zurück und entblößte die Vorderzähne. Schnaubend, kopfschüttelnd und grimassierend, um nicht in die Nase gestochen zu werden, warf er das Spinnentier in die Luft. Beim dritten Versuch biß er es entzwei und schluckte die spröde Beute. Des öfteren sprang er auf den Hinterbeinen hoch und schnappte dicke Schmeißfliegen und fliegende Termiten, die er wie Cracker zermalmte.

Wenn gegen halb neun oder neun Uhr kältere Luftmassen von den Dünenkuppen ins Tal strömten, begaben sich die Insekten zur Ruhe. Jetzt wandte sich Captain der lohnenderen Aufgabe des Mäusefangs zu. Er trottete von einem Grasbüschel zum anderen und watete mit erhobenem Kopf und nach vorn gerichteten Ohren hinein. Sobald er mit der Nase den genauen Standort einer Maus ausgemacht hatte, richtete er sich zu seiner vollen Größe auf und legte die Vorderläufe auf die Brust. Dann stieß er die Vorderfüße wie Wurfspeere ins Gras, nagelte das Nagetier gleichsam am Boden fest und holte es unter den Pfoten hervor. Wenn er es verfehlte, hüpfte es manchmal senkrecht hoch; dann erwischte er es in der Luft – drei oder vier rasche Kaubewegungen, und es war verschwunden. In drei Stunden tötete er dreißig bis vierzig Mäuse, obwohl er nur bei jedem vierten Fangversuch erfolgreich war. Selbst wenn sich seine Seiten wölbten wie prallgefüllte Müllsäcke, setzte er die Jagd fort und verbarg Mäuse und Ratten dann in kleinen Löchern, die er mit den Vorderpfoten in den Sand grub und mit einem schnellen Schnauzenstoß wieder zudeckte.

Eines Abends unternahm Captain wieder einen wie gewohnt erfolgreichen Jagdausflug; er trabte durch die Nordpfanne, tötete und vergrub ein Nagetier nach dem anderen. Gerade tanzte er um ein Grasbüschel herum, das ihm bis zum Bauch reichte, und steckte seine Nase zuerst auf der einen Seite, dann auf der anderen hinein. Er wollte sich schon aufrichten, um zuzuschlagen, als er sich umwandte und einen Blick auf seine in einer Reihe angelegten Verstecke warf. Was er sah, war haarsträubend: Eine Artgenossin lief von einem der Verstecke zum nächsten, um *seine* Ratten auszugraben und zu verspeisen! Sie plünderte in aller Öffentlichkeit die Vorratskammern des Männchens, das in diesem Teil des Tales der Größte war.

Captain stürzte auf die kleine Diebin zu, doch sie wich nicht von der Stelle. Sie trug den Kopf hoch und stellte stolz ihren blonden Nacken und die rotbraune Schulterpartie zur Schau. Er war schon fast über ihr, als seine Attacke erlahmte. Irgendwo in ihm hatte sich ein Stromkreis kurzgeschlossen; er war unfähig, sie anzugreifen. Es war, als stünde sie hinter einem unsichtbaren Schutzschild.

Statt sie davonzujagen, was er normalerweise getan hätte, versuchte er, ihr zu imponieren: Sein Nacken bog sich, seine Brust schwoll an, seine Ohren zeigten nach vorn, und seine Nase zuckte. Er stolzierte auf die schlanke Schakaldame zu, bis sie sich von Angesicht zu Angesicht gegenüberstanden. Behutsam und sanft berührte er mit seiner Schnauze die ihre. Sie stand steif und angespannt da. Captains Nase wanderte von ihrer Nase zur Wange, dann hinauf zu ihrem Ohr, über den Nacken und schließlich so leicht wie ein Wispern über ihre Schulter. Plötzlich schwenkte er seinen Körper herum und prallte gegen ihr Hinterteil. Sie stolperte zur Seite, gewann ihr Gleichgewicht zurück und erstarrte unter seiner umherschweifenden Nase. Darauf glitt sie abrupt an ihm vorbei und trabte davon, wobei sie verstohlen ein Kraut mit ihrem Duft markierte, den ihm der Wind zutragen mußte. Er sog den Duft ein Weilchen ein, während er ihr nachblickte, bis sie im Gebüsch des Gepardenhügels verschwand. Dann folgte er ihr.

Das Weibchen hatte bei Captain einen unauslöschlichen Eindruck hinterlassen, und am folgenden Abend kamen die beiden wieder zusammen. Nach einem Begrüßungsritual, das aus Beschnuppern und sanften Hüftstößen bestand, standen sie beisammen und kreuzten die Hälse, um ihren Bund zu besiegeln. Sie gingen gemeinsam auf die Jagd, wobei »Mate« – so nannten wir das Weibchen – die Führung übernahm. Sie blieb oft stehen, um das Territorium zu markieren, indem sie an einem Strauch das Bein hob, oder um durch Niederhocken und Absetzen einer Duftmarke ihre Weiblichkeit zu signalisieren. Captain folgte ihr auf dem Fuß, und während er sie nicht aus den Augen ließ, überdeckte er alle ihre Duftmarken mit seinen eigenen, um den anderen Schakalen zu verkünden, daß dieses Weibchen zu ihm gehörte.

Solange der Abend warm war, plünderten die beiden gemeinschaftlich die Insektenpopulation im flachen Flußbett. Als es dann kühler wurde, wandten sie sich einer Nagetierkolonie im Sand des Gepardenhügels zu. Schnüffelnd und schnaubend stießen sie die Nasen in einen Bau nach dem anderen, um herauszufinden, wo sie am besten mit dem Ausgraben anfangen sollten. Captain begann plötzlich ganz aufgeregt zu graben; seine Vorderfüße wühlten den Sand auf wie ein Schaufelrad und schleuderten ihn durch seine gespreizten Hinterläufe. Er schwenkte seine Rute wie eine Fahne, als er den Bau aufriß. Mate sah ihm eine Weile zu und trabte dann zu einem anderen Bau in der Nähe, wo sie ebenfalls zu graben begann.

Captain, der wie ein Besessener wühlte und große Rasen- und Sandklumpen abbiß, kam seiner Beute immer näher. Doch die Grube war inzwischen so tief geworden, daß er die anderen Ausgänge des Baus nicht mehr richtig überwachen konnte. Er schob sich also nach jeder kurzen Grabtätigkeit rasch rückwärts aus dem Loch und warf einen Blick auf die verschiedenen Fluchtwege. Er wollte die Ratte entweder in ihrem Bau fangen oder dann, wenn sie zum Vorschein kam, um ins Gras zu flüchten.

Nach Jahrmillionen der Verfolgung haben die Ratten offenbar solche Strategien durchschaut, und diese spezielle Ratte hatte sich wohl entschlossen, ihren Bau erst im letzten Augenblick zu verlassen. Das Loch war mittlerweile so tief, daß Captain wertvolle Sekunden verlor, wenn er hochkam, um die anderen Ausgänge zu kontrollieren. Als es so weit war, bewies er so etwas wie schakalische Genialität und führte uns eine Verhaltensweise vor, die man unseres Wissens bisher noch nie bei einem Säugetier beobachtet hat.

Konfrontiert mit dem Problem, unter der Erde graben und gleichzeitig Ausschau halten zu müssen, stellte Captain sich auf die Hinterbeine, hob den Kopf aus dem Loch und begann mit den Vorderpfoten auf den Boden neben dem Eingang zu trommeln, wobei er die Augen flink von einem Ausgang zum anderen wandern ließ. Nach einer kurzen Pause war er wieder unten und führte schnell hintereinander vier oder fünf echte Grabbewegungen aus. Dann richtete er sich auf und täuschte wieder eine Wühltätigkeit vor. Aus den Erschütterungen mußte die Ratte schließen, daß der Schakal schon ganz nahe war, denn sie flüchtete durch einen der Notausgänge. Captain sprang aus der Grube, packte das Nagetier und verspeiste es mit geschlossenen Augen und sanft wippenden Ohren.

Um halb elf war es recht kalt geworden, und alle Nager hatten sich verkrochen; die Vogeljagd erschien dem Schakalpärchen nun verlockender. Unvermittelt stellten die beiden die Verfolgung der Ratten und Mäuse von einem Grasbüschel zum anderen ein. Sie eilten zielstrebig wieder dem Flußbett zu, wo sie viel schneller als bisher umherzurennen begannen. Sie liefen im Kreis und kreuz und quer, und ihre Nasen klebten förmlich an den Fährten auf dem Erdboden.

Beim Akazienpunkt blieb Mate stehen. Sie hielt eine Vorderpfote vor die Brust und stellte die Rute auf. Dann pirschte sie sich Schritt für Schritt mit vorgestreckter Nase und gespitzten Ohren an eine Riesentrappe heran, die keine fünfzehn Meter entfernt vor ihr stand. Mit einem Gewicht von mehr als zwölf Kilogramm und einer Flügelspannweite von drei Meter sechzig zählt der Riesentrapphahn zu den größten flugfähigen Vögeln der Welt. In der Kalahari wagte sich ein einzelner Schakal im allgemeinen nicht an ein so großes Beutetier heran, doch mit Captains Unterstützung standen die Chancen für Mate nicht schlecht.

Der mächtige truthahnähnliche Vogel spreizte die Schwingen und die Nacken- und Schwanzfedern und machte einen kurzen, bedrohlichen Ausfall. Der Hahn war fast fünf Kilogramm schwerer als Mate, doch sie ging ohne Zögern auf ihn los. Der Vogel bluffte noch einmal und hob sich in die Lüfte, wobei seine gewaltigen Schwingen den Staub aufwirbelten. Er versuchte Höhe zu gewinnen, als Mate fast zwei Meter hoch sprang und ihn am Schenkel erwischte. Beide Tiere schwebten einen Augenblick lang in der Luft. Der Schakal klammerte sich an der Trappe fest, die mit ihren breiten Flügeln ruderte, um mit dem zusätzlichen Gewicht fertig zu werden. Dann stürzten beide in einem Gewirr von Federn zu Boden. Während Mate sich bemühte, die Beute festzuhalten, eilte Captain herbei und zermalmte den Kopf der Trappe zwischen seinen Kiefern.

Beide Schakale begannen hektisch zu fressen. Ihre Schwänze wedelten aggressiv, und sie blitzten einander mit glühenden Augen an. Ihre Gesichter waren mit Blut und Federn verschmiert. Als sie zwei oder drei Minuten lang gefressen hatten, tauchte in einiger Entfernung eine Braune Hyäne auf, die den Schakalen offensichtlich die Beute streitig machen wollte, aber wie stets sehr wachsam war, weil wir in der Nähe saßen.

Die Hyäne kam näher. Wir saßen mucksmäuschenstill da. Wir konnten nur einen weißen Schimmer auf ihrer Stirn erkennen und das Rascheln des Grases unter ihren Füßen hören. Dann griff sie an. Captain und Mate rissen aus. Die Hyäne ergriff den Vogel, hob ihn vom Boden und strebte eilig dem Gebüsch der Westprärie zu. Wir versuchten ihr zu folgen, aber sie sprang davon und verschwand.

Die beiden Schakale hatten ihr Festmahl eingebüßt, aber sie würden ohne große Mühe genug Eßbares unter den Insekten, Mäusen, Vögeln und Schlangen des Flußbetts finden, und außerdem bestand immer die Möglichkeit, daß von der Beute der größeren Raubtiere etwas für sie abfiel. Anders als die Schakale der Serengeti, die manchmal sogar Beute von der Größe einer Gazelle schlagen, würden Captain und Mate, selbst wenn sie gemeinsam jagten, wahrscheinlich nie ein Tier angreifen, das größer war als die soeben erlegte Trappe. Die Beute, die sie anvisierten, als wir sie das nächste Mal beim Jagen beobachteten, sollte jedoch weitaus gefährlicher sein als der Trapphahn.

Um Benzin zu sparen, folgten wir Captain und Mate häufig zu Fuß, und zwar kurz nach dem Morgengrauen, bevor sich die Tiere zur Tagesruhe zurückzogen. Eines Morgens, Anfang September, machte sich Delia Notizen, während ich ihr die gemächliche Rückkehr des Paares zum Gepardenhügel beschrieb. Wir gingen vorsichtig zwischen den Dornbüschen am Rande des Flußbetts einher, als das Dröhnen eines Flugzeugmotors zu uns herüberdrang. Es war das erste Flugzeug, das wir im Deception Valley hörten. Das Gebiet war so entlegen, daß die für die zivile Luftfahrt zuständige Behörde von Botswana das Überfliegen untersagt hatte. Wir waren überzeugt, daß die Maschine unser Camp ansteuern würde, da wir weit und breit die einzigen Menschen waren. Voller Hoffnung auf eine Begegnung rannten wir zum Flußbett hinunter und winkten dabei wie wild der kleinen blauweißen Cessna zu, die direkt über uns dahinflog. Ich riß mir das Hemd vom Leib und hielt es hoch, damit der Pilot die Windrichtung erkennen konnte.

Das Flugzeug flog eine Schleife, verlor an Höhe, setzte einmal kurz auf, zweimal, dreimal – und hob wieder ab. Als es vorbeiflitzte, erkannte ich Norbert Drager, den deutschen Tierarzt aus Maun, der sich angespannt über das Steuer beugte. Er kreiste niedrig über den Dünen, machte einen zweiten Landeversuch, hüpfte ein paarmal über den Boden und zog die Maschine abermals hoch. Es war sein erster Überlandflug als Flugschüler, und er mußte hier bei böigem Seitenwind landen. Als er zum dritten Mal an uns vorbeikam, erblickten wir neben ihm seine Frau Kate und auf dem Rücksitz seine Tochter Loni. Beim vierten Landeanflug war er viel zu schnell, die Maschine setzte hart auf und verfehlte nur knapp einen Fuchsbau. Sie kurvte auf ein Gebüsch zu. Mit schliddernden Rädern und stark kopflastig kam sie wenige Meter vor dem Hindernis zum Stehen.

»Sie machen mehr aus einer einzigen Landung als alle Piloten, die ich jemals erlebt habe«, zog ich ihn auf. Norbert war ein schmächtiger blonder Bayer mit einem freundlichen Gesicht, den das deutsche Technische Hilfswerk nach Afrika entsandt hatte.

»Ich habe langsam die Nase voll vom Fliegen«, brummelte er und schaltete alle Systeme der Maschine ab. »Es besteht zu neunundneunzig Prozent aus Langeweile und zu einem aus schierem Terror.«

Kate kletterte aus dem Flugzeug, in der Hand einen großen Picknickkorb, der gefüllt war mit selbstgebackenem Brot, kleinen Fleischpasteten, frischem Fisch, Käse (aus Rhodesien), Salat und Kuchen. Rote Servietten und ein kariertes Tischtuch lagen säuberlich zusammengefaltet obenauf. Beim Anblick dieser Leckerbissen müssen wir wie zwei Geier ausgesehen haben. Wir bedankten uns überschwenglich für dieses Gastgeschenk – eines von vielen, die wir noch von Leuten aus Maun erhalten sollten.

Das Festmahl fand unter dem alten Akazienbaum statt. Wir beide, die wir seit dem letzten Besuch von Bergies Leuten keine Menschenseele mehr gesehen hatten, sprudelten unsere Erlebnisse nur so heraus und berichteten von dem Steppenbrand und von den Ergebnissen unserer Schakalforschung. Als wir endlich ausgeredet hatten, fragte Kate: »Übrigens, wissen Sie schon, daß Ihr Land einen neuen Präsidenten hat?«

»Nein – wieso, was ist denn passiert?«

»Nixon ist vor einem Monat wegen Watergate zurückgetreten, und ein Mann namens Ford hat sein Amt übernommen.« Wir hatten seit mehr als einem halben Jahr weder Zeitungen gelesen noch Radio gehört.

Norbert machte sich Sorgen wegen des Rückflugs nach Maun und drängte schon nach einer Stunde zum Aufbruch. Die ganze Familie winkte uns zu, als die Maschine über das Flußbett donnerte und abhob. Als sie außer Sicht war, kehrten wir schweigend zum Camp zurück. Der kurze Besuch hatte uns unsere Isolation bewußt gemacht, und wir kamen uns so einsam vor wie noch nie zuvor. Das Bündel Briefe, das Drager uns mitgebracht hatte, enthielt vermutlich auch keinen Trost für uns. So war die Lage: Wenn wir nicht bald eine Zusage für ein Stipendium erhielten, mußten wir packen und nach Hause fahren.

Die Post lag auf einem umgestürzten Baumstamm und wartete darauf, geöffnet zu werden. Delia nahm sie und blätterte die Briefe durch. »Hier ist einer von der National Geographic Society«, sagte sie mit gepreßter Stimme.

»Na, mach ihn schon auf, damit wir es hinter uns bringen«, erwiderte ich trübsinnig. Wir waren schon so oft enttäuscht worden, und dies war unsere letzte Hoffnung. Delia riß den Umschlag auf und nahm den Brief heraus.

»Mark! Sie geben uns einen Zuschuß!« Sie sprang herum, schwenkte den Brief und jubelte. Endlich hatte jemand Vertrauen zu uns – zumindest bis zu einem Betrag von dreitausendachthundert Dollar. Wir waren ein Forscherteam auf Treu und Glauben.

Nach einem Abstecher nach Maun setzten wir unsere Feldstudien mit gestärkter Zuversicht und Entschlossenheit fort: Früher oder später würden sich die Braunen Hyänen an uns gewöhnen, und bis dahin konnten wir weiter die Schakale beobachten. Delias Magenbeschwerden vergingen auf der Stelle.

Im September begann die heiß-trockene Saison in der Kalahari. Wir waren darauf ebensowenig vorbereitet wie auf den Winter im Juli. Im Schatten des umgestürzten Baumes, wo wir unsere Thermometer aufgestellt hatten, kletterten die Mittags-temperaturen fast über Nacht auf fünfundvierzig und dann auf achtundvierzig Grad Celsius. Der Boden außerhalb des Camps war zu heiß für das Thermometer, aber dort müssen es mindestens sechzig Grad Celsius gewesen sein.

Wir verdorrten wie das neue zarte Gras im heftigen Ostwind, der heiß und trok-ken durch das Tal wehte. Spät nachmittags, wenn der Wind nachließ, hallte die Stille in unseren Ohren wider. Kahle Bäume, eine braune Einöde aus abgestorbe-nem Gras und Buschwerk, und darüber ein trüber, wabernder Himmel: Das war eine andere Kalahari als die, die wir kannten. Die Feuchtigkeit entwich so schnell aus unserem Körper, daß die Haut trocken blieb. Die Augen fühlten sich kratzig an; es war, als wollten sie vor der Hitze in den Schädel hineinschrumpfen.

Zum Waschen, Kochen und Trinken teilten wir uns jeweils fünfundzwanzig Li-ter pro Woche zu. Das Wasser aus den Fässern schmeckte wie heißer metallischer Tee, und um es vor dem Trinken abzukühlen, gossen wir es in flache Blechteller, die wir in den Schatten der Akazie stellten. Doch, wenn wir nicht achtgaben, war das Wasser rasch verdunstet oder voller Bienen, Zweige und Erde. Nach dem Ge-schirrspülen wuschen wir uns mit einem Schwamm und dem Spülwasser, und dann seihten wir die kaffeebraune Brühe durch ein Tuch in den Kühler des Landro-vers. In einem Kanister bewahrten wir alles überschüssige Wasser zum späteren Gebrauch auf. Jeden Tag ließen wir einige Tassen frisches Wasser den Vögeln zu-kommen, die auf der Suche nach Schatten, Brotkrumen und Maismehl unser Camp umschwärmten.

Unsere Haut wurde rissig und schälte sich ab, unsere Finger und Zehen spran-gen auf und bluteten. Tag für Tag das gleiche: die gleichen T-Shirts, die gleichen zerfetzten kurzen Hosen und durchlöcherten Tennisschuhe, der gleiche kalkige Staub, der sich auf alles legte, die gleiche Hitze, die uns unsere Kräfte nahm. Wir versuchten zu schlafen, indem wir uns auf die Ladefläche des Wagens legten und feuchte Tücher über uns ausbreiteten, aber schon nach einer Viertelstunde waren wir mit einem Teppich von Honigbienen bedeckt, die von der Feuchtigkeit ange-lockt wurden.

Die Grasdecke des Flußbetts, der Dünenhänge und Savannen war verdorrt und leblos, die Wasserstellen hatten sich in Staublöcher verwandelt. Nirgendwo in der Kalahari gab es noch Trinkwasser. Da die Äsung nicht genügend Feuchtigkeit ent-hielt, hatten sich die Antilopenherden in kleinere Gruppen von etwa fünfzehn Tie-ren aufgespalten, und fast alle hatten das fossile Flußtal verlassen und sich über Tausende von Quadratkilometern verteilt. Die meisten Antilopen überlebten die trockenen Monate, ohne zu trinken. Sie breiteten sich über das Sandveld aus, wo sie Bäume und Sträucher abästen und mit den Hufen fleischige Wurzeln und saf-tige Knollen ausscharrten. Schon bald nachdem sie das Flußbett verlassen hatten, folgten ihnen die Löwen, Leoparden und anderen großen Raubtiere nach.

Im Oktober waren es mehr als sechs Monate, daß wir keinen Regen, ja nicht ein-mal eine Wolke gesehen hatten. Dann bemerkten wir eines Nachmittags wollige

Katzenpfötchen aus Wasserdampf, die am östlichen Himmel aufzogen. Der heiße Wind erstarb, und eine merkwürdige Stille senkte sich über das Tal. Ausgemergelt von der Hitze und der Nachtarbeit, schleppten wir uns vor das Camp und blickten zu dem Dunstschleier hinauf. Ein einsamer Springbock betrachtete ebenfalls die zögernde Wolkenbildung. Er reckte den Kopf in den sengenden Hitzewellen empor, als bete er um Erlösung. Doch die weißen Gespenster verflogen vor der Sonne.

Jeden Nachmittag kehrten sie wieder, aber sie lösten sich jedesmal auf in der lastenden Hitze, die sich wie geschmolzenes Glas über die trübselige Dünenlandschaft ergoß. Wir waren ständig benommen und konnten uns nicht genügend konzentrieren, um zu lesen, den Landrover instandzusetzen oder die einfachsten Dinge zu verrichten. Wir waren reizbar, und unsere Arme und Beine schienen so schwer geworden zu sein, daß wir uns kaum noch bewegen konnten. Gleichwohl gingen wir abends auf Schakalpirsch, stets in der Hoffnung, einmal eine Braune Hyäne zu sehen. Jeder heiße, schlaflose Tag begann mit der Morgendämmerung, vor der großen Hitze; wir beschäftigten uns mit unseren Boden- und Grasproben und mit Kotanalysen. Drei Wochen lang hielten wir das durch, dann klappten wir zusammen und schliefen eine ganze Nacht lang tief und fest.

Die meisten Schakale im Tal hatten sich gepaart, und jedes Paar besetzte ein Territorium von ungefähr zweieinhalb Quadratkilometern, das einen Teil des Flußbetts und einen angrenzenden Abschnitt der Buschsavanne auf dem Dünenhang umfaßte. Captain und Mate bewohnten den Gepardenhügel, Bonnie und Clyde verteidigten ein Revier unweit des »Letzten Halts«, Gimpy und Whinnie streiften östlich des Nordbaums umher, Sundance und Skinny Tail besaßen den Nordbuchthügel, und so weiter. Sie heulten bei jedem Sonnenuntergang und wiederholt in der Nacht, und wir konnten jedes der sieben Paare an den Stimmen und der Richtung, aus der sie kamen, erkennen.

Der dicke schwarze Sattel aus langen Haaren schützte die Tiere weitgehend vor der Sonne. Als Unterschlupf brauchten Captain und Mate offenbar nicht mehr als den löcherigen Schatten eines kleinen kahlen Strauchs auf dem Gepardenhügel, wo sie die heißen Tage verschliefen. Selbst frühmorgens und am späten Nachmittag war es inzwischen heiß, und so jagten die beiden nur in der Nacht. Sie hatten seit Monaten nicht mehr getrunken, und wir sahen sie oft mit anderen Schakalpaaren um die Feuchtigkeit in einer einzigen wilden Melone kämpfen.

Die Novemberwolken waren eine Qual für uns: Ihre durchsichtigen Regenvorhänge rochen unvorstellbar süß und frisch – aber der Regen ging stets weit weg in der Wüste nieder. Keine Wolke war so dunkel und schwer, daß sie die mächtige Hitzebarriere, die aus dem glutheißen Flußbett aufstieg, hätte überwinden können.

Eines Tages blieben die morgendlichen Winde aus. Die Luft war unheimlich still, als ob sie auf etwas wartete. Am späteren Vormittag begannen sich jenseits der Westdüne Wolken zu bilden. Sie wuchsen von einer Stunde zur anderen, bis sie schließlich dicht nebeneinander standen, wie hochgetürmte Wasserdampfsäulen, die zu gewaltig für den Himmel waren. Am mittleren Nachmittag schien der violett-schwarze Himmel zu kochen. Blitzpfeile durchzuckten die Wolken, und Donner rollten durch das Tal.

Nach Wochen der Enttäuschung rechneten wir damit, daß der Gewittersturm an uns vorbeiziehen würde. Doch dann fegte eine schwarze Wolkenlawine die Westdüne hinunter und saugte eine gelbe Sandhose hoch, während sie auf das Camp zu raste. Die stehende Luft rings um uns her geriet in Bewegung. Wir rannten zum Landrover und fuhren los.

Knapp dreißig Meter vor dem Lager drehte ich das Heck des Wagens dem nahenden Sturm entgegen. Sekunden später prasselten Wind und Sand auf uns nieder. Wir preßten unsere Hemden fest aufs Gesicht und versuchten in der grauen Luft zu atmen. Der Landrover schaukelte und ächzte, und die Schlüssel im Zündschloß klapperten. Hagelkörner trommelten auf das Metalldach, und durch die Windschutzscheibe konnten wir sehen, wie Schachteln, Säcke, Töpfe, Pfannen und andere Teile der Lagerausrüstung in die Luft gewirbelt wurden. Die Akazie drehte und wand sich wie ein verrückt gewordenes Tier, das sich selbst mit seinen Klauen bearbeitet.

Endlich regnete es. Wasser rann durch die undichten Fenstereinfassungen und tropfte uns auf den Schoß. »Riech nur! Riech nur! Mein Gott, wie herrlich! Wie schön!« riefen wir immer wieder.

Der Sturm kam in Schüben. Blitze fuhren über die niedrigen schwarzen Wolken und erzeugten ein geisterhaftes blaues Glühen. Sehr viel später am Abend schliefen wir ein zwischen den Windstößen, die den Wagen erschütterten.

Das Tal lag im hellen Sonnenschein, als wir am nächsten Morgen die Augen öffneten. Doch es war nicht die gleiche bösartige Sonne, die monatelang die Kalahari versengt hatte. Sanfte, milde Strahlen liebkosten die Springböcke, die zu Hunderten die mit Wassertröpfchen beperlten Grashalme abknabberten. Der Sturm war nur noch ein Schmutzfleck am fernen Horizont. Vom Camp aus beobachteten wir Captain und Mate und ein Löffelhundepaar, die aus den Pfützen auf dem schwammartigen Wüstenboden tranken.

Unsere Kleider, Pfannen, Papiere und andere Besitztümer waren über das Flußbett verstreut. Delia holte einen Topf, der fast fünfzig Meter weit geflogen war, und kochte uns einen Brei aus Haferflocken, Hirse und Mais. Nach dem Frühstück begannen wir unsere Sachen einzusammeln. Das Benzinfaß war durch das halbe Tal gerollt.

Der Sturm malte die Wüste wieder grün an, und nach einer Woche wimmelte es im Tal von Antilopen, die im frisch sprießenden Grün ihre dürren, schlappohrigen Jungen zur Welt brachten. Fliegende Termiten umschwärmten ihre Königinnen. Löffelhunde rannten mit ihren flauschigen Welpen hin und her und schlugen sich den Magen voll mit den Insektenscharen, die überall umherhüpften, -flogen und -krochen. Alle Tiere beeilten sich, ihren Nachwuchs in die Welt zu setzen und in dieser kurzen und unsicheren Zeit des Überflusses aufzuziehen. Allenthalben spürte man die Erneuerung des Lebens, die Wiedergeburt nach der langen Schreckenszeit der Hitze und des Feuers. Weitere Stürme folgten rasch aufeinander, und mit Beginn der Regenzeit fielen die Temperaturen auf etwa fünfundzwanzig Grad Celsius, und der blaue Himmel war erfüllt von wohltuenden Brisen und leuchtend weißen Wolken.

Vielleicht am meisten freute es uns, daß jenes Löwenrudel, das Delia vor Monaten im Küchenzelt gefangengehalten hatte, in unser Tal zurückkehrte. Ihr Gebrüll in der Nacht und am frühen Morgen, dazu das Heulen der Schakale, erweckte das versteinerte Flußtal zu neuem Leben. Wir träumten davon, eines Tages wiederzukommen, um uns ausschließlich den Löwen zu widmen. Doch zuerst einmal waren die Schakale und Braunen Hyänen an der Reihe.

Mehrere Tage nach dem ersten Sturm der Regenzeit nahmen wir bei Sonnenuntergang am Lagerfeuer eine rasche Mahlzeit ein, ehe wir uns auf den Weg machten, um Captain und Mate zu suchen. Ein anderes Schakalpaar, Gimpy und Whinnie, begann östlich der Zwillingsakazien zu heulen; die schrillen, tremolierenden und seltsam melodischen Rufe hallten durch das Tal. Wir verstummten, wie immer gerührt durch die klagenden Laute. Sie schienen mitten aus dem Herzen der Wüste zu kommen – der Ruf der Kalahari. Die anderen fielen nach und nach in den Chor ein: Bonnie und Clyde, Sundance und Skinny Tail, und schließlich schallten auch Captains tiefe, rauhe Stimme und Mates heller Gesang vom Gepardenhügel herüber.

»Einen Augenblick . . . , was ist das?« fragte Delia. Hohe, atemlose Quieklaute versuchten allen Ernstes Captains und Mates Stimme zu kopieren.

»Welpen!« Wir sprangen in den Landrover und fuhren in Richtung der winselnden Laute. Wir parkten in gebührendem Abstand von den Schakalen und hielten nach allen Seiten Ausschau im dichten Gebüsch. Dann erschien Mate im Eingang des Baus und senkte den Kopf. Als sie zur Seite trat, kamen zwei Puderquasten mit wedelnden Schwänzchen und kurzem, flaumig behaartem Gesicht watschelnd zum Vorschein.

Mate begann »Hänsel« und »Gretel« das Gesicht, den Rücken und das Bäuchlein abzulecken. Dabei rollte sie die Kleinen nacheinander im Sand, während das jeweils andere auf seinen kurzen, unsicheren Beinchen unter ihr einherstolperte. Captain hatte sich in der Nähe ausgestreckt, den Kopf auf den Pfoten. Dann ließen Bonnie und Clyde weiter nördlich wieder ihr Geheul ertönen. Noch bevor ihre Stimmen verklungen waren, begannen Captain und Mate zu antworten. Hänsel und Gretel standen neben ihnen und reckten ihre winzigen Schnäuzchen himmelwärts.

Beide Eltern zogen ihre Kinder gemeinsam auf, aber sie hatten dabei keine »Helfer«, wie es bei Schabrackenschakalen in anderen Regionen Afrikas üblich ist. Dr. Patricia Moehlman[1] entdeckte, daß manche jungerwachsene Schakale in der Serengeti bei ihren Eltern bleiben, um ihnen bei der Betreuung des nächsten Wurfs zu helfen, indem sie für die Mutter und die jüngeren Geschwister Nahrung auswürgen und den Bau bewachen. Wir konnten dieses Verhalten bei den Schakalen, mit denen wir uns näher beschäftigten, nicht beobachten, doch wir können nicht ausschließen, daß es bei anderen Paaren in der Kalahari vorkommt. So etwas ist oft schwer festzustellen und wird möglicherweise erst in langjährigen Studien entdeckt.

In den ersten Wochen hielten sich entweder Captain oder Mate ständig beim Bau auf, um die Welpen zu beschützen. Jeden Abend bei Sonnenuntergang ging Captain zu Mate hinüber und berührte ihre Nase mit der seinen, während Hänsel und Gretel um seine Füße herumtollten und ihn in Ohren, Beine und Schwanzspitze zu beißen versuchten. Dann richtete er sich hoch auf, schritt über die Welpen hinweg und trabte davon, um auf die Jagd zu gehen, während Mate den Nachwuchs hüten mußte. Sobald der Vater fort war, stürzten sich Hänsel und Gretel auf ihre Mutter. Sie kauten auf ihren Ohren herum, krabbelten über ihr Gesicht und ihren Rücken und sprangen ihr auf den Schwanz. Mate war sehr geduldig, beteiligte sich aber nur selten aktiv an dem Spiel.

Von Anfang an waren in den Aktivitäten der Kleinen Verhaltensweisen der Erwachsenen zu erkennen. Wiederholt übten sie die Attacken, das Anschleichen, die Sprünge und den Tötungsbiß, also all das, was sie später als tüchtige Beutejäger können mußten. Wenn ihre Mutter nicht mitmachen wollte, griffen sie sich gegenseitig an oder auch die Grasbüschel und Äste in der unmittelbaren Nähe des Baus.

Die Sprößlinge waren etwa drei Wochen alt, als ihnen Captain erstmals rohes Fleisch brachte. Mit wedelndem Schwanz stürmten die Jungen aus dem Bau und eilten dem Vater entgegen, um ihm hungrig die Lippen zu lecken und um Futter zu betteln. Daraufhin sperrte er weit die Kiefer auf und würgte eine schleimige Masse aus angedauten Mäusen und Vögeln auf den Boden. Während Hänsel und Gretel den dampfenden Brei aufschlabberten, legte sich Captain unter einen nahen Busch, um sich auszuruhen und die Kinder zu hüten. Gleichzeitig brach Mate zu einem Jagdausflug auf.

Sobald die Welpen einigermaßen an fleischliche Kost gewöhnt waren, nahmen ihre Eltern sie auf kurze Exkursionen mit. Die Alttiere schlenderten umher, während die Kleinen balgten und spielten und Büsche, Grashalme, Antilopenkot und einfach alles berochen, was sie mit ihrer Nase erreichen konnten. Sie lernten dadurch den Lebensraum des Flußbetts immer besser kennen. Eine der wichtigsten Lektionen, die sie auf diesen frühmorgendlichen Wanderungen erhielten, betraf den Fang und Verzehr von Insekten. Das war eine nützliche Form des Beuteerwerbs, weil sie dadurch in der Phase des Abstillens ihre aus Milch und ausgewürgtem Fleisch bestehende Kost ergänzen konnten.

Da Hänsel und Gretel mittlerweile besser für sich selbst sorgen konnten, begannen Captain und Mate wieder gemeinsam zu jagen. Die Kinder erbeuteten unterdessen Insekten im Umkreis des Baus. Eines Abends durchstreiften ihre Eltern ein

Areal, das das Flußbett östlich des Gepardenhügels, den Hügel selbst und einen dahinterliegenden Streifen Busch- und Waldland umfaßte. Sie hielten des öfteren inne, um einen Hinterlauf zu heben und einen niedrigen Strauch oder eine Krautpflanze an der Grenze ihres Reviers mit einer Duftmarke zu versehen.

Sie hatten gerade den bewaldeten Dünenhang betreten, als Mate mit hochgestellter Rute um irgend etwas herumzutanzen begann, das sich vor ihr auf dem Boden befand. Captain eilte herbei und entdeckte eine fast drei Meter lange Schwarze Mamba, eine der gefährlichsten afrikanischen Giftschlangen. Sie hatte ihren Vorderleib fast einen Meter hoch aufgerichtet, bereit zum Zuschlagen. Ihre Zunge schnellte vor und zurück, und ihr düsterer sargförmiger Kopf war zurückgebogen wie eine schußfertige Armbrust.

Captain versuchte die Schlange durch Scheinangriffe abzulenken und sich an ihren Abwehrwaffen vorbeizumogeln. Aber ihre Perlaugen verfolgten ihn wie eine Rakete. Wohin er sich auch bewegte, die Mamba stellte sich auf ihn ein und wartete. Mate schlug einen Bogen, bis sie Captain gegenüberstand und die Schlange sich zwischen den beiden befand. Sie schoß auf das Reptil zu, das einen Augenblick lang irritiert war. Mit einem blitzschnellen Satz stürzte sich Captain auf die Mamba, doch sie war wieder Herr der Lage und schlug zu. Meterhoch federte ihr schlanker Körper vom Boden ab, während Captain in einem Sandschauer beiseite sprang. Der todbringende Kopf verfehlte nur knapp seine Schulter.

Er griff sofort wieder an, und jedesmal, wenn die Mamba zuschlug, sprang er zur Seite. Er ließ nicht locker; nach jedem Schlag brauchte die Schlange ein bißchen länger, um sich wieder aufzurichten und eine neue Attacke vorzubereiten.

Schließlich gelang es Captain, die Mamba kräftig in den Rücken zu beißen, nachdem sie ihn wieder einmal verfehlt und sich noch nicht wieder gesammelt hatte. Erschöpft und verletzt, versuchte sie wegzukriechen. Doch Mate schnitt ihr den Fluchtweg ab. Die Schlange stieß noch einmal zu und verfehlte den vordrängenden Captain nur knapp. Bevor sie entkommen konnte, packte er sie etwa einen Meter hinter dem Kopf, dann noch einmal. Sie wand sich am Boden. Schließlich, nach mehreren weiteren Bissen, hielt er sie für den Bruchteil einer Sekunde fest und schüttelte sie heftig, während sich ihre Windungen um seine Füße ringelten. Dann ließ er sie fallen, ergriff mit den Kiefern den gefährlichen Kopf und zermalmte ihn.

Jetzt wurde aus der tollkühnen Jagd eine Komödie. Sobald Captain den Kopf der Mamba packte, ergriff Mate deren Schwanz. Im Gegensatz zu ihrer hervorragenden Zusammenarbeit, die die beiden noch vor wenigen Sekunden gezeigt hatten, begannen sie jetzt ein Tauziehen um die Beute, die jeder für sich haben wollte. Sie starrten einander mit glühenden Augen an und legten die Ohren zurück. Sie sträubten ihr Rückenhaar und peitschten mit den Ruten, während sie die Schlange so lange hin und her zerrten, bis sie in zwei gleich lange Stücke aus sehnigem weißem Fleisch zerriß. Beide begannen fieberhaft zu fressen; sie brauchten fast zehn Minuten, um ihre Mahlzeit zu beenden. Danach wälzten sie sich im Gras, beschnüffelten sich, rieben die Gesichter aneinander und trabten mit wohlgefülltem Bauch einträchtig davon, um die Grenzen ihres Territoriums zu kontrollieren.

Als wir endlich auf den Gedanken kamen, einen kleinen Kalender in eines unserer Feldtagebücher einzukleben, hatten wir das richtige Datum bereits aus den Augen verloren. Nach dem Termin unserer letzten Fahrt nach Maun zu schließen, mußte Weihnachten 1974 nahe sein. Weil uns das Geld fehlte, zum Dorf zu fahren und dort zu feiern, bestimmten wir kurzerhand einen Tag und begannen mit den Festvorbereitungen.

Eines Morgens fällten wir einen halb abgestorbenen, breitblättrigen Baum, einen *Lonchocarpus nelsii*, im Dünenwald und beförderten ihn auf dem Dach des Landrovers ins Camp. Wir schmückten ihn mit unserem Thermometer, mit Lederstreifen, ein paar Spritzen, Skalpellen, Scheren und Pinzetten und rundeten das Ganze mit einer Handwaage, einer Laterne, einem Springbockkiefer, dem defekten Feuerlöscher und verschiedenen anderen Dingen ab. Nachdem wir die Zweige mit all diesen Gegenständen behängt hatten, begannen wir mit der Planung unseres Weihnachtsmahls.

Eine Schar von dreizehn Perlhühnern hatte zu Beginn der Regenzeit unser Camp für sich entdeckt. Mindestens einmal, oft sogar zweimal am Tage spazierten sie über unseren Küchentisch, der aus aufrechtstehenden Wasserfässern und darübergelegten Brettern bestand. Sie scharrten mit ihren verhornten Läufen zwischen unseren Blechtellern herum, warfen Messer, Gabeln und Löffel auf den Boden, hoben die Deckel von den Kochtöpfen und pickten alle Essensreste auf. Und wenn sie ein frisch gebackenes Brot fanden, zerfetzten sie es mit dem Schnabel wie mit einem Revolver. Anfangs fanden wir sie ganz nett, doch der Lärm, den sie frühmorgens vollführten, war immer schwerer zu ertragen, und außerdem verspeisten sie das ganze Maismehl, das wir für die anderen Vögel ausgestreut hatten.

So entschloß ich mich endlich, den Perlhühnern die Besuche in unserem Camp zu verleiden. Daß ich diesen Beschluß kurz vor Weihnachten faßte, nachdem wir fast vier Monate lang kein frisches Fleisch mehr gegessen hatten, war vielleicht kein Zufall.

Eines Morgens, in aller Frühe, stellte ich eine Kiste, mit der Öffnung nach unten, schräg auf einen Stock, beschwerte sie mit einem Stein und streute etwas Maismehl darunter. Ich band eine Angelschnur an den Stock und führte sie auf dem Boden bis zur abgewandten Seite des Landrovers, wo ich mich hinter einem Rad versteckte. Kurz nach Sonnenaufgang tauchte die Perlhühnerschar auf. Sie unterhielt sich mit hellen Pfeiftönen und wirbelte einigen Staub auf, als sie sich scharrend und pickend dem Lager näherte. Sogleich entdeckte einer der Hähne die Mehlspur, die unter die Kiste führte, und ohne Zögern begann er, wie ein Schnellfeuergewehr loszupicken, gefolgt von der gesamten Schar. Mir lag schon der Geschmack von frisch gebratenem Perlhuhnfleisch auf der Zunge.

Vier plumpe Hennen und der Hahn drängten sich unter der Kiste zusammen und verschlangen die Maiskörner, so schnell sie konnten. Ich zog an der Angelschnur. Die Kiste krachte inmitten einer Wolke aus Staub und schlagenden Flügeln zu Boden. Die Perlhühner stimmten ein lautes Geschrei und Geschimpfe an. Ich sprang hinter dem Wagen hervor und eilte herbei, mißtrauisch beäugt.

Die Falle lag vollkommen ruhig da, kein Piepser drang mehr aus ihrem Inneren. Ich schaute mich um: *Dreizehn* Perlhuhnaugenpaare funkelten mich an. Ich war sprachlos. Was war schiefgegangen? Die Tiere konnten doch unmöglich so flink und geschickt sein, schließlich waren sie kaum intelligenter als gewöhnliche Haushühner. Beim nächsten Mal würde ich mehr Glück haben. Ich stellte die Kistenfalle wieder auf und schlenderte lässig zum Landrover hinüber. Inzwischen hatte sich Delia im Bett aufgerichtet und grinste.

Die Hühner bewegten sich pickend wieder auf die Kiste zu. Diesmal wagten sich nur zwei darunter. Ich riß an der Schnur, die Falle schnappte zu. Rasch zählte ich die Häupter der Hinterbliebenen: »Eins, zwei, drei, vier, fünf – verdammt!« Dreizehn kreischende Perlhühner und eine kichernde Ehefrau! Beim dritten Versuch pickten die Vögel nur am Rand der Kiste herum – kein einziger ging in die Falle.

Am Morgen des Tages, den wir zum Weihnachtstag erklärt hatten, fanden sich die Perlhühner wie gewöhnlich ein und warfen unsere Töpfe, Pfannen und Teller unter lautem Getöse durcheinander. Wir beachteten sie nicht, während ich die Getreidekäfer aus einer Portion Mehl heraussiebte und in unserem Kübelofen ein Kümmelbrot backte. Delia bereitete unterdessen mit dem letzten steinharten Biltong, das Bergie uns hinterlassen hatte, eine Fleischpastete zu. Unser weihnachtliches Dessert bestand aus einer weiteren Pastete, gefüllt mit Maretwa-Beeren, die wir im Gesträuch der Westprärie gepflückt hatten.

Weihnachten war ein heißer Tag, und trotz unseren Bemühungen, uns gegenseitig aufzuheitern, wollte keine rechte Festtagsstimmung aufkommen. Wir sangen ein paar Weihnachtslieder, und dann fuhren wir, da wir uns ziemlich einsam und deprimiert fühlten, zum Lager der Schakale, um den Nachmittag bei ihnen zu verbringen.

Hänsel und Gretel, inzwischen etwa sieben Wochen alt und nur noch um ein Viertel kleiner als ihre Eltern, hoppelten uns entgegen, als wir den Wagen abstellten. Ihre Sättel begannen sich bereits abzuzeichnen und verfärbten sich von einem sanften Grau zu einem kräftigen Schwarz. Sie waren geschickte Insektenjäger geworden und fingen hin und wieder auch eine Maus. Captain und Mate entfernten sich auf ihren Jagdausflügen immer weiter vom Bau und brachten sehr viel weniger Futter heim.

Bevor Captain und Mate an diesem Weihnachtsabend zur Jagd aufbrachen, erklang aus der Gegend des Nordbaums ein fremdartiges Schakalgeheul. Die beiden Schakale sprangen sofort auf die Füße. Die ganze Familie, Hänsel und Gretel in einigem Abstand hinter den Eltern, lief auf das ungewöhnliche nasale »Wiiuu! Wiiuu! Wiiuu!« zu, das sich wie eine dringende Aufforderung ständig wiederholte.

Als Captain und Mate den Zielort erreichten, hatten sich dort bereits sechs Schakale um eine mit hohem Gras bewachsene Stelle versammelt. Sie alle stießen jenen seltsamen Ruf aus und sprangen dabei steifbeinig umher. Immer wieder machten sie einen Satz in das Grasdickicht und kamen sekundenschnell wieder zum Vorschein. Captain und Mate beteiligten sich an diesem Ritual, während sich Hänsel und Gretel hinhockten und zuschauten.

Nach einer Viertelstunde schlich ein Leopard aus dem Dickicht. Sein Gesicht und seine Brust waren blutverschmiert, und als die Schakale nicht von ihm abließen, legte er die Ohren an und schritt davon. Fast vierzig Meter verfolgten sie ihn heulend und springend. Dann trabten sie zum Grasdickicht zurück, um sich an den Überresten eines Springbocks, die er zurückgelassen hatte, gütlich zu tun.

Schakale sind eine bevorzugte Beute der Leoparden. Die seltsamen Laute und die gleichzeitigen Sprünge ermöglichen es ihnen vermutlich, die große Raubkatze in einer hohen Dickung im Auge zu behalten und die Gefahr anderen Artgenossen mitzuteilen. Dieses Verhalten dient dem gleichen Zweck wie das »Anpöbeln« einer gefährlichen Schlange durch eine Vogelschar.

Nach einiger Zeit drangen Hänsel und Gretel in das hohe Gras ein, wo sich ihre Eltern und die anderen Schakale um den Springbockkadaver stritten. Captain und Mate war es nicht gelungen, die Invasion von Bonnie und Clyde, Gimpy und Whinnie und zwei weiteren Paaren aus entfernteren Territorien abzuwehren. Das heftige Gezänk um diese reiche Mahlzeit war Ausdruck der strengen sozialen Rangordnung, die ganzjährig unter den Mitgliedern der Population bestand.

Als Hänsel und Gretel am Schmaus teilzunehmen versuchten, wandten sich beide Eltern gegen sie. Sie knurrten aggressiv, bleckten drohend die Zähne und peitschten mit ihren Ruten. Offensichtlich überrascht und eingeschüchtert, wichen die beiden Jungtiere ein Stück zurück. Das waren nicht mehr die großzügigen Eltern, die sie bislang gekannt hatten. In der letzten Zeit schon waren sowohl Captain als auch Mate ihren Kindern gegenüber immer reizbarer geworden und hatten deren Aufforderungen zum Spielen zurückgewiesen, aber diese ernsthafte Bedrohung war etwas ganz Neues. Die beiden Jungtiere wurden jetzt als Rivalen betrachtet, und Captains Aggressionen richteten sich hauptsächlich gegen Hänsel. Gretel klemmte den Schwanz ein und setzte sich auf ihn, öffnete weit das Maul und erhob eine Vorderpfote zum Zeichen der Unterwerfung. Sie hatte gefälligst zu warten, bis sie an die Reihe kam.

Hänsels Sattel war schwarz, schon ziemlich deutlich umgrenzt und von den ersten silbrigen Haaren durchschossen. Seine Größe und Fellzeichnung verrieten, daß er fast voll erwachsen war. Er näherte sich beharrlich dem Kadaver, wurde aber jedesmal von Captain abgewiesen. Schließlich wurde es ihm zuviel. Die beiden Rüden standen sich knurrend gegenüber, das Rückenhaar aufgerichtet wie eine Drahtbürste. Captain griff an und traf Hänsel mit der Schulter. Der Jüngere steckte den Schlag weg und revanchierte sich mit einem Hüftstoß. Einen Augenblick lang verwandelten sich die beiden in ein wüstes Fellknäuel. Als alles vorüber war, trat

Hänsel unerschrocken vor und begann neben seinem Vater zu fressen. Er hatte inzwischen genügend Kampfgeist entwickelt, um sich einen Platz in der sozialen Hierarchie der Erwachsenen zu erobern, in der ein ranghoher Schakal längere Fütterungszeiten an einem Kadaver erhält und bessere Geschlechtspartnerinnen und Reviere für sich gewinnen kann.

Die Auseinandersetzung zwischen Captain, Mate, Hänsel und Gretel war typisch für den »Eltern-Nachkommen-Konflikt«[2], der bei vielen Tierarten und auch beim Menschen auftritt und in der Entwöhnungsphase wohl am deutlichsten sichtbar wird. Wer einmal das Greinen eines jungen Pavians gehört hat, der zum ersten Mal aus dem mütterlichen Nest geworfen wird, oder wer den Gesichtsausdruck eines Kätzchens beobachtet, das von seiner bisher so treusorgenden Mutter angespuckt wird, der kann ermessen, wie ernst solche Konflikte sind. Die klassische Erklärung für dieses Verhalten besagt, daß die Eltern noch immer um das Jungtier besorgt sind, indem sie es zum Selbständigwerden zwingen, was für sein Überleben unerläßlich ist. Einer neueren Theorie zufolge kommt nach dem Abstillen eine Zeit, in der die Jungen so groß und anspruchsvoll werden, daß die Mutter es sich nicht mehr leisten kann, ihren halbwüchsigen Kindern Nahrung, Schutz und sonstige Annehmlichkeiten zu bieten. Der Instinkt rät ihr, die dafür notwendige Energie der Hervorbringung neuer Nachkommen zuzuwenden. Zugleich ermutigt sie dadurch ihre Sprößlinge, sich selbst fortzupflanzen. Darin liegt ein genetischer Vorteil für die Mutter, denn ihre eigenen Gene werden somit nicht nur durch sie selber, sondern auch durch ihre Jungen weitergegeben.

In der Kalahari trennen sich die Schakalpaare während der Trockenzeit, wahrscheinlich wegen der geringen Beutetierdichte, und ihre Territorien, in denen sie den Nachwuchs aufgezogen haben, lösen sich vollständig auf. In der nächsten Fortpflanzungsperiode, die kurz vor der Regenzeit einsetzt, errichten andere Paare neue Territorien am Rande des Flußbetts. Wie bereits gesagt, konnten wir in keinem Fall beobachten, daß Familien zusammenblieben und daß die Heranwachsenden bei der Aufzucht des neuen Wurfs mithalfen, obwohl so etwas vorkommen mag, wenn mehrere gute Regenperioden aufeinanderfolgen. Doch ob verpaart oder nicht, die Schakale im Deception Valley hielten über Jahre hinweg eine strenge soziale Rangordnung aufrecht.

An jenem Weihnachtsabend hielten alle Schakale am Springbockkadaver plötzlich in ihrer Mahlzeit inne und blickten östlich in die Dunkelheit. Dann begannen sie schneller, fast hektisch zu fressen. Sie schlugen ihre Zähne in das Fleisch am Nacken und Rückgrat und sprangen zurück, um es loszureißen. Ich hob den Suchscheinwerfer und schwenkte ihn nach Osten. Die großen, weit auseinanderstehenden grünen Augen einer Braunen Hyäne leuchteten etwa einhundertzwanzig Meter entfernt auf. Offensichtlich hatte sie die Rufe der Schakale gehört und wußte nun, daß sich ein Leopard in der Gegend aufhielt, der möglicherweise eine Beute geschlagen hatte. Wir saßen reglos da und hofften, wie schon so oft vorher, daß die Hyäne trotz unserer Anwesenheit näher kommen würde.

Sie umkreiste mehrmals den Landrover und verharrte dann lange Zeit. Endlich ging sie mit gesträubter Schulter- und Rückenmähne auf den Kadaver zu. Die Schakale schlangen das Fleisch noch gieriger herunter, bis sie im letzten Augenblick über die Antilopenleiche hinwegsprangen, um sich vor der Hyäne in Sicherheit zu bringen. Die Braune drehte sich um und schaute einige Sekunden lang zum Landrover hinüber, bevor sie sich dem Mahl zuwandte. Sich vor Anstrengung aufbäumend, begann sie die Knochen zu zerknacken und das Fleisch vom Gerippe herunterzuzerren. Der Kreis der vertriebenen Schakale schloß sich um sie, doch sobald eines der Tiere einen Happen zu erwischen versuchte, stürmte sie mit aufgerissenem Rachen hinter ihm her.

Nach einer Weile zogen sich die meisten Schakale ein paar Schritte zurück und legten sich nieder, ausgenommen Captain, der einen Kreis beschrieb und sich der eifrig fressenden Braunen langsam, fast nonchalant von hinten näherte. Die Hyäne trennte gerade ein Stück Antilopenlauf ab, legte es sich vor die Füße und machte sich weiter an den weicheren Partien in Rippennähe zu schaffen. Captain ließ sich auf seinen drahtigen Beinen nieder und kroch immer näher an die ahnungslose Braune Hyäne heran, bis er mit seiner Nase fast ihr Hinterteil berührte. Langsam hob er seine Schnauze bis zum Ansatz ihres wedelnden Schwanzes empor. In dieser Stellung verharrte er mehrere Sekunden lang. Dann, als sich der Schwanz zur Seite bewegte, biß er die Hyäne in ihre Hinterpartie. Sie wirbelte nach links herum, während Captain rechts nach vorne schoß und das Springbockbein mitsamt eines großen Hautlappens schnappte. Das war beinahe mehr, als er zu tragen vermochte, doch indem er den Kopf steil nach oben richtete, konnte er davonrennen – und er rannte, als ob der Teufel hinter ihm her wäre.

Mit wehendem Haar, das weit aufgerissene Maul dicht an Captains Schwanzspitze, jagte ihn die Hyäne in einem weiten Kreis durch das Flußbett. Jedesmal wenn sie zupacken wollte, vollführte er eine so rasche Kehrtwendung, daß die schwergewichtige Hyäne ihm nicht folgen konnte. Er rannte weiter, seine Schnauze senkte sich unter der schweren Beute immer tiefer, bis er sie schließlich fallen ließ. Heftig atmend mußte er zusehen, wie die Hyäne das Antilopenbein zum Riß zurücktrug. Sie legte es sich abermals vor die Füße und begann zu fressen.

Zwei Minuten später war Captain wieder zur Stelle und schlich sich von hinten an. Das Spiel wiederholte sich: Captain biß die Braune ins Hinterteil, stahl das Springbockbein und flüchtete mit flatternder Rute, hitzig verfolgt von der Hyäne. Doch diesmal entkam er im Gebüsch am Rande des Flußbetts. Die Hyäne kehrte zum Kadaver zurück. Sie leckte sich die Lippen und legte, offensichtlich angewidert, die Ohren zurück. Schließlich nahm sie alles, was von dem Kadaver übriggeblieben war, ins Maul und verzog sich damit ins dichte Gebüsch der Norddüne.

Es war schon nach Mitternacht, als wir zum Camp zurückkehrten. Das Licht der Autoscheinwerfer tanzte zwischen den Bäumen und fiel auf eine andere Braune Hyäne, die in der Nähe der Wasserfässer stand, keine fünfzehn Schritt von uns entfernt! Ohne sich um uns zu kümmern, inspizierte sie schnuppernd das Camp. Sie erspähte unseren Zwiebelsack, der an einem Baum hing, stellte sich auf die Hinterläufe, ergriff einen Zipfel des Netzbeutels und zog daran. Als sich eine Kaskade von Knollen über ihre Nase ergoß und zur Erde polterte, machte die Hyäne einen Satz nach hinten. Nachdem sie eine Zwiebel ausgiebig beschnüffelt und angebissen hatte, schüttelte sie den Kopf und nieste. Am Lagerfeuer, das schon seit Stunden erloschen war, packte sie den Wasserkessel am Handgriff und schritt davon. Nach ein paar Metern stellte sie den Kessel ab, schob mit der Nase den Deckel hinunter und schlappte das Wasser auf. Dann richtete sie den Schwanz auf und trat den Rückzug an, doch bevor sie verschwand, blieb sie noch einmal stehen und blickte uns mehrere Sekunden lang unverwandt an. Auf ihrer Stirn war ein kleiner weißer Stern zu erkennen.

5 Star

Delia

Ich möchte so gerne wissen, wer du bist . . .

ANN TAYLOR

*S*o wurde die Weihnacht in der Kalahari am Ende doch noch ein Festtag für uns: Die Braunen Hyänen hatten uns endlich akzeptiert. Am nächsten Morgen wachten wir früh auf, voller Elan und bereit zu neuen Taten. An unseren dampfenden Teebechern nippend und uns über die Erlebnisse der letzten Nacht unterhaltend, schlenderten wir nordwärts in Richtung Akazienpunkt, wie wir es des öfteren an einem kühlen Morgen taten.

»Ich kann es nicht glauben, doch schau einmal dort hinüber.« Mark zeigte auf den Saum des dichten Gebüsches auf der knapp dreihundert Meter entfernten Nordbucht. Eine Braune Hyäne strebte direkt auf unsere Fahrspur zu, so daß sich unsere Wege kreuzen mußten. Sie hatte uns augenschleinlich nicht bemerkt und bewegte sich ziemlich rasch durch das bauchhohe Gras. Sie hatte es offenbar eilig und wollte ihr Lager erreichen, ehe die Sonne noch höher stieg.

Wir verhielten uns ganz still und wußten nicht recht, was wir tun sollten. Wenn wir umkehrten, würden unsere Bewegungen sie vielleicht erschrecken. Die Hyänen – und die anderen Tiere – fanden sich eher mit uns ab, wenn wir im Wagen saßen, und sie zeigten sich viel stärker beunruhigt, sobald wir zu Fuß vor ihnen auftauchten. Ganz langsam ließen wir uns in einer Radspur nieder. Wir rechneten damit, daß die Hyäne jeden Augenblick wegrennen würde. Doch als sie, fünfzig Schritt entfernt, auf die Piste stieß, wandte sie sich nach Süden und kam direkt auf uns zu. Der kleine weiße Fleck auf ihrer breiten Stirn hüpfte auf und nieder. Es war dieselbe Hyäne, die unseren Wasserkessel fortgeschleppt hatte.

Ohne ein einziges Mal zu zögern, verringerte sie den Abstand zwischen uns, bis sie schließlich nur fünf Schritte vor uns stehenblieb. Wir befanden uns genau in ihrer Augenhöhe. Ihre dunklen Augen schimmerten feucht, vielleicht wegen der

75

unangenehmen Sonne. Ihr Gesicht war auf beiden Seiten von Kampfnarben gezeichnet, und auf ihren Schultern lag ein Umhang aus feinen blonden Haaren. Ihre hohen, schlanken Vorderläufe waren kontrastreich schwarz-grau gebändert und endeten in großen, runden Pfoten. Die quadratischen Kiefer, die ein fast fünfzig Pfund schweres Spießbockbein zermalmen und wegtragen konnten, waren leicht geöffnet.

Langsam einen Fuß vor den anderen setzend, streckte sie mir die Nase entgegen und nahm meine Witterung auf. Ihre langen Tasthaare zuckten. Zuletzt war ihr Gesicht nur noch knapp fünfzig Zentimeter von meinem entfernt. Wir starrten einander in die Augen.

Es ist gängige Lehrmeinung der Verhaltensforschung, daß Raubtiere Angst und Aggression durch Ohren-, Augen- und Mundsignale anzeigen. »Star« – so nannten wir diese Braune Hyäne wegen ihres sternförmigen Stirnflecks – verzog indes keine Miene, und das allein war die wichtigste Botschaft überhaupt. Wir hatten in der Wüste vielerlei friedliche Interaktionen zwischen verschiedenen Arten beobachtet: Ein Erdhörnchen, das die Nase eines Mungos beschnupperte, Kapfüchse, die mit einer Scharrtierkolonie im selben Bau zusammen lebten, vier winzige Löffelhunde, die spielerisch eine kleine Kuhantilopenherde jagten. Und hier war Star, die uns durch ihre Neugier und Angstlosigkeit mitteilte, daß sie uns in ihre natürliche Welt aufzunehmen bereit war.

Sie trat noch näher heran, hob leicht die Nase und beschnüffelte meinen Haaransatz. Dann tat sie einen ziemlich ungeschickten Schritt zur Seite und beroch Marks Bart. Danach machte sie kehrt und wanderte gemächlich in Richtung Westdüne.

Star war unternehmungslustig und temperamentvoll und stets zum Herumtollen aufgelegt. Zuweilen tanzte sie eine wunderliche Gigue, wenn sie durch das Flußbett trabte: Sie sprang auf den Hinterläufen in die Höhe, warf den Kopf hoch und vollführte in der Luft eine halbe Drehung. Sie vor allem war es, die uns die Geheimnisse des Hyänenlebens verriet und schließlich auch ein paar Geheimnisse, die uns selbst betrafen.

Star und mehrere andere Hyänen hatten nichts dagegen, daß wir ihnen mit dem Wagen folgten, so wie wir es bis dahin mit den Schakalen getan hatten. Doch wir konnten sie höchstens vier oder fünf Stunden im Auge behalten, denn sobald sie das Flußbett verließen, entzogen sie sich im hohen Gras und dichten Strauchwerk unseren Blicken. Da es uns nie gelingen wollte, den Hyänen eine ganze Nacht lang auf den Fersen zu bleiben, hatten wir noch immer keine Ahnung, wo sie den Tag verschliefen. Am Abend mußten wir oft das dunkle Tal stundenlang absuchen, bis wir eine fanden, der wir folgen konnten. Unsere gesamten Feldstudien beschränkten sich auf zufällige Begegnungen im schmalen, nur etwa einen Kilometer breiten, grasigen Flußtal.

Eines Abends im Januar spiegelte sich ein großes Augenpaar in unserem Scheinwerfer, und dahinter entdeckten wir eine lange Reihe von kleineren Augen, die allesamt auf und nieder hüpften. Auf den ersten Blick sah es aus wie eine Raubtiermutter, die ihre Jungen durch das Gras führte. Doch es war Star, im Gänsemarsch gefolgt von fünf jungen Schakalen, unter denen sich auch Hänsel und Gretel befanden. Wenn Star stehenblieb, blieben auch sie stehen; wenn sie einen Zickzackkurs einschlug, taten sie es ihr nach. Von Zeit zu Zeit drehte sich Star im Kreise, als ob sie ihre Schatten als lästig empfände und abzuschütteln versuchte. Als sie bei der Adlerinsel ankam, am Rande des offenen Flußtals, und sich zum Ausruhen im Gras ausstreckte, gruppierten sich die kleinen Schakale rund um sie. Da Braune Hyänen und Schakale ausgeprägte Nahrungskonkurrenten sind, inspizieren sie einander, wenn sie zusammentreffen, und oft stellen sie dabei fest, daß der jeweils andere etwas Freßbares hat. Diese unerfahrenen Jungschakale hofften offensichtlich darauf, daß Star ihnen zu einer Mahlzeit verhelfen werde.

Nach einigen Minuten ging Hänsel auf Star zu und richtete seine kleine schwarze Nase auf ihre große Schnauzenspitze, als wollte er eine gute Freundin begrüßen. Tatsächlich aber wollte er sich wohl nur vergewissern, ob sie kürzlich etwas gefressen hatte oder nicht. Anscheinend konnte Hänsel an Stars Lefzen nichts Interessantes entdecken, denn er trottete zusammen mit den anderen Schakalen davon, jeder in eine andere Richtung.

Nach einer rund zwanzigminütigen Ruhepause machte sich Star mit einer Geschwindigkeit von etwa fünf Stundenkilometern auf den Weg durch das mondhelle Flußtal. Hin und wieder hielt sie inne, um ein paar Termiten aufzulecken oder im Sprung eine fliegende Heuschrecke zu erhaschen. Unvermittelt wandte sie sich nach Westen und hob die Nase, um die Düfte der Nachtluft zu untersuchen. Dann sprang sie los und preschte durch das höhere Gras der Westprärie. Sie wich den Sträuchern und Termitenhügeln aus und blieb nur stehen, um die Witterung zu überprüfen. Sie folgte der Duftspur mehr als drei Kilometer weit bis zum Saum des Dünenwalds, wo sie plötzlich anhielt und in ein Dickicht hineinspähte.

Zwei Löwinnen und ihre Jungen, die sich als niedrige, dunkle Gestalten vom Gras abhoben, umlagerten die Überreste eines Spießbocks mit aufgerissenem Bauch und rotverschmierten Flanken. Die Luft war erfüllt von dem stechenden Geruch, der aus dem Pansen der Antilope aufstieg und der Star vermutlich hierhergelockt hatte. Sie umkreiste die Stelle in einem weiten Bogen und blieb gegen den Wind stehen. Der Riß war sehr frisch, höchstens eine halbe Stunde alt, und die Löwen würden ihn in dieser Nacht nicht mehr verlassen. Star verschwand nach Norden zwischen den Bäumen. Für einen Aasvertilger ist Geduld der Schlüssel zur Speisekammer!

Früh am nächsten Abend sahen wir Star direkt auf die Reste der Löwenmahlzeit zustreben, die jetzt nur noch aus einem Haufen weißer Knochen, zerbissenen roten Fleischstreifen und Hautfalten bestand. Die Löwen waren noch immer da. Sie lagen schlafend auf dem Rücken und streckten die Beine von ihren prallvollen Bäuchen ab. Star schlüpfte unter einen Busch und streckte sich aus, um zu schlafen – und zu warten.

Es waren dieselben Löwen, die Mark mit dem Landrover von dem narkotisierten Schakal abgedrängt hatte. Wir hatten sie schon recht häufig gesehen und nahmen an, daß sie Dauerbewohner unserer Gegend wären. Gegen elf Uhr standen sie endlich auf und marschierten in Einzelreihe durch den Wald der Westdüne ab.

Star mußte den Aufbruch der Löwen bemerkt haben. Sie erhob sich und umkreiste den Platz dreimal, um ihn von verschiedenen Seiten zu beriechen und zu betrachten. Dieses war eine der gefährlichsten Situationen, in die eine Braune Hyäne geraten kann. Sie ist weitgehend auf die Überbleibsel von Löwenrissen angewiesen und darauf, daß sie einen solchen Kadaver entdeckt, bevor er von Schakalen oder anderen Braunen Hyänen oder von den Geiern, die sich im Morgengrauen einstellen, restlos verspeist worden ist. Da Star die Spießbockleiche selbst im hohen Gras nicht sehen konnte, mußte sie sich hauptsächlich auf ihren Geruchssinn verlassen, um festzustellen, ob alle Löwen abgezogen waren. Das war nicht leicht, weil die Düfte der Antilopenreste und des Löwenkots und -urins eine undurchdringliche Mischung ergaben. Sie ging mehrmals versuchsweise ein paar Schritte auf den Riß zu, blieb dann stehen, um mit erhobener Nase und gespitzten Ohren zu prüfen, ob die Luft rein war. Nach einer Viertelstunde hatte sie sich bis auf knapp fünfundzwanzig Meter an den Spießbock herangearbeitet. Sie legte noch einmal eine längere Pause ein, bis sie endlich auf den Kadaver zulief und zu fressen begann.

Nachdem sie ein wenig an den zähen Fleischstücken, Sehnen und Flechsen herumgenagt hatte, sperrte sie die Kiefer weit auf und fing an, die dicken Beinknochen zu zermalmen und die mindestens zehn Zentimeter langen Splitter zu verschlingen (wir maßen sie später bei der Kotanalyse nach). Die Zähne einer Braunen Hyäne sind wahre Hämmer zur Knochenbearbeitung: Die vorderen Backenzähne, die *Prämolaren,* sind abgeflacht und vergrößert, ganz anders als die scharfen, scherenähnlichen Schneidwerkzeuge der anderen Raubtiere. Mit abgewinkeltem Kopf trieb Star ihre Zähne wie Keile zwischen den Gelenkkopf und die Pfanne eines Hinterlaufs und trennte ihn ab. Sie packte ihn am Knie und schleppte ihn in das dichte Gesträuch des Dünenhangs, wo sie ihn, etwa einhundert Meter vom Flußbett entfernt, unter einen Akazienbusch zerrte.

Star war unfehlbar bei der Lokalisierung von Löwenrissen und wußte stets, wann die Überreste – die Hauptnahrung einer Braunen Hyäne in der Regenzeit – von den Löwen aufgegeben wurden. Gleichwohl streifte sie in vielen Nächten kilometerweit einsam umher, ohne etwas Genießbares zu finden, abgesehen von ein paar Mäusen oder alten Knochen.

Die wenigen dürftigen Berichte über die Braunen Hyänen beschreiben die Tiere als ausgesprochene Einzelgänger, die sich nur von Aas ernähren oder gelegentlich einmal ein kleines Säugetier jagen. Anfangs hielten wir diese Darstellung für weitgehend zutreffend: Star zeigte ebenfalls dieses Nahrungsverhalten und war stets allein. Doch schon bald entdeckten wir einige ungewöhnliche Verhaltensweisen, die es fraglich erscheinen ließen, ob diese Hyänen tatsächlich Einzelgänger sind.

Alle Informationen über das Sozialverhalten der Hyänen – wie viele Tiere leben in einer Gruppe, verteidigen sie ein gemeinsames Territorium oder nicht, warum schließen sie sich zusammen? – sind wichtig für die Erhaltung und den Schutz der Art. Aber es gibt noch einen anderen Grund für solche Untersuchungen: Der Mensch ist gleichfalls ein geselliger Beutejäger, und wenn wir die Evolution und das Wesen des Gemeinschaftslebens bei anderen Beutejägerarten ergründen, können wir auch unser eigenes Territorialverhalten besser verstehen, unser Bedürfnis nach Identifizierung mit einer Gruppe und unsere aggressiven Neigungen im Kampf ums Dasein.

Als wir im Laufe der Nacht Star nach Verlassen des Kadavers verfolgten, stellten wir fest, daß sie nicht ziellos umherwanderte, sondern sich an die festgelegten Pfade hielt, die sie schon in früheren Nächten benutzt hatte. Einige deckten sich mit vielbegangenen Wildfährten oder querten sie, etwa den »Leopardenwechsel«, ein Standardweg der Spießböcke, Kudus, Giraffen, Schakale und Leoparden, der am Fuße der Westdüne von Norden nach Süden an einer Reihe von zeitweiligen Wasserstellen entlangführte. Im allgemeinen jedoch waren die Hyänenfährten nur am kaum merklich auseinandergebogenen Gras oder an leicht festgetretenem Sand zu erkennen.

Star blieb bei einem Grasdickicht stehen und beroch einen kleinen schwarzen Klumpen, der sich in Nasenhöhe an einem Stengel befand. Dann stakste sie mit einer höchst bizarren Bewegung in das Gras, hob die Rute und stülpte eine spezielle Analdrüse vor. Indem sie ihr Hinterteil kreisen ließ, um den Halm zu ertasten, richtete sie die zweilappige Drüse auf ihn und »klebte« einen weißen Tropfen daran, der wie Holzleim aussah. Schließlich senkte sie den Schwanz, zog die Drüse ein und setzte ihren Weg fort. Wir rochen an der klebrigen Substanz; sie verströmte einen scharfen modrigen Duft. Gleich über dem weißen Tropfen war ein kleineres, rostfarbenes Sekret an denselben Grashalm geschmiert.

In den folgenden Wochen beobachteten wir andere Hyänen, die stets allein auf denselben Wechseln umherzogen, die Star benutzte. Oft blieben sie stehen, um die Ausscheidungen zu beschnüffeln, die Star und andere Hyänen an den Grashalmen hinterlassen hatten. Bevor sie weitergingen, fügten sie ihre eigene chemische Visitenkarte hinzu, so daß an den Stellen, wo sich die Fährten kreuzten, ein Grasbüschel bis zu dreizehn Duftmarken aufweisen konnte, ähnlich einem Schilderpfahl an einer Straßenkreuzung.

Am späten Abend verfolgten wir einmal eine sehr scheue weibliche Hyäne, die ungefähr Stars Größe hatte. Wir hatten sie auf den Namen Shadow getauft. Sie wanderte südwärts durch das Tal auf einem der Hyänenpfade und blieb alle hundert Schritt stehen, um eine Duftmarkierung zu beschnuppern und anschließend zu »überstempeln«. Sie überquerte die Südpfanne in Höhe der Bauminsel und verschwand dann im dichten Busch. Es war eine Stunde nach Mitternacht, und so machten wir am Rande des Flußbetts eine Kaffeepause, um danach nach einer anderen Hyäne Ausschau zu halten. Wir saßen im Mondlicht auf dem Dach des

Landrovers und tranken aus unserer Thermosflasche, als Star vorübertrabte. Sie querte die Fährte der ersten Hyäne und verweilte fast eine Minute lang, um Shadows frisches Duftsignal zu beriechen. Dabei knisterten ihre langen Haare förmlich. Daraufhin änderte sie die Richtung und lief hinter ihrer Artgenossin her.

Wir konnten Star im Auge behalten, bis ihr von der anderen Seite Shadow im Mondschein entgegenkam. Die beiden dunklen Gestalten bewegten sich lautlos durch das hohe, silbrige Gras. Wir stoppten, Mark schaltete den Suchscheinwerfer ein, und wir wurden Zeugen eines Verhaltensablaufs, so merkwürdig, wie wir ihn noch nie bei zwei Tieren gesehen hatten.

Star ging auf Shadow zu, die sich hinkauerte, bis ihr Bauch flach auf dem Boden lag. Shadow zog die Lefzen hoch und öffnete weit den Mund, um das Gebiß zu einem übertriebenen Grinsen zu entblößen. Ihre großen Ohren standen wie ein wuschliger Hut vom Kopf ab, und ihr Schwanz lag dicht eingerollt auf dem Rükken. Quietschend wie eine rostige Türangel begann sie um Star herumzukriechen, die sich ebenfalls drehte, jedoch in entgegengesetzter Richtung. Jedesmal wenn Shadow unter Stars Nase vorbeikam, hielt sie inne, um sich die Duftdrüsen unter ihrem Schwanz beriechen zu lassen. Die beiden Hyänen drehten ihre Pirouetten wie zwei Ballerinen auf einer spärlich beleuchteten Bühne.

Dieses seltsame Begrüßungsritual wurde mehrere Minuten lang fortgesetzt, selbst dann noch, als Star sich wieder auf den Weg machen wollte. Sobald sie sich zu entfernen versuchte, eilte Shadow jedesmal herbei, legte sich vor sie hin und forderte sie zum Beschnuppern ihrer Schwanzunterseite auf. Wie eine adlige Dame, die ihre Zofe entläßt, richtete sich Star schließlich hochnäsig auf und zeigte damit an, daß sie genug hatte. Dann schritt sie davon, und Shadow verschwand in eine andere Richtung.

Als wir mehrere Nächte danach Star wiedersahen, war sie nicht allein. Hinter ihr drein trabten zwei Hyänen, die um ein Viertel kleiner waren als sie und ein feineres, dunkleres Haarkleid hatten. Wir nannten die beiden Pogo und Hawkins. Sie balgten sich hinter Stars Rücken, die unweit des Gepardenhügels durch das Flußbett zog, und bissen einander spielerisch in die Ohren, ins Gesicht und in den Nakken. Wenn Star ein Stück Aas fand, stürzten sie herbei, »grinsten«, quiekten und krochen unter ihrer Nase futterbettelnd hin und her. Diese Darbietung bewog Star, das gefundene Fressen mit ihnen zu teilen, und wir nahmen selbstverständlich an, daß es ihre Welpen seien. Doch in der folgenden Nacht fanden wir Pogo und Hawkins in der Gesellschaft von Patches, einem erwachsenen Weibchen mit zerfledderten Ohren. Wenn die beiden Stars Kinder waren, wieso folgten sie dann Patches?

Im April konnten wir sieben verschiedene Braune Hyänen in der nahen Umgebung beobachten. Ein großes Männchen, das wir Ivey nannten, war vor wenigen Monaten in das Areal zugewandert. Dort lebten jetzt also außer ihm vier erwachsene Weibchen – Patches, Lucky, Star und Shadow – sowie die Jungtiere Pogo und Hawkins. Es war allerdings oft schwierig, die dunklen, zottig behaarten Tiere in

Chary, eine Löwin des Blauen Rudels, ruht in der Regenzeit unter einem Jujubenbaum.

Oben: Nach den Regenfällen lockt das frische Gras Springbockherden und andere Wüsten-antilopen ins Tal zurück. *Unten:* Die Weite der Kalahari.

Oben: Der Schabrackenschakal Captain entgeht knapp den Zähnen der Braunen Hyäne Star.
Unten: Captain verteidigt ein Stück Aas gegen Geier.

Oben: In einer breiten Front von 80 Kilometern rast nachts ein Steppenbrand über die Dünen hinweg und auf unser Camp zu. *Unten:* Der Pink Panther saß oft in einem Baum über unserem Camp. Einmal schlief er, nur eine Armeslänge von uns entfernt, vor dem offenen Zelteingang.

Der Gelbschnabeltoko Chief ließ sich nur schwer abschütteln.

Pepper, die junge Braune Hyäne, wagt sich bei Sonnenuntergang aus dem sicheren Bereich des Gemeinschaftslagers hervor. Bei solchen Gelegenheiten drohte ihr Gefahr von Beutegreifern, etwa von Leoparden.

Oben: Ein Wildhund aus Bandits Rudel beschnuppert Marks Tennisschuhe. Die meisten Tiere hatten vorher noch nie einen Menschen gesehen. *Unten:* Bandit spielt nach der Mahlzeit mit einem Artgenossen.

Oben: Mark verabreicht einen Erfrischungstrank. *Unten:* Delia stattet den Pink Panther mit einem Senderkragen aus.

der Nacht zu identifizieren, und da bei dieser Art die Geschlechter selbst unter günstigen Bedingungen schwer zu unterscheiden sind, waren wir uns vielfach nicht klar über das Geschlecht und die Identität der Hyäne, der wir gerade folgten.

Widerstrebend rangen wir uns zu dem Entschluß durch, möglichst viele Hyänen zu betäuben und mit Ohrmarken zu versehen. Das behagte uns gar nicht, denn wir hatten viele Monate gebraucht, um die sieben Tiere an unsere Anwesenheit zu gewöhnen. Sollte uns eines davon durch die Narkose entfremdet werden, stand unser ganzes Forschungsvorhaben auf dem Spiel. Doch wenn wir die Hyänen nicht markierten, konnten uns beim Studium ihres Sozialverhaltens Irrtümer unterlaufen.

Mark bastelte für das Betäubungsgewehr einen Schalldämpfer aus dem Auspufftopf eines VWs, und wir warteten auf eine Gelegenheit, Star, Pogo und Hawkins zu narkotisieren. Sie ergab sich eines Abends, als die beiden Jungtiere dem älteren Weibchen zu den Überresten eines Spießbockkadavers folgten. Die Jungen verloren bald das Interesse an der runzligen Haut und an den Knochen, die ihnen wahrscheinlich zu groß waren, und trollten sich, so daß Star allein am Riß zurückblieb. Wir fuhren mit dem Wagen bis auf zwanzig Meter an sie heran, indem wir uns zentimeterweise vorschoben und jedesmal anhielten, wenn sie aufschaute. Vorsichtig und ohne rasche Bewegungen bestimmte Mark die Dosis und schob den präparierten Bolzen in den Lauf. Star war sehr nervös, weil sie vermutlich eine Löwenwitterung in die Nase bekommen hatte. Beim Klicken des Gewehrschlosses warf sie einen Blick auf den Scheinwerfer und wich ein paar Schritt zurück. Doch nachdem sie das Auto eine Minute lang angestarrt hatte, leckte sie sich die Lippen und kehrte mit zuckender Rute langsam zum Kadaver zurück – ein Zeichen, daß sie sich wieder entspannt hatte.

Mark legte das Gewehr an und zielte auf ihre dunkle Gestalt. Ich packte meinen Notizblock fester und blickte zur Seite, weil ich das Schlimmste befürchtete und überzeugt war, daß Star davonrasen und auf Nimmerwiedersehen verschwinden würde. Monatelange harte Arbeit, ja einfach alles hing von diesem Schuß ab. Mark schob ganz langsam seinen Arm unter das Gewehr, doch schon das Knistern seiner Nylonjacke verscheuchte Star erneut. Diesmal starrte sie mehrere Minuten lang den Landrover an und trat dann den Rückzug an.

In der nächsten Stunde regten wir uns nicht. Star war noch immer in Sichtweite. Sie legte sich hin, bettete den Kopf auf die Pfoten und beobachtete uns. Nach einer Weile begann mein Rücken zu schmerzen, und meine Hüfte und meine Beine schliefen ein. Ich versuchte mir vorzustellen, wie sich Mark wohl fühlte. Er hatte einen Ellbogen auf dem Lenkrad, den anderen auf der Wagentür und die Wange am Gewehrkolben, während er sich über das Visier beugte.

Star wußte, daß irgend etwas nicht stimmte. Als sie wieder aufstand, konnten wir ihr ansehen, wie sie mit sich rang, ob sie verschwinden oder zum Riß zurückkehren sollte. Endlich senkte sie den Kopf und ging langsam auf den Kadaver zu.

Mark drückte den Abzug. Es folgte ein gedämpfter Knall, und wir sahen, wie der Pfeil den Gewehrlauf verließ. Er traf Star in die Schulter. Sie sprang zurück, wirbelte herum und wand und drehte sich, um nach dem Geschoß zu beißen. Dann rannte sie los. Leise fluchend, verfolgte Mark sie mit dem Suchscheinwerfer. Im übrigen verhielten wir uns ganz still.

Star galoppierte bis zum äußersten Rand des Lichtkegels, bis wir sie kaum noch sehen konnten. Dort hielt sie inne und blickte sich lauschend um, als ob sie herauszubringen versuchte, was sie in die Schulter gestochen hatte. Ich war überzeugt, daß wir alles verpatzt hatten und daß Star uns nie mehr trauen würde. Doch dann geschah das Unglaubliche: Sie kehrte geradewegs zum Kadaver zurück und begann wieder zu fressen, ohne uns auch nur eines Blickes zu würdigen.

Nach einigen Minuten sank sie zu Boden, und wir stießen einen tiefen Seufzer der Erleichterung aus. Pogo und Hawkins, die sehr viel weniger wachsam waren als die erwachsenen Hyänen, fanden sich ebenfalls wieder beim Kadaver ein und begannen an den Knochen zu nagen, nachdem sie Star kurz beschnuppert hatten. Mark betäubte die beiden, und eine Viertelstunde später lagen die drei Hyänen friedlich im Gras. Wir griffen nach unserem Instrumentenkasten, stiegen aus, streckten die steifen Glieder und machten uns daran, die Tiere mit Ohrmarken zu versehen und zu vermessen.

»Das *ist* doch ein Weibchen, oder?« flüsterte Mark, der neben Star kniete.

»Ich bin mir nicht sicher. Sind die echt?« Ich stupste gegen zwei fleischige Lappen, die wie Hoden aussahen.

Da standen wir nun, zwei Zoologiestudenten, die zusammen dreizehn Universitätsjahre auf dem Buckel hatten, und betrachteten ratlos die verwirrende Kombination von Sexual- und Scheinsexualorganen, die dieses absonderliche Tier mit sich herumtrug. Obwohl den weiblichen Braunen Hyänen der vergrößerte Pseudopenis (eigentlich die Klitoris) der Tüpfelhyänenweibchen fehlt, besitzen sie an der Stelle, wo sich die Testikel befinden müßten, wenn sie Männchen wären, feiste Hautlappen oder Knoten. Nach längerer Untersuchung und Beratung wußten wir noch immer nicht sicher, ob Star weiblich oder männlich war. Zum Glück war Hawkins mit stattlichen echten Hoden ausgerüstet, was unserer Verwirrung ein Ende bereitete: Star und Pogo waren eindeutig Weibchen.

Star zeigte nicht die geringste Scheu vor uns, als sie einige Nächte später mit ihrer blauen Ohrmarke aus Plastik nahe an unserem Wagen vorbeikam. Wir begleiteten sie zu einem Kuhantilopenkadaver in der Nähe des Akazienpunktes, wo sie sogleich zu fressen begann. Eine Viertelstunde danach gesellten sich Pogo und Hawkins zu ihr.

Kurz darauf hoben alle drei den Kopf und starrten in die Dunkelheit. Patches kam hocherhobenen Hauptes direkt auf sie zu. Pogo und Hawkins ließen sich nicht weiter stören, doch die beiden erwachsenen Weibchen funkelten einander an. Star senkte den Kopf und die Ohren, und jedes einzelne Haar auf ihrem Körper richtete sich steil auf. Plötzlich stürzte Patches vor und packte sie im Nacken, um sie heftig zu beißen und zu schütteln. Star kreischte, als Patches die Zähne in ihre Haut schlug und Blut über ihr blondes Nackenhaar rann. Die beiden Hyänen wanden sich und stolperten durch das dürre Gras, während Star ihre Schnauze nach oben und hinten bog, um die zupackenden Kiefer abzuwehren. Eine Staubwolke hüllte die kämpfenden Tiere ein.

Patches hielt ihre Gegnerin fast zehn Minuten lang fest und schleuderte sie mit solcher Wut hin und her, daß Star den Boden unter den Füßen verlor. Blut tropfte auf den Sand. Zwischen den röchelnden Atemstößen und Schreien hörten wir das mahlende Geräusch der Zähne, die sich in die dicke Haut bohrten. Patches ließ Star einen Augenblick los und biß dann dicht hinter den Ohren abermals zu. Stars ungeschützte Kehle bebte. Immer wieder packte Patches an einer anderen Stelle des Nackens zu, und sie zerrte Star durch den Sand, als ob sie eine Stoffpuppe wäre.

Nach zwanzig entsetzlichen Minuten ließ Patches plötzlich von ihrer Widersacherin ab. Mir war ganz übel beim Anblick von Stars Nacken, der zerbissen und zerfetzt war und pfenniggroße Löcher aufwies. Ich dachte schon, sie würde im nächsten Augenblick zusammenbrechen und nie wieder aufstehen. Doch dann schüttelte sie ihr langes Haar zurecht, als ob das Ganze nur eine harmlose Balgerei gewesen wäre, schlug mit dem Schwanz und ging gemeinsam mit Patches zum Kadaver hinüber. Die beiden Jungtiere hatten der Auseinandersetzung keinerlei Aufmerksamkeit geschenkt, und nun fraßen alle vier so dicht nebeneinander, daß sich ihre Schnauzen fast berührten. Obwohl nichts mehr auf eine aggressive Stimmung hindeutete, verzog sich Star nach fünf Minuten und legte sich nahebei schlafen. Sie kehrte erst dann zum Riß zurück, als Patches gegangen war. Ein solches Nackenbißverhalten war bis dahin noch nie beschrieben worden, und es gehörte zu den hitzigsten und aufregendsten Tierkämpfen, die wir in der Kalahari erlebten.

Vier Wochen lang hatten wir Braune Hyänen beobachtet, die angeblich Einzelgänger waren, aber dieselben Wechsel benutzten und mit Duftmarken versahen und einander mit einem grotesken Kriechritual begrüßten. Wir hatten Pogo und Hawkins beobachtet, die mit zwei verschiedenen adulten Weibchen auf Nahrungssuche gingen. Und jetzt konnten wir zusehen, wie die beiden weiblichen Tiere, die gerade noch einen erbitterten Zweikampf ausgetragen hatten, sich friedlich vereint an einem Kadaver gütlich taten. Was für ein Mischmasch von neuen Informationen! Das war ganz unzweifelhaft *nicht* das Verhalten einer solitär lebenden Art, bei der die Männchen und Weibchen einander nur während der Brunft und Paarung dulden. Wir erkannten immer deutlicher, daß die Braunen Hyänen über ein ungewöhnliches Sozialsystem verfügen mußten.

Ein paar Abende danach entdeckten wir, als wir nach Hyänen Ausschau hielten, das ortsansässige Löwenrudel, das nahe der Adlerinsel, einer Baumgruppe nördlich des Wasserlochs in der Mittleren Pfanne, einen Spießbock gerissen hatte. Gegen dreiundzwanzig Uhr zogen die Löwen in südlicher Richtung ab. Schon eine Stunde später fanden sich Ivey, Patches, Star, Shadow, Pogo und Hawkins am Kadaver oder in dessen Nähe ein.

Im Laufe dieser Nacht lernten wir weitere Beispiele ihres sonderbaren Gruß- und Nackenbißverhaltens kennen, dem manchmal eine Art Schnauzenringkampf voranging: Zwei Hyänen stellten sich dabei nebeneinander auf, richteten gemeinsam die Schnauzen hoch empor und versuchten einander in den Nacken zu beißen.

Doch insgesamt verlief die Versammlung am Kadaver sehr friedlich, gleichsam gut organisiert. Gewöhnlich fraß nur eine Hyäne – und niemals mehr als drei –, während die anderen schliefen, Fellpflege betrieben oder sozialen Kontakten nachgingen. Sobald ein Tier einen Antilopenlauf ins Gebüsch trug, begann ein anderes am Riß zu fressen. Erst nach sechs Stunden verzog sich die letzte Hyäne in den Busch. Zurück blieben nur ein Kiefer und der verstreute Panseninhalt. Hier ging es gemütlich zu, verglichen mit dem futterneidischen Gerangel zwischen den Tüpfelhyänen in der ostafrikanischen Serengeti. Diese gefleckten Hyänen drängen sich in einer wogenden Körpermasse um einen Riß und machen sich gegenseitig das Futter streitig, während jedes Tier so schnell wie möglich frißt. Dr. Hans Kruuk, der diese Art in der Serengeti studiert hat, beobachtete einmal einen Familienverband von einundzwanzig Tüpfelhyänen, die ein hundert Kilogramm schweres einjähriges Weißbartgnu innerhalb von dreizehn Minuten verzehrten.[1]

Leider trafen wir die Braunen Hyänen während der Regenzeit nur ein- oder zweimal in der Woche beim gemeinsamen Mahl an einem Großkadaver an. Doch nach mehreren Monaten begann sich für uns ein skizzenhaftes Bild ihrer sozialen Organisationsform abzuzeichnen. Wir waren überzeugt, daß die sieben Hyänen in unserer Gegend keine Einzelgänger, sondern Mitglieder eines Clans, einer Sippe, waren.[2] Durch Schnauzenringen und Nackenbißkämpfe hatte sich jedes Tier einen bestimmten Platz in der sozialen Hierarchie gesichert, der bei der Begrüßung jeweils angezeigt und gefestigt wurde. Ivey, das einzige erwachsene Männchen der Gruppe, war der Ranghöchste. Die Rangordnung der weiblichen Tiere begann mit Patches, die an der Spitze stand, und führte über Star, Lucky und Shadow bis hinunter zu Pogo. Hawkins, das junge Männchen, bekleidete denselben Rang wie Pogo.

Wenn zwei der Braunen Hyänen einander begegneten, bestätigten sie gewöhnlich ihren jeweiligen Status durch das Begrüßungsritual und gingen dann auseinander. Zum Nackenbeißen kam es nur, wenn der Status nicht eindeutig geklärt war oder wenn eine Hyäne in der Rangordnung aufzusteigen trachtete. Star war offenbar sehr auf den sozialen Aufstieg bedacht. In manchen Nächten fand sie sich an einem Riß ein, ohne etwas zu fressen. Statt dessen verbrachte sie die ganze Zeit damit, mit gesträubtem Haar die rangtieferen Weibchen zu schikanieren oder Patches herauszufordern.

Wie vorteilhaft ein hoher Rang war, zeigte sich, wenn mehrere Hyänen einen großen Kadaver bearbeiteten: Sobald Ivey zu Shadow stieß, fraßen sie in der Regel nur zwei oder drei Minuten lang. Danach entfernte sich Shadow, um so lange auszuruhen, bis Ivey sich getrollt hatte. Sehr oft schien von der dominanten Hyäne keinerlei Aggression auszugehen; man hatte den Eindruck, daß das untergeordnete Tier sich einfach nicht wohl fühlte, wenn es mit einem ranghöheren gemeinsam fraß, und es deshalb vorzog, bis später zu warten. Infolgedessen hatten die dominanten Tiere gewöhnlich den Vorrang.

An einem Großkadaver, etwa einem Spießbock, erhielt selbst die rangniedere Shadow eine Chance. Doch bei einer kleineren Beute, einem Steinböckchen oder Springbock, war der Nahrungswettbewerb sehr viel heftiger: Die Hyänen fraßen schneller, und nur die erste oder die beiden ersten bekamen etwas ab. Wenn der Kadaver auf weniger als vierzig oder fünfundvierzig Pfund zusammengeschmolzen war, raffte oft ein dominantes Tier die Überbleibsel zu einem Bündel zusammen und schleppte sie, fast über herabhängende Hautfetzen stolpernd, mit sich fort, gefolgt von mehreren Schakalen, die sich an seine Fersen hefteten.

Löwen, Wölfe und andere gesellige Raubtiere schlafen, jagen und fressen in der Regel gemeinsam mit wenigstens einigen Mitgliedern ihrer Gruppe. Die Braunen Hyänen lebten zwar auch in einem Clan, aber sie waren bei der Nahrungssuche und in der Ruhezeit gewöhnlich allein und trafen nur gelegentlich, wenn sie auf den gemeinschaftlichen Wegen umherzogen oder einen Kadaver entdeckten, mit anderen Gruppenangehörigen zusammen. Sie besitzen nur ein begrenztes Repertoire von akustischen Signalen und Äußerungsmöglichkeiten, mit denen sie sich über große Entfernungen verständigen können; dadurch unterscheiden sie sich von den Tüpfelhyänen. Der Grund liegt vermutlich darin, daß die trockene Kalahari-Luft Laute nicht sehr weit trägt, oder vielleicht sind auch die Territorien der Braunen Hyänen so groß, daß selbst laute Rufe ihren Zweck verfehlen würden. Wie dem auch sei, die Tiere verständigen sich lautlich nur auf engstem Raum, und sie kennen weder das durchdringende »Wuu-uup« noch gar das »Gelächter« ihrer gefleckten Vettern.

Das Fehlen einer kräftigen Stimme müßte eigentlich ein Problem darstellen für Tiere, die getrennt in einem Gemeinschaftsrevier von bis zu eintausend Quadratkilometern umherschweifen, aber gleichzeitig den Kontakt zu den anderen Gruppenmitgliedern aufrechterhalten müssen. Doch bei den Braunen Hyänen ist wahrscheinlich das hochentwickelte System der chemischen Verständigung mit Hilfe der Duftmarken an die Stelle der lautlichen Kommunikation getreten. Die Tüpfelhyänen setzen zwar auch Duftsekrete ab, aber nicht so extensiv wie die Braunen, für die sie das wichtigste Kommunikationsmittel sind. Clanmitglieder können offenbar das Geschlecht, den sozialen Status und die Identität eines anderen an den Duftmarken erkennen. Für ein geselliges Lebewesen, das viele Stunden lang allein umherwandern muß, um verstreute Nahrung aufzuspüren, sind diese geruchlichen »Ferngespräche« eine ideale Methode, mit den anderen Gruppengenossen in Verbindung zu bleiben. Die Hyänen im Deception Valley benutzen außerdem die Duftmarken ausgiebig zur Abgrenzung ihres Territoriums.

Unsere Braunen Hyänen stellten somit eine seltsame Mischung aus sozialem und solitärem Verhalten dar. Sie wanderten und schliefen allein; sie bedienten sich gemeinsam an Großkadavern, schafften aber bei der erstbesten Gelegenheit Beuteteile beiseite; sie benutzten zur Verständigung untereinander keine weittragenden Lautäußerungen, sondern hinterließen allenthalben »chemische Botschaften«. Und zumindest zeitweise erlaubten es die Weibchen den Jungtieren, sie bei der Nahrungssuche zu begleiten.

Doch als Pogo und Hawkins mit etwa dreißig Monaten ins Erwachsenenalter eintraten, wurden sie von Patches, Star, Lucky und Shadow auf deren Beutezügen nicht mehr geduldet. Die fast ausgewachsenen Tiere mußten sich fortan selbst versorgen. Um sich eine Position in der Rangordnung zu sichern, mußte Pogo den Wettbewerb mit den anderen Weibchen aufnehmen, und Star sorgte dafür, daß die junge Hyänendame keine Minute lang vergaß, wer die Chefin war!

An einem Abend, den wir nie vergessen werden, mußten wir zusehen, wie Star die arme Pogo über zwei Stunden lang mit Nackenbissen traktierte. Sie biß und schüttelte sie dabei viertelstundenlang ohne Unterbrechung. Die Jüngere wimmerte laut, fast wie ein Mensch, und es fiel uns schwer, nicht einzugreifen. Nachdem Star ihren Standpunkt nachdrücklich klargemacht hatte, akzeptierte Pogo ihren Status und zeigte von nun an bei jeder Begrüßung das Unterwerfungskriechen des rangniederen Weibchens.

Hawkins war ein anderes Schicksal beschieden. Als er sich frühmorgens einmal an den Überresten einer Löwenmahlzeit gütlich tat, erblickte er Ivey, der von Norden auf ihn zukam. Hawkins ging dem dominanten Männchen langsam entgegen und wollte gerade seine Unterwerfung signalisieren, als sich Ivey auf ihn stürzte, ihn am Nacken packte und ordentlich schüttelte. Hawkins quiekte und suchte sich zu befreien. Ivey biß dem Jüngeren in die Ohren, in die Wangen und in den Nacken, bis das Blut durch dessen blondes Nackenhaar strömte. Doch sobald Ivey erneut zupacken wollte, konnte Hawkins sich losreißen. Aber er rannte nicht weg, sondern sprang in einem großen Bogen um den Kadaver herum, so daß das ranghöhere Männchen ihn mühelos einholen konnte. Die beiden standen einander gegenüber, schlugen ihre kräftigen Schnauzen gegeneinander, und jeder versuchte, den anderen beim Kragen zu packen. Ivey gelang es, den Jüngeren in den Nacken zu beißen. Diesmal schüttelte er ihn besonders heftig und schleuderte ihn auf die Erde.

Hawkins konnte sich losmachen, aber auch jetzt gab er sich nicht wirklich Mühe, dem Angreifer zu entkommen, als wartete er auf eine neue Gelegenheit, ihn herauszufordern. Der Einsatz war hoch: Die Möglichkeit, in seinem Geburtsclan und in seinem angestammten Territorium zu bleiben, stand auf dem Spiel. Ivey ging gleich wieder zum Angriff über. Der Rivalenkampf, in dem Hawkins alle Prügel einstecken mußte, dauerte über zwei Stunden.

Schließlich ließ Ivey von dem jüngeren Männchen ab. Er ging zum Wasserloch, um zu trinken, und streckte sich dann schwer atmend aus. Hawkins folgte ihm nach und begann vor ihm hin und her zu springen, als wollte er ihn abermals zum Kampf auffordern. Als Ivey den Fehdehandschuh ignorierte, trug Hawkins einen

Stock in dessen Nähe und machte, acht Schritte von dem alten Kämpen entfernt, einen unverkennbaren, aber nicht sonderlich eindrucksvollen Versuch, den Stock zu verstümmeln. Als Ivey darauf nicht reagierte, begann Hawkins vor ihm hin und her zu schreiten. Dabei kam er immer näher, bis er am Ende nur noch fünf Schritt vor ihm stand. Nachdem Ivey seine Ruhepause beendet hatte, griff er noch einmal an und biß wieder auf Hawkins ein, der sich erst nach mehreren Minuten befreien konnte und langsam den Rückzug zum Wald der Ostdüne antrat. Ivey verfolgte ihn nicht mehr.

In den nächsten Wochen wurde es für Hawkins immer schwieriger, im Revier der Sippe umherzustreifen und Futter zu suchen, ohne von Ivey bedrängt zu werden. Er verlegte seine Streifzüge in die Randzone des Territoriums und verschwand schließlich. Wenn er als Nomade aus eigener Kraft überleben sollte, würde er eines Tages den Anführer einer anderen Familiengruppe attackieren und sich in ihr vielleicht zum einzigen Zuchtmännchen aufschwingen. Sollte jedoch sein Streben nach Weibchen und einem Territorium nicht von Erfolg gekrönt werden, würde er ein ausgestoßener Einzelgänger bleiben, der fern von den begehrten Flußtälern in Randgebieten sein Dasein fristen mußte. Seine einzige Fortpflanzungschance bestand dann darin, daß er sich mit einem der wenigen nomadisch lebenden Weibchen paarte oder heimlich die Kopulation mit einem weiblichen Clanmitglied vollzog.

Obgleich die Braunen Hyänen stets allein umherschweiften, waren sie, wie wir inzwischen wußten, gesellige Tiere – sogar sehr gesellige. Doch Tiere schließen sich nicht aus Freude am Gemeinschaftsleben zusammen, sondern um sich ihrer Umwelt besser anpassen zu können. Löwen, Wildhunde, Wölfe und Tüpfelhyänen, die im Gruppenverband jagen, können größere Beutetiere töten als ein einzelnes Individuum. Die Braunen Hyänen waren vorwiegend Aasfresser, die nur selten lebende Beute jagten. Wenn sie aber nicht gemeinsam jagten, warum lebten sie in Familiengruppen oder teilten sich die von Löwen zurückgelassenen Großkadaver? Warum brauchten sie einander? Warum bemühten sie sich überhaupt um soziale Beziehungen? Auf alle diese Fragen gab es eine einzige Antwort, wie wir noch feststellen sollten.

6 Das Camp

Delia

Ich liebe den Menschen nicht weniger, aber die Natur noch mehr.

Lord Byron

*B*ald nach dem Steppenbrand stellten wir fest, daß unser ursprünglicher Lager-platz den ständigen Winden zu sehr ausgesetzt war, und so hatten wir ein neues Camp in eine andere Bauminsel buchstäblich eingepaßt, indem wir ein paar abge-storbene Äste abschnitten, um Platz zu schaffen für das verblichene Zelt, das uns ein Freund in Maun geschenkt hatte.

Unsere Insel war ein Dickicht aus Jujuben- und Akazienbäumen, die das hohe Gras und dichte Unterholz überragten. Die Jujuben besaßen Mehrfachstämme, die sich etwa viereinhalb Meter über dem Boden in Hunderte von dornigen Ästen ver-zweigten, welche sich in einem ineinander verflochtenen Gewirr zur Erde neigten. Die flachwipfligen Akazien und die hängenden Jujubenbäume bildeten zusammen ein so dichtes grünes Dach über unseren Köpfen, daß wir in der Regenzeit kaum den Himmel sehen konnten. Das Camp war umschlossen vom offenen Terrain des alten Flußbetts, das sich im Norden und Süden bis zum Horizont erstreckte. Im Osten und Westen stiegen die Dünenhänge sanft zu ihren bewaldeten Kämmen empor.

Weil wir die kleinen Säugetiere und Vögel unserer Insel nicht verscheuchen wollten, hatten wir das tote Holz, das störrische Gras und den Unterwuchs nicht angetastet. Nur ein schmaler Fußpfad führte von der Küche, die sich in einem offe-nen »Alkoven« an dem einen Ende der Baumgruppe befand, zu unserem Zelt. Im ersten Jahr war die Insel nach den schweren Regenfällen dermaßen überwuchert und unser Camp so gut versteckt, daß manchmal sogar der Kopf einer äsenden Gi-raffe plötzlich im Laubdach über uns auftauchte. Nachdem sie ein paar Blätter von einem Dornenzweig abgestreift hatte, entdeckte sie uns und die wenigen Habse-ligkeiten, die wir unten verstaut hatten. Die Giraffe hob den Schwanz über den

Rücken und polterte davon. Nach einer Weile drehte sie sich um, als ob sie das Ganze nur geträumt hätte. In der Regenzeit des Jahres 1975 grasten zuweilen bis zu dreitausend Springböcke in unserer unmittelbaren Nähe, so daß wir ihre Mägen rumpeln hörten.

Da wir uns in einer Wüstenlandschaft befanden, war jede lebende Pflanze für die Tiere wichtig. Wir waren geradezu besessen davon, die belaubten Zweige und verdorrenden Grashalme zu schonen, und das ging so weit, daß wir unsere seltenen menschlichen Besucher dringend ermahnten, die Trampelpfade nicht zu verlassen. Ich bin einmal sehr wütend geworden, als einige Wissenschaftler mitten auf dem Lagerplatz eine größere Fläche rodeten, um dort ihre Schlafsäcke auszubreiten. Noch monatelang, bis zum nächsten Regen, war ihr Schlafplatz ein staubiges »Vakuum, das die Natur verabscheut«. Unser Verhalten war vielleicht so etwas wie ein verzweifelter Versuch der Anpassung, des Zurückgleitens in die Welt der Natur, ohne sie zu schädigen, ja ohne von ihr bemerkt zu werden. Wir kamen uns vor wie Gäste, die sehr lange weggewesen waren.

Ich stand auf dem Holzstoß und blickte hinter dem Landrover her, bis die Hitzewellen seine verschwommenen Umrisse verschluckt hatten. Es war zu Beginn der Regenzeit 1975, und Mark fuhr nach Maun, um neue Vorräte zu holen. Weil er drei oder vier Tage unterwegs sein würde, wollte er mich nicht allein im Camp zurücklassen, doch ich hatte darauf bestanden, im Deception Valley zu bleiben und Schreibarbeiten zu erledigen. Als das Geräusch des Motors allmählich verklang, hatte ich das Gefühl, einer der einsamsten Menschen der Welt zu sein. Ich war nicht nur deshalb dageblieben, um unsere Notizen ins reine zu schreiben, sondern auch, um die Erfahrung absoluter Isolierung zu machen. Während ich noch eine Zeitlang über das Flußtal blickte, ließ ich mich von diesem Gefühl übermannen. Es war angenehm.

Doch an völlige Einsamkeit muß man sich erst gewöhnen. Obwohl ich im Umkreis von Tausenden Kilometern der einzige Mensch war, brauchte ich einige Zeit, um das Gefühl loszuwerden, ich würde beobachtet. Als ich mir einen Tee kochte, sprach ich laut mit mir selber, verspürte aber ständig den Drang, über meine Schulter zu schauen, um mich zu vergewissern, daß mich niemand belauschte. Allein zu sein hat mir nie etwas ausgemacht, wohl aber das Gefühl, ich wäre vielleicht *nicht* allein, wenn ich es angeblich war.

Ich ging zur Küche hinüber, hauchte den grauen Kohlen etwas Leben ein und stellte den alten Emailtopf auf das Feuer. Er war dick mit Rußschuppen bedeckt – Spuren von tausend Lagerfeuern –, und sein abgenutzter Henkel trug die Zahnspuren der Braunen Hyänen, die ihn wiederholt herumgeschleppt hatten.

Ich machte mir einen einfachen Bohneneintopf zurecht, und schon bald blubberte der Kessel auf dem schweren Eisenrost, den wir von Bergie bekommen hatten. Dann knetete ich Brotteig, legte ihn in den dreibeinigen Maismehltopf und stellte ihn zum Aufgehen in die Sonne. Später drehte ich einen großen Kübel auf die Seite und schob zwei teiggefüllte Pfannen hinein. Mit dem Spaten verteilte ich rotglühende Kohlen unter und auf dem »Kübelofen«. Bei den herrschenden Mittagstemperaturen und dem beständigen Wind würde das Brot in siebzehn Minuten fertiggebacken sein. Wenn es windstill war, dauerte es fünfundzwanzig Minuten und am kühlen und feuchteren Abend sogar eine Stunde.

Unsere Lebensmittelvorräte beschränkten sich auf das, was es in Maun zu kaufen gab, was wir uns leisten konnten und was die lange Fahrt bis zum Camp überstand. Manchmal waren selbst Grundnahrungsmittel wie Mehl, Mais, Zucker, Fett und Salz in den Läden nicht aufzutreiben.

Wir besaßen keinen Kühlschrank und konnten deshalb Verderbliches nicht sehr lange aufbewahren. Zwiebeln hielten sich mehrere Monate, wenn wir sie in der trockenen Luft aufhängten, und die Möhren, Roten Beete und Rüben, die wir gelegentlich erstanden, blieben wenigstens zwei Wochen lang frisch, wenn sie im Sand vergraben, mit Abwaschwasser bespritzt und zum Schutz vor Termiten hin und wieder umgebettet wurden. Orangen und Grapefruits waren in der Trockenzeit noch nach zweieinhalb Monaten genießbar; die Schalen wurden immer härter und bewahrten das saftige Fruchtfleisch vor dem Austrocknen. In den trockenen Monaten verfaulte nichts.

Die Wildschutzbehörde hatte uns 1975 die Genehmigung erteilt, ab und zu eine Antilope zu schießen, zwecks Analyse des Mageninhalts. Wir taten das höchst ungern, aber wenn wir zum Erhalt der Tierbestände beitragen wollten, mußten wir wissen, welche Gräser und Blätter diese in den verschiedenen Jahreszeiten verzehrten. Mark nahm sich für die Jagd immer mehrere Stunden Zeit; er pirschte sich behutsam an ein einzelnes Tier an, das von den anderen getrennt war, weil er nicht die ganze Herde beunruhigen und vergrämen wollte. Diese Vorsichtsmaßnahmen machten sich bezahlt, denn während unseres ganzen Aufenthalts im Deception Valley zeigten die Spring- und Spießböcke keine größere Scheu vor uns als am ersten Tag.

Wir lernten, wie man Biltong, eine Art Dörrfleisch, aus Antilopenfleisch herstellt, nämlich indem man die rohen Fleischstreifen über Nacht in einer Mischung aus Salz, Pfeffer und Essig einweicht und dann zum Trocknen an Drahthaken aufhängt. Sie waren nach drei Tagen gedörrt und konnten mehrere Monate lang aufgehoben werden. Diese Biltongstäbe, die wir in heißen Senf eintauchten und die recht gut schmeckten, waren häufig unsere einzigen Proteinlieferanten. Doch wir hatten bald genug von dem zähen Zeug, was mich bewog, das Fleisch mit etwas mehr Phantasie zuzubereiten. Ein Rezept, das ich erfand, tauften wir auf den Namen »Biltongbeignets«:

> *Zutaten:*
> *zwei Streifen sehr trockenes Biltong,*
> *wüstengedörrter grüner Pfeffer,*
> *wüstengedörrte Zwiebeln,*
> *Mürbeteig.*

Man zerstoße das Biltong in der Badewanne mit einem Fünfpfundhammer und einer Anhängerkupplung zu Mehl und weiche es einige Zeit in Wasser zusammen mit Zwiebeln und Pfeffer ein. Die Masse gut durchseihen und in heißem Öl kurz anbraten. Den Mürbeteig in Dreiecke schneiden, auf jedes Dreieck einen Teelöffel Biltonghaschee geben und einrollen. Diese Beignets knusprig goldbraun backen. Biltong schmeckte auch gut zu einem »Camp-Maisbrot«, das zu unserem Standardgericht wurde:

⅓ Tasse Margarine aus der Dose,
⅓ Tasse brauner Zucker,
1 Tasse Mehl,
3 Teelöffel Backpulver,
4 Teelöffel Milchpulver,
1 Tasse Wasser,
1 Tasse Maismehl,
Salz nach Belieben.

Margarine und Zucker schaumig schlagen. Milchpulver und Wasser einrühren, dann Mehl, Maismehl, Backpulver und Salz hinzugeben und gut vermischen. Den Teig auf eine eingefettete Pfanne legen und im Kübelofen bei mittlerer Hitze fünfundzwanzig Minuten (bei steifem Wind fünfzehn Minuten) lang backen.

Wenn wir kein Fleisch hatten, aßen wir verschiedene Eintopfgerichte aus getrockneten Bohnen, Maismehl und Hirse. Der fade Geschmack konnte durch Zwiebeln, Curry und mexikanisch angehauchtes Gebäck ein wenig verbessert werden, doch oft kam es nur darauf an, das Essen so schnell wie möglich herunterzuschlucken und mit einer Büchse Fruchtcocktail nachzuspülen, sofern wir noch eine hatten!

Im September und Oktober, vor den ersten Regenfällen, legt eine Straußenhenne bis zu zwanzig große elfenbeinfarbene Eier. Jedes ist fast achtzehn Zentimeter lang und hat einen Umfang von achtunddreißig Zentimetern, enthält also ungefähr soviel wie zwei Dutzend Hühnereier. Wir plünderten zwar niemals ein bebrütetes Nest, aber zuweilen fanden wir ein einzelnes Ei, das der Elternvogel nach einem Raubtierangriff aufgegeben hatte. Hätten wir damals geahnt, wie begehrt solche Eier bei den Braunen Hyänen waren, die kein Wasser in Fässern gespeichert hatten und keine Fruchtsäfte in Dosen besaßen, dann hätten wir sie bestimmt nicht genommen.

Mit einem Handbohrer machte Mark ein großes Loch in das Ei. Dann nahm er es zwischen die Knie, führte einen L-förmig gebogenen Draht, den er zuvor über dem Feuer sterilisiert hatte, in das Loch ein und rollte ihn zwischen den Handflächen hin und her, um Eiweiß und Dotter gründlich zu verrühren. Ich schüttelte genügend Eimasse für eine Mahlzeit in die Bratpfanne, verschloß dann das Loch mit einem Pflaster und vergrub das Ei unter einem schattigen Baum. So konnten wir etwa zwölf Tage lang allmorgendlich Rühreier oder ein Omelette essen.

Das einzige Risiko bestand darin, daß wir nicht wußten, wie frisch ein Straußenei war, bis der Bohrer die dicke Schale durchbrach. Wenn Mark nicht sehr vorsichtig zu Werke ging, schoß aus einem schlechten Ei die stinkende Brühe hervor und spritzte ihm ins Gesicht. Sobald er ein Ei öffnete, verließ ich die Küche, aber seine Worte verrieten mir, ob das Ei verdorben war oder nicht.

Der Morgen, an dem Mark nach Maun fuhr, verging im Fluge, und ich kam nicht einmal dazu, mich mit dem Berg Papierkram zu befassen, der auf dem Tisch unter dem Jujubenbaum aufgestapelt lag. Wir hatten stets Tonbänder, die auf die Datenbögen übertragen werden mußten, und außerdem war Post zu erledigen. Bevor ich die Küche verließ, schob ich automatisch den Kessel an den Rand des Rostes, damit das restliche Wasser nicht verkochte. Wassersparen war uns zur zweiten Natur geworden; andernfalls hätten wir viel Geld und Zeit aufwenden müssen, um einen ausreichenden Wasservorrat zu sichern.

Jedesmal wenn sich tiefhängende grauschwarze Wolken über die Dünen heranwälzten, stellten wir Töpfe und Pfannen rings um das Zelt auf, um das Regenwasser aufzufangen. Dann verschlossen wir das Zelt, stopften die Mehlsäcke und sämtliche Aufzeichnungen vorne in den Wagen, deckten das Lebensmittelregal mit Zeltleinwand ab, stellten die Gerätekisten zusammen und stülpten das halbe Faß über die Feuerstelle. Wenn wir dann noch die Zeltleinen kontrolliert hatten, bestand für das Camp keine Gefahr mehr.

Sobald der Wolkenbruch vorüber war, gossen wir das frische Regenwasser aus den Töpfen und Pfannen in Fässer. Danach schöpften wir ein paar hundert Liter kaffeebraunes Wasser, das knöcheltief den Boden des Camps bedeckte.

Wenn dann später der Matsch ein wenig aufgetrocknet war, fuhren wir zum Wasserloch in der Mittelpfanne, und mit Töpfen und Trichtern, die wir aus Plastikflaschen verfertigt hatten, sammelten wir stundenlang noch mehr Wasser ein. Dabei konnten wir nicht immer alle Antilopenexkremente ausscheiden, die auf der Wasseroberfläche schwammen, doch sie setzten sich im Faß ab und stellten keine echte Gefahr dar, weil wir unser gesamtes Trinkwasser kochten. Diese Vorsichtsmaßregel hatten wir allerdings nicht immer beachtet.

In der Trockenzeit des Jahres 1975 litten wir beide mehrere Tage lang an heftigen Magenkrämpfen, Durchfall und Lethargie. Wir wurden immer schwächer und wußten nicht, woher die Beschwerden kamen. Unser Wasservorrat ging zur Neige, und wenn sich unser Zustand weiter verschlechtert hätte, wären wir nicht mehr imstande gewesen, neues Wasser zu beschaffen. Da wir kein Funkgerät besaßen, hatten wir keine Möglichkeit, Hilfe herbeizuholen.

Mark schleppte sich aus dem Zelt, um mit einem Eimer noch ein paar Liter aus den verschiedenen Fässern einzusammeln. Als er das letzte Faß anzapfte, wirbelten Federn in den Eimer, und dann machte sich der Gestank eines verfaulten Vogels breit, der offenbar schon vor Wochen in dem Faß ertrunken war. Seitdem haben wir jeden Tropfen Wasser gekocht, bevor wir ihn tranken, und die Faßöffnungen verstopften wir mit Stofflappen.

Lionel Palmer, der Jäger, der uns die Kalahari als Arbeitsfeld vorgeschlagen hatte, hatte uns einen kleinen Anhänger geliehen, den wir zum Wasserholen benutzen sollten. Am Morgen nach der Entdeckung des vergammelten Vogels fuhren wir mit dem Anhänger zur Rinderstation, wo wir uns inzwischen unser Wasser beschafften, und luden ein Faß in den Landrover, ein zweites auf den Dachträger und drei weitere auf den Anhänger. Ein einziges volles Faß wog mehr als zweihundert Kilogramm, und so hatte Mark, um die Ladung besser abzustützen, ein paar Holzkeile unter die Blattfedern des Wagens getrieben.

Auf der Heimfahrt drang, als wir erst gut einen Kilometer vom Brunnenloch entfernt waren, ein schrilles Getöse von hinten zu uns vor. Die »Graugans« machte einen Satz nach vorn und blieb rutschend stehen. Ein Faß war durch den Boden des Anhängers gesackt und blockierte die Räder. Wir hievten es hoch, legten ein paar Stücke der Bodenplanken über das Loch und zurrten das Faß wieder fest. Nach weiteren drei Kilometern brach das zweite Faß durch. Wir sicherten es so gut wie möglich mit den zerrissenen Seilen und setzten die Fahrt im Schneckentempo fort.

Wir waren vielleicht acht Kilometer weit gekommen, als der Wagen sich zur Seite neigte und hinten die Fässer heftig gegeneinanderstießen. Wir rannten zum Anhänger und sahen, daß sich die Zugstange zu einem S verbogen hatte. Sie schleifte auf dem Boden und hatte eine Furche in den Sand gepflügt, als alle drei Fässer nach vorn gerollt waren.

Wir hatten vier Stunden gebraucht, um bei fünfzig Grad Hitze zwölf Kilometer zu bewältigen. Völlig erschöpft und von unserer Krankheit geschwächt, sanken wir im Schatten des Wagens in den Sand und betteten den Kopf auf die Knie. Ich hatte keine Ahnung, wie es weitergehen sollte. Mit angespanntem Kinn starrte Mark schweigend auf die Savanne. Die Kalahari würde keinen Zoll nachgeben – sie machte es niemandem leicht.

Nach einer Weile richtete sich Mark auf und half auch mir hoch. Er schob den Wagenheber unter die Arme der Deichsel, die noch immer an den Landrover angekuppelt war, und kurbelte so lange, bis sie fast wieder gerade waren. Wir rückten die Fässer zurecht und starteten aufs neue.

Alle zwei Kilometer mußten wir anhalten und die »Graugans« abkühlen. Während Mark Wasser über den Kühler goß, entfernte ich mit einer Haarbürste den dicken Grassamenbelag, der die Luftzufuhr blockierte. Indem wir eine Zündkerze herausschraubten, einen Schlauch an dem geöffneten Zylinder anbrachten und den Motor hochjagten, pusteten wir den verdreckten Kühlergrill sauber. Vor jedem neuen Start kroch Mark unter den Wagen und kratzte mit einem langen Schraubenzieher das Stroh, das bereits zu schwelen begann, von der Bodenplatte ab. Im Busch ist schon so manches Auto ausgebrannt, weil sich Gras am Auspuff entzündet hat.

Als wir uns weiter vorkämpften, kroch uns plötzlich Rauch in die Nase. Mark trat auf die Bremse, und wir sprangen beide hinaus. Es war unmöglich, das überhitzte Auspuffrohr längere Zeit sauberzuhalten, und jetzt hatte es Feuer gefangen. Dicker weißer Rauch kam unter dem Wagen hervor. Mark ergriff den Schlauch und einen Schraubenschlüssel, hechtete auf die Ladefläche des Landrovers und öffnete rasch ein Faß. Die Flammen züngelten schon hoch. Er saugte am Schlauchende, bis das Wasser floß, und bespritzte den Unterboden. Der Rauch verfärbte sich schwarz, und ein Gemisch aus Dampf und Asche zischte hoch, als das Feuer erlosch.

Nach fünf Stunden und drei Reifenpannen taumelten wir ins Camp und brachen auf unseren Schaumgummimatratzen zusammen. Am nächsten Morgen kam ein Sturm auf, und es goß wie aus Kübeln. Wir hatten kein leeres Gefäß mehr, um das Wasser aufzufangen, und so trank die durstige Kalahari alles.

Obgleich ich in jenen vier Tagen, die Mark für die Fahrt nach Maun brauchte, von der gesamten Menschheit abgeschnitten war, war ich keineswegs allein. Am späten Nachmittag des ersten Tages legte ich unsere Aufzeichnungen beiseite, schnitt mir eine Scheibe von dem frisch gebackenen Kümmelbrot ab und setzte mich in unsere »Teestube«, den Alkoven unter den herabhängenden Zweigen des Jujubenbaums. Im Nu war ich von Schwärmen fröhlicher Vögel umringt. Chief, ein Gelbschnabeltoko mit schelmischen Augen, betrachtete mich vom Akazienbaum auf der anderen Seite des Pfades. Dann ließ er sich fallen, breitete die Flügel aus und landete auf meinem Kopf. Zwei andere Tokos setzten sich mir auf die Schulter, und die vier in meinem Schoß pickten an meinen Händen herum und beknabberten meine Finger. Ein weiterer schwebte in der Luft, bis es ihm gelang, ein Stück von der Brotrinde abzubeißen. Ich teilte den Rest des Brotes unter ihnen auf.

Sogleich nach der Übersiedlung in unser Bauminselcamp hatten wir Brotkrumen ausgestreut und eine kleine Schüssel mit Wasser hingestellt. Schon bald zwitscherten und putzten sich Dutzende von Vögeln in den Bäumen ringsum – Granatastrilden, Schnurrbärtchen, Rotbauchwürger, Meisensänger und Marico-Blaßschnäpper. Am frühen Morgen huschten Streifenmäuse, Spitzmäuse und Erdhörnchen zwischen unseren Füßen umher und machten den Vögeln das Futter streitig. Aber die Tokos waren von Anfang an unsere besonderen Lieblinge.

Der Gelbschnabeltoko ist ein kurioser Vertreter der Nashornvogelfamilie: ein gebogener gelber Schnabel, der viel zu groß für seinen hageren schwarz-weißen Körper zu sein scheint, ein langer schwarzer Schwanz und verführerische Wimpern, die über fuchsschlauen Augen plinkern – ein unwiderstehlicher Geselle. Wir konnten vierzig Tokos an ihren natürlichen Abzeichen oder an den schwarzen Farbtupfern erkennen, die ich auf ihre Schnäbel aufbrachte, wenn sie Brotstücke aus meinen Fingern entgegennahmen.

Jedesmal, wenn ich beim Kochen war, versammelten sich die Tokos um meine Küche. Sie setzten sich auf meinen Kopf und meine Schultern und sogar auf die Bratpfanne, wo sie erst den einen, dann den anderen Fuß anhoben und mich vorwurfsvoll anstarrten, als ob sie wüßten, daß es meine Schuld war, wenn die Pfanne zu heiß wurde. Sie kamen an die in Töpfen aufbewahrten Reste des Hafer- und Reisbreis heran, indem sie einfach mit ihrem halbmondförmigen Schnabel die Deckel herunterschoben. Und wenn wir uns unter dem Jujubenbaum zum Essen setzten, mußten wir sehr auf unsere Teller aufpassen, denn sonst wäre unsere Mahlzeit in einer Federwolke verschwunden. Die Tokos verdarben uns auch häufig den Tee, indem sie ihren kalkweißen Kot von einem Ast über uns zielgenau in die Tassen fallen ließen.

Als wir eines Tages schreibend unter den Bäumen saßen, strich ein kleiner Perl-Sperlingskauz von seinem Ansitz ab und erwischte ein Schnurrbärtchen, einen winzigen Bartstrichweber mit einem auffälligen schwarzen Spitzbart. Alle Vögel ringsum, nicht nur die anderen Schnurrbärtchen, stürzten sofort herbei und stießen, auf den Zweigen auf und ab hüpfend, ihre Alarmschreie aus. Der erbeutete Finkenvogel kreischte und flatterte heftig in den Fängen des Kauzes. Dann sprang einer der Tokos auf einen Zweig direkt unter dem Käuzchen, langte mit dem Schnabel nach oben und befreite das Schnurrbärtchen, das sich eiligst in Sicherheit brachte. Es ist schwer zu sagen, ob der Toko den Finken retten oder selbst in den Besitz dieser leichten Beute kommen wollte; ich bevorzuge die Idee der Rettung, glaube aber, daß die zweite Deutung eher zutrifft.

Ein anderer Dauergast des Camps war die Eidechse Laramie, die sich allabendlich in einer leeren Gelatineschachtel auf der Apfelsinenkiste, die uns als Nachttisch diente, häuslich einrichtete. Sie war uns besonders willkommen, weil sie einen unersättlichen Appetit auf die Fliegen hatte, die unser Zelt heimsuchten. Mit unendlicher Geduld und erstaunlichem Geschick spürte sie eine Fliege nach der anderen auf und verspeiste sie laut schmatzend. Aber Laramies Lieblingskost waren Termiten, und ich verabreichte sie ihr des öfteren mit einer Pinzette, während sie auf dem alten Blechkoffer neben unserem Bett hockte.

Da die Reißverschlüsse von Zelten notorisch kurzlebig sind, hatten wir nur selten ein Zelt, dessen Türen und Fenster sich fest verschließen ließen. Deshalb gehörten Mäuse regelmäßig zu den nächtlichen Besuchern unseres Schlafzimmers, und nicht selten, zumal in der trocken-kalten Jahreszeit, stiegen sie auch zu uns ins Bett. Wenn wir eine umherrennende Maus zwischen den Decken verspürten, sprangen wir aus dem Bett, irrten in der Dunkelheit herum, schwenkten unsere trüben Taschenlampen hin und her und schüttelten die Decken aus. Wenn die Maus dann endlich aus dem Bettzeug hervorschoß, bewarfen wir sie mit Schuhen, Taschenlampen und Büchern, bis sie verschwunden war.

Wir waren an solche Zudringlichkeiten gewöhnt, doch eines Morgens wurde ich in aller Frühe durch einen ungewöhnlich schweren Druck halb aufgeweckt, der auf meinen Beinen lastete. Ich malte mir aus, wie die größte Ratte der Welt in unserem Bett herumkrabbelte, und begann wie verrückt um mich zu treten. Als ich mich aufrichtete, sah ich gerade noch einen Schlankichneumon auf die Zelttür zuspringen. Er hielt ein paar Sekunden inne, blickte zurück, und wir starrten einander in die entsetzten Augen. Das war unsere erste Bekanntschaft mit »Moose«.

Moose entwickelte sich zum Clown unseres Camps. Er benahm sich stets reserviert, vielleicht deshalb, weil ich ihn so unsanft aus dem Bett vertrieben hatte. Er nahm nie einen Leckerbissen von meiner Hand, aber er genierte sich nicht, alles zu stehlen, was ihm unter die Augen kam. Als wir eines Morgens unter dem Jujubenbaum unseren Tee tranken, drückte sich Moose auf dem Pfad an uns vorbei, und der Topf mit dem restlichen Haferbrei klapperte hinter ihm her. Ohne uns auch nur eines Blickes zu würdigen, den Kopf hocherhoben und den Griff im Maul, machte er sich davon, um außerhalb des Camps in der Morgensonne sein Frühstück zu verzehren.

Weil die allgegenwärtigen Mäuse unentwegt unsere Lebensmittelvorräte annagten, stellten wir jeden Abend im Küchenbereich Fallen auf. Wir taten dies nur widerwillig, denn es bestand die Gefahr, daß auch einmal ein anderes Tier als eine Maus getötet wurde. Wie recht wir damit hatten, zeigte sich eines Morgens. Als wir uns der Küche näherten, hörte ich ein lautes Knacken und erblickte einen Marico-Blaßschnäpper, der mitsamt der Falle, die über seinem Kopf zugeschnappt war, hilflos umherflatterte. Mark befreite den kleinen Vogel, der mit taumelnden Bewegungen immer größere Kreise beschrieb, sofort. Ich meinte, wir sollten ihn von seiner Qual erlösen, doch Mark wollte sehen, was geschehen würde.

Der Schnäpper hörte schließlich auf, im Kreis herumzulaufen, und flog zu einem niedrigen Akazienzweig, wo er reichlich ungeschickt landete. Von diesem Augenblick führte Marique wieder das Leben eines normalen Marico-Blaßschnäppers, abgesehen von drei Punkten: Er war auf dem linken Auge blind, er verlor jede Furcht vor Menschen, und er gewöhnte sich an, uns wie ein Nestling mit Flügelschlägen anzubetteln. Er wurde zahmer als die meisten Papageien und setzte sich auf unsere Köpfe, unsere Teller und Bücher. Manchmal baute er sich auf dem Pfad vor uns auf und schlug heftig mit den Flügeln, um kundzutun, daß er Hunger hatte; das sah dann fast so aus, als stemme er die Arme in die Hüften und stampfe mit seinen kleinen Füßen auf. Wahrscheinlich, weil wir uns schuldig an seinem Mißgeschick fühlten, gaben wir ihm stets etwas Futter, selbst wenn wir alles stehen und liegen lassen mußten, um seinetwegen zum Küchenzelt zu laufen.

Als Marique sich eine Frau nahm, wurde sie ebenfalls sehr zutraulich, obwohl sie niemals bettelte. Doch als das Vogelpaar eine zweite Brut aufzog (die erste war in einem Sturm umgekommen), nahmen die Jungen sehr bald das Bettelverhalten ihres Vaters an. Das Verhalten wurde von Generation zu Generation weitergegeben, und in all den Jahren, die wir in der Kalahari verbrachten, landeten die Marico-Blaßschnäpper unseres Camps regelmäßig zu unseren Füßen und schlugen futterheischend mit den Flügeln. Wir ließen sie nie leer ausgehen.

Ständig von freilebenden Tieren umgeben zu sein war für uns ein großes Glück, doch zuweilen auch keine ganz ungetrübte Freude. Eines Morgens schlug ich, noch völlig schlaftrunken, die Abdeckung von der wackligen Lattenkiste zurück, in der wir unsere Vorräte aufbewahrten. Als ich hineinlangte, um eine Dose Haferflocken herauszunehmen, stockte mir der Atem. Der lange graue Leib einer Gebänderten Uräusschlange war um die Büchsen gewunden, nur wenige Zentimeter von meiner Hand entfernt. Ich fürchte mich im allgemeinen nicht vor Schlangen, doch diesmal riß ich die Hand zurück und stieß einen markerschütternden Schrei aus. Glücklicherweise war die Kobra offenbar genauso erschrocken wie ich, denn sie griff nicht an, sondern schlängelte sich zwischen den Büchsen nach unten. Gleich darauf erschien Mark mit der Schrotflinte. Bislang hatten wir nur ein paar besonders giftige Schlangen getötet, die uns besucht hatten, und auch die nur, wenn sie sich das Camp zu ihrem ständigen Wohnsitz auserkoren hatten. Diese Kobra wäre zu einer echten Gefahr geworden, falls wir ihr gestattet hätten zu bleiben. Mark zielte mit der Flinte in die Kiste, und mir schwante schon, daß wir außer der Schlange auch noch die Lebensmittelvorräte für einen Monat verlieren würden. Doch als wir die Kiste umkippten, um die tote Schlange zu entfernen, war nur eine Büchse beschädigt – leider ein Fruchtcocktail!

Boomslangs, Puffottern, Schwarze Mambas und andere Giftschlangen tauchten häufig im Camp auf. Daß uns noch keine gebissen hatte, verdankten wir hauptsächlich unserer privaten Alarmanlage. Sobald die Vögel eine Schlange erspähten, zogen sie sich allesamt auf die Zweige über ihr zurück und stimmten ein lautstarkes Warngeschrei an. Da zuweilen mehr als zweihundert Gefiederte im Camp versammelt waren, war der Lärm, den sie vollführten, weil eine Schlange in der Nähe war, nicht zu überhören. Das einzige Problem bestand nur darin, daß die Vögel auch Eulen, Mungos und Falken anpöbelten, einmal sogar eine Brieftaube, die einen Fußring trug und sich aus unerfindlichen Gründen zu uns verirrt hatte. Manchmal lärmten sie stundenlang, ja sogar tagelang, wie im Falle der Taube, so daß uns allmählich die leisen Schlangen fast lieber waren als die lauten Vögel.

Nicht nur kleine Tiere fühlten sich in unserem Camp wie zu Hause. Wenn wir uns im Morgengrauen zur Küche begaben, überraschten wir oft zwei oder drei Schakale, die unter der Türklappe hindurch in das kleine Küchenzelt geschlüpft waren. Sobald sie unsere Schritte hörten, drehten sie sich innen im Kreise herum und suchten einen Ausgang. Die Zeltwände beulten sich aus, bis die Tiere schließlich mit angelegten Ohren und wedelndem Schwanz unter dem Eingang hervorkamen.

Löwen, Leoparden, Braune Hyänen oder Schakale fanden sich in der Regenzeit fast jede Nacht im Camp ein. Nachdem wir das kleine Essenszelt erstanden hatten, versuchten wir, es mit einer Barrikade aus Fässern, Dornzweigen, Ersatzreifen und dem Küchenrost zu schützen. Doch selbst dann mußten wir häufig mehrmals in der Nacht aufstehen, um die Tiere zu verscheuchen. Bei den Hyänen und Schakalen war das einfach: Wir brauchten nur langsam auf sie zuzugehen und leise auf sie einzureden. Doch die Löwen und Leoparden ließen sich vielfach nicht so leicht zum Gehen bewegen.

Als wir eines Nachts zum Camp zurückkehrten, trat ein Leopard aus dem Schatten vor den Wagenscheinwerfern. Mark bremste heftig, so daß die Katze dem Landrover gerade noch elegant ausweichen konnte. Völlig ungerührt lief der Leopard mitten ins Camp und sprang mit einer einzigen lautlosen Bewegung auf die Wasserfässer. Er ging von einem zum anderen, weil er das Wasser roch, doch als er sich offensichtlich davon überzeugt hatte, daß er nicht an das kostbare Naß herankommen konnte, sprang er wieder herunter. Als nächstes kletterte er blitzschnell auf den Akazienbaum neben der zerbrechlichen Schilfhütte, die wir als Sonnenschutz errichtet hatten. Als er vorsichtig auf das Dach trat, sackte seine Vorderpranke mit einem splitternden Geräusch ein. Die Füße hoch anhebend, als ginge er auf aufgeweichtem Teer, und mit dem Schwanz um sich schlagend, um sein Gleichgewicht nicht zu verlieren, setzte er seinen Weg fort. Bei jeden Schritt brach er ein. Schließlich ergriff er mit den Hinterpranken den Baum, und es gelang ihm, die Beine aus dem inzwischen arg lädierten Dach herauszuziehen. Darauf sprang er vom Baum herunter und schlenderte zu unserem Zelt hinüber. Nachdem er sich im Inneren gründlich umgeschaut hatte, stieg er auf einen Ast, der über dem Eingang hing, und machte es sich dort gemütlich. Er schloß die Augen und begann mit der langen rosigen Zunge lässig seine Vorderpfote zu belecken. Augenscheinlich hatte er es gar nicht eilig. Das Ganze war zwar sehr unterhaltsam, aber mittlerweile war es zwei Uhr fünfundvierzig am Morgen, und wir brauchten dringend Schlaf. Mark fuhr den Landrover ein bißchen näher heran in der Hoffnung, der Leopard würde sich trollen, doch er blickte lediglich wohlwollend auf uns herab. Sein Schwanz und seine Beine baumelten über dem Zelteingang.

Wir wollten ihn nicht verschrecken, aber wir konnten uns auch nicht dazu durchringen, direkt unter ihm durchzugehen und das Zelt zu betreten. Also lehnten wir uns schläfrig an den Wagen und betrachteten den Leoparden, der inzwischen ein Nickerchen machte, etwa fünfzig Minuten lang. Endlich gähnte er. Er streckte sich, kletterte herab und trottete gemächlich davon, den langen Schwanz wie eine Schleppe hinter sich herziehend. Steif und übermüdet begannen wir neben dem Zelt mit dem Zähneputzen.

»Schau mal, wer da kommt!« flüsterte mir Mark einige Minuten später zu. Ich drehte mich um und erblickte den Leoparden, der hinter dem Landrover stand. Sein Kopf war hochgereckt, und seine Bernsteinaugen starrten uns an. Er führte offensichtlich nichts Böses im Schilde, und so machten wir weiter, während er sich knapp fünf Meter vor uns hinhockte und den Kopf auf die Seite legte. Wir traten ins Zelt, verschlossen die Türklappe, so gut es ging, und krochen in unser ebenerdiges Bett. Einige Minuten danach vernahmen wir das weiche Top-top-top der Leopardensohlen auf dem Plastikbodenbelag und dann einen Seufzer: Der Leopard hatte sich dicht vor dem Eingang zum Schlafen gelegt.

Ich blieb mir stets bewußt, daß ich nicht nur Mitarbeiterin, sondern auch eine Ehefrau war. Allem Schmutz und meinen zerlumpten abgeschnittenen Jeans zum Trotz versuchte ich, so weiblich wie möglich zu bleiben. Ich legte jeden Tag ein wenig Make-up auf, und an unseren freien Abenden, wenn wir uns am Feuer entspannten, trug ich eine Bluse und einen Rock aus bedrucktem afrikanischem

Baumwollstoff. Eines Abends, als keine Hyänenpirsch auf dem Programm stand und Mark allein fortgegangen war, um Brennholz zu sammeln, beschloß ich, mich ein wenig zurechtzumachen. Ich kramte leuchtend gelbe Lockenwickler aus den Tiefen meiner Koffer hervor, wusch mir das Haar und drehte es auf.

Als ich durch das Camp zur Küche hinüberging, versammelten sich die Tokos auf den Zweigen über mir und ließen laute Schnalzlaute hören. Ich erkannte darin ihre Warnrufe und blieb stehen, um mich umzuschauen. Aber ich konnte weder eine Schlange noch eine andere Gefahr als Ursache der Aufregung entdecken. Gleichwohl kehrte ich zum Zelt zurück, um die Schrotflinte zu holen. Sobald ich drinnen war, hörte das Geschrei auf. Als ich wieder vor die Tür trat, begann der Lärm aufs neue, wie auf ein Stichwort hin. Während ich mit der Flinte in der Hand nach der Schlange Ausschau hielt, steuerten die Tokos immer wieder wie Kampfbomber meinen Kopf an. Plötzlich wurde mir klar, wo das Problem lag. Jedenfalls mußte ich fortan mit den Lockenwicklern entweder im Zelt bleiben oder die lautstarken Proteste der Tokos ertragen.

Am ersten Tag, den ich allein im Tal verbrachte, füllte ich mir kurz vor Sonnenuntergang eine Schüssel mit Bohneneintopf und setzte mich vor dem Camp auf den Boden, um mein Abendessen zu verzehren. Die Tokos segelten auf dem Weg zu ihren Schlafplätzen im Dünenwald über meinen Kopf dahin. Wenig später huschten zwei Ziegenmelker durch die Dämmerung und landeten in meiner Nähe. Sie watschelten umher auf der Suche nach Insekten und gaben dabei leise Schnurrtöne von sich. Der Himmel verdunkelte sich. Ich streckte mich im Gras aus, preßte die Hände auf den rauhen Boden des Flußbetts und fragte mich, wie schon so oft zuvor, wie lange die Kalahari wohl noch den wilden Tieren gehören würde.

Ich richtete mich auf. Dreißig Springböcke hatten sich mir bis auf fünfzig Schritte genähert, während ich im Gras verborgen lag. Die Böcke stießen Warnpfiffe aus, und alle Tiere blickten mich mit zuckenden Schwänzen und steif gewölbten Hälsen an. Ich stand auf, die seltsame Gestalt, die im Gras kauerte und einem Raubtier ähnelte, verwandelte sich in ein vertrautes Wesen, und die Antilopen entspannten sich. Die Tiere begannen wieder zu grasen, zogen sich aber dennoch fast unmerklich zurück. Sie konnten ja nicht wissen, daß ich nur ihretwegen hergekommen war, und verschwanden nach und nach hinter der Düne.

Ich schlenderte zum Camp zurück und unterhielt mich leise mit mir selber, während sich der Tag verflüchtigte. Für das Auge besteht vielleicht keine saubere Trennlinie zwischen Dämmerung und Dunkelheit, wohl aber für die Seele. Als ich noch etwa achthundert Meter vom Lager entfernt war, spürte ich, wie sich die Nacht auf meine Schultern und meinen Rücken legte. Ich blickte mich mehrmals sichernd um und zog mich in den Schutz der Bäume zurück.

In den nächsten drei Tagen erledigte ich die liegengebliebene Schreibarbeit und verfütterte fast das halbe Brot an die Tokos. Ich genoß das Alleinsein in der Wildnis noch immer, aber häufiger unterbrach ich nun meine Arbeit und rannte aus dem Zelt, weil ich glaubte, ich hätte den Landrover gehört. Ich lauschte dem fernen Dröhnen hinter der Ostdüne, aber es war nur der Wind. Mark würde wahrscheinlich schon bald kommen, und so buk ich im Kübelofen einen windschiefen Gewürzkuchen.

Nachdem ich alle Aufzeichnungen säuberlich übertragen hatte, brachte ich den vierten Tag damit zu, das Camp zu säubern. Doch sehr bald verlor ich das Interesse an jeder Arbeit. Ich saß lange mit den Tokos beisammen, führte Selbstgespräche und verließ immer wieder das Camp, um auf den Landrover zu lauschen. Vielleicht würde Mark mir etwas Besonderes mitbringen – eine Tafel Schokolade oder die Post mit einem Päckchen von meiner Mutter. Als er um fünf Uhr am Nachmittag noch nicht da war, kam ich mir sehr verlassen vor.

Am frühen Abend rührte ich gerade in meinem Abendessen, als sieben Löwen direkt auf das Camp zukamen. Mein Herz begann heftiger zu schlagen. Rasch stellte ich den Eintopf auf den Hyänentisch und eilte tiefer in die Baumgruppe hinein. Ich lugte durch das Gezweig und sah, wie sich die langgestreckten, niedrigen Tiergestalten lautlos auf mich zu bewegten, noch knapp einhundert Meter entfernt. Es waren dieselben Löwinnen mit ihren halbwüchsigen Jungtieren, die wir schon oft gesichtet hatten. Aber wenn sie früher das Camp besucht hatten, stand immer der Wagen bereit. Jetzt fühlte ich mich so verwundbar wie eine Schildkröte ohne Panzer. Ich versuchte mich zu beruhigen: Sie würden mir schon nichts tun. Dennoch hatte ich das Gefühl, in einer Falle zu stecken. Ich duckte mich, kroch ins Zelt und spähte durch das Fenster.

Als die Löwen das Camp erreichten, fingen sie an zu spielen, wie überdimensionale Kätzchen. Sie tollten herum und jagten einander über den Holzstapel hinweg und durch die Küche. Selbst wenn das Gebüsch sie verbarg, konnte ich an den Geräuschen erkennen, was sie gerade taten. Ein Kessel polterte auf den Boden, dann trat Stille ein. Sie hatten wahrscheinlich meinen Eintopf entdeckt.

Es wurde dunkel, und eine Zeitlang konnte ich die Löwen weder sehen noch hören. Wo steckten sie bloß? Was hatten sie vor? Auf einmal erklangen ihre schweren Schritte auf dem Boden unmittelbar vor dem Zelt. Ich setzte mich auf. Meine Gedanken überschlugen sich.

Ich mußte einen Plan machen. Mein Blick fiel auf den Schrankkoffer aus Blech. Ganz behutsam öffnete ich ihn und schichtete seinen Inhalt auf das Bett. Wenn die Löwen sich am Zelt zu schaffen machen sollten, würde ich in den Koffer schlüpfen und den Deckel zumachen. Ich saß in völliger Dunkelheit auf der Bettkante, eine Hand auf dem offenen Koffer, und lauschte auf das Klatschen, Knurren und Getrampel vor dem Zelt. Plötzlich wurde es wieder ganz still. Minutenlang drang von draußen kein Laut an mein Ohr. Aber sie *mußten* noch da sein. Ich hätte es gehört, wenn sie abgezogen wären. Ich kauerte auf dem Bett und malte mir aus, daß alle sieben in einem Halbkreis den Zelteingang belagerten.

Eine Ewigkeit verging, und noch immer kein Laut. Ob sie mich riechen konnten?

Sollte ich in den Koffer steigen oder still sitzen bleiben? Ein Zweig knackte. Die Seitenwand des Zeltes wölbte sich leicht nach innen. Dann gab ein Seil einen schrillen surrenden Ton von sich. Durch das Fenster erblickte ich eine Löwin, die mit den Zähnen an einer Spannschnur zerrte. Gedämpfte Schritte im Laub und laute Schnuppergeräusche: Sie beschnüffelten die Basis des Zeltes, nur Zentimeter von der Stelle, wo ich kniete.

Dann aus weiter Ferne ein tiefes Brummen. Der Landrover? O Gott, wenn es doch der Landrover wäre! An stillen, feuchten Abenden konnte ich ihn schon eine Dreiviertelstunde vor der Einfahrt ins Camp hören, allerdings mit größeren Pausen, wenn er ein Dünental durchquerte.

Wieder war alles ruhig. Vielleicht hatte ich mir das Geräusch nur eingebildet. Sanfte Schritte bewegten sich längs der Zeltwand auf die Tür zu. Was würde wohl geschehen, wenn ich aufstünde und schrie: »Husch! Fort mit euch!« Doch ich rührte mich nicht. Ich war sehr viel mutiger, wenn Mark bei mir war.

Wieder das ferne Motorengeräusch – das mußte Mark sein. Endlich veränderte sich die Tonhöhe; der Wagen hatte das Flußbett erreicht und fuhr geradewegs auf das Camp zu.

Als Mark beim Akazienpunkt anlangte, wunderte er sich, daß kein Feuer und keine Lampe brannte; das Camp lag vollkommen finster da. Er schaltete den Suchscheinwerfer ein und erblickte die sieben Löwen, die um das Zelt herumstrichen. Er raste auf das Lager zu, stellte den Motor ab und rief aus dem Wagenfenster: »Delia . . . ? Delia, ist alles in Ordnung?«

»Ja – ja – mir fehlt nichts«, stammelte ich. »Gott sei Dank, daß du wieder da bist.«

Da Marks Eintreffen den Löwen den Spaß verdorben hatte, verließen sie das Camp und verzogen sich nach Süden. Ich sprang auf, um Mark einen großen Empfang zu bereiten, doch da fielen mir die Kleider auf dem Bett ein. Ich stopfte sie schnell in den Koffer. Schließlich bestand kein Anlaß mehr, ihm von meinem Plan zu erzählen, der mir jetzt reichlich lächerlich vorkam.

»Ist wirklich alles in Ordnung?« Mark kam mir auf dem Zeltvorplatz entgegen und nahm mich in die Arme.

»Ja, jetzt, wo du da bist. Und was ist mit dir? Du mußt ganz ausgehungert sein.«

Wir entluden den Wagen und bereiteten ein Festmahl. Es gab Ziegenfleisch, Bratkartoffeln und Zwiebeln, und ich plapperte pausenlos über die Ereignisse der letzten vier Tage. Mark hörte mir geduldig zu, und dann berichtete er mir, während wir gemütlich am Feuer saßen, was es Neues in Maun gab. Als wir einige Zeit später zu Bett gingen, fand ich eine Tafel Schokolade unter meinem Kopfkissen.

7 Maun – ein Vorposten der Zivilisation

Mark

Welcher Trost in trüben Zeiten
Sind an einem solchen Orte
Ein paar alte Zeitungsseiten,
Eines andern Menschen Worte!

RUDYARD KIPLING

*D*ie Sonne stand hoch über dem Fluß, als der Landrover den letzten Sandhügel überquerte. Grau vor Staub und Erschöpfung, fuhren wir in den Boteti hinein, öffneten die Türen und ließen uns ins kühle Wasser fallen. Man hatte uns zwar vor den großen Krokodilen und der Bilharziose, einer gefährlichen Parasitenerkrankung, die man sich in verseuchten Gewässern zuziehen kann, gewarnt, aber nach der Hitze der Kalahari konnte uns nichts davon abhalten, in die Fluten zu springen. Wir ließen uns treiben und von der Strömung überspülen, doch gleichzeitig schweifte unser Blick von einem Ufer zum anderen, damit uns nicht die verräterischen Wellen entgingen, die von einem Krokodil stammen konnten.

Es war März 1975. Drei Monate waren seit meiner Fahrt nach Maun verflossen, und da unsere Vorräte wieder zur Neige gingen, waren wir im Morgengrauen des Vortages erneut in Richtung Zivilisation aufgebrochen. Neben den Einkäufen ging es uns darum, einen Gehilfen zu finden, der sich um die Kleinarbeit kümmern sollte, die im Camp anfiel und einen Großteil unserer Zeit auffraß. Wir versuchten zwar, mit der Ausweitung unseres Forschungsprogramms selbst fertig zu werden, aber es erwies sich als immer schwieriger, wirklich alle Aufgaben zu bewältigen: das Erstellen von Vegetationsprofilen, Exkrementensammlung und -analyse, Kartographie, Wagenpflege, Wasser- und Brennholzbeschaffung, Trinkwasseraufbereitung, Kochen, Zeltflicken und vieles andere mehr. Uns blieben einfach nicht genug Zeit und Energie für die allnächtlichen Hyänenbeobachtungen und tagsüber nicht genügend Stunden zum Ausschlafen.

Es würde jedoch nicht leicht sein, einen afrikanischen Eingeborenen zu finden, der bereit wäre, mit sehr wenig Wasser, ohne jeden Komfort und inmitten von umherstreunenden Löwen in der Einsamkeit der Kalahari zu leben, zumal wenn man bedenkt, wie beschämend gering der Lohn war, den wir ihm anbieten konnten. Nur ein ganz ungewöhnlicher Mensch kam dafür in Betracht.

Bis Maun war es jetzt nur noch eine halbe Stunde. Wir aalten uns im kühlen Fluß und unterhielten uns über die Freunde, die wir im Dorf wiedersehen würden. Scharen von Zwerggänsen, Enten und schneeweißen Reihern strichen niedrig über unsere Köpfe hinweg. Wir wuschen unsere Sachen aus und hängten sie zum Trocknen an die Dornbüsche am Ufer. Ein grauhaariger alter Mann führte seinen Esel zur Tränke. Er lächelte breit, winkte und rief uns etwas in Setswana zu, der Sprache der Einheimischen. Wir winkten so freundlich zurück, daß er glauben mußte, er habe uns einen Gefallen erwiesen. Er war der erste Mensch, außer mir, den Delia seit mehr als einem halben Jahr gesehen hatte.

Sobald unsere Kleider trocken waren, fuhren wir weiter zum Dorf, und zwar direkt zu Rileys Laden, zwei Stuckzementgebäuden mit weißem Anstrich und rostigem grünem Dach, die auf einem Sandplatz am Fluß standen. Hinter dem Hotel, der Bar und dem Flaschenlager zog sich eine lange Veranda mit gewachstem rotem Fußboden hin, die winzig wirkte neben den hohen, ausladenden Feigenbäumen und dem breiten Thamalakane-Fluß, der vorüberzog.

Riley war das erste Hotel an der Grenze Nordbotswanas. Es wurde als Handelsposten von Siedlern errichtet, die um die Jahrhundertwende mit ihren Ochsenkarren hier eintrafen, und es diente jahrzehntelang als Zwischenstation für Expeditionen, die nach Norden zum Sambesi, westwärts nach Ghanzi oder zurück zum fünfhundert Kilometer entfernten Francistown im Osten aufbrachen. Auch heute noch ist es ein beliebter Treffpunkt, einer von dreien oder vieren im gesamten Territorium Ngamiland. Bei Riley gibt es kaltes Bier, Fleischpasteten am Samstagmorgen – und Eis. Hier konnten wir unsere Suche nach einem Gehilfen am besten beginnen und uns mit Freunden treffen.

Wir lächelten schon erwartungsfroh, als wir bei Riley vorfuhren und unseren Landrover neben mehreren Lastwagen abstellten, allesamt mit zerbeulten Stoßstangen, langen Kratzern an den Seiten und tropfenden Ölwannen. Hinter der niedrigen Verandamauer wippten einige Safarijäger auf ihren Stühlen, und vor jedem stand eine Reihe leerer Bierdosen auf dem Tisch. Wettergegerbte Viehzüchter mit buschigen Augenbrauen stützten ihre mächtigen braunen Arme auf die Tische; ihre verstaubten, schweißfleckigen Hüte hingen daneben an der Wand. Ein Eingeborener in rot-schwarzer Livree eilte mit Bierkrügen hin und her.

Dolene Paul, eine attraktive junge Frau mit kurzem Blondhaar, die wir bei einem früheren Besuch kennengelernt hatten, winkte uns zu. Sie war in der Nähe von Maun geboren und aufgewachsen und hatte einen Engländer namens Simon geheiratet, der vor kurzem zum Berufsjäger ausgebildet worden war. Als wir an ihren Tisch traten, schollen uns aus der Runde freundliche Rufe entgegen: »Paßt auf euer Bier auf, da kommen die verrückten Ökologen!«

Wir schüttelten ausgiebig Hände, lächelten, daß uns die Backen schmerzten, und begrüßten jeden einzelnen mehrmals hintereinander. Doch plötzlich kam ich mir albern vor, ich setzte mich schnell an einen Tisch und bestellte ein Bier.

Es war früher Nachmittag, doch keiner schien etwas zu tun zu haben. Also tranken wir alle kaltes Bier und lauschten den Jägergeschichten. Da wir beide unbedingt mithalten wollten, gaben wir Kommentare von uns, die offensichtlich die Unterhaltung ins Stocken brachten, und wir ertappten uns dabei, daß wir viel zu laut und viel zu lang über Dinge redeten, die alle anderen langweilen mußten. Was den gesellschaftlichen Umgang betraf, waren wir ziemlich aus der Übung.

Zwischendurch kam das Gespräch auf Simons Wagen, der ein neues Kupplungslager brauchte und noch irgendwann an diesem Nachmittag repariert werden mußte. Dann spendierte jemand eine neue Runde Bier.

Da Dolene die meisten Afrikaner im Dorf kannte, fragten wir sie, ob sie jemanden wisse, der ein guter Arbeiter sei und einen Job brauche, jemanden, der gewillt sein könnte, bei uns im Deception Valley zu wohnen. »Auf Anhieb fällt mir keiner ein«, erwiderte sie. »Es wird schwer sein, einen Burschen zu finden, der es längere Zeit im Busch ohne die Gesellschaft anderer Afrikaner aushält. Ihr müßt heute abend zu Dads *Braai* kommen. Vielleicht kennt einer der anderen Jäger oder Farmer einen solchen Mann.« Ein *Braai* oder *Braaivlace* ist ein südafrikanisches Grillfest, von dem wir zwar schon gehört, an dem wir in Maun aber noch nicht teilgenommen hatten.

Nach mehreren Stunden stand einer nach dem anderen auf, streckte sich und tat kund, zu Dad fahren zu wollen. Der Nachmittag war vergangen, und von der Reparatur an Simons Wagen war keine Rede mehr, sie konnte offensichtlich bis zum nächsten Tag warten.

Auf der Fahrt zu Dad sprachen wir über den Empfang, der uns zuteil geworden war. »Hast du bemerkt, wie Larry sich uns gegenüber benommen hat? Meinst du, Willy hat sich wirklich über unser Kommen gefreut?« Delia schärfte mir ein: »Versuch dich etwas zurückzuhalten, wenn wir bei Dad die ganzen Leute treffen!«

Dolenes Vater, »Dad« Riggs, gehörte zu den ersten weißen Siedlern in dieser Gegend und war jahrelang Ladenbesitzer in Sehithwa, einem Dorf am Ngami-See, gewesen, bevor er mit seiner Familie nach Maun übersiedelte. Dolene und ihre Brüder sprachen Setswana, ehe sie in einem Internat in Südafrika Englisch lernten. In späteren Jahren war »Dad« Lagerverwalter des Ngamiland Trading Center, eines Kaufhauses in Maun, geworden.

Sein Haus, ein blaßgelber Luftziegelbau mit verrostetem Blechdach, abbröckelndem Fundament und einem schiefen vergitterten Portal, stand versteckt hinter dem Kaufladen. Hühner, Pferde und Ziegen weideten das spärliche Gras des sandigen Hofes ab, gehütet von mehreren schwarzen Kindern. Ein zersplitterter Schilfzaun umgab den Hof, in dem vier oder fünf Jäger, Viehzüchter und deren Frauen unweit des Eingangs auf schmutzigen Matratzen herumlungerten. »Dad« Riggs kam uns über den Hof entgegen. Sein Gesicht verzog sich zu einem freundlichen Grinsen.

Als Dolene uns vorstellte, legte er seinen schweren Arm um Delias Schulter und wackelte mit dem Stummel eines Zeigefingers, den man ihm abgeschnitten hatte, um nach einem Schlangenbiß die Ausbreitung des Giftes zu verhindern. »Keine Bange«, sagte er, »*jeder*, der in der Kalahari lebt, ist mir willkommen.«

Dad zog uns in seinen Freundeskreis hinein, und ehe wir uns noch auf einer Matratze niederlassen konnten, drückte uns sein Sohn Cecil, ein reit- und trinkfreudiger Cowboy, ein kaltes Bier in die Hand. Wir hörten noch mehr Geschichten über Löwen-, Elefanten- und Büffeljagden, über Safarikunden, die vorher noch nie ein Gewehr in der Hand gehalten hatten, über den angeschossenen Büffel, der einen gewissen Tony aufgeschlitzt hatte, über den größten Elefanten, den größten Löwen und das größte Gewehr. Man sprach von Viehkäufen und -verkäufen, vom Krieg in Rhodesien und von Roger, der Richard verprügelt hatte, weil der sich an seine Frau herangemacht hatte ... Lachstürme und noch mehr Bier. Esel iahten, Hunde bellten, und aus den Eingeborenenhütten des Dorfes klang Gumbamusik herüber.

Das rostige Maschendrahtgatter quietschte, und Lionel Palmer und Eustice Wright, Richter und Viehzüchter in einer Person, betraten den Hof. Eustices dicker Bauch spannte sich unter dem Hemd, an dem mehrere Knöpfe fehlten, er trug große sackförmige Shorts. Mit vor Hitze und Anstrengung gerötetem Gesicht ließ er sich neben Lionel auf eine Matratze fallen, zündete sich eine Zigarette an und inhalierte tief. »Ich wußte doch, daß ihr verfluchten Halunken ein so ordinäres Gesöff trinkt«, krächzte er und goß ein Wasserglas zur Hälfte mit Whisky voll, aus einer Flasche, die er unter dem Arm geklemmt hielt. Er könne nicht verstehen, wieso er sich dazu herabgelassen habe, mit solchem Gesindel zu verkehren – »mit dem ganzen Abschaum von Maun!« Er nahm einen herzhaften Schluck und rülpste. »Du meine Güte, was zum Teufel habe *ich* hier zu suchen?!«

Alles jauchzte vor Vergnügen.

Lionel und Eustice, die beiden Spitzen der Dorfgesellschaft, erzählten Geschichten aus dem alten Maun. »Warst du dabei, Simon, als Lionel und Kenny die Registrierkasse von Riley gestohlen haben?«

Als der Registrierkassendiebstahl abgehandelt war, mischte sich Simon mit seinem abgehackten britischen Tonfall ein: »Ich erinnere mich noch an den Abend, als Dad stinkbesoffen war.«

»Das ist doch nichts Ungewöhnliches«, lachte Cecil.

»Wohl aber, daß wir ihn nach Hause schafften und zusammen mit einem Eselsfohlen ins Bett legten, das wir vor der Metzgerei gefunden hatten.«

»Und er dachte, es wäre seine Christine!« Alle brüllten vor Lachen und schlugen Dad auf den Rücken.

Endlich konnte ich Eustice beiseite ziehen und fragte ihn, ob er jemanden kenne, der bei uns arbeiten wolle. »Wer zum Teufel sollte schon Lust haben, mitten in der verfluchten Kalahari zu leben?« dröhnte er. »So einer müßte doch total bescheuert sein.«

»Aber was ist? Können Sie uns helfen, jemanden zu finden?« fragte ich.

»Nun, Mark, das ist nicht so einfach. Diese Kerle sind nicht ganz dicht, wissen Sie, vor allem dann nicht, wenn irgendwo Löwen herumkriechen.« Er zog heftig an seiner Zigarette. »Aber einen Augenblick, da ist ein Kerl, der von allen Mox gerufen wird. Ich hab ihn praktisch aufgezogen, er hat jahrelang für mich gearbeitet. Ein ruhiger Typ, solange er nicht trinkt. Dann terrorisiert er das ganze Dorf. Meine Güte, der Kerl ist ein richtiger Saufkopf. Und bei den Weibern ist er ganz übel angeschrieben ... Sie sind vor ihm nicht sicher, wenn er besoffen ist. Hat sich jeden Tag mit *Buljalwa* vollaufen lassen, und da hab ich ihn auf die Rinderstation geschickt, zu Willy. Vielleicht geht er mit euch, und da draußen, wo er keinen Fusel in die Finger kriegt, arbeitet er womöglich ganz gut. Kommen Sie doch morgen gegen Mittag bei mir vorbei. Ich werd ihn holen lassen, und dann können Sie selber sehen, ob Sie ihn mitnehmen wollen ... und ob er mitgehen will.«

Dad erhob sich und verkündete, daß es Zeit für das *Braai* sei. Er packte eine Ziege bei den Hörnern, zerrte sie mitten auf den Hof und schlitzte ihr mit einem Messer die Kehle auf. Sie meckerte noch einmal kurz und sank dann blutspuckend auf die Knie. Ich mußte schlucken und blickte Delia ins entsetzte Gesicht.

Mit einem Flaschenzug, der von einem Ast herabhing, hievten Dad und die Afrikaner die tote Ziege auf die Füße und schoben einen aufgeschnittenen Autoreifen unter den Kopf, um das Blut aufzufangen. »*Gotsa molelo!*« bellte er, während er niederkniete, um das Messer und seine Hände unter dem Wasserhahn abzuspülen. Die Afrikaner zündeten einen großen Holzstoß an. Die Männer versammelten sich um die Ziege und säbelten an ihr herum, bis von ihr nur ein Haufen Fleischstücke übrigblieb, auf dem der Kopf mit den vorquellenden Augen thronte.

Die Abendschatten wurden so lang wie die Geschichten, die man sich erzählte, und am Feuer folgte Bier auf Bier und Anekdote auf Anekdote. Daisy, Eustices Eingeborenenfrau, holte Kohlen aus dem Feuer und setzte einen schweren Eisenkessel mit Wasser darauf. Rötliche Funken spritzten ins Dunkel. Als das Wasser kochte, rührte sie mit einem großen Holzlöffel mehrere Handvoll Maismehl hinein. Unterdessen schaufelten Dad und Cecil noch mehr Kohlen heraus und legten einen großen Rost voller Ziegenfleisch darauf. Als das Maismehl zu einem dicken Brei, »Pap« genannt, zusammengekocht war, war auch das Fleisch braun und gar. Wir saßen beisammen und aßen. Im Schein des Feuers nagten alle an ihren Fleischbrocken, und das Fett rann ihnen übers Kinn und tropfte von den verschmierten Fingern herab.

Wir erlebten hier gleichsam die Rekapitulation eines wichtigen Abschnitts unserer eigenen Evolutionsgeschichte: die Entwicklung zu geselligen Fleischfressern. Das Jägerlatein, das Feuer, die Trinkerei, die Kameraderie – all das war ein Erbteil der ersten schwachen Vormenschen, die von den Bäumen herabgestiegen waren und ihre vegetarische Lebensweise in den Wäldern Afrikas aufgegeben hatten, um sich in die Savannen hinauszuwagen. Da sie für das Beschleichen und Erlegen großer Wildtiere schlecht ausgerüstet waren, erwies sich die Zusammenarbeit als großer Vorteil, sowohl für die Aufteilung der Beute als auch für die Entwicklung sprachlicher Fertigkeiten zum Zwecke der Verständigung über die Jagdmethoden. Die Nahrungsteilung und die verbale Erörterung ihrer Vorgehensweisen verstärkten die lebenswichtige Kooperation zwischen den Jägern, und das diente zugleich dem Nachwuchs als Ansporn und Vorbild. Starke soziale Bindungen im Verein mit der Entfaltung einer überlegenen Intelligenz haben die Menschen zu den erfolgreichsten Karnivoren – Fleischfressern und Raubtieren – gemacht, welche die Erde je gesehen hat. Während ich an diesem primitiven Ritual teilnahm, wurde mir bewußt, daß sich diese Komponente unseres Wesens im Laufe vieler Jahrtausende eigentlich kaum verändert hat.

Nach dem *Braai* luden uns Dolene und Simon ein, in ihrem Buffalo Cottage zu übernachten. Ihr Bungalow, erbaut an einer Biegung des Flusses, erstickte fast in blühenden Bougainvilleen, und über dem Hauseingang hing der Schädel eines Kaffernbüffels. Von unserem Schlafzimmer aus hatten wir einen weiten Blick auf das Wasser. Saubere Laken und Handtücher waren auf einer großen Schakalfelldecke ausgebreitet. Vor dem Einschlafen fuhr ich mit den Fingern über die seidigen schwarzen und silbrigen Haare der Decke. Dreißig »Captains« hatten dafür ihr Leben lassen müssen!

Am nächsten Morgen weckte uns der Duft von Tee und Gewürzkuchen, die uns ein Eingeborenenjunge ans Bett gebracht hatte. Später frühstückten wir zusammen mit Simon und Dolene auf der Veranda über dem Fluß. Mehrere andere Jäger, mit glasigen Augen und schwerer Zunge nach den Ausschweifungen der letzten Nacht, fanden sich ein, und Simon ließ noch eine Kanne Tee kommen.

Alle forderten uns auf, am nächsten Tag mit zum Fischen zu gehen, aber wir konnten es nicht abwarten, in die Kalahari zurückzukehren, und lehnten bedauernd ab. »Na schön – dann verpißt euch in die verdammte Kalahari!« sagte jemand im Scherz. Wir wußten, daß er es nicht böse gemeint hatte, aber es tat trotzdem weh, und wir fragten uns bekümmert, ob wir vielleicht ungesellige Menschen wären. Man unterhielt sich über Dads *Braai* und die Fischfangexpedition, und zwischendurch kam auch die überfällige Reparatur an Simons Wagen zur Sprache. Wir entschuldigten uns und begannen mit dem Einkauf unserer Vorräte.

Die Läden in Maun sind flache, blechgedeckte Betonklötze, welche die Fußpfade und Fahrstraßen des Dorfes säumen. Wir mußten meist sämtliche Geschäfte aufsuchen, wenn wir alle Lebensmittel und Haushaltswaren zusammenbekommen wollten, die wir für einige Monate in der Kalahari benötigten. Einfache Sachen wie Autoschläuche oder Flickzeug waren oft nicht vorrätig, und wir mußten sie uns von einem Fernfahrer in Francistown besorgen lassen. Wenn die Kiesstraße in schlechtem Zustand war, warteten wir manchmal tagelang auf Benzin und andere lebensnotwendige Dinge. Erst neuerdings, seit ein paar Läden über Kühlschränke verfügen, gibt es leicht verderbliche Lebensmittel wie Käse, Brot, Eier und Milch zu kaufen.

Auf tiefausgefahrenen Sandpisten machten wir die Runde von einem Laden zum anderen. Wir traten auf die Bremse, hämmerten gegen die Seitenwände des Landrovers und hupten, um Esel, Hunde, Ziegen, Rinder und Kinder wegzuscheuchen. Vor dem »Großhandelshaus«, von den Einheimischen »Spiros Laden« genannt (der Eigentümer war ein Grieche), war ein Pferd angebunden, mit einem Ziegenfellsattel, zusammengerollten Wolldecken und einem Fellsack voller Kalebassen. Der Laden bestand aus einem einzigen Raum und war ausgestattet mit rohgezimmerten Regalen und einem langen Verkaufstisch. Auf der einen Seite stapelten sich Konserven, Seifenstücke, Haferflockenbüchsen, Zündhölzer, abgepacktes Schmalz, Milchpulverdosen und andere Lebensmittel bis zur Decke. Hemden, Hosen, billige Tennisschuhe und bunte Stoffe kamen hinzu. Blechkanister mit Mehl, Mais und Hirse standen aufgereiht vor dem Tisch, und an den Dachsparren hingen Sättel, Zaumzeug, Schläuche, Ketten und Kerosinlampen.

Zwei hochgewachsene, düster dreinblickende Hererofrauen stolzierten in den Laden. Trotz der Hitze trugen sie wallende Gewänder aus grellbedrucktem Tuch, violette Halstücher und rote Turbane. Ihre Pfeife paffend, füllten sie zwei Coca-Cola-Flaschen am Zapfhahn eines Kerosinfasses ab; was sie verschütteten, wurde von einer Waschschüssel aufgefangen. Der Raum war voller Männer, Frauen und Kinder, die über dem Tresen hingen, Geld bereithielten und den Verkäufern ihre Wünsche zuriefen.

Delia begann Büchsen aus den Regalen zu nehmen. Ein kleines schwarzes Mädchen, dessen Kleid von einer Schulter herabhing, riß einen Streifen von einer braunen Papiertüte, wischte den Mehlstaub weg und fing an, mit einem Bleistiftstummel darauf herumzukritzeln. Ich entdeckte eine stabile Axt inmitten eines Gewirrs von dreibeinigen Töpfen, Kesseln, Blechbadewannen, Schaufeln und Hacken.

Als wir später im Camp unsere Einkäufe abluden, stellten wir fest, daß man uns, neben ein paar anderen Sachen, den Dreimonatsvorrat an Mehl und Zucker aus dem Wagen gestohlen hatte. Wir waren wütend. Wegen unserer begrenzten Mittel konnten wir uns keine »Sonderfahrt« nach Maun leisten; also mußten wir drei Monate lang auf Brot, einen wichtigen Bestandteil unserer Ernährung, verzichten. Da die meisten Tür- und Fensterschlösser des Landrovers kaputt waren, konnten wir uns vor Diebstählen nicht schützen, es sei denn, einer von uns beiden hätte während unserer Aufenthalte im Dorf ständig Wache gehalten. Doch bei unserer nächsten Einkaufsfahrt löste ich das Problem ein für allemal.

Als wir gerade bei unseren Reisevorbereitungen waren, ließen die Vögel im Camp plötzlich eine Kakaphonie von Alarmrufen ertönen. Wir erspähten sehr bald zwei drei Meter lange Mambas, die sich schlängelnd auf die Bäume über unserem Eßzelt zubewegten, offenbar in der Absicht, einige unserer gefiederten Freunde zum Mittagessen zu verspeisen. Die Schwarze Mamba ist so giftig, daß die Eingeborenen sie mit einem Namen bezeichnen, der soviel wie »Zweischritt« bedeutet; nach ihrer Meinung kann jemand, der von einer solchen Schlange gebissen wird, höchstens noch zwei Schritte tun.

Ich erschoß die Schlangen, nahm sie mit nach Maun und drapierte sie über die eingekauften Vorräte auf der Ladefläche. Es war nicht so wichtig, daß sie tot waren. Der erste neugierige junge Bursche, der an unserem Wagen vorbeistrich und die Finger über die Seitenfenster gleiten ließ, machte einen Satz rückwärts, schrie auf und entschwand im Dorf. Es sprach sich schnell herum, daß man die »Graugans« in Ruhe lassen müsse.

In Maun gab es zwei Metzgereien, beide im Besitz griechischer Kaufleute: die »Maun Butchery« und »Dirty George's«. Letztere war bekannt für ihre Fliegen, mangelnde Hygiene und billigeres Fleisch.

Wir kauften stets in der »Maun Butchery« ein, obwohl zwischen ihr und dem »schmutzigen George« kein sehr großer Unterschied bestand. Die beiden Läden waren die einzigen Frischfleischquellen für die Dorfbewohner, die einstmals von der Jagd auf die großen Antilopenherden gelebt hatten. Doch die sind inzwischen in der Umgebung von Maun weitgehend von Rindern, Ziegen und Schafen verdrängt worden. Zwei hünenhafte Eingeborene in blutverschmierten Stiefeln und Schürzen wuchteten die zähen, sehnigen Fleischstücke auf den Ladentisch und säbelten die von den Kunden gewünschten Portionen ab. Ich habe mich oft gefragt, ob die geringe Qualität des Fleisches mit der Hochschätzung zusammenhing, welche die eingeborenen Viehhalter ihren lebenden Rindern entgegenbrachten. Eine Kuh ist für sie als Wohlstandssymbol viel mehr wert, solange sie noch lebt. Viele Leute in Maun glaubten, daß nur die ältesten, schwächsten und abgetriebensten Tiere ihren Weg zu den Metzgern fanden.

Als wir unsere Einkäufe erledigt hatten, fuhren wir in Richtung Norden zu Eustices Farm an einer Biegung des Thamalakane. Das kleine Holzhaus stand hoch über dem Fluß, und der große Hinterhof mit seinen hohen Bäumen und einem Gemüsegarten fiel sanft zum schilfbestandenen Ufer ab.

Als wir die lange, sandige Einfahrt hinauffuhren, tauchte Eustice aus einer Seitentür auf. Ein schlanker schwarzer Mann, Mitte Zwanzig, mittelgroß und mit einem schäbigen Hut auf dem Kopf, stand unter einem Jakarandabaum neben seiner Einkaufstasche aus Leinen. Ich schüttelte ihm die Hand und stellte fest, daß er kräftige Arme und Schultern hatte, aber Beine wie eine Gazelle, lang und schlank.

Während Eustice den Dolmetscher spielte, erklärte ich dem Mann, daß wir in einem Camp jenseits des Boteti mitten in der Kalahari lebten und daß ihm, wenn er bei uns arbeiten wolle, ein hartes Leben bevorstehe: Es gebe dort sehr wenig Wasser, er werde monatelang keine anderen Menschen sehen, manchmal kämen nachts Löwen ins Camp, und wir könnten ihm kaum mehr bieten als seine Verpflegung. Für seine Unterkunft stehe nur eine drei mal dreieinhalb Meter große Zeltplane zur Verfügung. Er müsse Reifen flicken und sich überhaupt um den Wagen kümmern. Und er habe das Camp sauberzuhalten, mir beim Wasser- und Brennholzholen zu helfen und uns bei der wissenschaftlichen Arbeit zur Hand zu gehen, wenn es notwendig wäre.

Während unserer einseitigen Unterhaltung fiel mir auf, daß Mox außergewöhnlich schüchtern war. Er starrte auf den Boden, ohne sich zu bewegen, und ließ die Arme verlegen herabhängen. Hin und wieder beantwortete er Eustices Fragen mit einem »Ee« – kaum mehr als eine gewisperte Zustimmung.

»Was kann er eigentlich?« fragte ich Eustice. »Kann er einen Reifen flicken oder kochen?«

»Er sagt, er kann keinen Reifen flicken, aber ich habe ihm ein bißchen Kochen beigebracht. Er will versuchen, alles zu lernen, was Sie von ihm verlangen.«

»Kann er Fährten lesen, Tiere aufspüren?«

»Nein, aber . . . nun, Mark, so etwas kapieren diese Burschen rasch.«

»Kann er wenigstens ein bißchen Englisch?«

»Nein.«

Ich warf Delia einen Blick zu. Wir waren beide skeptisch. Wie konnten wir mit einem Mann zusammenarbeiten, der so gehemmt war, der uns vor lauter Verlegenheit nicht einmal anschaute, der über keinerlei Fertigkeiten verfügte und kein Wort Englisch sprach? Wie wir von Eustice wußten, hatte er die meisten seiner sechsundzwanzig Lebensjahre als Rinderhirt für dreißig Cent pro Tag gearbeitet. Er wohnte bei seiner Mutter, der er seinen ganzen Lohn abgeben mußte. Sein Vater stand als Abbalger im Dienst eines Safariunternehmens.

Wir sahen ein, daß Mox uns keine große Hilfe sein würde. Falls er sich bereit erklärte, mit uns in die Kalahari zu kommen, würde er es bestimmt nicht länger als die ersten drei Monate aushalten. Aber wir brauchten dringend einen Helfer, und für das, was wir zahlen konnten, würden wir keinen gelernten Arbeiter engagieren können.

»Fragen Sie Mox, ob er für fünfzig Cent am Tag und freie Kost mitkommen will – das sind zwanzig Cent mehr, als er jetzt verdient. Wenn er anstellig ist und wir ein weiteres Stipendium erhalten, erhöhen wir seinen Lohn.«

Eustice ließ einen neuen Setswana-Wortschwall vom Stapel, und Mox hob zum erstenmal die Augen zu mir auf. Sie waren blutunterlaufen vom reichlichen Genuß heimischen Biers. Zwischen einem Hustenanfall flüsterte er: »Ee«, und wir vereinbarten, ihn am nächsten Morgen bei der Safarifirma abzuholen.

Als die Sonne über dem Fluß aufging, waren wir bereits mit dem Packen fertig. Während wir Dolene und Simon für ihre Gastfreundlichkeit dankten, trafen die Teilnehmer des Anglerausfluges ein. Wir verabschiedeten uns, und die Männer setzten sich an den Tisch. Irgend jemand meinte, sie könnten ja noch Simons Wagen reparieren, wenn sie am Abend rechtzeitig zurück seien.

Mox saß neben der Sandpiste auf einem kleinen Deckenbündel. Im Bündel befanden sich eine Emailschüssel, ein Messer, ein Stück Hartholz zum Schärfen des Messers, ein zerbrochener Kamm, ein Holzlöffel, eine Spiegelscherbe und ein Tuchbeutelchen mit Tabak. Das war alles, was er besaß. Er trug durchlöcherte blaue Shorts, ein offenes Hemd und Schuhe ohne Schnürsenkel, kletterte auf den Dachträger und nahm auf dem Reservereifen Platz.

Es war neun Uhr, als wir wieder am Buffalo Cottage vorbeikamen. Die Jäger saßen auf der Veranda noch immer beim Tee, und Simons Wagen stand aufgebockt neben dem Haus.

Am Abend rollten wir am Rande des Zentralkalahari-Wildreservats unsere Schlafsäcke auf dem Boden aus. Mox machte ein Feuer, und Delia bereitete aus Ziegenfleisch, Maisbrei und Tee das Abendessen zu. Wir aßen schweigend, glücklich, daß wir wieder im Busch waren. Aber zugleich beschlich uns ein Gefühl der Einsamkeit, weil die rechte Nachfreude, die sich normalerweise nach einem Besuch bei guten Freunden einstellt, nicht aufkommen wollte. »Ich fühle mich ziemlich mies . . . , als ob wir nirgendwo zu Hause wären außer im Deception Valley«, sagte Delia traurig.

Wir waren nicht nur zum Einkaufen nach Maun gefahren, sondern auch wegen der Geselligkeit. Aber trotz der Großzügigkeit der Leute im Dorf waren wir hinterher enttäuscht und niedergeschlagen, denn noch immer fühlten wir uns ausgeschlossen von jeder Gemeinsamkeit. Nach dem langen Alleinsein in der Kalahari gaben wir uns stets überfreundlich, doch unsere Freunde in Maun reagierten darauf nicht mit dem gleichen *übertriebenen* Enthusiasmus. Im Gegensatz zu uns benahmen sie sich ganz lässig, und wir deuteten dieses Verhalten fälschlicherweise als ein Zeichen dafür, daß sie uns nicht wirklich akzeptierten. Und da es weit und breit keinen anderen geselligen Kreis gab, war es für uns wichtig, von ihnen akzeptiert zu werden. Dieses Unbehagen nahm im Laufe der Jahre noch zu, und so zogen wir uns mehr und mehr auf uns selbst zurück.

Es war ein komisches Gefühl, daß jetzt noch jemand anderes am Lagerfeuer saß. Mox war schweigsam, ganz und gar unaufdringlich, und dennoch spürten wir seine Anwesenheit, als ob der Schatten einer Person und nicht die Person selbst zugegen wäre. Wir versuchten uns mit ihm zu verständigen, mit den wenigen Brocken Setswana, die wir aufgeschnappt hatten, und mit Hilfe eines von katholischen Missionaren herausgegebenen Satzlexikons. Er sprach nie ein Wort, wenn er nicht gefragt worden war, und auch dann redete er nur sehr leise und wagte es kaum, uns anzublicken. Seine Antworten lauteten meist *»Ee«* und *»Nnya«*. Dennoch erfaßten wir einiges von dem, was er dachte und wußte.

Obgleich er sein ganzes Leben im Umkreis des Okavango-Deltas und der Kalahari verbracht hatte, war er nur ein paarmal als Jagdgehilfe von Eustice im Delta gewesen, und von der Kalahari wußte er kaum etwas. Wir zeichneten mit einem Stock ein Bild des Globus in den Sand, um ihm zu erklären, daß die Erde rund sei und daß wir aus Amerika kämen, einem Land jenseits des Ozeans auf der anderen Seite der Welt. Doch er schüttelte nur hilflos lächelnd den Kopf und zog, verlegen und verwirrt, die Stirn in Falten. Er wußte nicht, was »Welt« oder »Ozean« in seiner oder irgendeiner anderen Sprache bedeuteten. Er hatte noch nie einen See gesehen, geschweige denn einen Ozean; seine Welt war kaum größer als das, was er mit den Augen wahrnehmen konnte.

Sehr viel später, als das Feuer zu einem Häufchen Glutasche zusammengefallen war, streckte ich mich auf dem Rücken aus und blickte zum sternbedeckten blauschwarzen Himmel empor. Hatten wir einen Fehler gemacht? Oder Mox? Warum hatte er die Geborgenheit des Dorfes und seiner Familie aufgegeben für das Unbekannte, das ihn in der Kalahari erwartete? Ich bezog die Frage auch auf mich selbst. Fern im Süden, irgendwo in der Nähe von Deception, brüllte ein Löwe.

8 Bones

Mark

Ein König in Fetzen und Lumpen ...

WILLIAM SHAKESPEARE

Ständig hin und her schwankend, um den Ästen auszuweichen, das drahtige schwarze Haar voll Grassamen und Stroh, ritt Mox auf der »Graugans« durch die Waldlandschaft der Ostdüne zum Deception Valley. Vom Rande des Flußbetts aus, noch etwa achthundert Meter vom Camp entfernt, konnten wir erkennen, daß etwas nicht stimmte. Wir rasten auf unsere Bauminsel zu und fanden Töpfe, Pfannen, Kleidungsstücke, Schläuche, Säcke und Schachteln in einem Umkreis von mehreren hundert Metern ringsum verstreut. Das Camp war ein einziges Chaos.

Eine Windhose? Ein schwerer Sturm? Wer oder was konnte ein solches Unheil angerichtet haben? Ich begann in dem Durcheinander herumzuwühlen und entdeckte einen schweren Aluminiumkessel mit einem Loch, als hätte ein großkalibriges Geschoß den Boden durchschlagen. Als mir gerade klar wurde, daß das Loch von einem großen Zahn stammte, tauchten neun bepelzte Köpfe westlich des Camps hinter einer Dornenhecke auf und richteten ihre Augen auf uns. Wir standen noch immer in der Nähe des Landrovers, als die Löwen in einer langgezogenen Einzelreihe auf uns zukamen. Zwei ausgewachsene Löwinnen schritten mit leicht hin und her schwingenden Leibern voran, und fünf etwas kleinere, halbwüchsige Weibchen folgten ihnen selbstbewußt. Zwei einjährige Junglöwen, die einander ständig in die Ohren und in den Schwanz bissen, bildeten die Nachhut. Es war dasselbe Rudel, das ich mit dem Wagen in die Westprärie abgedrängt hatte, nachdem es Delia im Zelt belagert hatte. Wir waren den Löwen seitdem des öfteren in diesem Teil des Tales begegnet, und offensichtlich waren sie die Übeltäter, die unser Camp überfallen hatten.

Wie ein Richterkollegium, das in den Gerichtssaal einzieht, nahmen sie nur ein paar Schritte vor dem Camp in einem Halbkreis nebeneinander Platz. Während sich die Löwinnen die Pranken leckten und das Gesicht wuschen, betrachteten sie uns mit unbekümmerter Neugierde, ohne Furcht oder Aggressivität zu zeigen. Neben der Aufregung und der leichten Besorgnis, die uns in ihrer Nähe befielen, verspürten wir auch eine gewisse Traurigkeit darüber, daß das Ganze nur allzu bald wieder vorbei sein würde, wenn es den Tieren gefiel, ihre Sitzung zu beenden.

Mox empfand das ganz anders. Während Delia Feuer machte und einen Kessel mit Suppe aufsetzte, begann ich mit ihm die verstreuten Sachen einzusammeln, langsam und ohne hastige Bewegungen. Aber er achtete darauf, daß sich stets der Landrover zwischen ihm und den Löwen befand, und er ließ sie nie aus den Augen. Später fuhren wir mit Mox zu einer anderen Baumgruppe, etwa einhundertfünfzig Meter südlich der unsrigen, und halfen ihm beim Aufbau einer Unterkunft unter einem ausladenden Akazienbaum. Wir banden totes Stangenholz zu einem Gerüst zusammen und bespannten es mit der Zeltplane, so daß eine schlichte, aber behagliche Hütte entstand. Um Mox' Camp nach Eingeborenensitte »löwensicher« zu machen, schnitten wir Teufelsklauensträucher ab, deren nadelspitze Stacheln sich im Fleisch oder in der Kleidung eines jeden Eindringlings verhaken. Wir türmten die Dornenbüsche zu einer dichten *Boma*, einer kreisförmigen Umfriedung, auf und ließen nur einen Eingang offen, den Mox mit einem einzigen großen Strauch verschließen konnte. Als er mit dem Komfort und der Sicherheit seiner Behausung zufrieden schien, kehrten Delia und ich zu unserem Camp zurück und überließen es ihm, sich häuslich einzurichten.

Die Löwen erhoben sich, als wir an ihnen vorbeifuhren, legten sich aber gleich wieder hin. Bei Sonnenuntergang servierte Delia eine dampfende Kartoffelsuppe, und während die Maisküchlein in der schwarzen Bratpfanne brutzelten, beobachteten die Löwen alle unsere Bewegungen. Sie rührten sich kaum, höchstens zum Gähnen oder Prankenlecken.

Dies war für uns eine wertvolle Erfahrung, und wir notierten sorgfältig ihre Reaktionen: Ihre weitgeöffneten Augen und angespannten Schultermuskeln drückten Angst aus, wenn wir zu schnell oder zu direkt auf sie zugingen. Sie hoben neugierig den Kopf, stellten die Ohren auf und zuckten mit dem Schwanz, sobald ich einen Zweig zum Feuer hin zerrte. Bei jeder veränderten Körperhaltung und Ausdrucksbewegung erfuhren wir etwas mehr darüber, wie wir bei ihnen die Auslösung von Furcht, Aggression oder ungebührlicher Neugier vermeiden konnten.

Die kühle Abendluft zog von den Sandhängen ins Tal, und die letzten Farben des Sonnenuntergangs erloschen hinter der Westdüne. Die Formen der großen Katzen wurden unschärfer, verschwammen und lösten sich schließlich ganz auf. Als so die Dunkelheit hereinbrach, beschlichen uns primitivere und zunehmend unwissenschaftliche Gefühle. Ich schaltete das Licht ein, um die Position der Löwen zu bestimmen. Zu unserer Überraschung waren nur noch eine große Löwin und die beiden Jährlinge da; die anderen hatten sich leise davongemacht. Obwohl Mox durch seine Dornbusch*boma* geschützt war, mußten wir uns vergewissern, daß er in seiner Unterkunft in Sicherheit war.

Als ich den Suchscheinwerfer schwenkte, leuchteten überall bernsteinfarbene Augenpaare auf – die Löwen streiften um Mox' Camp herum! Wir sprangen in den Wagen, doch als wir dort ankamen, hatten sich drei Löwinnen bereits Zugang zur *Boma* verschafft und beschnupperten die Zeltplane. Zwei weitere befanden sich auf der anderen Seite des Baumes, und die letzte und größte Löwin kauerte neben dem Eingang zum Dornbuschwall.

Ich stoppte den Landrover hinter der Hütte und richtete den Scheinwerfer auf sie. »Mox, alles in Ordnung?« flüsterte ich so laut ich konnte. Keine Antwort.

»Mox!« rief ich etwas lauter. »Alles in Ordnung?«

»*Ra?*« Aber seine Stimme kam nicht aus dem Inneren der Hütte.

»Mox, wo bist du?« Dann bemerkte ich, daß die große Löwin neben der *Boma* zum Baum über ihr emporstarrte. Ich folgte ihrer Blickrichtung mit dem Scheinwerfer, bis ich Mox entdeckte, der nackt und nervös grinsend nur drei Meter über der mächtigen Katze auf einem Ast hockte!

Ich schob mich mit dem Wagen zwischen den Baum und die Löwin. Sie wich knurrend aus, setzte sich dann neben meine Tür und beäugte mich durch das offene Fenster. Mit einer schwungvollen Bewegung, als ob der Baumstamm eingefettet wäre, glitt Mox herunter, grapschte seine Hose, zog sie an und schoß in den Landrover hinein.

»*Tau* – huh-uh!« Am ganzen Leibe zitternd, schüttelte er den Kopf. Er murmelte etwas über Maun, als wir langsam wegfuhren. Wir blieben im Wagen, bis die Löwen das Interesse an uns verloren und in Richtung Norden abzogen.

Als ich am anderen Morgen die Augen öffnete, zog der liebliche Duft eines Holzfeuers durch das Camp. Delia lag noch schlafend neben mir. Das leise Geklapper der Teller, mit denen Mox in der Küche hantierte, klang mir angenehm in den Ohren und weckte in mir Erinnerungen an die Morgenstunden auf unserer Farm, in denen mein Bruder, meine Schwester und ich von den Gerüchen und Geräuschen aufwachten, die zu uns emporstiegen, wenn Mutter unten das Frühstück zubereitete. Es war noch früh am Tag, und der offenkundige Eifer, mit dem Mox zu Werke ging, besänftigte fürs erste meine Zweifel, ob er es lange in der Kalahari aushalten würde. Ich zog meine abgeschnittenen Jeans und Sandalen an und trat vor das Zelt. Glucksende Tokos und umherflatternde Schnäpper landeten auf den Zweigen neben dem Pfad und forderten ihre morgendliche Maismehlportion.

Mox saß vor der Küche auf dem Boden inmitten der Abfälle, welche die Hyänen während der Nacht umhergestreut hatten. Er hatte sich einen Weg durch das Durcheinander gebahnt und die frisch gespülten Teller sorgfältig auf dem Tisch aufgestapelt. Jetzt war er gerade dabei, seine Zehennägel in aller Unschuld mit unserem besten Küchenmeser zu reinigen.

Während wir beim Frühstück saßen, ertönte Löwengebrüll aus dem Norden des Tals. Es war jetzt Anfang Mai 1975, und obgleich noch vereinzelte Regenschauer über der Kalahari niedergingen, kündigte sich bereits die Trockenzeit an. In vier oder sechs Wochen würden die Löwen fort sein, unterwegs in unbekannten Gegenden. Niemand wußte, wie weit und in welche Richtung sie wanderten, und wir fragten uns, ob sie wohl ins Deception Valley zurückkehren würden. Wenn ja, würden sie dann einen Teil des alten Flußtals als ihr Territorium verteidigen? Und wie sollten wir sie wiedererkennen, falls sie tatsächlich zurückkamen, nach einer so langen Zeit?

Wir hatten inzwischen festgestellt, daß diese Raubtiere zumindest in der Regenzeit die wichtigsten Aaslieferanten für die Hyänen waren und deren Ernährung und Streifzüge maßgeblich bestimmten. Wenn die Braunen Hyänen von ihnen dermaßen abhängig waren, dann mußten wir unbedingt mehr über die Löwen im Deception Valley wissen. Wir setzten zwar unsere nächtliche Beobachtung der Hyänen fort, aber wir beschlossen, den Löwenrudeln in unserer Gegend mehr Aufmerksamkeit zu schenken, um möglichst viel über ihre Lebensgewohnheiten und ihre ökologischen Beziehungen zu den Hyänen zu erfahren.

Die beste Methode, ihre Identität zu ermitteln, falls sie wiederkehren sollten, war die Kennzeichnung mit Ohrmarken. Wenn einer der Löwen geschossen werden sollte, würde die bunte Plastikscheibe vielleicht bei der Wildschutzbehörde landen – oder an der Halskette irgendeines Buschmanns. Immerhin bestand dann die Möglichkeit, daß wir erfuhren, wie weit sich die Löwen in der Trockenzeit vom Flußbett entfernten und wie viele von ihnen von Menschen getötet wurden. Wenn wir herausfanden, welche Individuen beisammenblieben, dann konnten wir einiges über das Gemeinschaftsleben der Kalahari-Löwen aussagen, das bislang noch nicht im einzelnen erforscht worden war. Unsere nächste Aufgabe war es also, so viele Tiere wie möglich zu markieren, bevor sie das Flußbett verließen. Dabei durften wir sie durch diese Prozedur nicht verunsichern. Auf keinen Fall wollten wir ihr natürliches Verhalten auf Dauer beeinträchtigen.

Während wir unser Narkotisiergerät vorbereiteten, legten wir ein paar Grundregeln fest, die hoffentlich das Trauma der Löwen während der Narkose abschwächen würden. Falls irgend möglich, wollten wir das Betäubungsgewehr nur in der Nacht benutzen, um die bewußtlosen Tiere nicht der extremen Tageshitze auszusetzen. Wir wollten sie nur dann narkotisieren, wenn sie an einem Riß vollauf beschäftigt waren und nachdem wir lange genug bei ihnen gesessen hatten, um sie völlig an unsere Anwesenheit zu gewöhnen. Wir würden sie niemals mit dem Wagen hetzen oder nach Cowboymanier manipulieren, was häufig großen Streß, Entfremdung oder gar den Tod zur Folge hatte. Die Dosis sollte minimal sein, und wir wollten möglichst rasch und leise zu Werke gehen, um den Tieren jede unnötige Belastung zu ersparen. Wie bei den Hyänen betrachteten wir es als Erfolgskriterium, wenn ein markierter Löwe genausowenig Scheu vor uns und dem Landrover zeigen würde wie vor der Aktion.

Da die Zeit knapp wurde, mußten wir in einem Zug so viele Löwen wie möglich betäuben, und Mox mußte den Scheinwerfer halten, während wir die Ohrmarken anbrachten. Wir konnten jedoch nicht mehr als drei bis fünf Löwen in den verschiedenen Stadien der Narkose und des Aufwachens gleichzeitig verarzten, und unterdessen würden die anderen Tiere in unserer Nähe im Dunkeln umherstreifen. Wir hatten noch nie Löwen betäubt und wußten deshalb nicht, wie sie reagieren würden.

Zusammen mit Mox brachen wir auf und entdeckten das Rudel in der Leopardeninsel, einem Akazien- und Jujubengehölz am westlichen Rand der Nordpfanne, unweit des Gepardenhügels. Wir fuhren im Bogen an die Tiere heran und näherten uns ihnen langsam bis auf knapp fünfzehn Meter. Da hoben sie die Köpfe und begannen nervös nach einem Fluchtweg Ausschau zu halten. Löwen und andere Wildtiere benehmen sich in der Regel sehr viel gelassener, wenn sie selber die Initiative ergreifen können, wie zum Beispiel damals, als das Rudel in unser Camp eingedrungen war. Jetzt, da wir auf sie eindrangen, fühlten sie sich allmählich ein bißchen bedroht. Ich stellte den Motor ab. Sie entspannten sich sogleich wieder, blinzelten mit den Augen und gähnten. Mehrere Stunden lang saßen wir schweigend da, damit sie sich an uns gewöhnten, und hofften, sie würden eine Beute schlagen.

Wir hatten diese Löwen schon sehr oft gesehen und ihnen Namen gegeben. Die beiden älteren Weibchen hießen Blue und Chary. Blue knabberte mit Vorliebe an den Reifen des Landrovers herum; glücklicherweise waren sie so stabil, daß sie niemals einen zerbiß. Chary, eine mächtige Löwin mit durchhängendem Rücken, war das älteste Weibchen des Rudels und aus unerfindlichen Gründen uns gegenüber ein wenig scheu. Selbst wenn sie beim Ruhen den Kopf auf die Pranken legte, schloß sie niemals ganz die Augen.

Von den fünf nahezu ausgewachsenen Weibchen war Sassy die kühnste und neugierigste. Sie hatte eine breite Brust und einen großen, kräftigen Körper und würde einmal zu einer besonders mächtigen Löwin heranwachsen. Sie schlich sich oft an den Wagen an, als ob er eine Beute wäre, und legte sich hinter dem Heck auf die Lauer, bereit zum Sprung, falls er ihr zu entkommen suchte. Doch wenn unser Start nicht mit ihrem Angriffsplan übereinstimmte, sah sie sich mit einem Tier konfrontiert, das sie einfach nicht packen konnte. Dann stand sie auf und tätschelte einen Reifen ein paarmal mit der Pfote oder nagte an einem Kotflügel oder Schlußlicht. Einmal vergaß ich, daß sie noch mit ihrem Spiel beschäftigt war, und ließ den Motor an. Sie bekam eine Auspuffwolke ins Gesicht, sprang zurück und zischte und fauchte dann das Auspuffrohr an. Sie war fasziniert von der Umdrehung der Räder, und jedesmal, wenn wir nach einer längeren Beobachtung des Rudels langsam wegfuhren, lief sie seitlich neben dem Landrover her und sah zu, wie sie sich drehten, wobei ihre Augen rollten und ihr Kinn sich mit jeder Kreisbewegung hob und senkte. Dann trabte sie hinter uns her und duckte sich, als suche sie nach einer Stelle, wo sie ihren Tötungsbiß anbringen könnte. Sassy war unser besonderer Liebling.

Gypsy konnte nicht stillsitzen, und wenn das Rudel unser Camp besuchte, patrouillierte sie an seinem Rand auf und ab oder streifte eine Weile allein umher.

Spicy, die mich einmal zum Schein angriff, war zimtbraun und kampflustig. Spooky hatte große runde Augen, und Liesa war klein, proper und hübsch. Die beiden einjährigen Junglöwen, Rascal und Hombre, ärgerten ständig eines der erwachsenen Tiere und bekamen dann eins auf die Nase.

Als wir an jenem Abend bei den Löwen Wache hielten, spürte Chary offenbar, daß wir etwas vorhatten. Sie zog sich einige Meter zurück und streckte sich unter einem kleinen Busch aus. Während die anderen schliefen, behielt sie uns im Auge. Gegen einundzwanzig Uhr hob sie den Kopf und starrte hellwach in die Ferne. Ihre Schultermuskulatur straffte sich. Die anderen Löwen wurden sofort aufmerksam und blickten in dieselbe Richtung. Ich hielt den Scheinwerfer etwas höher und sah einen Strauß, der sich, ständig pickend, vorsichtig einen Weg durch das Buschwerk am Fuße der Norddüne bahnte. Ich löschte das Licht. Chary richtete sich langsam auf und begann sich an den großen Vogel anzupirschen. Wie eine Schlange glitt sie durch das Gras und entschwand in der Nacht. Eine nach der anderen folgten die übrigen Löwinnen. Wir blieben allein zurück. Wir wollten weder die Löwen verfolgen noch den Scheinwerfer benutzen, weil zu befürchten war, daß wir dadurch die Jäger oder die Beute irritieren würden. Die Minuten zogen sich dahin . . . und wir hätten so gerne gewußt, wie die Jagd verlief.

Nach einer Dreiviertelstunde drangen aus den Büschen am Dünenhang Knurrlaute und ein kehliges Grollen zu uns herüber. Die Löwen stritten sich noch immer um die Beute, als wir mit dem Wagen unweit der Stelle anhielten, wo sie sich in einem Kreis um den Kadaver versammelt hatten. Sie wandten sich um und funkelten uns an. Chary und Spicy gingen in die Hocke und legten die Ohren an, um uns ihre Mißbilligung auszudrücken. Ihre Mäuler waren mit Blut und Federn bedeckt, und ihre breiten Pranken ruhten besitzergreifend auf dem toten Vogel, dem sie große rote Fleischbrocken aus dem Leib rissen. Ich langte behutsam nach dem Zündschlüssel und stellte den Motor ab. Die Löwinnen wandten sich wieder dem Riß zu und ließen sich zum Fressen auf den Bauch nieder. Wir waren keine fünfzehn Meter von ihnen entfernt, konnten sie also mit dem alten Narkosegewehr schwerlich verfehlen.

Delia hielt den Scheinwerfer, während ich mit Schachteln, Spritzen und Fläschchen herumfummelte und die Betäubungspfeile so leise wie möglich zu füllen versuchte. Ich stellte mich reichlich ungeschickt an, und ständig waren mir das Lenkrad und der Schalthebel im Weg. Ich hatte das Gefühl, als ob mir die Löwen durch die niedrige Tür über die Schulter sähen; ich hatte nämlich das Fenster herausgenommen, damit ich das Gewehr zur Seite schwenken konnte, falls ein Löwe am Wagen vorbeikommen sollte.

Der für Chary bestimmte Bolzen war endlich mit einem Gemisch von Phencyclidin, Hydrochlorid und Xylizin gefüllt. Da sie von allen am wachsamsten war, mußte sie als erste außer Gefecht gesetzt werden, damit sie die anderen nicht warnen konnte. Mehrere Minuten lang visierte ich Charys Rücken an. Doch ich kam nicht zum Schuß, weil sie auf der anderen Seite des Kadavers lag und von Hombre verdeckt wurde. Meine Hände am Gewehrkolben schwitzten, und plötzlich kam es mir ganz unwirklich vor, einen gut einhundertundfünfzig Kilogramm schweren Löwen mit einer Nadel in die Schulter zu piksen.

Die Löwen fauchten und traktierten einander mit den Pfoten. Dann richtete sich Chary unvermittelt zu ihrer vollen Größe auf und schritt über Blue hinweg, die rechts neben ihr lag. Ich strengte mich an, Kimme und Korn in Übereinstimmung zu bringen, und drückte auf den Abzug.

Das Gewehr machte »plop«, und der Pfeil traf die Löwin in die Schulter. Eine wahre Eruption von knurrenden und grollenden Lauten folgte. Staub und Federn wirbelten umher, als das Rudel in die Höhe und über den Kadaver hinweg sprang und mit den Schwänzen die Luft peitschte. Wir erstarrten einen Augenblick lang, weil wir damit rechneten, daß die Tiere uns angreifen würden. Sie liefen ziellos umher, blickten vom Wagen zum Kadaver, dann in die Nacht hinaus, und schließlich schauten sie einander an, augenscheinlich bestrebt, die Ursache der Störung zu ergründen. Plötzlich verpaßte Chary Blue einen Nasenstüber; eine Rechnung war beglichen, die Spannung löste sich, und die Löwen wandten sich wieder ihrer Mahlzeit zu. Wir lehnten uns zurück und warteten.

Zehn Minuten nach dem Schuß weiteten sich Charys Augen, und ihre Pupillen wurden immer größer. Sie verließ den Riß und verzog sich schwankend in das dichte Gebüsch, wo wir sie kaum noch ausmachen konnten. Mox, der offenbar die Augen einer Katze besaß, wandte den Blick nicht von ihr ab, während wir nacheinander Blue, Gypsy und Liesa betäubten; nach jedem Treffer ließen wir den anderen Tieren genügend Zeit, sich zu entspannen und ihre Freßtätigkeit wieder aufzunehmen. Es dauerte nicht lange, und vier bewußtlose Löwinnen lagen in einem Radius von etwa fünfzig Metern um den Riß herum. Die restlichen fünf, die jugendlichen Weibchen und die Welpen, fraßen unbekümmert weiter.

Unterdessen waren seit Charys Kollaps fast vierzig Minuten vergangen. Sie und die anderen Löwen würden spätestens eine Stunde nach der Betäubung wieder aufwachen. Wir fuhren schnell zu der Stelle, wo Mox Chary zuletzt gesichtet hatte, doch erst nachdem wir das Terrain mehrere Minuten lang vom Wagendach aus mit dem Scheinwerfer abgesucht hatten, entdeckten wir sie. Ihre wunderschönen Bernsteinaugen waren weit geöffnet. Die Ohren zuckten beim Geräusch des näher kommenden Landrovers, und sie hob leicht den Kopf.

Ich stellte den Wagen etwa zehn Schritt hinter ihr ab und sprang hinaus. Die ganze Zeit fragte ich mich, ob ich auch alles richtig gemacht hatte. Da ich nicht genau wußte, wie bewegungsunfähig Chary war, hatte ich einige Bedenken, mich ihr zu nähern. Das dürre Gras raschelte unter meinen Füßen, und sie warf den Kopf hin und her. Wenn sie mich hören konnte, mußten auch einige andere Körperfunktionen noch in Ordnung sein. Ich klatschte deshalb zweimal in die Hände, um ihre Reflexe zu überprüfen. Doch sie reagierte nicht. Ich schlich mich vorsichtig an, hockte mich neben ihren Schwanz, noch immer zur raschen Flucht bereit, und kitzelte ihren mächtigen Leib mit den Zehen; sie schien es kaum zu spüren.

Ich gab Delia ein Zeichen, daß alles in Ordnung sei. Sie übergab Mox den Scheinwerfer und stieg aus, um mir das Zubehör zu bringen. Die Löwin hatte die Farbe verdorrten Grases, und ihr geschmeidiger, kraftvoller Körper war so fest wie ein Eichenstamm. Es tat uns leid, daß wir sie auf solche Weise übervorteilen mußten, nachdem wir ihr Vertrauen gewonnen hatten. Während ihr Delia an der Innenseite eines Vorderbeins den Puls fühlte, spritzte ich ihr etwas Salbe in die Augen, um das Austrocknen der Hornhaut zu verhindern. Da Chary auf dem Pfeil lag, drehten wir sie auf die andere Seite, indem wir die breiten Pranken ergriffen und die Beine als Hebel benutzten. Delia versorgte die kleine Wunde mit Salbe, und ich befestigte die Marke am Ohr.

Als wir auch mit Blue und Gypsy fertig waren, waren seit dem Beginn unserer Aktion mehr als anderthalb Stunden vergangen. Chary und die anderen kamen bereits wieder zu sich. Außerdem hatten sich inzwischen die »unbehandelten« Löwen an der Straußenleiche sattgefressen, und sie interessierten sich nun zusehends für uns und für das, was mit ihren Rudelgefährten passiert war. Überall lungerten große Katzen herum, und Liesa mußte noch ihre Markierung verpaßt bekommen.

Als wir Liesa fanden, richtete sie sich unsicher auf den Vorderläufen auf; sie konnte fast schon wieder aufstehen. Wir konnten sie unmöglich markieren, ohne ihr zuvor noch eine Dosis des Betäubungsmittels zu injizieren. Aber wir wollten ihr nicht noch ein zweites Mal das Trauma eines Narkosepfeils zumuten, zumal uns alle anderen Löwen zuschauten. Ich ging zum Wagen und bereitete eine Spritze vor. »*Go leba de tau, sintle* – paß gut auf die Löwen auf«, sagte ich zu Mox, streifte mir die Schuhe ab und kroch auf Liesa zu.

Delia und ich wußten, daß das wahrscheinlich nicht besonders klug war, aber wir befürchteten, daß die halbbetäubte Löwin in Panik geraten würde, wenn wir mit dem Wagen auf sie zu fahren würden. Und falls sie in der Gegend umhertoben sollte, liefen wir Gefahr, uns das gesamte Rudel zu entfremden.

»Laß dir Zeit, und mach keinen Lärm! Achte darauf, wo du deine Hände und Knie hinsetzt!« sagte ich mir, als ich vom Landrover wegkroch. Mein Schatten erstreckte sich vor mir, fast bis zu der großen, leicht schwankenden Gestalt der Löwin, die auf ihrem Hinterteil hockte und zur Seite blickte. Ich tastete mich lautlos durch trockenes Laub und Grasbüschel voran – und durch Zweige, die wie Kinderpistolen knallten, wenn ich mein ganzes Gewicht darauf stützte. Je weiter ich mich vom Wagen entfernte, um so klarer wurde mir bewußt, daß mein Vorhaben idiotisch war. Ich wollte schon kehrtmachen, aber dann überredete ich mich, daß die halb betäubte Löwin die Injektion wahrscheinlich überhaupt nicht spüren werde. Ich verließ mich darauf, daß Mox und Delia mich warnen würden, wenn Liesas Rudelgenossen mir unmittelbar gefährlich werden sollten. Beim ersten verdächtigen Anzeichen wollte ich pfeilschnell im Landrover Zuflucht suchen.

Als ich knapp fünf Meter von Liesa entfernt war, zerdrückte ich mit einem Knie laut knisternd ein paar trockene Blätter. Sie drehte sich um und schaute mich direkt an. Ich erstarrte und wartete darauf, daß sie sich wieder abwenden würde, doch sie blickte wie gebannt mit ihren gelben Augen zu mir hin. Ihre gespitzten Ohren kreisten, und von ihrem Kinnbart tropfte Speichel. Ich wagte nicht die geringste Bewegung. Ihre Augen schienen sich zu verengen.

»*Tau, Morena!*« flüsterte Mox eindringlich auf dem Landrover, um mich vor der Annäherung eines anderen Löwen zu warnen.

Rechts von mir, etwa zwanzig Schritt entfernt, schlich sich eine der unbetäubten Löwinnen im Gebüsch an mich heran. Mit gesenktem Kopf und zuckendem Schwanz ging sie in Kauerstellung. Ich preßte meinen Bauch flach in die spitzen Borsten eines Grasbüschels und drückte meine Wange auf den Sandboden, um mich unsichtbar zu machen. Mein Puls hämmerte in meinen Ohren. Der Fluchtweg zum Landrover war zu weit, die Löwin war schon zu nah. Ich bedeckte den Nacken mit einem Arm, schloß die Augen und versuchte den Atem anzuhalten.

»Mox! Richte das Licht auf ihre Augen!« in der allgemeinen Stille vernahm ich Delias dringliches Geflüster. Obwohl Mox kaum ein Wort Englisch sprach, verstand er, was er tun sollte. Er schwenkte den Suchscheinwerfer und zielte mit ihm genau auf die Augen der angriffsbereiten Löwin. Sie hielt inne, erhob sich halb aus ihrer Kauerstellung und blinzelte ins Licht.

Liesa mußte ihre Rudelgefährtin gehört haben, denn sie blickte in ihre Richtung. Das war meine Chance. Ich richtete mich langsam auf die Knie auf und bewegte mich so leise wie möglich rückwärts zum Landrover. Die Löwin hob und senkte den Kopf und versuchte noch immer, mich durch das grelle Licht hindurch zu erkennen. Sie machte einen Satz nach vorn. Ich warf mich wieder ins Gras. Mox richtete den Scheinwerfer auf sie, bis sie mit blinzelnden Augen stehenblieb, keine zehn Meter von mir entfernt. Ich kam mir vor wie eine Maus vor der Nase einer Hauskatze. Ich hob meinen Bauch vom Boden und begann rückwärts zu kriechen. Meine Arme waren vor Angst wie Gummi. Dann spürte ich neben mir die vordere Stoßstange des Wagens. Ich hechtete durch die Tür und sank auf dem Sitz zurück. Mit zitternder Hand wischte ich mir den Sand und Schweiß aus dem Gesicht.

Die angriffslustige Löwin verlor schließlich das Interesse an mir und kehrte zum Straußenkadaver zurück. Nach allem, was ich soeben erlebt hatte, machte ich mir jetzt weniger Gedanken darüber, daß Liesa sich unnötig aufregen könnte. Ich fuhr los, hielt neben ihr an, langte mit dem Arm durch die Wagentür und spritzte ihr das Betäubungsmittel ein. Nach etwa zehn Minuten konnten wir ihr die Ohrmarke verpassen. Wir warteten bis sich alle Löwen erholt hatten, und fuhren dann heim, um noch ein wenig zu schlafen.

Am nächsten Abend besuchten alle Löwen des Rudels, mit Ausnahme von Chary, das Camp. Sie umkreisten den Landrover und beschnupperten die Reifen, die Stoßstangen und den Kühlergrill. Sie merkten offenbar gar nicht, daß sie blaue Plastikscheiben, jede mit einer anderen Nummer, im Ohr trugen. Sie waren für uns fortan das »Blaue Rudel«.

Wir verabscheuten zwar die Tierbetäubung, aber mindestens einmal gab sie uns Gelegenheit, die Intensität der sozialen Bindung zwischen männlichen Löwen kennenzulernen. Pappy und Brother waren zusammen aufgewachsen und hatten weite Strecken der Kalahari als Nomaden gemeinsam durchwandert, ohne ein eigenes Rudel zu finden, in dem sie den Pascha spielen konnten. Junge Löwenmännchen, vielfach Brüder, bleiben häufig auch als Erwachsene beisammen, und diese beiden schienen unzertrennlich zu sein.

Pappy zu betäuben war reine Routinesache. Nach dem Treffer sackte er zu Boden und schlief in Seitenlage ein. Der Pfeil baumelte an der Nadel, die unmittelbar hinter der Schulter eingedrungen war. Brother hatte mit erhobenem Kopf und weitaufgerissenen Augen aufmerksam zugeschaut, wie sein Partner die Koordination seiner Bewegungen und schließlich das Bewußtsein verlor. Er blickte von Pappy zu uns herüber, dann wieder auf Pappy, als ob er zu begreifen versuchte, was geschehen war. Dann ging er, ohne den acht Schritt entfernt geparkten Wagen zu beachten, auf den hingestreckten Löwen zu und beschnüffelte dessen Körper, bis er den Pfeil entdeckte. Er nahm ihn zwischen die Vorderzähne, sprang hoch und zog ihn heraus. Nachdem er ihn zerbissen und wieder ausgespien hatte, trat er neben seinen Gefährten und beleckte die kleine Wunde, die die Nadel hinterlassen hatte. Er rieb seinen Kopf an Pappys Kopf und schnurrte leise. Darauf ließ er sich auf die Vorderhand nieder, nahm Pappys Nacken behutsam ins Maul und hob ihn an. Aber der bewußtlose Körper war zu schwer und unhandlich für ihn. Nachdem sich Brother über eine Minute lang abgemüht hatte, packte er mit den Kiefern Pappys Rumpf und versuchte es dort; dann probierte er es, ständig schnurrend, nochmals am Hals. Eine Viertelstunde lang wechselte er hin und her in dem Bestreben, seinen Freund mit dem Maul aufzuheben.

Wollte er seinen Gefährten tatsächlich wieder auf die Füße stellen? Es sah zweifellos so aus, doch wir können es nicht mit Sicherheit sagen. Es ist bekannt, daß Elefanten gelegentlich den Versuch machen, ein gestürztes Familienmitglied aufzurichten, und die Vermutung liegt nahe, daß es bei Löwen ähnlich ist.

Der Anblick rührte uns sehr, aber Brother war so beharrlich bei der Sache, daß wir befürchteten, er könnte Pappy mit seinen Reißzähnen verletzen. Ich fuhr mit dem Landrover an Brother heran und drängte ihn so weit ab, daß wir Pappy markieren, wiegen und vermessen konnten. Dann wälzten wir den ohnmächtigen Löwen auf eine Plane, deren Ecken wir an das Wagenheck banden, und schleppten ihn unter einen Baum, damit er sich im kühlen Schatten erholen konnte. Brother folgte ihm und legte sich dicht neben ihm nieder, bis Pappy aus der Bewußtlosigkeit erwachte. Unermüdlich rieb er seinen Kopf und sein Maul am Körper seines ruhenden Kameraden.

»*Tau, Morena!*« Es war früh am Morgen, nur wenige Tage nach der Narkosebehandlung des Blauen Rudels. Wir hatten bis spät in die Nacht hinein Hyänen verfolgt und schliefen noch auf dem Zeltboden, als Mox uns aufweckte. Er stand in einem Sonnenfleck vor dem Zelteingang und wies mit der Hand auf einen Löwen, der sich fast dreihundert Meter östlich des Camps befand. Durch die Tür konnten wir seine schwankende Gestalt erkennen, die sich über die monatealten Überreste eines Spießbocks beugte und an den wenigen Knochen und der brüchigen Haut herumzerrte. Normalerweise hätte ein Löwe einen so wertlosen Kadaver kaum beachtet – er war dermaßen ausgedörrt und zäh, daß er ungenießbar erschien. Aber dieser männliche Löwe mühte sich unbeirrt damit ab, das verwitterte Aas in den Schatten einer Baumgruppe auf der anderen Seite des Camps zu schleppen. Durch den Feldstecher sahen wir, daß er schrecklich abgemagert und sehr schwach war. Der Spießbockkadaver konnte höchstens dreißig Pfund wiegen, doch der Löwe vermochte ihn jeweils nur ein paar Meter weit zu tragen, bevor er sich schwer atmend ausruhen mußte. Er nahm den Kadaver immer wieder zwischen die Beine und versuchte ihn ein Stück weiterzuschleppen, doch ohne großen Erfolg. Dann drehte er sich um, ergriff die papierdürre Haut mit dem Maul und zog rückwärtsgehend daran – mit demselben Ergebnis. Bei jedem Versuch wurde er schwächer, bis er schließlich zusammenbrach, offensichtlich dem Hungertode nahe.

Wir zogen uns an, sprangen in den Wagen und fuhren langsam auf ihn zu. Als wir näher herankamen, starrte er ins Leere. Er bemerkte uns kaum. Wir waren erschüttert über seinen Zustand. Er war nur noch der Schatten eines einst stolzen Löwen. Seine Rippen standen scharf hervor, seine Haut hing in großen Falten um ihn herum, und ich hätte seine Körpermitte mit zwei Händen umspannen können. Er mußte seit Wochen gelitten und so gut wie nichts gefressen haben.

Mit einer gewaltigen Anstrengung stand er auf und begann auf die Baumgruppe zuzustolpern, und erst jetzt bemerkten wir ein Dutzend oder mehr Stachelschweinborsten, die tief in Nacken, Schultern und Flanken staken. Bei dem Versuch, in seinem geschwächten Zustand etwas Genießbares zu finden, hatte er vermutlich die falsche Beute erwischt. Er erreichte mühsam den Schatten der Bäume und sank dann zu Boden, als ob sein mächtiger, knochiger Schädel und seine zerzauste Mähne zu schwer für ihn wären.

Wir ließen ihn dort liegen, kehrten aber am späten Nachmittag mit dem Narkosegerät zurück. Wir wollten den Löwen genauer untersuchen und sein Alter und seine Überlebenschancen feststellen. Als ihn der Pfeil traf, zeigte er keine Regung und sackte sehr schnell in sich zusammen. Wir machten uns daran, die eiternden Stacheln zu entfernen, von denen einige sich fast zwanzig Zentimeter tief eingebohrt hatten.

Einen Stachel konnte Delia nicht herausziehen. Er steckte innen im oberen rechten Vorderbein, und da der Löwe auf der Seite lag, war das linke Bein ständig im Weg. Mox sah uns aus gebührendem Abstand zu, die Linke auf dem Kotflügel des Landrovers.

»Mox, *tla kwano* – komm, halte das!« rief Delia, wobei sie sich bemühte, das schwere Bein zur Seite zu ziehen.

Mox schlurfte zögernd herbei, seine Augen gingen nervös hin und her. Was wir damals nicht wußten: Als Kind hatte er von seinen Stammesgenossen gehört, daß sein Arm abfaulen würde, wenn er einen Löwen berührte. Er glaubte an dieses Tabu, doch er kam trotzdem.

Delia bemerkte sein ängstliches Benehmen und versuchte, ihn zu beruhigen. »Er ist *go siami*, Mox – *go siami*; er ist in Ordnung.« Sie lächelte.

Mox ergriff die große, dichtbehaarte Pranke, als ob sie im nächsten Augenblick lebendig werden könnte, und zog sie vorsichtig zurück. Nachdem Delia den Stachel entfernt hatte, legte Mox, der noch immer die Löwentatze hielt, seine Handfläche und Finger auf die breite schwielige Sohle. Er ließ sie dort mehrere Sekunden lang liegen und blickte dann zaghaft lächelnd auf.

Es dämmerte bereits. Wir hatten fast alle Stacheln beseitigt und die Wunden mit Salbe behandelt. Ich hatte nur Schwierigkeiten mit einem abgebrochenen Stachel, der im Knorpel dicht unter dem Knie des rechten Hinterbeins steckte. Er bewegte sich nicht, und so holte ich eine Zange aus dem Wagen, packte ihn damit und riß mehrmals kräftig. Doch so fest ich auch zog, die Zange rutschte immer wieder ab. Es wurde dunkel, so daß ich Mox aufforderte, den Suchscheinwerfer einzuschalten. Als ich besser sehen konnte, entdeckte ich, daß ich nicht an einem Stachel, sondern am abgebrochenen Schienbeinknochen des Löwen gezerrt hatte. Er litt an einer komplizierten Fraktur.

Wir standen vor einem Dilemma: Nach den Regeln der objektiven wissenschaftlichen Forschung hätten wir den Löwen einfach sterben lassen müssen. Und selbst wenn wir ihm zu helfen versuchten, konnten wir eine solche Verletzung nicht fachgerecht behandeln, weil uns die entsprechende Ausbildung fehlte, und überdies waren wir durch die Dunkelheit behindert. Andererseits hatten wir den Löwen bereits narkotisiert, und die geringe Abnutzung seines Gebisses verriet uns, daß er noch jung war – höchstens fünf oder sechs Jahre alt. Obwohl er wahrscheinlich nicht überleben würde, beschlossen wir, alles zu tun, was in unseren Kräften stand.

Eine Schienung des Beins kam nicht in Frage. Wir konnten nur das Bein an der Fraktur aufschneiden, das zersplitterte Knochenende absägen, den zerrissenen Muskel nähen und dann die Wunde desinfizieren und verschließen. Wenn wir den Patienten irgendwie veranlassen konnten, seine Beine ein paar Tage nicht zu benutzen, würde der Knochen vielleicht langsam zusammenwachsen.

Wir fuhren ins Camp und stellten ein improvisiertes Chirurgenbesteck zusammen: ein abgebrochenes Sägeblatt, eine Rasierklinge als Skalpell, eine Spülbürste zur Wundreinigung und Nadel und Faden für die Nähte.

Es war stockdunkel, als wir zurückkehrten. Mox hielt den Scheinwerfer, während wir die Wunde weiter öffneten, sie schrubbten und desinfizierten und etwa drei Zentimeter von dem zersplitterten Knochen absägten. Wir vernähten den Muskel und die Haut und injizierten eine große Dosis Antibiotikum. Dann befestigten wir eine orangefarbene Markierung, welche die Zahl 001 trug, am linken Ohr des Patienten. Wir traten zurück und betrachteten dieses mitleiderregende

Wrack eines Löwen. Wenn er durchkommen sollte, würden wir ihn »Bones« nennen.

Um zu überleben, brauchte er sofort Feuchtigkeit und Nahrung, aber er konnte nicht jagen, ohne sein verletztes Bein zu belasten. Mit einem alten Wilderergewehr, das uns die Wildschutzbehörde geliehen hatte, schoß ich ein Steinböckchen, und während Bones noch bewußtlos war, schoben wir die gut zwanzig Pfund schwere Kleinantilope unter seinen Kopf. Dort war sie vor Schakalen und Hyänen sicher, bis er erwachte. Mehrere Stunden später begann sich Bones an dem Fleisch gütlich zu tun, zuerst langsam, dann herzhaft zubeißend. Am frühen Morgen hatte er den gesamten Kadaver verzehrt, und als die Sonne über die Ostdüne kroch, schlief er tief und fest.

Bones würde schon bald Nachschub brauchen, und er würde sein Jagdglück versuchen, wenn wir ihm nicht eine weitere Antilope gäben. Noch am selben Morgen erlegte ich einen fast zweihundert Kilogramm schweren Spießbock und schleppte ihn an einer zehn Meter langen Kette, die ich hinten am Landrover befestigte, zu der Stelle, wo Bones lag. Löwen, zumal die Löwen der Kalahari, zerren ihre Beute gern zum nächsten schattigen Plätzchen. Wenn ich den Spießbock also zu weit entfernt von Bones ablegte, würde er aufstehen, um sich die Beute zu holen, und dabei womöglich eine dauerhafte Beinverkrüppelung davontragen. Mein Problem war, ihm das Futter praktisch vor der Nase zu servieren, ohne ihn zu verscheuchen oder zu einem Angriff zu provozieren. Er war inzwischen hellwach und in seiner Schwäche und Verwundbarkeit sicherlich nervöser als gewöhnlich.

Ich war mit dem Spießbock noch mindestens zwanzig Meter von ihm entfernt, als sich seine Muskeln strafften. Also stieg ich aus, löste die Kette und fuhr davon. Bones stellte sich auf die Füße und humpelte zu dem schweren Kadaver hinüber. Er nahm ihn zwischen die Beine, packte den Antilopennacken mit den Kiefern und begann daran zu zerren, wobei er sein gebrochenes Bein voll belastete. Die Stiche rissen auf, und Blut strömte aus der Wunde. Der Schmerz muß unerträglich gewesen sein.

Anderthalb Stunden lang mühte er sich ab, den Spießbock in den Schatten zu schaffen. Er bewegte ihn jeweils nur ein kleines Stück, dann machte er eine Pause, vor Erschöpfung keuchend. Er vermochte seine Beute nur etwa zehn Meter weit zu schleppen, ehe seine Kräfte endgültig versagten. Er taumelte in den Baumschatten und brach völlig ausgepumpt zusammen. Es war eine großartige, wenngleich schauerliche Darbietung, und er würde sie wiederholen, falls es uns nicht gelingen sollte, den Kadaver näher an ihn heranzubringen.

In der nächsten Stunde fuhr ich den Landrover im Rückwärtsgang zentimeterweise an den Spießbock heran und hängte ihn mit der Kette wieder an die Anhängerkupplung. Langsam bugsierten wir ihn, indem wir im Bogen um den Baum herumfuhren, in Bones' Nähe, vier Schritte von ihm entfernt. Er wurde immer erregter, als ich den Wagen etwas zurücksetzte, durch die Tür schlüpfte und zum Heck kroch. Behutsam langte ich hinter dem Hinterrad vor und begann schweißüberströmt an der verknoteten Kette herumzufummeln. Mit angespannt zuckenden Schultermuskeln und mit vor Angst und Angriffslust weitgeöffneten Augen betrachtete Bones mein nervöses Hantieren. Ich bemühte mich, seinem durchdringenden Blick auszuweichen und jede hastige Bewegung zu vermeiden, die eine Attacke hätte auslösen können. Endlich war die Kette frei, und ich krabbelte in den Landrover und fuhr davon.

Aus einiger Entfernung beobachteten wir, wie Bones, der mit der Lage seiner Beute noch immer nicht zufrieden war, sie ohne Rücksicht auf seine Schmerzen an einen sicheren Platz neben dem Baumstamm schleppte.

Vom Camp aus konnten wir ihn in seiner Baumgruppe liegen sehen, und jeden Morgen und jeden Abend saßen wir im Wagen in seiner Nähe, um zuzuschauen, wie er an Gewicht zunahm und seine verlorene Kraft zurückgewann. Von Tag zu Tag gewöhnte er sich mehr an uns, und unsere Hoffnung wuchs, daß er mit dem Leben davonkommen werde. Er schonte jetzt sein Bein, denn er stand nur auf, um sich an dem Spießbock zu bedienen oder um seine Position unter dem Baum zu wechseln. Wir hielten es allerdings für nicht gerechtfertigt, weitere Antilopen für ihn zu töten, und wir vermuteten, daß sein Bein wieder brechen würde, sobald er gezwungen wäre, selbst zu jagen. Nein, er würde aus eigener Kraft nicht überleben können.

In der neunten Nacht nach dem chirurgischen Eingriff weckte uns sein Gebrüll, das im Tal widerhallte, während er nach Süden durch das alte Flußbett wanderte. Wir bezweifelten, daß wir ihn jemals wiedersehen würden.

Seit zehn Tagen war Bones fort. Wir hatten keine Spur mehr von ihm gesehen. Am frühen Morgen folgten Mox und ich einer Hyänenfährte, die wir am Abend zuvor im dichten Busch verloren hatten. Delia fuhr im Landrover neben uns her und machte sich Notizen über die Wanderroute und Ernährungsgewohnheiten der Braunen Hyäne, die aus den Trittsiegeln im Sand abzulesen waren. Es war eine langweilige und mühselige Arbeit in der Hitze und im Dornbusch, und es war deprimierend, wie weit wir für jede winzige Information gehen mußten. Doch nur so konnten wir herausbringen, wie weit sich die Hyänen vom Flußbett entfernten und was sie im Sandveld taten, wo das Buschwerk und Gras so dicht waren, daß wir ihnen des Nachts nicht folgen konnten. Mox und ich stapften nebeneinander her und blieben oft stehen, um über eine Stelle zu diskutieren, wo die Hyäne geruht, gefressen, soziale Kontakte gepflegt oder einen Springhasen gejagt hatte. Wenn wir die Fährte verloren, kehrten wir meist um, um zusätzliche Informationen zu sammeln. Da es uns nicht darauf ankam, das Tier selbst zu finden, war es Delia und mir egal, in welche Richtung wir uns bewegten, solange wir nur etwas darüber erfuhren, wo es sich aufgehalten und was es getan hatte. Doch wenn wir auf einer Fährte zurückgingen, packte Mox die Verzweiflung; er verlor dann jegliches Interesse an der Sache. Er stand dann da, die Hände auf dem Rücken gefaltet, und stierte geistesabwesend aufs Veld. So sehr wir uns auch bemühten, ihn zu begeistern, er konnte im »Rückwärts-Fährtenlesen« keinen Sinn erkennen. Er hielt uns sowieso für leicht verrückt, weil wir ausgerechnet hinter Hyänen herliefen. Für viele Afrikaner – und für viele andere Menschen – sind Hyänen der Abschaum der Tierwelt. Warum jemand stundenlang ihren Spuren folgen konnte, war Mox einfach unbegreiflich.

An diesem Vormittag verfolgten wir die Hyäne bis zum Leopardenpfad. Wir waren nur mühsam vorangekommen; oft mußten wir auf Händen und Knien herumkriechen, um im festgebackenen Sand einen einzigen Krallenabdruck zu finden. Die Spuren verliefen nach Nordwesten in den weichen Sand des Dünenhangs, wo sie sich, dicht unter der Kuppe, mit der frischen Fährte eines großen männlichen Löwen kreuzten. Wir hatten in dieser Gegend kaum jemals Löwen beobachtet, und wir waren darauf gefaßt, den Männchen des Blauen Rudels zu begegnen.

Wir setzten uns auf die Fährte des Löwen und bewegten uns langsam durch den Wald und in ein Labyrinth von Springhasenbauen. Mox und ich gingen dicht nebeneinander und hielten Ausschau nach Spuren, als ich plötzlich den abgeflachten keilförmigen Kopf einer sehr großen Puffotter erblickte. Die Schlange hatte sich eng zusammengerollt, und Mox senkte gerade seinen Fuß auf sie hinab. Da mir keine Zeit blieb, ihn zu warnen, schlug ich ihm mit dem linken Arm gegen die Brust, so daß er das Gleichgewicht verlor und rückwärts taumelte. Im selben Augenblick zischte die Otter laut. Ich sprang zurück. Mox grinste mich eigenartig an, aber er hielt seine Augen weit offen, als wir einen Bogen um die Schlange machten und weitergingen.

Gleich hinter der Schlange wurden die Trittsiegel des Löwen tiefer – er hatte ein Stachelschwein gejagt. Es begann leicht zu regnen, als wir die Fährte inspizierten und die Geschichte der Jagd im Sand lasen: Das Stachelschwein war über einen niedrigen, abgewetzten Termitenhügel hinweggerannt und hatte dann einen scharfen Haken nach Süden geschlagen. Der nachsetzende plumpe Löwe hatte auf der schmierigen Lehmoberfläche den Halt verloren und war gestürzt. Er mußte sich jedoch rasch wieder aufgerappelt haben, denn nach zweihundert Schritten entdeckten wir einen Haufen Stacheln und einen Blutflecken.

Ich spürte Mox' Hand auf der Schulter. »Tau, kwa!« flüsterte er.

Unter einem Akazienbusch, knapp einhundert Meter vor uns, saß ein mächtiger männlicher Löwe und blickte durch den Regenschleier auf die offene Waldlandschaft und das dahinterliegende Tal – ein zeitloses Bild des echten Afrika!

Mox und ich stiegen zu Delia in den Landrover. Wir fuhren auf den Löwen zu, der seine Augen jetzt auf uns richtete. Dann erkannten wir die orangefarbene Ohrmarke, Nummer 001, in seinem linken Ohr. Es war Bones. Er hatte stark zugenommen; sein Bein war zwar noch nicht vollständig verheilt, aber bereits mit Schorf bedeckt. Natürlich war er wieder mit Stacheln gespickt, und wir fragten uns, ob ihn wohl seine Lahmheit daran hinderte, größere Beutetiere zu reißen.

Wir saßen lange bei ihm und freuten uns darüber, daß wir dieses eine Mal der Natur ins Handwerk gepfuscht hatten. Schließlich stand Bones auf, streckte sich und schritt davon. Das einzige Zeichen, das an seine Leidenszeit erinnerte, war eine leichte Steifheit, die seinen rhythmisch wiegenden Gang beeinträchtigte. Als ich seine Fußspuren genauer untersuchte, bemerkte ich eine kleine, durch die rechte Hinterpfote verursachte Vertiefung in seiner Fährte, ein Markenzeichen, das Bones sein Leben lang behalten würde. Seine Spuren würden wir überall sofort erkennen.

Während wir eines Morgens im Flußbett Antilopen zählten, entdeckten wir beim Akazienpunkt Bones über einem jungen männlichen Spießbock, den er soeben gerissen hatte. Seit unserer Begegnung im Regen waren drei Wochen vergangen, und der Löwe hatte sich inzwischen prächtig gemacht. Wir staunten, daß er sich mit Erfolg an ein so kräftiges und wehrhaftes Beutetier herangewagt hatte, nur einen Monat nach der Operation. Als die Sonne höher stieg, blickte er sehnsüchtig zu unserem nur knapp vierhundert Meter entfernten schattigen Camp hinüber. Vor Hitze keuchend, schleppte er den Kadaver zu den Bäumen hin, umkreist von Kamikazeschakalen, die ihm Fleisch von seiner Beute stibitzten. Er mußte sich zwar alle dreißig Meter ausruhen, aber er hinkte überhaupt nicht mehr, und wir waren nunmehr überzeugt, daß er überleben werde. Die Überwältigung des Spießbocks war ein entscheidender Test, ein Beweis für die ungewöhnliche Regenerationskraft eines Kalahari-Löwen.

Bones verbrachte die beiden folgenden Tage unter einem Baum, zwanzig Meter vor dem Camp, und tat sich an seinem Riß gütlich. Am Abend saßen wir bei ihm im Wagen, sahen ihm beim Schmausen zu und lachten, wenn er sich auf den Rükken rollte und die Pranken zum Himmel emporstreckte.

Als wir eines Abends Star, unserer Lieblingshyäne, durch das Flußbett folgten, blieb sie plötzlich stehen und sträubte das Fell, bis jedes einzelne Haar von ihrem Körper abstand. Unverhofft riß sie nach Westen aus: Das Blaue Rudel war auf dem Kriegspfad. Sassy und Blue trabten auf den Wagen zu und beäugten uns über die halbhohe Tür hinweg. Uns war ein wenig unbehaglich zumute, weil ihre Stimmung sehr schnell in Aggressivität umschlagen konnte. Aber so nahe sie uns auch kamen, es war immer nur ein Spiel.

Nach dieser ersten Inspektion gaben Sassy und Blue den Versuch auf, uns einen Schrecken einzujagen. Ohne Vorwarnung führten sie einen Scheinangriff gegen Spicy. Sie warfen sie um und hetzten sie immer wieder im Kreis um den Landrover herum, wobei ihre großen Pranken einen dumpfen Trommelwirbel auf dem Boden vollführten. Ihre Ausgelassenheit war ansteckend, und Rascal und Hombre, die beiden Junglöwen, beteiligten sich an dem Spaß, bis schließlich alle im hellen Mondlicht umhertollten, mit Ausnahme von Chary, die wie gewöhnlich über solche Spielereien erhaben war.

Unvermittelt hielten die neun Löwen inne und stellten sich Schulter an Schulter nebeneinander auf, den Blick nach Norden gewandt. Ich schwenkte den Suchscheinwerfer und erspähte Bones, der in einem kraftvollen steifbeinigen Trab im Lichtkegel auftauchte und das bemähnte massige Haupt hin und her pendeln ließ. Er stolzierte auf das wartende Rudel zu und blieb stehen, während ihn ein Weibchen nach dem anderen in einer fließenden Bewegung der Leiber begrüßte. Jede Löwin legte ihre Wange an die seine, rieb dann den Kopf an seinem Körper entlang und trat neben seinem seilförmigen Quastenschwanz zur Seite. Nach diesem ausgiebigen Willkommensgruß ruhte das ganze Rudel schweigend dicht beieinander, nur Bones hielt sich ein paar Schritte entfernt. Der Herr des Blauen Rudels war heimgekehrt!

Bones' Ankunft schien die Stimmung der Löwinnen verändert zu haben. Ihre Verspieltheit war einer kühlen Sachlichkeit gewichen, als sie angestrengt in die Nacht starrten und in Gedanken schon auf der Jagd waren. Etwas später stand Chary auf und entfernte sich leise, bald gefolgt von den beiden Jungtieren Spicy und Sassy. Dann verschwanden Blue und Gypsy, und am Ende war das gesamte Rudel in einer langen Prozession, deren Nachhut Rascal, Hombre und Bones bildeten, in die Dunkelheit eingetaucht. Über der Westdüne ging der Mond unter.

Das Rudel zog durch das Flußbett bis zum Letzten Halt, einer kleinen Baumgruppe am Rande der Nordpfanne, wo die Löwen des öfteren Duftmarken absetzten und sich ausruhten, bevor sie das Tal verließen. Im Frühlicht des nächsten Tages bewegten sie sich langsam auf eine Herde von sieben Kuhantilopen zu, die an den silbrigen Catophractes-Sträuchern auf dem Westhang der Norddüne ästen. Ein alter Bulle, dessen Hornspitzen zu schimmernden Knäufen abgenutzt waren, hielt sich ein wenig abseits und leckte Mineralstoffe von einem Termitenhügel auf. Die Löwinnen duckten sich zum Anschleichen, fächerten sich zur Herde hin auf und glitten mit tief angelegten Ohren durch das Gebüsch. Fast einen Stunde später waren sie, gleichauf in einer etwa einhundert Meter langen Linie, noch immer siebzig oder achtzig Meter von den Antilopen entfernt, doch sie kamen näher. Rascal und Hombre blieben zusammen mit Bones weit zurück. Doch während sich die Löwinnen in nördlicher Richtung anschlichen, hatten sich die Antilopen nach Osten gewandt, und die Jäger mußten sich neu orientieren, wenn sie ihre Chance nicht vertun wollten. Chary und Sassy brachen aus der Front aus, und indem sie hinter ihren Rudelgefährtinnen entlangglitten, verschwanden sie im Gras, um vor den Antilopen in Stellung zu gehen. Liesa, Blue und Gypsy begannen sich langsam vorwärtszubewegen.

Wartend, dann von Strauch zu Grasbüschel und Hecke voranschleichend, dann wieder wartend, arbeitete sich das Rudel an sein Ziel heran. Die Kuhantilopen witterten etwas. Sie starrten nach hinten auf die Löwen und begannen zu tänzeln und ihre Alarmrufe auszustoßen. Dann galoppierte die Herde davon.

Der alte Bulle übernahm die Führung. Als er einem Akazienstrauch ausweichen wollte, schoß Charys dicke Vorderpranke blitzschnell hervor und hakte sich auf seiner Schulter fest. Er verschwand laut ächzend in der Dickung und schlug wild mit den Läufen um sich. Die anderen Antilopen stürmten auf die Dünenkuppe und blieben dort stehen. Sie blickten nach unten, schnaubend und mit den Schwänzen schlagend. In wenigen Sekunden stürzten sich sämtliche Löwinnen auf den Riß. Wir konnten ihr kehliges Grollen und das Zerfetzen von Fleisch hören.

Auch Bones hörte den Lärm und trabte an uns vorbei, um sich zu den anderen zu gesellen. Rascal und Hombre rannten durch das hohe Gras hinterdrein. Am Riß schoß er vor, trieb knurrend die Löwinnen auseinander, legte seine mächtigen Pranken auf die Antilope und begann allein zu fressen. Die Weibchen sowie Rascal und Hombre sahen ihm aus einer Distanz von zehn Metern zu.

Blue schob sich näher heran. Sie beobachtete Bones und sank zu Boden, wenn er ihr einen Blick zuwarf. Sie bewegte sich im Bogen langsam auf den Kadaver zu. Bones hörte auf zu fressen. Ein tiefes Grollen stieg in seiner Kehle auf, und seine Lippen wölbten sich hoch und entblößten die zehn Zentimeter langen Reißzähne. Blue knurrte ihn an. Er brüllte über den Kadaver hinweg, ging zum Angriff über, daß der Sand aufspritzte, und verpaßte ihr einen Prankenhieb auf die Nase. Die Löwin schrie auf und warf sich mit angelegten Ohren flach auf den Boden. Bones kehrte zum Riß zurück, und nach zwanzig Minuten zogen die Weibchen mit Rascal und Hombre im Schlepptau langsam ab. In dieser Nacht rissen und verzehrten die Löwinnen in der Südpfanne einen vierzig Kilogramm schweren Springbock, während Bones mit seiner Kuhantilope beschäftigt war.

Wir schrieben Ende Mai 1975, und seit dem letzten Regenguß war fast ein Monat vergangen. Der Himmel war blaß und wolkenlos, die kühlen Nächte waren erfüllt vom süßen Moschusduft des goldenen Grases, und der Morgenwind blies scharf. Alles deutete auf den nahen Winter hin. Der schwere Lehmboden des Flußbettes hatte weitgehend seine Feuchtigkeit verloren, und die Spießbock- und Kuhantilopenherden hatten sich zerstreut und zogen ab.

Wir sahen die Löwen immer seltener, schließlich waren sie ganz verschwunden. Wir vermißten ihr Gebrüll, das vom Nachtwind durch das Tal getragen wurde, und fragten uns, wohin sie wohl wanderten und ob wir Bones und das Blaue Rudel jemals wiedersehen würden. Wir wußten, es würde wahrscheinlich mehr als acht Monate dauern, bis der Regen wieder neues saftiges Gras hervorzauberte und bis die größeren Antilopen zum versteinerten Fluß zurückkehrten, also bis Ende 1975 oder Anfang 1976. Die Löwen würden sich gleichfalls nicht früher wieder einfinden. Also konzentrierten wir uns auf das Studium der Braunen Hyänen, deren Lebensweise wir so gründlich wie möglich erforschen wollten.

9 Raubtierrivalität

Mark

Achte nicht auf das Dröhnen einer fernen Trommel.

EDWARD FITZGERALD, »DAS RUBAIJAT DES OMAR-I-CHAJJAM«

Delia stieß mir den Ellbogen in die Rippen. »Hast du das gehört?« fragte sie.
»Was soll ich gehört haben?« brummte ich und hob schläfrig den Kopf.
»Die Trommeln!«
»Trommeln?«
»Schnell, wir müssen ihnen antworten!« Es war ein strahlender, frostiger Morgen. Sie wand sich aus ihrem Schlafsack, schlug die Türklappe zurück und rannte, nur mit einem Höschen bekleidet, ins Freie. Ihr Atem verwandelte sich in Dampfwolken, und sie bibberte vor Kälte.

»Vielleicht lebst du schon zu lange im Busch«, zog ich sie auf. Doch dann hörte ich es auch. Tam, tam, tam-tam-tamtam – ein sehr tiefer Ton, wie von einer großen Baßtrommel.

»Womit soll ich antworten?« fragte sie, während sie im Küchenabteil herumsuchte. Ich schlug ihr – im Scherz – den Kübel, den wir als Backofen benutzten, und einen Zeltpflock vor. Sie klemmte sich den Kübel unter den Arm und begann im Rhythmus der Trommeln auf seinen Boden zu schlagen. Nach jeder Tonfolge lauschte sie auf eine Antwort. Aber die Trommeln schwiegen. Sie bearbeitete den Kübel immer wieder, und ich vergrub den Kopf im Schlafsack, um mich dem Lärm zu entziehen. Schließlich gab sie es auf und kroch zitternd wieder ins Bett.

Tagelang, bei Sonnenaufgang und -untergang, hörten wir die Trommeln. Sie gehörten wohl einer Gruppe von Buschmannjägern, dachten wir, weil sie zunächst südlich des Camps, aber später im Westen und Norden erklangen. Die Männer schienen im Tal hin und her zu ziehen, aber die Gegend zu meiden, in der wir sie hätten sehen können. Delia hatte ihren Kübel und Zeltpflock stets griffbereit. Doch jedesmal, wenn wir den Trommeln antworteten, verstummten sie.

Da wir vermuteten, Delias Krachschlagen habe die Jäger verschreckt, ließen wir eines Abends, als die Trommelei wieder losging, alles stehen und liegen und sprangen in den Landrover. Von Safarijägern hatten wir erfahren, daß die wenigen wirklich wilden Buschmänner sehr scheu seien und jede Berührung mit modernen Menschen vermieden. Wir würden wahrscheinlich sehr viel Glück brauchen, um sie überhaupt zu sehen, bevor sie davonliefen.

Wir fuhren langsam auf die Trommeln zu. Erwartungsfroh stellten wir uns vor, wir würden jeden Augenblick kleine schwarze Männer in Tierfellen und mit Pfeil und Bogen erblicken, die sich um ein Lagerfeuer versammelt hatten und sich zum Abendessen ein Steinböckchen brieten. Vielleicht würde auch einer der Jäger die Trommel schlagen, während die anderen im Kreis um ihn herumtanzten. Wir fragten uns, was sie wohl tun würden, wenn sie uns sähen, und ob wir etwas Zucker und Tabak hätten mitnehmen sollen, um es ihnen anzubieten.

Als ich in unmittelbarer Nähe der Lärmquelle ein größeres Gebüsch umkurvte, mußte ich plötzlich bremsen. Wenige Meter vor uns stand ein großer Riesentrapphahn mit aufgeplustertem Nackengefieder. Er paradierte durch das hohe Gras und fixierte uns mit seinen Perlaugen. *Wum, wum, wum-wumwum! Wum, wum, wum- wumwum!* Es war sein Balzruf!

Wir überließen den Trapphahn seinem Hochzeitstanz und kehrten zum Camp zurück. Wir gelobten, keiner Menschenseele jemals davon zu erzählen.

In den Nächten der Trockensaison 1975 verfolgten wir Star, Patches, Shadow oder jede andere Braune Hyäne, die wir mit viel Glück im offenen Flußbett aufspüren konnten. Wenn nur eine einzige Nacht für die Beobachtung ausfiel, vermerkten wir dies, unter Angabe des Grundes, in unserem Tagebuch: »Lichtmaschine des Wagens defekt«, »Heftiger Wind und Sandsturm« oder »Mußten heute Wasser holen; kamen zu spät heim, um Hyänen zu beobachten«.

Wir mußten über die Braunen Hyänen möglichst viel in Erfahrung bringen, und zwar so schnell wie möglich, nicht nur in ihrem Interesse, sondern auch in unserem eigenen. Wenn wir nämlich im Deception Valley bleiben wollten, mußten wir uns als Feldbiologen beweisen.

Besonders wichtig war für uns die Beziehung der Braunen Hyänen zu anderen Raubtieren, von denen sie hinsichtlich ihrer Ernährung stark abhängig waren. Wir hatten noch nicht herausbekommen, welchen Arten sie so überlegen waren, daß sie ihnen die Beute abspenstig machen konnten. In der Regenzeit machten die Überbleibsel von Löwenmahlzeiten den größten Teil ihrer Nahrung aus, doch einer Hyäne, die einem Löwen die Beute wegzunehmen versucht hätte, wäre kein langes Leben beschieden gewesen. Die Hyänen mußten warten, bis die Katzen ihren Riß aufgaben. Sie jagten zwar häufig Schakalen die Beute ab, aber ihr Verhältnis zu Leoparden, Wildhunden, Tüpfelhyänen und Geparden war noch völlig unbekannt. Wir hatten vor, diese Wechselbeziehungen während der Trockenzeit, in der die Löwen fort waren, genauer zu untersuchen.

Als wir eines Abends nach einer Antilopenzählung ins Lager zurückkehrten, war es fast dunkel. Das Feuer, das Mox unter einer großen Schirmakazie angezündet hatte, gab einen schwachen Schein. Ich schaltete den Suchscheinwerfer ein. Wenn wir Glück hatten, kam vielleicht eine Hyäne, deren Verfolgung wir aufnehmen wollten, vorbei und ersparte uns stundenlanges Suchen. Als ich den Lichtkegel am Flußbett entlangstreifen ließ, blinzelten große gelbe Augen aus dem Geäst eines Baumes, der zwischen Mox' Camp und dem unseren stand. Der Leopard, dem wir den Namen Pink Panther gegeben hatten, hatte seinen Körper etwa drei Meter über dem Boden auf einem Ast drapiert und ließ den Schwanz senkrecht herabhängen. Er schenkte uns keinerlei Aufmerksamkeit, weil er offenbar angestrengt einen Punkt weiter nördlich beobachtete.

Ich drehte den Scheinwerfer in diese Richtung, und die zottige Gestalt einer Braunen Hyäne wurde sichtbar. Es war Star, die langsam und im Zickzackkurs, die Nase am Boden, auf uns zu kam. In wenigen Sekunden mußte sie direkt unter Pink Panther sein.

»Mark, er will sie angreifen!« flüsterte Delia.

Weil es unser Ziel war, die Beziehungen zwischen den Braunen Hyänen und Leoparden zu erforschen, hielt ich es für besser, nicht einzugreifen. Delia beugte sich vor und umklammerte das Notizheft auf ihrem Schoß. Wenn der Leopard Star attackieren sollte, würde es bestimmt einen Höllentanz geben. Doch ich glaubte, die Hyäne werde die Katze riechen oder sehen und den Baum umgehen. Das war ein Irrtum.

Star befand sich jetzt direkt unter Pink Panther. Der Leopard blickte auf sie hinab und nahm mit zuckender Schwanzspitze eine Hockstellung ein. Star begann im Kreis um den Baum herumzuwandern und beschnupperte noch immer den Boden. Der Leopard regte sich nicht. Eine halbe Minute verstrich. Jeden Moment mußte der Angriff erfolgen, und Star würde in Stücke gerissen werden, ehe sie auch nur aufschauen konnte.

Als sie unter dem Baum hervorkam und südwärts der Adlerinsel zustrebte, stieß Delia einen langen Seufzer aus und lehnte sich zurück. Star war knapp zweihundert Meter entfernt, als der Leopard vom Baum kletterte und in Richtung Westen abzog. Die Hyäne machte eine Kehrtwendung, um die Witterung aufzunehmen, und erblickte ihn. Ihre Rückenhaare richteten sich auf wie Stacheln. Sie senkte den Kopf und ging zum Angriff über. Als sie den Leoparden fast erreicht hatte, stürzte er auf den Akazienbaum zu, den er soeben verlassen hatte. Ihre geöffneten Kiefer verfehlten die Spitze seines flatternden Schwanzes nur um Zentimeter, als er im getreckten Galopp lospreschte. Er prallte mit voller Geschwindigkeit gegen den Baum, daß die Rindenfetzen flogen, und wurde von der Wucht des Aufpralls um den Stamm herumgeschleudert. Fauchend und knurrend rettete er sich auf seinen Ast, gerade als Star ein letztesmal nach seinem Schwanz schnappte. Sie stemmte die Vorderläufe gegen den Baum und heulte und blaffte den Leoparden immer wieder an, während er sie von oben herab anfunkelte. Endlich trollte sie sich. Pink

Panther blickte ihr nach, bis sie in sicherer Entfernung war. Dann glitt er herunter und verdrückte sich im hohen Gras der Westprärie.

Das Ganze muß ein Glücksfall gewesen sein, sagten wir uns, oder ein Mißgeschick. Sicherlich wurde eine einzelne Braune Hyäne normalerweise nicht so leicht mit einem Leoparden fertig. Aber die Rivalität zwischen Pink Panther und den Hyänen war damit noch nicht zu Ende.

Als wir einige Wochen später beim Abendessen am Lagerfeuer saßen, ertönte in der Dunkelheit unmittelbar vor unserer Bauminsel ein Todesröcheln; ein Springbock hatte soeben sein Leben lassen müssen. Wir rannten zum Wagen, um uns etwas umzuschauen, doch da trottete Pink Panther mit blutbeschmierter Schnauze und Brust ins Camp. Er blieb drei Schritte vor uns stehen, warf einen raschen Blick über seine Schulter und fegte dann einen nahen Baum hinauf. Offensichtlich hatte er die Antilope gerissen. Doch weshalb hatte er sie verlassen?

Auf der anderen Seite des Lagerplatzes entdeckten wir Shadow, die rangniederste Braune Hyäne ihres Clans. Sie nagte am Bauch des Springbocks herum. Wir warteten, und nach etwa zwanzig Minuten tauchte Pink Panther aus der Baumgruppe auf und bewegte sich vorsichtig auf Shadow zu. Sie beachtete ihn kaum und widmete sich weiterhin der Antilope, die sie ihm abgenommen hatte. Er legte sich ins Gras und sah zu, wie sie seine Beute verspeiste. Seine Ohren waren nach hinten gedreht, und sein Schwanz zuckte. Dann sprang er auf, als ob er es nicht länger ertragen könnte, ringelte den Schwanz über dem Rücken und machte drei Sätze auf Shadow zu.

Ohne zu zögern, stürzte sich die plumpe Hyäne mit gesträubtem Rückenhaar und aufgerissenem Rachen über den Kadaver hinweg auf ihn. Wieder gab Pink Panther Fersengeld, und die beiden stürmten nun ins Camp, wo die Katze sich auf den Baum neben unserer Küchen*boma* flüchtete. Shadow blieb einige Minuten unter dem Leoparden sitzen, der sich die Pfoten leckte, und kehrte dann zum Riß zurück. Ivey, das dominante Männchen des Clans, gesellte sich zu ihr, und beide gemeinsam verputzten den Springbock. Pink Panther machte sich leise aus dem Staube.

Wir hatten aus dieser Episode sehr viel gelernt, und wir nahmen mit Befriedigung zur Kenntnis, daß weder Shadow noch Pink Panther die geringsten Hemmungen hatten, unser Camp als Schlachtfeld zu benutzen. Wir waren von Anfang an bestrebt gewesen, uns ganz selbstverständlich in die Lebenszusammenhänge im Deception Valley einzufügen, und dies war ein Beweis dafür, daß es uns gelungen war.

Unser Respekt vor den Braunen Hyänen war gewachsen. Sie sind zwar Aasfresser, aber sie warten nicht einfach passiv auf die Almosen der Beutejägersippschaft. Häufig bestehlen sie auch sehr wehrhafte Nahrungskonkurrenten. Augenscheinlich ist es für einen Leoparden zu riskant, sich mit einer Braunen Hyäne einzulassen; ihre massige Schulter- und Nackenpartie kann viele Bisse und Prankenhiebe abfangen, wohingegen ihre mächtigen Kiefer mit einem einzigen Biß der Katze ein

Bein zermalmen oder sie gar umbringen können. Was Pink Panther angeht, so war für ihn der Verlust eines Kadavers leichter zu verschmerzen als der Verlust eines Beins.

Die Braunen sind ebenso raffiniert wie wagemutig. Während der Regenzeit sind sie dermaßen auf Löwen fixiert, daß sich ihr Territorium fast vollständig mit dem eines Löwenrudels deckt. Sie kennen genau die Wechsel und Ruheplätze der Löwen und Leoparden, und sie überwachen alle Aktivitäten der Katzen, indem sie sich ihnen in jeder Nacht ein- oder zweimal gegen den Wind nähern, um einen etwaigen Riß zu wittern. Sie bedienen sich sogar der am Himmel kreisenden Geier, um am frühen Morgen oder Abend einen Kadaver zu orten, und sie lassen sich, wie wir gesehen haben, von den durchdringenden Rufen der Schakale, die einen Leoparden anpöbeln, zu einem Kadaver hinführen. Wenn ein Leopard seine Beute noch nicht auf einem Baum in Sicherheit gebracht hat, bevor die Hyäne eintrifft, dann muß er sie ihr sehr bald abtreten.

Wir erfuhren, daß die Hyänen nicht nur den Leoparden überlegen sind, sondern auch Geparden vom Riß verjagen. Geparde sind nicht so kräftig gebaut wie Leoparden und sehr viel ängstlicher. In der Kalahari, im Gegensatz zu Ostafrika, gehen die Geparde oft nachts auf die Jagd, wenn auch die Braunen Hyänen umherstreifen. Tüpfelhyänen hingegen verdrängen Braune Hyänen von einem Kadaver, doch sie wandern so selten ins Deception Valley ein, daß sie ihren kleineren braunen Vettern kaum Konkurrenz machen.

Ein Wildhundrudel ist offensichtlich zuviel für eine einzelne Braune Hyäne. Eines Abends nahm Star einem Geparden beim Akazienpunkt einen Springbock ab. Während sie damit beschäftigt war, einen Lauf vom Kadaver abzutrennen, stürzten sich der Wildhund Bandit und zwei weitere Rudelgefährten auf den Riß und vertrieben sie. Nach zwei Minuten war Star wieder zur Stelle und zerrte an dem Bein, während die Hunde auf der anderen Seite fraßen. Ohne Vorwarnung setzte Bandit über den toten Springbock und biß Star in den Rumpf. Sie winselte und galoppierte davon, und im selben Augenblick erschien der Rest von Bandits Rudel auf der Bildfläche. In sieben Minuten hatten die Wildhunde den vierzig Kilogramm schweren Springbock bis auf die Hörner, den Schädel, die Wirbelsäule und die Kiefer verzehrt. Star bekam kein Stückchen Fleisch mehr ab und mußte sich mit den Knochen begnügen, nachdem die Hunde abgezogen waren.

Was ihre Fähigkeit betrifft, andere Fleischfresser von der Beute zu verdrängen, stehen die Braunen Hyänen fast an der Spitze der Hierarchie. Die Reihenfolge sieht so aus: Löwen, Tüpfelhyänen, Wildhunde, Braune Hyänen, Leoparden, Geparde und Schakale (die beiden letzten stehen ungefähr auf gleicher Stufe). Doch da Löwen während der gesamten Kalahari-Trockenzeit fehlen und Wildhunde und Tüpfelhyänen in allen Jahreszeiten selten sind, sind die Braunen Hyänen vielfach die dominanten Raubtiere. Sie sind keineswegs die schüchternen, unterwürfigen Geschöpfe, für die sie viele Leute halten.

Es war schon spät, als wir nach unserer nächtlichen Beobachtungsexkursion heimkamen. Mit ein paar Übungen lockerten wir unsere verkrampften Beine. Dann gossen wir ein bißchen Wasser aus einem Kanister in die Waschschüssel und wuschen uns, bevor wir uns im Zelt schlafen legten. Ich war ein wenig ungehalten, als Delia mich bat, meine Schuhe draußen zu lassen.

Meine Tennisschuhe bestanden zwar aus mehr Löchern als Leinen, aber sie hatten mich weit getragen in einem Land, wo selbst das beste Schuhwerk nicht lange hält. Jeder Schritt hatte die Löcher etwas ausgeweitet und dadurch Luftzirkulation und Bequemlichkeit verbessert. Doch um des häuslichen Friedens willen stellte ich sie oben auf das Zelt, wo die Schakale sie nicht erwischen konnten.

Als ich im Morgengrauen aufstand, war Mox bereits damit beschäftigt, dem unwilligen Feuer Leben einzuhauchen. Springbockherden zogen ruhelos um das Lager und ließen ihren nasalen Warnruf hören; im Flußbett mußte sich ein Raubtier herumtreiben. Ich schlug die Eingangsklappe zur Seite, schlüpfte in meine kalten, zerlumpten Tennisschuhe und trat in den frostigen Morgen hinaus.

Die Sonne kroch auf die Ostdüne zu, die Luft war totenstill, klar und frisch – ein Morgen, der nach Bewegung verlangte. Ich stopfte mir ein paar der lederartigen Biltongstreifen in die Tasche und eilte zum Wagen. Wir hatten in der letzten Nacht die Spur von Bandit und seinem Rudel im Busch des Nordbuchthügels verloren, aber vielleicht waren die Wildhunde inzwischen zurückgekehrt, um Jagd auf die in der Mittelpfanne grasenden Springböcke zu machen.

Delia mußte im Camp einige Notizen übertragen, und so forderte ich Mox zum Mitkommen auf; das war für ihn sicherlich eine willkommene Abwechslung. Schweigend wie immer kletterte er neben mich in den Landrover und faltete die Hände im Schoß. Seinen scharfen Augen entging nichts, was sich im Flußbett vor uns abspielte, aber sein Gesicht blieb ausdruckslos.

Wir fuhren zwischen den Springböcken hindurch, die das verdorrende Gras abzupften. Es war Juni, die kalte und trockene Saison in der Kalahari. Die Spießböcke, die Kuhantilopen und die Herden der anderen breitmuffligen, unspezialisierten Weidetiere, die das überschüssige Stroh vertilgen, waren abgewandert. Es wurde auch für die Springböcke immer schwieriger, die wenigen noch grünen Halme zu finden. Wie die anderen Antilopen hatten auch sie ihre Ernährungsgewohnheiten umgestellt, indem sie abends in das Sandveld zogen. Dort ästen sie grünes Gras und frisches Laub, das teilweise bis zu vierzig Prozent seines Gewichts an Wasser aus der feuchten Nachtluft absorbierte. Frühmorgens kehrten sie wieder ins offene Flußtal zurück, um zu ruhen und Geselligkeit zu pflegen. Später, in der trockenen, heißen Jahreszeit, wenn die relative Luftfeuchtigkeit am geringsten ist, würden wieder Brände über die Wüste hinwegfegen und die letzte Feuchtigkeit aus den Blättern herausbrennen. Um zu überleben, würden dann die verstreuten Antilopentrupps Akazienblüten und, sofern vorhanden, wilde Melonen verzehren oder mit den Hufen fleischige Wurzeln aus dem tiefen Sand hervorscharren. Es ist ein rührender Anblick, wenn ein hübscher Spießbock in die Knie geht, den Kopf und die Schultern tief in ein Loch steckt und verholzte Fasern kaut, um die Feuchtigkeit und Nährstoffe aufzunehmen, die er zum Leben braucht. Die Antilopen sind erstaunlich gut an dieses launische Land angepaßt. In der Zeit der Fülle leben und vermehren sie sich in großen Herden, und in der schlimmen Trockenzeit und Dürre fristen sie ihr Dasein fast als Einzelgänger.

Als wir an jenem Morgen zwischen den Springböcken hindurchfuhren, fesselte irgend etwas plötzlich ihre Aufmerksamkeit. Wie Eisenfeilspäne auf einem Magneten richteten sie sich allesamt nach Norden aus. Durch das Fernglas erblickte ich Bandits Rudel, das in lockerer Formation auf das anderthalb Kilometer entfernte ausgetrocknete Wasserloch zustrebte. Wir holten das Rudel ein, als es über die verkrustete Fläche zog und eifrig nach Wasser suchte. Mit der Nase untersuchten die Wildhunde die Klumpen und Risse des Lehmbodens. Doch es würde mindestens acht Monate dauern, bis der Regen wiederkehrte und bis sie wieder trinken konnten. Bis dahin mußten sie, wie die anderen Raubtiere auch, mit der Feuchtigkeit auskommen, die in der Körperflüssigkeit ihrer Beutetiere enthalten war.

Bandit stand am Rand des Wasserlochs und spähte über das Tal hinweg zu der Springbockherde hinüber. Dann machte er kehrt, rannte zu den anderen Hunden und berührte mit seiner Nase reihum die ihren. Sein Schwanz richtete sich vor Erregung auf, als er sie auf diese Weise in Jagdstimmung versetzte. Das Rudel drängte sich dicht zusammen, Schnauze stieß an Schnauze, und die Schwänze wedelten, während sich die Tiere zu einer gut funktionierenden Jagdmaschine verbanden. Bandit raste los und führte die anderen zu der Herde.

Minuten später hatten sie einen Springbock zu Boden gezerrt, und als Mox und ich den Tatort erreichten, war die Beute bereits geviertelt und in Stücke gerissen. Bandit und die anderen erwachsenen Tiere traten vom Riß zurück, um den Jährlingen beim Mahl den Vortritt zu lassen, wie es bei Wildhunden Sitte ist. Nachdem die Jungen etwa fünf Minuten lang allein gefressen hatten, gesellten sich die älteren Hunde zu ihnen und besorgten den Rest. Danach stocherten alle mit ihren rotbesudelten Schnauzen im Gras herum und wälzten sich ausgiebig auf dem Rücken, um sich zu säubern.

Ein Staffellauf schloß sich an, bei dem mehrere Hunde um den Landrover herumrannten und ein Springbockbein als Stab benutzten. Wir beide schauten zu, wie die Hunde mit ihrem Lumpengewand, ihren ausgefransten Ohren und Besenginsterschwänzen übermütig umhertollten. Schließlich wurde es immer heißer, und drei Wildhunde legten sich in den Schatten des Wagens.

Der Unterkiefer des erlegten Springbocks lag etwa fünfzehn Meter entfernt im kurzen Gras, und wenn ich ihn erwischte, konnte ich sein Alter bestimmen. Ich mußte ihn mir allerdings sofort holen, denn sonst würde ihn einer der Hunde bestimmt fortschleppen. Wild- oder Hyänenhunde hatten, soweit bekannt, noch nie einen Menschen angegriffen. Ich ergriff also meine Kamera, schob die Wagentür auf und stieg aus. Mox schüttelte den Kopf und stammelte »Uh-uh, uh-uh«, während ich langsam und jederzeit fluchtbereit am Wagen entlangkroch.

Ich bewegte mich einige Meter weiter vorwärts, und zwei Hunde, die sich gegenseitig in die Ohren bissen, rasten zwischen mir und dem Landrover hindurch. Drei weitere, von denen einer den Springbocklauf im Maul trug, tauchten vor mir auf. Als das ganze Rudel um mich herum tanzte und sprang, überkam mich eine große Heiterkeit, ein Gefühl der Freiheit, fast so, als wäre ich einer von ihnen.

Ich begann zu fotografieren, so schnell ich konnte. Die Wildhunde rannten, hüpften und kapriolten, wie aufgedreht, umher, und ihr golden-schwarzes Fell schillerte wie ein Kaleidoskop im sanften Morgenlicht. Ich schien sie überhaupt nicht zu stören. Doch als ich in die Hocke ging, um den Antilopenunterkiefer aufzuheben, schlug die Stimmung des Rudels jäh um. Ein junger Hund wandte sich mir zu; er hob den Kopf zuerst ganz hoch und ließ ihn dann wieder sinken, als sähe er mich zum erstenmal. Er kam bis auf zehn Schritte auf mich zu, und seine Augen waren wie schwarze Opale fest auf mich gerichtet. Ein lautes »Hurraach!« stieg tief aus seiner Brust auf, und im selben Augenblick drehte sich das ganze Rudel zu mir um. Sekundenschnell stellten sich alle in einem dichtgeschlossenen Halbkreis um mich auf, und Schulter an Schulter, mit erhobenem Schwanz und fortwährend knurrend, drängten sie auf mich ein. Mir brach der Schweiß aus. Ich war zu weit gegangen. Der Fluchtweg zum Wagen war abgeschnitten, doch wenn ich nicht sofort etwas unternahm, mußte ich mich auf eine Attacke gefaßt machen.

Ich stand auf. Die Wirkung war prompt und verblüffend: Das ganze Rudel entspannte sich mit einem Schlag, als hätte es Beruhigungspillen geschluckt. Die Tiere ließen die Schwänze hängen, schauten zur Seite, lösten ihre Formation auf und begannen umherzuwandern; einige nahmen sogar ihr Spiel wieder auf. Ein paar blickten mich mißbilligend an, als wollten sie sagen: »Warum hast du bloß diese Schau abgezogen?«

Ich schaute zu Mox hinüber. Armer Kerl, er war zweimal von Löwen und einmal von einem Spießbock auf einen Baum gejagt worden, seitdem er bei uns arbeitete! Er konnte einfach nicht verstehen, wie jemand so albern sein konnte, zwischen Wildhunden spazierenzugehen.

Ich hatte gelernt, wie man mit dem Rudel umgehen mußte. Wenn ich mich hinhockte oder hinsetzte, löste ich unverzüglich ein Drohverhalten aus; mehrere Hunde stürzten vor und bissen in das Kamerastativ, bevor sie wieder zurücksprangen. Wenn sie sich zu aufgeregt gebärdeten, richtete ich mich auf, und schon wichen sie zurück und beruhigten sich. Nachdem ich dieses Experiment mehrere Minuten lang wiederholt hatte, wurde offenbar die Aggressivität teilweise durch Neugier abgeschwächt. Ich wollte wissen, wie sie auf verschiedene Körperstellungen reagierten, und wagte deshalb den Versuch, mich hinzulegen.

Ich nahm langsam eine sitzende Haltung ein, und sogleich schlug derselbe junge Wildhund Alarm. Sechs Rudelmitglieder kamen mit erhobener Rute und unter bedrohlichem Knurren und Fellsträuben auf mich zu. Sie waren höchstens ein bis zwei Meter von mir entfernt, als ich mich auf dem Rücken ausstreckte, mit

der Kamera auf dem Bauch. Merkwürdigerweise erregte diese Position mehr Neu-
gierde als Aggression. Zwei Hunde näherten sich behutsam meinem Kopf, die
Nase dicht am Boden, während zwei andere es auf meine Füße abgesehen hatten.
Die beiden anderen zu meiner Linken schienen sich damit zu begnügen, das Stativ
anzudrohen. Alle verbreiteten einen ziemlich scharfen Geruch, fast wie Limburger
Käse.

Die Hunde zu meinen Füßen regten mich nicht allzusehr auf, doch als die beiden anderen sich meinem Kopf näherten, wurde mir etwas mulmig. Plötzlich
stürzten alle vier vor, um rasch mein Haar und meine Füße zu beschnuppern, und
tänzelten wieder davon. Wenn ich zwischendurch die Füße und den Kopf bewegte,
verhielten sie sich vorsichtiger; sie schnupperten dann nur ganz kurz und ergriffen
die Flucht.

Ich wackelte mit den Füßen und schüttelte den Kopf, um die Tiere fernzuhalten,
während ich sie fotografierte, und es gelangen mir ein paar großartige Aufnahmen
eines Hundes, der sich gerade über meine Schuhe beugte. Alles klappte wunder-
bar, bis er meine große Zehe mehrmals mit der Nase berührte. Er legte den Kopf
schief und schnitt eine Grimasse, als sei er völlig bestürzt. Dann drehte er sich um
einhundertachtzig Grad und scharrte mit den Hinterläufen Sand auf meine Füße,
um meine Tennisschuhe zu begraben!

10 Löwen im Regen

Mark

Deception Valley, Januar 1976

*L*iebe Mutter, lieber Vater,

wir konnten nicht ahnen, was uns in der Kalahari erwartete. Von September bis Dezember blieb der Regen aus, und auch Anfang Januar zeigte sich keine Wolke am Himmel. Die Temperaturen stiegen auf über fünfzig Grad im Schatten, und der Wind fegte heiß wie ein Hochofengebläse durch das trockene, staubige Tal. Wie schon in der letzten Trockenzeit konnten wir nichts anderes tun, als uns auf unseren Matratzen ausstrecken, benommen von der Hitze und eingehüllt in nasse Handtücher. Wir versuchten unsere Kräfte zu schonen, um wenigstens nachts arbeiten zu können, doch bei Sonnenuntergang waren wir stets schlapp vor Hitze. Wir schluckten Salztabletten wie Bonbons, und unsere Gelenke schmerzten ohne Ende. Wir existierten bloß noch. Die Sonne und der Wind waren offenbar fest entschlossen, alle Lebensspuren in der verdorrten Kalahari auszulöschen.

So arg die Hitze uns auch zusetzte, sie war noch viel schlimmer für die Tiere. In dem alten Flußbett war keine einzige Antilope zu sehen, und nur ein paar Erdhörnchen und Vögel kratzten nach Futter. Im Sandveld scharrten die Spießböcke tiefe Löcher in den Boden, um an die fleischigen, saftigen Wurzeln und Knollen heranzukommen. Giraffen standen mit gespreizten Beinen in ausgetrockneten Wasserlöchern und fuhren in der flimmernden Hitze mit dem Kopf durch den Staub. Die Nächte waren totenstill, kein Laut war zu hören außer dem vereinzelten Kreischen einer Trappe oder dem Ruf eines einsamen Schakals.

Mitte Januar zogen dann Tag für Tag schneeweiße Kumuluswölkchen auf und milderten die Gluthitze. Doch wie Geistererscheinungen verschwanden sie jedesmal wieder in der großen Leere über der Kalahari. Immer wieder attackierten die Wolken das träge Hochdrucksystem, das auf dem dürren Land lastete. Jeden Tag wurden sie größer, bis sie schließlich wie große Kathedralen mit mächtigen Säulen am Himmel standen. Erwartungsvoll tauchten kleine Springbockherden im Flußbett auf; ihre Leiber verzerrten sich in den stummen Wellen der Mittagshitze. Sie schienen die Sprache der fernen, rumpelnden Wolken zu verstehen. Der Himmel

140

hinter ihnen war vom Regen schraffiert – wir konnten ihn bereits riechen. Wir standen vor dem Camp und sehnten den Sturm herbei, doch er wollte und wollte nicht kommen. Wir wußten, daß es vorerst nicht regnen würde.

Aber eines späten Nachmittags waren die Wolken wieder da. Dicht gedrängt türmten sie sich wie dunkle Berge aus Wasserdampf über dem Tal auf. Eine Bö fegte auf das Flußbett zu. Die Bäume begannen zu zittern, und wir spürten den Donner tief in unserer Brust. Blitze durchzuckten den Himmel, wirbelnde Wolken wälzten sich über die Dünen, und Sandfinger rasten die Hänge hinab. Die Luft war erfüllt vom lieblichen Duft des Regens, und wie eine Lawine ergoß sich der Sturm über die ausgedörrte Wüste. Wir konnten nicht mehr an uns halten. Lachend und singend rannten wir der Wind- und Regenwand entgegen. Wir tanzten und wälzten uns sogar im Schlamm. Der Gewittersturm weckte unsere Lebensgeister und bescherte der Kalahari neues Leben. Es regnete und regnete, und damit war die neue Regensaison eröffnet. Kein Wunder, daß *Pula* das wichtigste Wort der Setswana-Sprache ist. Es bedeutet »Regen« und ist sowohl eine Grußformel als auch die Bezeichnung einer Währungseinheit in Botswana.

Der Anblick der Kalahari, die sich aus einer öden Wüste in ein grünes Paradies verwandelt, gehört sicherlich zu den Wundern dieser Welt. In einer unendlich langen Zeit haben sich alle Lebensformen der Wüste an diese extremen Bedingungen und dramatischen Veränderungen angepaßt. Bei Tieren und Pflanzen setzt unverzüglich eine Massenvermehrung ein; sie müssen die kurze und unberechenbare Regenzeit nutzen. Alle Lebewesen, die Heuschrecken wie die Giraffen, Schakale und Spießböcke, bringen rasch ihren Nachwuchs zur Welt, bevor die Trockenzeit wiederkehrt. Es wäre eine lohnende Aufgabe für einen Verhaltensforscher, den Gesichtsausdruck eines männlichen Springbocks zu beschreiben, der nach monatelanger Einsamkeit in staubiger Einöde plötzlich aufschaut und zweitausend Weibchen erblickt, die in sein Territorium sprengen!

Eines Tages, noch vor dem Morgengrauen, ging ein zweites heftiges Gewitter auf das Tal nieder. Der heulende Wind trieb Regenschleier über das Camp hinweg, und die Blitze warfen die Schatten von verrücktspielenden Bäumen auf die geblähten Zeltwände. Wenig später standen die Beine unserer Bettgestelle fast fünfundzwanzig Zentimeter tief im Wasser, und wir lagen da und lauschten der Symphonie des Donners, des Windes und des Regens, die auf unsere Zeltplanen trommelte. Als das Unwetter vorüber war, lag die Kalahari schweigend da, als hielte sie den Atem an, während sie die lebenspendende Feuchtigkeit aufsog. Das einzige Geräusch war das »Pock-pock-pock« des Wassers, das von den Bäumen auf das Zelt tropfte. Dann rollte das tiefe Gebrüll eines Löwen, das erste der Saison, in der stillen Morgendämmerung durch das Tal.

Wir wateten durch den knöcheltiefen Schlamm zum Landrover und steuerten nordwärts das Löwengebrüll an. Die Nordpfanne war in eine dünne Bodennebelschicht gehüllt, und gerade, als die Sonne über der Ostdüne auftauchte, schritt ein großer männlicher Löwe durch einen Vorhang aus wehenden Nebelschwaden. Wir hielten in einiger Entfernung an, denn es konnte ja ein fremdes Tier sein, das nicht an uns gewöhnt war. Mit erhobenem Haupt und bebenden Flanken kam der Löwe auf uns zu. Er blieb fünf Schritt vor dem Wagen stehen und horchte auf eine Antwort auf sein Brüllen. Und dann sahen wir es – die orangefarbene Marke, Nummer 001, an seinem Ohr. Es war Bones!

Ihr könnt Euch unsere Gefühle nicht vorstellen, und wir können sie nicht beschreiben. Er blickte uns lange an und zog dann, immer wieder brüllend, nach Süden ab. Wir hätten gerne gewußt, wo er in den acht Monaten seit Juni gewesen war, wie weit und in welche Richtung er gewandert war. Hielt er Ausschau nach den Löwinnen seines Rudels? Wir hatten sie bis dahin noch nicht gesehen, aber jetzt hofften wir, ihnen jeden Augenblick zu begegnen. Wir folgten ihm ins Camp, wo er ein Sonnenbad nahm, während wir frühstückten.

Unsere Arbeit geht gut voran, und wir sind beide wohlauf. Wir schicken diesen Brief ab, wenn wir in einigen Wochen nach Maun fahren, und wir hoffen, bis dann von Euch zu hören. Wir vermissen Euch alle sehr.

Herzliche Grüße
Delia und Mark

Ein Krachen und dann das Geräusch splitternden Holzes ließen mich im Bett hochfahren. Durch das Gitterfenster des Zeltes konnte ich den Vollmond sehen, der über den Dünen im Westen unterging . . . , es mußte also früh am Morgen sein. Ich schaute zu Delia hinüber, die noch fest schlief. Wir waren bereits dreimal aufgestanden, um die Braunen Hyänen zum Verlassen des Camps zu bewegen. Jetzt waren sie wieder da und anscheinend gerade dabei, etwas kaputtzumachen. Schlaftrunken und ziemlich verärgert sprang ich hoch und stapfte, ohne mir etwas überzuziehen oder die Gaslampe anzuzünden, in der Dunkelheit den schmalen Pfad entlang. Diesmal wollte ich ihnen eine Lektion erteilen.

Ich konnte vor mir eine dunkle Gestalt ausmachen und hörte, wie Zähne an dem Lattengestell herumnagten, das ich zum Trocknen von Löwen- und Hyänenkot gebastelt hatte. Armschwingend und leise fluchend, näherte ich mich den Eindringling bis auf vier oder fünf Schritt, stampfte mit dem Fuß auf und brüllte: »Hau endlich ab, verdammt noch mal! Verschwinde . . . !« Das Wort blieb mir im Hals stecken, als mir plötzlich klarwurde, daß der Körper für eine Braune Hyäne viel zu groß war. Mit einem Grollen, das tief aus der Kehle kam, drehte sich die Löwin herum und kauerte sich vor mir auf den Boden.

Wir hatten uns geschworen, niemals einen Löwen zu provozieren oder zu bedrohen. Im Halbschlaf hatte ich diese Grundregel gebrochen. Ich war wie elektrisiert, als wir einander im Dunkel anstarrten, und begann, in der kühlen Nacht zu schwitzen. Es war ganz still, nur der Atem der Löwin und das Rascheln ihres Schwanzes im Gras waren zu hören. Ich war ihr so nahe, daß ich ihr die Hand auf den Kopf hätte legen können. Doch ich hatte keine Ahnung, wen ich vor mir hatte.

»Sassy, du Satansbraten, bist du's?« flüsterte ich.

Die Löwin regte sich nicht, und meine Worte vergingen in der Dunkelheit. Irgendwo im Flußtal kreischte ein Regenpfeifer. Ich versuchte den Atem anzuhalten. Da ich das Gesicht der Löwin nicht erkennen konnte, wußte ich nicht, woran ich war. Ihre einzige Lautäußerung hatte Überraschung und Drohung ausgedrückt, als sie in Hockstellung gegangen war. Sie konnte sehr wohl mit der Pranke ausholen und meinen Körper von der Schulter bis zur Hüfte aufreißen oder ihn wie eine Puppe in die Dornen schleudern. Wenn ich mich bewegte, würde sie mich vielleicht anspringen; blieb ich aber stehen, würde sie möglicherweise kehrtmachen und sich trollen.

Delias Stimme aus dem Zelt hinter mir klang dünn und weit entfernt. »Mark, ist alles in Ordnung?«

Ich wagte nicht zu antworten, schob langsam einen Fuß nach hinten und trat den Rückzug an. Mit einem lauten, langgezogenen Knurren sprang die Löwin in die Luft, wirbelte herum und trabte aus dem Camp. Als ich zum Zelt zurückkehrte, vernahm ich ringsum im Dunkel das Getrampel schwerer Pfoten und noch mehr Knurren.

Ich kniete nieder, um die Gaslaterne anzuzünden. Delia richtete sich auf. »Mark, was hast du vor?«

»Ich kann nicht zulassen, daß sie das ganze Camp demolieren.«

»Bitte, sei vorsichtig!« bedrängte sie mich, als ich wieder den Fußpfad zur Küche betrat. Ich hielt die Lampe niedrig und schirmte meine Augen mit der Hand ab, um mehr zu sehen. Die Löwen schienen verschwunden zu sein, aber möglicherweise wurden ihre Geräusche auch nur durch das Zischen der Lampe übertönt. Ich kam an unserem Eßzelt vorbei und ging um die aufgereihten Wasserfässer herum. Drei Löwinnen des Blauen Rudels schlichen sich aus einer Distanz von nur zehn Metern an mich heran; Sassy war wie gewöhnlich die Anführerin. Rechts von mir drangen drei weitere über den Pfad ins Camp ein, und Rascal und Hombre schoben sich durch die Büsche hinter den Wasserfässern.

In Körperhaltung und Gesichtsausdruck unterscheiden sich freundlich-neugierige Löwen sehr von denen, die auf dem Kriegspfad sind. Das Blaue Rudel stand unter Hochspannung, denn die Tiere richteten die Ohren nach vorn, duckten sich und schlugen mit den Schwänzen. Ich hatte sie nur selten in einer solchen Stimmung gesehen – eine Mischung aus Neugier und Rabaukentum mit einem gehörigen Schuß Beutetrieb. Sie kamen wahrscheinlich gerade von einer Jagd.

Sie hatten uns in der letzten Regenzeit oft besucht und von Mal zu Mal weniger Scheu vor uns und dem Camp gezeigt. Jedesmal war es schwieriger geworden, sie zum Abziehen zu überreden. Anfangs brauchte ich nur den Motor anzulassen, meine Stimme zu erheben oder die Arme zu schwenken, um sie zu verscheuchen. Doch nach und nach waren immer stärkere Mittel notwendig geworden.

Jetzt starrten sie mich unverwandt an, als sie auf mich zukamen. Diesmal mußte ich wohl mehr Überredungskunst als sonst aufwenden, um sie aus dem Camp zu bugsieren, bevor sie es zu zerlegen begannen. Wenn sie herausfänden, wie zerbrechlich die Zelte waren und wieviel Spaß es machte, sich an ihnen auszutoben, dann würden sie sie niederreißen und zerfetzen.

Sassy, Spicy und Gypsy waren nur noch knapp zwei Meter von mir entfernt. »Okay, das ist weit genug!« rief ich mit lauter, aber zittriger Stimme. Gleichzeitig trat ich vor und fuchtelte mit der Lampe dicht vor ihrer Nase herum. Ich hatte dieses Abschreckungsmittel schon früher mit Erfolg benutzt, aber diesmal hockten sie sich sofort auf den Boden und peitschten mit den Schwänzen, daß der Staub aufwirbelte. Die anderen näherten sich mir von beiden Seiten und waren jetzt nur noch gut zehn Meter von mir entfernt.

Entnervt machte ich ein paar Schritte zurück. Dann bemerkte ich eine Zeltstange aus Aluminium, die an einem Baum neben einem Wasserfaß lehnte. Ich ergriff sie und schlug mit ihr kräftig gegen das leere Faß. Wang! Wieder gingen alle Löwen in Kauerstellung.

Als sie abermals auf mich losgehen wollten, packte ich ein schweres Holzscheit, das neben dem Pfad lag. Ich holte aus und warf es in Richtung Sassy. Es drehte sich einmal in der Luft, bevor es sie erreichte, und es hätte sie genau auf die Schnauze getroffen, wenn nicht ihre große Pranke gewesen wäre, die sie im letzten Augenblick wie ein Baseballspieler den Fanghandschuh hochreckte. Mit verblüffender Geschwindigkeit fing sie das Wurfgeschoß ab und legte es vor ihre Füße. Nachdem sie mich eine Sekunde lang angeblickt hatte, ergriff sie das Holzstück mit den Kiefern und stolzierte aus dem Camp. Es war, als hätte meine unbesonnene Tat die Spannung gebrochen: Die übrigen Löwen liefen hinter ihr her.

Die Lampe hin und her schwenkend, um das Unterholz neben dem Pfad zu inspizieren, zog ich mich schnell ins Zelt zurück, wo Delia mich ängstlich erwartete. Als ich gerade eintreten wollte, spiegelte sich das Licht in den Bernsteinaugen mehrerer Löwen, die den unmittelbar hinter dem Zelt abgestellten Landrover umstanden.

»Die Löwen sind heute verdammt schlecht gelaunt«, flüsterte ich. »Wir verziehen uns am besten in den Wagen. Allerdings weiß ich auch nicht genau, wie wir dorthin kommen sollen.«

Delia zog ihre Jeans und ein Hemd an, während ich die großen Katzen beobachtete, die um den Landrover herum spielten. Eine knabberte an einem Reifen herum. Bones stand neben dem linken vorderen Kotflügel. Sein Kopf überragte die Motorhaube, und als er sich zur Seite wandte, konnte ich die große Narbe über dem Knie seines rechten Hinterbeins erkennen.

Neben der Ecke des Zelts kauernd, warteten wir ab. Einige Löwen hatten sich inzwischen rings um den Wagen ausgestreckt. Einer der anderen stahl den Spaten, der beim Lagerfeuer lag, und ein weiterer stürmte mit einer großen Büchse Trockenmilch aus der Küche. Etwa eine halbe Stunde später begann Bones zu brüllen, und das ganze Rudel stimmte wie im Chor ein. Die beiden Tiere neben der Tür auf der Fahrerseite bewegten sich, ständig brüllend, zum Heck des Wagens. Wir krochen an der Zeltwand entlang und schlüpften leise in den Landrover. Als die Morgensonne über der Ostdüne emporstieg, saß ich mit dem Kopf auf dem Lenkrad da, während Delia sich an meine Seite kuschelte. Das dumpfe Geräusch von malträtiertem Gummi und eine Bewegung des Steuers ließen mich auffahren. Ich beugte mich aus dem Fenster und erblickte Sassy, die neben dem Vorderrad lag und ihre langen Reißzähne in den Reifen bohrte. Müde von der Erstürmung des Camps ruhten Gypsy, Liesa, Spicy, Spooky, Blue, Chary, Rascal, Hombre und Bones in der warmen Sonne rund um unseren Wagen. Das Blaue Rudel war ins Deception Valley heimgekehrt.

Rascal und Hombre waren beträchtlich gewachsen, trotz der Unbilden der langen Trockenzeit, und sie trugen bereits die Ansätze einer unvollständigen, unordentlichen Mähne zur Schau. Die jungen Löwinnen hatten die Fleckenzeichnung ihres Jugendkleids weitgehend verloren, und ihre Vorderläufe, ihre Brust und ihr Nacken waren dicker geworden. Sie waren jetzt erwachsen, aber im Herzen offensichtlich noch immer jung.

Wir mußten in der kurzen Regenzeit soviel wie möglich über das Blaue Rudel erfahren: Wie groß ihr Territorium war, welche Beutetiere sie schlugen, wie viele und wie oft, und auch inwieweit ihr Beutemachen die Bewegungen und Ernährungsgewohnheiten der Braunen Hyänen beeinflußte. Wir wollten darüber hinaus ihr Sozialverhalten kennenlernen, um es mit dem der Löwen im ausgeglicheneren Klima der Serengeti vergleichen zu können. In zwei bis vier Monaten, je nachdem, wie lange der Regen anhielt und die großen Antilopen im Tal blieben, würden die Löwen wieder abwandern.

Doch selbst während sich die Löwen in der Nähe des Deception Valley aufhielten, verbrachten sie die meiste Zeit in der Baum- und Buschlandschaft der Dünenhänge, wo wir sie nur sehr schwer verfolgen und beobachten konnten, gerade in der Nacht, wenn sie am aktivsten waren. Sofern wir auf unserer Hyänenpirsch nicht zufällig auf sie stießen, konnten wir uns nur an ihrem Gebrüll orientieren.

Wenn wir uns gerade schlafen gelegt hatten und einen Löwen brüllen hörten, sprangen wir aus dem Bett und tasteten nach der Taschenlampe. Wer sie zuerst gefunden hatte, stürzte zum Wagen, um mit dem Kompaß die Himmelsrichtung des Gebrülls zu ermitteln. Uns blieben nur etwa vierzig Sekunden, bevor die erste Rufserie erstarb. Wenn wir bis dahin die Richtung nicht bestimmt hatten, weigerten sich die Löwen mit schöner Regelmäßigkeit, noch einmal zu brüllen. Wir standen dann dumm da, unbekleidet und oft mit zerstochenen und aufgeschürften Füßen und Beinen. Doch sobald wir wieder unter die Decken gekrochen waren, hallte das ganze Tal garantiert von erneutem Löwengebrüll wider.

Wenn es uns gelungen war, das Gebrüll zu orten, zogen wir uns rasch an und fuhren los. Delia hatte den Kompaß auf dem Schoß und gab mir die Richtung an. In der Hälfte der Fälle konnten wir den Löwen aufspüren, sofern er nicht inzwischen weitergezogen war, was die Tiere häufig tun. So primitiv unsere Methode auch war, wir gewannen allmählich einen guten Einblick in das Wanderverhalten und den Beuteerwerb des Blauen Rudels.

Fast jeden Abend wurde das Gebrüll dieses Rudels beantwortet von anderen Löwen weiter südlich im Deception Valley. Diese Nachbarn erregten immer mehr unsere Neugierde, vor allem deshalb, weil das Studium eines einzigen Rudels niemals ein vollständiges Bild der Ökologie der Kalahari-Löwen ergeben konnte. Wir mußten also nach Süden vordringen, um möglichst viele andere Löwenrudel im Tal auszumachen und zu beobachten.

Dieser Gedanke schreckte uns zunächst ein bißchen, denn für eine solche Expedition waren wir nicht richtig ausgerüstet. Wir mußten uns längs des seichten, mäanderförmig gewundenen Flußtals, das streckenweise völlig verschwand und durch Sanddünen versperrt war, weit nach Süden in die Kalahari vorwagen. Allein in unserem klapprigen Vehikel, ohne Begleitfahrzeug, ohne Funkverbindung und nur mit so viel Lebensmittel- und Wasservorräten, wie wir befördern konnten, war die Gefahr groß, daß wir vom Flußbett abkamen und tagelang umherirren mußten, um unser Camp wiederzufinden.

Doch unser Entschluß stand fest. Wir beluden den Landrover mit Wasser, Kochtöpfen, Brennholz, Ersatzteilen, Lebensmitteln und Bettzeug. Unsere einzige Tube Gummilösung wickelte ich in einen Plastikbeutel ein, damit sie nicht verdunsten oder im Werkzeugkasten beschädigt werden konnte. Der Dornbusch würde stellenweise sehr dicht und Reifenpannen somit unvermeidlich sein.

Eines frühen Morgens brachen wir in Richtung Süden auf. Wir ließen Mox zurück, der am Rande des Lagerplatzes stand und ein Stück Papier in der Hand hielt. Darauf hatten wir geschrieben:

An den Leser dieser Zeilen:

Am 6. April 1976 haben wir das Camp verlassen, um das Deception Valley südlich dieses Punktes zu erkunden. Sollten seit unserer Abreise mehr als zwei Wochen vergangen sein, wenn Sie diese Nachricht lesen, dann veranlassen Sie bitte in Maun, daß ein Suchflugzeug das Tal abfliegt.

Vielen Dank!
Mark und Delia Owens

Es war höchst unwahrscheinlich, daß außer Mox irgend jemand unser Gekritzel zu Gesicht bekäme, aber es beruhigte uns ein wenig. Mox hatte Anweisung bekommen, auf unserer Wagenspur ostwärts zu einer Viehstation zu laufen, wenn wir noch nicht zurück sein sollten, nachdem die Sonne vierzehnmal auf- und untergegangen war.

Auf unserem Weg nach Süden begleitete uns etwa anderthalb Kilometer weit der vertraute Höhenzug der Westdüne mit den malerischen Akazienwäldern, doch dann änderte sich das Landschaftsbild. Das Flußbett verengte sich und verlor seine scharfen Konturen. Wir steuerten einen flachen Horizont an, Dornbüsche, Gras und Sand.

Nach mehreren Kilometern weitete sich das Tal hinter einer Engstelle zu einer offenen Ebene oder Pfanne, in der Hunderte von Spießböcken und Kuhantilopen und Tausende von Springböcken das üppige Gras abweideten. »Springbockpfanne« trugen wir in unser Tagebuch ein. Andere Antilopen tranken an seichten kleinen Wasserlöchern, und Hottentottenenten planschten im Schlamm herum. Weißstörche, Zugvögel aus Europa, und Regenstörche aus Nordafrika staksten umher und pickten nach Heuschrecken. Schwarzflügel-Gleitaare und Schmarotzermilane, Raubadler, Ohrengeier und Turmfalken kreisten am Himmel, während Schakale und Löffelhunde durch die Savanne trabten, auf der Suche nach Mäusen und Heuschrecken, die sie von den Grashalmen abklaubten.

Wir fuhren langsam zwischen den Herden hindurch und fanden den Zugang zu einem sich abermals verengenden Talabschnitt. Giraffen drehten den Hals und betrachteten uns neugierig von den niedrigen, buschbestandenen Dünen herab, die auf beiden Seiten die Durchfahrt säumten. Noch nie hatten wir so viele Antilopen gesehen – eine Herde nach der anderen wich im leichten Galopp vor uns aus.

Später, nach einer Flußbiegung, türmte sich eine große kegelförmige Sanddüne mit einer scharf abgesetzten Waldkappe vor uns auf und versperrte das Tal. An ihr führte offensichtlich kein Weg vorbei. Wir fuhren geradewegs bis zur Kuppe hinauf, und als wir dort oben im Wind standen, kamen wir uns winzig vor angesichts der endlosen Savanne. Vor uns fächerte sich der Flußlauf in verschiedene Richtungen auf, wie das aufgefaserte Ende eines Seils. Wir wußten nicht, welchem Seitenarm wir folgen sollten.

Aus dem Vorratsbehälter des Wagens holte ich ein zerfleddertes Foto hervor, eine Zusammenstellung von winzigen Luftaufnahmen, die die Royal Air Force vor Jahren gemacht hatte. Beim Druck dieser Fotocollage hatten die Techniker die topographischen Details der kleinen Einzelbilder nicht sorgfältig aufeinander abgestimmt; sie waren verstreut wie die Teile eines Puzzles. Als Navigationshilfe war dieses vergrößerte Mosaik eigentlich zu unscharf und zu wenig verläßlich, aber etwas anderes hatten wir nicht. Jedenfalls sah es so aus, als wäre der mittlere Arm am ehesten die Fortsetzung des Deception Valley, und so schlugen wir diesen Weg ein. Immer wieder hielten wir an, um im Schlamm der Wasserstellen nach Löwenspuren zu suchen, Kotproben in den Baumgruppen zu sammeln und alte Rißplätze zu inspizieren.

Wir versuchten unseren Kurs zu halten, doch an vielen Stellen war die alte Flußrinne seicht und mit der gleichen Vegetation bewachsen wie das anschließende Sandveld. Des öfteren blieben wir stehen, weil wir befürchteten, wir seien von der Deception-Route abgekommen. Wir stiegen dann auf das Dach des Landrovers, um das flache Gelände zu überblicken und die schmale Senke wiederzufinden, die kaum sichtbar nach Norden und Süden durch das hohe Gras verlief. An jedem Lagerplatz peilte ich die Sterne mit einem alten Libellensextanten der Royal Air Force an, der aus einem Bomber des Zweiten Weltkriegs stammte. Aber ohne eine zuverlässige Landkarte nützte das nicht viel.

In der Rückschau erscheinen uns jene Nächte fern des heimatlichen Camps wie Szenen aus einer anderen Welt. Wir lagen auf dem Rücken unter den Sternen und Planeten, die wie Diamanten im pechschwarzen Weltraum funkelten, ungetrübt durch das Licht der Zivilisation. Meteore hinterließen blauweiße Spuren am Himmel, und Satelliten zogen ihre Bahn durch das All. Niemand auf der Erde wußte, wo wir waren; wir wußten es selber kaum.

Das zusammengerollte Air-Force-Foto flatterte im Wind, als ich es auf der Motorhaube auszubreiten versuchte. In der grellen Sonne blinzelnd, studierten Delia und ich ein großes, etwas dunkleres Gebiet, das ungefähr fünfundzwanzig Kilometer südlich unserer Position liegen mußte.

»Es ist riesig! Es hat offenbar einen Durchmesser von mehreren Kilometern.« Auf der Luftaufnahme wirkte diese Pfanne sehr viel größer als alle anderen, die wir in der Kalahari bisher gesehen hatten.

»Da muß es massenhaft Wild geben«, fügte Delia hinzu. »Auch Hyänen – und Löwen.«

Wegen unseres begrenzten Vorrats an Lebensmitteln, Wasser und Benzin wollten wir das Flußbett, unsere einzige Orientierungslinie, nur ungern verlassen. Aber wir mußten unbedingt wissen, welche Wildtiere die Pfannen beherbergten, und wenn wir genau nach Süden fuhren und die zurückgelegten Kilometer registrierten, sollte es ein leichtes sein, den Weg zurückzufinden, vor allem, da wir dabei unserer Wagenspur im Gras folgen konnten. Nachdem wir unsere Vorräte nochmals überprüft hatten, fuhren wir also los, auf das Zentrum der großen kreisförmigen Mulde zu, die wir auf der Karte entdeckt hatten.

Wir kamen nur langsam voran. Der Boden war übersät mit Grasklumpen, Löchern und dürrem Gesträuch. Wir schafften nur drei oder vier Kilometer in der Stunde. Alle paar hundert Meter stand ich vor dem Wagen und visierte mit dem Kompaß einen Baum, eine Düne oder eine andere Landmarke in der Ferne als nächstes Ziel an. Im Kampf mit dem weichen Sand und dem zähen Dornengesträpp verbrauchte der Landrover sehr viel mehr Sprit als auf dem harten Boden und im kurzen Gras des Flußbetts. Noch besorgniserregender war unser Wasserverbrauch: Wir mußten spätestens nach jedem Kilometer anhalten, um den Kühler von Grassamen zu säubern und mit mehreren Tassen Wasser zu begießen, damit sich der Motor abkühlte. Während wir so dahinschlichen, hoffte ich, daß die Pfannen auch dort waren, wo sie nach den Luftaufnahmen liegen mußten.

Nach Stunden machten wir eine Pause – erhitzt, gereizt und mit juckendem Grassamen und Staub bedeckt. Die Stelle, wo die große Pfanne hätte sein müssen, hatten wir bereits passiert. Nach einem nochmaligen Blick auf die Fotos fuhren wir weiter nach Süden, dann nach Osten, dann wieder nach Westen, bis wir schließlich nicht mehr wußten, wo wir nach der Pfanne suchen sollten. Und inzwischen hatten wir auch unsere Nord-Süd-Route, die vom Flußbett abzweigte, verloren. Ich kletterte auf einen Akazienbaum und blickte, im Wind hin und her schwankend, angestrengt durch das Fernglas. Doch ich sah nichts als welliges Sandveld, das sich nach allen Seiten ausbreitete. Jede Bodenerhebung, jede Baumgruppe und jedes Gebüsch kam mir zugleich irritierend bekannt und fremd vor.

Ich stieg herunter. Meine Arme und Beine waren zerkratzt und blutig, meine Kleider zerrissen. Wir starrten noch einmal die Aufnahmen an, und dabei fiel mir auf, daß die Ränder der Pfanne ausgefranst und verschwommen wirkten, ganz anders als die scharf umgrenzten Gegenstücke in der Nähe unseres Camps. Ich versuchte zu ergründen, was hier nicht stimmte.

»Unglaublich . . . *unglaublich*!« stöhnte ich. »Weißt du, was das ist? Es ist ein Staubkorn! Wir suchen seit Stunden ein verdammtes Staubkorn!«

Die Royal-Air-Force-Leute hatten seinerzeit nicht aufgepaßt: Ein Staubflöckchen, statisch aufgeladen, war in ihre Kamera gedrungen und hatte sich auf dem Film abgebildet. Durch die Vergrößerung war es so stark gewachsen, daß es fast genauso aussah wir die Bilder der Kalahari-Pfannen. Wir waren einem Phantom nachgejagt!

Um zum Flußbett zurückzukehren, genügte es nicht, daß wir einfach in Richtung Norden fuhren. Das Tal war an vielen Stellen so versteckt, daß wir es, falls wir unsere Reifenspuren nicht wiederfanden, durchqueren konnten, ohne es zu merken. Während der ganzen Herumfahrerei hatten wir uns nicht mehr die Entfernungen und Richtungen notiert, keiner von uns konnte sich erinnern, ob wir uns nun östlich oder westlich der Abzweigungsroute befanden.

Delia setzte sich auf die Motorhaube, und ich fuhr langsam nach Westen auf der Suche nach unseren Reifenspuren, die uns sicher zum Deception Valley zurückführen würden. Aber schon nach wenigen Minuten verschwamm uns die Sicht im wogenden Grasmeer, so daß wir vermutlich die nach Norden verlaufende Spur nicht mehr gesehen hätten, selbst wenn wir auf ihr geparkt hätten. Nach vierzig Minuten und drei Kilometern wandten wir uns wieder nach Osten. Doch es war hoffnungslos, und wir verschwendeten viel zu viel kostbares Benzin und Wasser. Wir wendeten und fuhren nach Norden in Richtung Deception Valley.

Delia nahm jetzt im Ersatzreifen auf dem Dach Platz. Von oben sollte es ihr möglich sein, die Rinne des Flußlaufs zu erkennen. Sie *mußte* sie finden. Mein Mund war trocken von der Hitze des Motors und der Wüste. Ich faßte hinter den Sitz, nahm einen Schluck heißes Wasser aus der Plastikflasche und reichte sie Delia hinauf. Ich bezweifelte, daß wir länger als zwei Tage durchhalten konnten.

Wir kamen durch mehrere flache Senken, die von Catophractes-Sträuchern gesäumt waren, jenen zarten, silbern belaubten Sträuchern, die am Rande der Pfannen und fossilen Flußbetten der Kalahari wachsen. Wir hofften, das Flußtal gefunden zu haben. Doch die Anzeichen trogen. Je länger ich am Steuer saß, um so mehr war ich überzeugt, daß wir das Deception Valley schon gekreuzt hatten und daß wir immer weiter ins Nichts hinausfuhren. Wir hielten an, besprachen uns und beschlossen, die Richtung noch fünf Kilometer weit beizubehalten. Wenn wir dann das Flußbett nicht gefunden hatten, wollten wir umkehren und in einem spitzen Winkel das Tal ansteuern, in der Hoffnung, so auf eine Stelle zu treffen, wo es tiefer eingeschnitten war.

Mit verspannten Schultern über das Lenkrad gebeugt, warf ich einen Blick nach hinten auf unseren letzten, halb leeren Wasserkanister. Plötzlich schrie Delia und hämmerte auf das Wagendach. »Mark, ich sehe unsere Spur! Links neben uns!« Sie hatte tatsächlich die kaum sichtbaren Reifenspuren entdeckt, die sich im kürzeren Gras einer kleinen Pfanne abzeichneten. Ich griff nach der Wasserflasche und reichte sie ihr. Sie hatte eine Erfrischung verdient. Beim Anblick der beiden Linien, die uns den Weg zurück zum Flußbett wiesen, waren wir so erleichtert, daß wir an Ort und Stelle das Lager aufschlugen. Am nächsten Morgen folgten wir unserer Fahrspur bis zum Tal.

Wir waren erst seit fünf Tagen unterwegs, aber wir hatten auf der Suche nach der nicht existierenden Pfanne sehr viel Wasser verbraucht. Es wäre vernünftig gewesen, sogleich zum Camp zurückzukehren oder zumindest zum Wasserloch in der Springbockpfanne. Doch es gab an diesem Ende des Flußbetts noch soviel zu erkunden, und so fuhren wir weiter, ständig nach einer Stelle Ausschau haltend, wo wir unsere Kanister wieder auffüllen konnten. Es hatte jedoch seit einiger Zeit nicht mehr geregnet, und die verschiedenen Pfannen, die wir durchfuhren, enthielten nur Schlamm und einige Tierfährten. Die Kalahari begann auszutrocknen.

Am Mittag des folgenden Tages wurde das Flußbett immer flacher und streckenweise durch buschbewachsene Sandwellen kaschiert, so daß wir unsere Route nur noch schwer ausmachen konnten. Wir erreichten eine Baumgruppe an einer verkrusteten Pfanne. Der graue, schlammige Boden war höchstens zwei Zentimeter hoch mit Wasser bedeckt, und darauf schwammen Antilopenexkremente. Trotz allem – es erschien uns wie eine Oase. Ich schaufelte eine Vertiefung, und während wir warteten, bis sich das Wasser geklärt hatte, saßen wir unter einem Baum, tranken Tee und kauten Biltongstreifen. Dann schöpften wir das Wasser mit Töpfen aus und seihten es durch mein Hemd in unsere Kanister. Ich grub noch ein weiteres Loch. Wir zogen uns aus und setzten uns auf den glitschigen Boden, um zu baden. Nachdem wir uns im Wind getrocknet hatten, rieben wir uns Gesicht und Arme mit Fett ein, um unsere brennende Haut zu schützen.

Am nächsten Tag verlor sich das alte Flußbett in der Wüste, und wir traten die Heimreise an. Einige Tage danach überquerten wir die Kegeldüne an der Talschleife und fuhren in die Spingbockpfanne ein.

»Löwen!« Delia zeigte auf eine lichte Akaziengruppe. Zwei männliche und fünf weibliche Löwen schliefen in der Krone eines umgestürzten Baumes, neben einer Giraffe, die sie gerissen hatten. Die Löwenmänner, die ein dunkles Fell und dichte, tiefschwarze Mähnen besaßen und deren Gesichter von einem Heiligenschein aus goldenen Haaren umgeben waren, hoben den Kopf, um uns zu betrachten, und gähnten herzhaft.

Wir tauften die Männchen Satan und Morena (was in der Setswana-Sprache soviel wie »ein ehrenwerter Mann« bedeutet). Die größte Löwin nannten wir Happy, die anderen Dixie, Muzzy, Taco und Sunny. Stonewell, ein zottiger Löwenjüngling, vervollständigte das Rudel. Wir bauten unser kleines Nylonzelt unter einem nahen Baum auf, und am nächsten Abend konnten wir einige Löwen mit Ohrclips markieren. Sie erholten sich schnell, und nachdem sie ihren Kater ausgeschlafen hatten, machten sie sich wieder über den Giraffenkadaver her. Noch in derselben Nacht durchforschten wir ein paar Stunden lang das Flußbett nach Braunen Hyänen, bevor wir zum Zelt zurückkehrten. Ich war müde von der Betäubungsaktion, aber Delia wollte unbedingt eine Hyäne finden. Sie fuhr davon, um die Suche fortzusetzen, während ich in das Zelt kroch.

Doch ich war noch zu erregt und konnte nicht einschlafen. Ich zündete eine Lampe an, stellte sie direkt vor die Eingangsklappe, um die Insekten abzuhalten, stützte mich auf einen Ellbogen und begann, in meinem Tagebuch zu schreiben. Etwas später hörte ich ein Geräusch, so als ob sich jemand mit der Hand aufs Bein geschlagen hätte. Es dauerte noch ein Weilchen, bis ich begriff, daß es ein Löwe war, der den Kopf schüttelte. Ich langte vorsichtig nach draußen und löschte die Lampe. Mir war etwas mulmig zumute, denn wir kannten diese Löwen nicht so gut wie das Blaue Rudel. Der Vollmond wurde plötzlich verdunkelt durch einen großen schwarzen Schatten. Satan stand nur wenige Zentimeter von mir entfernt.

Das drei Meter siebzig lange und mehr als ein Meter zwanzig hohe Tier hätte das Zelt mit einer Pranke wie eine Seifenblase zerdrücken können. Sein Schatten bewegte sich; ein schwirrender Laut erklang, und die Zeltwände erbebten. Der Löwe war über eine Spannschnur gestolpert. Satan verhielt sich einige lange Augenblicke ganz still. Die zottige Silhouette seiner Mähne zeichnete sich auf der Plane ab. Das Gras raschelte unter seinen Füßen, als er um das Zelt herumging, auf den Eingang zu. Eine Sekunde später setzte er eine Vorderpranke dicht vor mich hin: Ich blickte unter seinem herabhängenden Bauch hindurch auf das Flußbett. Der Bauch spannte sich, der Löwe reckte den Kopf hoch, und sein Gebrüll donnerte durch das Tal.

Aaoouu-ah aaooouu-ah aaaooouuah-ah aaaoooouuah-huh-huh-huh-huh.

Dann stand er vollkommen reglos da, spitzte die Ohren und lauschte auf die Antworten zweier Artgenossen, die nicht sehr weit weg waren. Er ging zu ihnen hinüber und brüllte mit ihnen im Chor. Alle drei Löwen lagen zusammen im Mondlicht. Kurz darauf hörte ich den Wagen kommen. »Ich bin sofort zurückgefahren, als ich sie brüllen hörte«, sagte Delia und schlüpfte an meine Seite. Ich war noch immer ganz aufgeregt nach meiner Begegnung mit Satan.

»Unglaublich . . . *unglaublich*!« Mehr wußte ich auch diesmal nicht zu sagen. Erst nach Sonnenaufgang zogen die Löwen nach Westen ab. Sie brüllten noch immer zu Bones und dem Blauen Rudel hinüber, das ihnen aus einer Entfernung von zehn Kilometern Antwort gab.

Wir suchten die Löwen der Springbockpfanne und des Blauen Rudels so oft wie möglich auf, weil wir wußten, daß sie uns am Ende der Regenzeit verlassen würden. Das Blaue Rudel war mühelos zu beobachten, denn unser Camp war für die Tiere eine beliebte Station auf ihrem Wanderweg durch das Tal.

Unser Verhältnis zu diesen Löwen hatte sich allmählich gewandelt. Da wir inzwischen gelernt hatten, ihr Mienenspiel und ihre Gebärden als Ausdruck ihrer Stimmungen und Absichten zu deuten, und da sie uns nicht mehr so neugierig betrachteten, hatten wir von ihnen kaum etwas zu befürchten, solange wir nicht eine Situation herbeiführten, die sie als kompromittierend oder bedrohlich empfinden mußten. Das bedeutete freilich nicht, daß sie sich in Hauskatzen verwandelt hatten; wir waren uns bewußt, daß wir es noch immer mit wilden und potentiell gefährlichen Raubtieren zu tun hatten. Doch so ungeschickt wir uns auch oftmals angestellt hatten, wenn sie unser Camp heimsuchten, sie hatten uns noch nie ein Haar gekrümmt. Wir rasten jetzt nicht mehr zum Wagen, sobald sie auftauchten, sondern saßen still unter dem Jujubenbaum oder am Feuer, während sie um uns herumspazierten. Weil wir uns nicht bedroht fühlten, konnten wir ihre Nähe viel besser genießen. Wir beobachteten sie nicht nur, nein, wir kannten sie, wie nur wenige Menschen unverfälscht wilde Löwen in deren natürlicher Umwelt kennengelernt haben, und das war ein einmaliges Privileg.

Als wir mit unseren Forschungen begannen, stammten die meisten Informationen über wildlebende Löwen aus den Untersuchungen von Dr. George Schaller an ostafrikanischen Rudeln, vor allem in der Serengeti. Aus unseren Freilandbeobachtungen ergab sich immer deutlicher, daß sich Löwen in verschiedenen Regionen Afrikas in ihrem Verhalten unterscheiden können.

Das Gebiet, das ein Rudel nutzt, wird als »Areal« bezeichnet, und es kann sich mit anderen Arealen überlappen.[1] Das Territorium, eine kleinere Fläche innerhalb des Areals, wird gegen Eindringlinge – Rudelfremde oder Nomaden – verteidigt. In der Serengeti kann ein Rudel sein Territorium in den Arealgrenzen verschieben, um sich den jahreszeitlich bedingten Schwankungen der Beutetierdichte anzupassen. Gleichwohl verteidigt man das jeweilige Territorium gegen fremde Artgenossen.

Das Verhalten und die Ökologie der Kalahari-Löwen in der Regenzeit ähneln dem Verhalten und der Ökologie der Serengeti-Populationen während des ganzen Jahres. Durch Fährtenverfolgung hatten wir ermittelt, daß das Areal des Blauen Rudels in der Regensaison ungefähr so groß war wie das mancher Serengeti-Rudel: etwa dreihundertvierzig Quadratkilometer. Da sich jedoch die Beutetierarten unterscheiden, weichen die beiden Löwenpopulationen in ihrer Ernährungsweise erheblich voneinander ab: Serengeti-Löwen leben hauptsächlich von Weißbartgnus und Zebras, während die Löwen der Kalahari vor allem Spießböcke, Springböcke, Kuhantilopen, Kudus und Giraffen reißen. Gnus stehen ebenfalls auf dem Speisezettel, sofern verfügbar.

Jedes ostafrikanische Löwenrudel umfaßt eine Kerngruppe von miteinander verwandten ausgewachsenen Weibchen – Großmütter, Mütter, Schwestern und Töchter –, deren Nachkommen sowie ein bis drei dominante Männchen, die mit den älteren Löwinnen nicht verwandt sind. Die weiblichen Tiere bleiben gewöhnlich bis zu ihrem Tod im selben Rudel, allerdings können einige wenige zu einem Nomadenleben gezwungen werden, wenn das Rudel zu groß wird. Die männlichen Junglöwen werden, sobald sie etwa drei Jahre alt sind, von den dominanten alten Löwen aus dem Rudel ausgestoßen. Sie ziehen als Nomaden ohne Territorium weit herum, bis sie, mit fünf oder sechs Jahren, voll ausgewachsen sind und sich eine stattliche Mähne zugelegt haben. Zwei bis fünf dieser kräftigen Männchen bilden ein Bündnis oder eine »Koalition«, die vielfach Brüder oder Halbbrüder einschließt, und nachdem sie gemeinschaftlich die ranghohen älteren Löwen aus dem Rudelareal vertrieben haben, übernehmen sie deren Harem.

Während der Regenzeit bestehen auch die Kalahari-Rudel aus mehreren Weibchen, die sich zusammenschließen. Der Unterschied zu den Weibchengruppen der Serengeti besteht jedoch darin, daß diese Weibchen oft nicht blutsverwandt sind.

Das Gruppenverhalten ist freilich in beiden Fällen sehr ähnlich: Sowohl in der Serengeti als auch in der Kalahari sind Kameradschaftlichkeit und Körperkontakte wichtig. Wenn unsere Löwinnen tagsüber ruhten, wälzte sich Sassy oft herum und legte ihre Pranke auf Blues Schulter, Blue bettete ihren Kopf an Charys Flanke, Charys Schwanz lag auf Spicys Ohr, und so reihum durch das ganze Rudel. Alle hielten Kontakt zueinander, abgesehen von Bones, der sich meist ein paar Meter entfernt ausstreckte. Auch bei der Jagd arbeiteten die Löwinnen zusammen. Am Abend und am frühen Morgen, wenn sie weder schliefen noch jagten oder fraßen, beleckten sie einander das Gesicht oder tollten spielend herum.

Einer der auffälligsten Unterschiede zwischen Kalahari- und Serengeti-Löwen ergibt sich aus den unterschiedlichen Niederschlagsmengen in beiden Regionen. Weil in der Serengeti normalerweise mehr als doppelt soviel Regen fällt, leben in ihr auch mehr große standorttreue Beutetiere. Außerdem finden die Löwen dort ganzjährig Wasser. Doch wenn in der Kalahari, wie bereits erwähnt, die Antilopenherden das fossile Flußtal verlassen, verschwinden die Löwen gleichfalls monatelang und geben ihre Flußbett-Territorien auf. Das warf interessante Fragen auf: Wie sehr erweiterten sie ihr Revier, wovon ernährten sie sich, und wo fanden sie Trinkwasser? Uns beschäftigte indes vor allem die Frage, wie sich ihr Sozialverhalten infolge des verringerten Beuteangebots und der sonstigen ökologischen Belastungen veränderte. Wir hofften, bei der Beantwortung dieser Fragen zu aufregenden neuen Einsichten in das Leben der Wüstenlöwen und der Löwen im allgemeinen zu gelangen.

Unterdessen begannen wir das Kommunikationsverhalten der Löwen genauer zu erforschen. Wenn Rudelmitglieder dicht beisammen sind, zeigen sie ihre Stimmungen und Absichten durch eine Kombination von Ohren-, Augenbrauen-, Lippen-, Schwanz- und allgemeinen Körpersignalen an. Sogar den Pupillen kommt ein Ausdruckswert zu.

Blue ruhte eines Morgens mit ihrem Blauen Rudel in der Baumgruppe, die wir »Osterinsel« nannten, als sie einen einsamen Spießbock, einen alten Bullen, bemerkte, der in der Südpfanne erschien. Ihre Ohren richteten sich nach vorn, ihre Augen weiteten sich, sie hob den Kopf, und ihre Schwanzspitze begann zu zucken. Sekunden später hatten Sassy und Gypsy diese Signale aufgefangen und blickten in dieselbe Richtung. Blue hatte ihnen mitgeteilt: »Ich sehe dort drüben etwas Interessantes.«

Nachdem sie den Spießbock getötet hatten, erschien Bones auf der Bildfläche, wie gewöhnlich in der Absicht, seinen Weibchen den Riß abzunehmen. Sassy stellte sich ihm entgegen; ihre Augen verengten sich fast zu Schlitzen. Sie öffnete das Maul, entblößte ihre Zähne, zog die Nase kraus, fauchte und knurrte. Das war eine defensive Drohung, die besagte: »Ich werde dich nicht als erste angreifen, doch du läßt besser meine Beute in Frieden.« Pech für sie, daß Bones ihr dennoch den Kadaver fortnahm!

Nachdem Löwen einander während des Mahls angeknurrt und herumgeschubst haben, finden sie sich zu einem ausgiebigen Ritual des Gesichtsleckens und Kopfreibens zusammen. Wenn sie sich gegenseitig die Gesichter vom Blut gereinigt haben, kehrt wieder Frieden in der Gruppe ein.

Ein Löwe benutzt oft sein Gebrüll, um Artgenossen zu lokalisieren und seinen Anspruch auf ein bestimmtes Territorium anzumelden. Ein brüllender Löwe saugt die Luft tief in die Brust ein, zieht mit großer Kraft seinen Hinterleib zusammen, um die Luft zu komprimieren, und stößt sie dann durch die Stimmbänder aus. Der Laut entspringt der Kehle mit solcher Energie, daß er sehr weit trägt. Wenn das Blaue Rudel um den Landrover versammelt war und unisono brüllte, schwang der Metallboden in der entsprechenden Frequenz mit.

Das Gebrüll des Löwen besteht aus drei Phasen: Die ersten Laute sind ein leises Stöhnen, die dann an Tonstärke und Dauer zunehmen und sich zu einer Folge von vier bis sechs mächtigen »Belltönen« steigern, gefolgt von mehreren Knurrlauten. Männchen wie Weibchen brüllen gewöhnlich im Stehen, mit waagerecht vorgestrecktem oder leicht angehobenem Maul. Sie brüllen jedoch manchmal auch, wenn sie auf der Seite liegen oder dahintraben.

Wir stellten fest, daß die Kalahari-Löwen ihr Gebrüll meist dann erschallen ließen, wenn die Luft still, feucht und damit akustisch besonders leitfähig war. Nach einem Regensturm konnte man sie fast immer hören, ebenso in der Nacht und wenn die Luftfeuchtigkeit am höchsten war, also von etwa vier Uhr morgens bis eine halbe Stunde nach Sonnenaufgang. Im Tal und unter den genannten Bedingungen waren die Lautäußerungen für unser vergleichsweise unspezialisiertes menschliches Ohr am weitesten zu hören, nämlich bis zu fünfzehn Kilometer weit. Zuweilen reagierte das Blaue Rudel offensichtlich auch auf die Morgen- und Abendrufe der Schakale, die ebenfalls kurz nach einem Sturm ihre Stimme erhoben.

In der Trockenzeit konnten wir jedoch einen Löwen nur aus einer Entfernung von zweieinhalb bis fünf Kilometern hören. Allerdings brüllten sie in dieser Zeit des Jahres nur selten, vielleicht weil dann die großen Antilopen so weit verstreut waren, daß sich der Energieaufwand für die Markierung und Verteidigung des Territoriums nicht lohnte, oder weil der Versuch, sich in der trockenen Luft lautlich zu verständigen, eine Kraftverschwendung gewesen wäre. Es könnte aber auch sein, daß sich die Untergruppen des Rudels auf der Suche nach Beute so weit voneinander entfernten, daß sie sich sowieso nicht hätten hören können.

Ob es den Rudelgenossen gelingt, sich durch Brüllen miteinander zu verständigen, hängt davon ab, ob der Adressat des Rufs zu antworten beliebt. Bones sonderte sich regelmäßig von seinen Löwinnen ab, zumal wenn er ihnen die Beute weggenommen hatte. Die Löwinnen zogen dann weiter, bis sie ein neues Beutetier gerissen hatten, und entfernten sich dabei oft kilometerweit von Bones. Einen, zwei oder drei Tage später stand Bones, der unterdessen seinen Kadaver vertilgt hatte, vor dem Problem, sein Rudel wiederzufinden. Er schlug ungefähr die Richtung ein, in der die Weibchen abgezogen waren, und unterwegs brüllte er und horchte auf Antwort. In der Regensaison, wenn das Territorium relativ klein war, deckte sein Gebrüll seinen gesamten Herrschaftsbereich ab, und er konnte die Weibchen überall erreichen, wo immer sie sich auch befanden. In der Regel gaben sie ihm Antwort, und das Rudel fand wieder zusammen.

Doch manchmal schienen die Löwinnen wenig erpicht darauf zu sein, mit Bones in Verbindung zu treten. Mehrere Male wanderte er brüllend durch das Tal und verfehlte nur um einige hundert Meter die Stelle, an der die Weibchen lautlos im Gebüsch lagerten. Er beschnupperte den Boden und blickte ständig nach allen Seiten, aber aus irgendeinem Grunde, vielleicht um einen Riß zu schützen, reagierte sein Rudel nicht. In der Brunftzeit waren es jedoch häufig die Weibchen, die nach Bones riefen.

Löwen können so sanft gurren wie ein Baby. Dieser »Aaouu«-Laut erklingt reihum, wenn sie durch eine Dickung ziehen. Er dient offenkundig der Stimmfühlung und der gegenseitigen Versicherung in ungewissen Situationen. Des öfteren konnten wir ein Rudel im Busch aufspüren, indem wir den Wagen anhielten und diesem freundlichen Gurren lauschten.

Zum dritten können sich Löwen auch olfaktorisch verständigen – durch Duftmarken und Beriechen. Das Blaue Rudel zog nachts auf Duftpfaden durch das Tal, die sich vielfach mit Antilopenfährten oder unseren Wagenspuren deckten. In den meisten Arealen wurde der Wechsel nur durch Duftmarken gekennzeichnet, ohne daß ein Pfad zu sehen war. Wenn Bones auf einem solchen Wechsel unterwegs war, blieb er oft bei einem Strauch oder kleinen Baum stehen, steckte den Kopf in das niedrige Gezweig, schloß die Augen und rieb Gesicht und Mähne am Laub, als ob er den Duft einer früheren Markierung genieße und vielleicht auch auf sich selbst übertragen wollte. Dann drehte er sich herum, hob den Schwanz und spritzte seinen Harn, vermischt mit den Ausscheidungen seiner beiden Analdrüsen, in die Zweige. Bestimmte Büsche und Bäumchen an seinem Weg zogen ihn unwiderstehlich an, so auch der Akazienbusch neben unserem Zelt. Er konnte nie an ihm vorbeigehen, ohne ihn mit ein paar Spritzern zu bedenken. Für unsere abgestumpften Nasen hielt der Geruch nie länger als mehrere Minuten vor. Die Weibchen setzten gleichfalls Duftmarken, allerdings weniger häufig.

Manchmal schienen diese Büsche auch zu visuellen Signalen zu werden. Bones bespritzte unweigerlich eine gut zwei Meter hohe Schirmakazie in der Nordpfanne, wenn er dort vorbeikam. Ihre Rinde hatten die Löwinnen des Blauen Rudels zerfetzt, weil sie hier ihre Krallen schärften, und die Äste waren verbogen und geknickt, weil die Tiere es nicht lassen konnten, in der Baumkrone zu spielen – möglichst alle gleichzeitig. Löwenleiber und Löwenschwänze lugten allenthalben aus dem Geäst des armen Baumes hervor, bis schließlich das Unvermeidliche geschah: Ein Ast brach, und mit ihm stürzten die Löwinnen zur Erde. Am Ende war die Akazie nur noch ein Reisighaufen, der gleichwohl bei jeder Gelegenheit von Bones mit Urin imprägniert wurde.

Eine Kratzspur dient Löwen beiderlei Geschlechts als geruchliches und optisches Signal. Es entsteht, wenn ein Tier den Rücken krümmt, den Rumpf senkt und mit den Hinterpranken den Boden wie mit einem Rechen bearbeitet; dabei reißen die Krallen die Grasnarbe auf, und gleichzeitig tropft etwas Harn auf die Stelle. Die Löwen markieren ihr Territorium durch solche Kratzspuren, die sie häufig anbringen, während sie fremde Rudel »anbrüllen«. Zwei männliche Junglöwen, die vor kurzem ein neues Territorium übernommen hatten, scharrten in drei Wochen sechsundzwanzigmal an einer knapp vierhundert Meter langen Strecke unserer Wagenspur. Zum Vergleich: Der ältere Löwe, den sie verdrängt hatten, betätigte sich im gleichen Zeitraum meist nur ein- oder zweimal in dieser Weise am selben Streckenabschnitt. Die jungen Tiere urinierten auch an denselben Büschen, die er markiert hatte. Dadurch teilten sie allen Löwen im Tal mit, daß sie jetzt Eigentümer dieses Territoriums seien.

Abgesehen von der Kennzeichnung des Territoriums, zeigt eine Duftmarke wahrscheinlich an, welches Individuum sie hinterlassen und wann es die betreffende Stelle passiert hat. Sie verkündet außerdem die Empfängnisbereitschaft eines Weibchens. George Schaller berichtet, daß die Serengeti-Löwen einander mit dem Geruchssinn orten können, und er beobachtete einmal einen Löwenmann, der zwei anderen kilometerweit folgte, indem er sich von der Witterung ihrer Fährten leiten ließ. Die Kalahari-Löwen scheinen in dieser Hinsicht weniger tüchtig zu sein, vor allem in der Trockenzeit, weil dann der Geruch vermutlich in der trockenen Wüstenhitze schneller verfliegt. Wir erlebten einmal, wie Bones, die Nase am Boden wie ein Spürhund, im Kreis herumlief und Sassy suchte, die ihn erst vor einer halben Stunde verlassen hatte, um einen günstigeren Schattenplatz ausfindig zu machen; sie war bloß knapp zweihundert Meter von ihm entfernt. Er verlor ihre Witterung und kehrte im Kreis zum vorigen Ruheplatz zurück. Dabei hätte er sie sehen können, wenn er nur in die richtige Richtung geschaut hätte. Als er schließlich fast über sie stolperte, legte er die Ohren an, kniff die Augen zusammen und blickte zur Seite. Wenn ich es nicht besser wüßte, hätte ich schwören können, daß ihm das Ganze peinlich war.

Jedesmal wenn Bones den Duft eines Weibchens in die Nase bekam, hob er das Haupt und zog die Lippen hoch, um seine Zähne zu entblößen. Sobald dann die Luft in seinen Schlund einströmte, verzog er die Nase zu einer Grimasse. Dieses sogenannte »Flehmen« dient dazu, den Geruch zu »schmecken«, beziehungsweise die in ihm enthaltenen Informationen besser zu erkennen, indem er über eine mit Sinneszellen besetzte Tasche am Schnauzendach geleitet wird. Ein flehmender Löwe erinnert mich immer an einen Weinkenner, der durch den Mund Luft einsaugt und durch die Nase ausstößt, um das Bouquet besser beurteilen zu können.

Löwen töten eine große Antilope gewöhnlich durch Erdrosseln. Sie reißen sie zu Boden und packen und halten sie dann bei der Kehle; zuweilen umklammern sie auch mit den Kiefern die Muffel des Opfers. Ich wollte schon immer gerne wissen, wie das bei einer Giraffe funktioniert, die tausend Kilogramm wiegen kann und deren Hals sich gut fünf Meter über den Boden erhebt. An einem Spätnachmittag demonstrierte uns das Blaue Rudel seine Giraffenjagdtechnik. Die Tiere hatten seit mehreren Tagen kaum mehr als ein Spießbock- und ein Springbockkitz verspeist – nicht gerade viel für hungrige Löwen mit einem Gesamtgewicht von rund eintausendfünfhundert Kilo! Nachdem sie den Tag in der Bauminsel der Südpfanne zugebracht hatten, begannen sie beutehungrig in der offenen Waldlandschaft der Westdüne umherzustreifen. Ein leichter Regen setzte ein, und sie legten sich beiderseits eines vielbenutzten Wildwechsels auf die Lauer, auf dem die Antilopen vom Flußtal in die Buschsavanne zogen. Sie hoben die Köpfe und spitzten die Ohren, damit ihnen kein Laut entging, und jedes Tier blickte in eine andere Richtung. Fast zwei Stunden lagen sie da wie Statuen und rührten sich kaum. Statt ihre Beute zu beschleichen, lauern die Löwen der Kalahari ihr oft auf, indem sie an Wildwechseln in Wartestellung gehen, vor allem dort, wo es wenig Deckung gibt.

Doch plötzlich setzten sich alle Löwinnen auf die Hinterhand und lehnten sich mit angespannten Muskeln vor. Am Fuße der Düne kam ein großer Giraffenbulle in Sicht, der die grünen Blätter von den Wipfeln der Akazienbäume abäste. Chary und Sassy waren ihm am nächsten; langsam erhoben sie sich und begannen geduckt die Giraffe in verschiedenen Richtungen zu umgehen. Liesa, Gypsy, Spicy, Spooky und Blue verteilten sich fächerförmig quer zum Wechsel. In der nächsten Stunde pirschten sie sich behutsam, Gras, Büsche und Bäume als Sichtschutz benutzend, an ihre Beute heran. In derselben Zeit gelang es Chary und Sassy, die nichtsahnende Giraffe zu umrunden und sich hinter ihr im Gras zu verbergen, ebenfalls auf dem Wechsel, doch weiter westlich.

Die fünf zusammenarbeitenden Löwinnen kamen bis auf dreißig Schritte an die Giraffe heran. Unvermittelt drehte sie sich auf der Stelle herum und preschte donnernd auf dem Pfad in Richtung Düne davon. Ihr Schwanz lag zusammengerollt auf ihrem Rücken, und die Hufe schleuderten Grasbüschel in die Luft. Als es so aussah, als würden Chary und Sassy von den Hufen des neunhundert Kilogramm schweren Bullen zertrampelt, sprangen sie aus dem Hinterhalt. Die Giraffe bohrte ihre Füße in den Boden und versuchte den beiden Löwinnen auszuweichen, die von vorn und hinten angriffen. Doch die Giraffenhufe versagten ihren Dienst im feuchten Sand. Wie ein einstürzender Turm neigte sich der Bulle vornüber, direkt auf Chary und Sassy zu. Im Nu waren die anderen Löwen an seinen Flanken und zerrten an seinem Unterleib. Die Giraffe stürmte noch einmal voran, um den Löwen zu entkommen, aber Blue umklammerte mit ihren Kiefern den rechten Hinterlauf dicht über dem Huf, stemmte ihre Beine als Widerlager auf den Boden und gab nicht nach.

Fast fünfundzwanzig Meter torkelte die Giraffe vorwärts, und mit weiß verfärbten Augen und röchelnden Atemstößen schleppte sie den Löwen mit, der an ihrem Bein hing. Doch Blue ließ nicht locker; ihre Krallen durchpflügten die Grasdecke und hinterließen tiefe Furchen im Sand. Die anderen Löwen rannten neben dem Bullen her und bearbeiteten ihn mit ihren Pranken, bis seine Eingeweide aus dem Leib hervorbarsten. Schließlich brach er zusammen und schlug nur noch schwach nach den Raubtieren aus.

Bones wollte es nicht gelingen, seine ausgehungerten Weibchen von diesem Fleischberg zu vertreiben; sie waren zu zahlreich und zu hungrig. Doch im Laufe der Woche, die das Blaue Rudel am Giraffenkadaver zubrachte, bemerkten wir, daß sich das Verhältnis zwischen Bones und den beiden Junglöwen Rascal und Hombre drastisch verändert hatte. Die beiden waren jetzt fast drei Jahre alt, und ihre zottigen Halskrausen deuteten bereits die sich entwickelnden Mähnen an. Die bloße Gegenwart der Jünglinge versetzte Bones in Rage. Anfangs wollte er sie überhaupt nicht fressen lassen und jagte sie knurrend weg, wenn sie sich am Riß in seine Nähe wagten. Erst als er gesättigt war, konnten sie ein paar Bissen erhaschen.

Indem Bones die beiden so knapp hielt, zwang er sie zum Selbständigwerden. Schon bald würden sie das Rudel verlassen und ein Nomadenleben beginnen. Die nächsten zwei oder drei Jahre würden sehr schwer für sie werden – ohne Weibchen, die ihnen bei der Jagd helfen würden. In der bevorstehenden Trockenzeit würde Beute Mangelware sein und die Deckung zum Anschleichen fehlen, und überdies waren die Jagdfertigkeiten der beiden noch gefährlich unterentwickelt. Sie konnten verhungern – das ist das Schicksal vieler junger, unerfahrener Löwenmännchen –, bevor sie groß und aggressiv genug waren, um sich ein Weibchenrudel und ein Territorium zu sichern. Sie mußten sich irgendwie durchschlagen bis zur nächsten Regensaison, in der die Jagd wieder mehr Erfolg versprechen würde.

In der Kalahari ist es für Junglöwen wichtiger als in gemäßigteren Breiten, etwa Ostafrika, daß sie beizeiten das selbständige Jagen erlernen. Als ausgewachsene Löwen werden sie häufiger und länger von ihren weiblichen Rudelmitgliedern getrennt als die Artgenossen in anderen Regionen, in denen die Beute leichter zugänglich ist und die Territorien durchweg viel kleiner sind. Wenn ein Kalahari-Löwe sich einen Riß seiner Weibchen aneignet und die Löwinnen weiterziehen, dauert es oft mehrere Tage, bis er sie wiederfindet. In dieser Zeit muß er allein auf die Jagd gehen und sich mit kleineren Beutetieren begnügen, etwa Springböcken, jungen Spießböcken und Steinböckchen.

Rascal und Hombre wuchsen schnell heran, und in den folgenden Wochen waren sie immer weniger bereit, bei Auseinandersetzungen mit Bones nachzugeben. Des öfteren schnappten sie sich einfach einen Fleischbrocken und knurrten den Alten drohend an, bevor er sie zum Rückzug zwang. Sie entwickelten nach und nach die Aggressivität, die sie eines Tages brauchen würden, wenn sie ein Rudelareal mitsamt den Weibchen übernehmen und sich behaupten wollten.

In diesen ersten Jahren erfuhren wir sehr viel über die Ernährungsgewohnheiten der Kalahari-Löwen während der Regenzeit, indem wir das Blaue Rudel und das Rudel in der Springbockpfanne bei der Jagd beobachteten. Zusätzlich sammelten, trockneten, zerstampften, siebten, sortierten, wogen und bestimmten wir die Horn-, Huf- und Knochenbestandteile sowie die Haare in Dutzenden von Löwenexkrementen.

Eines Tages forderte ich Mox auf, uns bei dieser Arbeit zu helfen. Wir saßen am Rande des Lagerplatzes, hatten uns Schärpen um das Gesicht gebunden und zerschlugen mit einem Hammer Kotballen, von denen eine übelriechende Wolke aus weißem Staub aufstieg. Er gesellte sich zu uns, als ich gerade die pulverisierte Überreste eines Ballens auf einen Teller schüttete, um sie abzuwiegen. Als er sah, was wir da machten, hielt er sich die Hand vor den Mund, sagte »Ooh!«, schüttelte den Kopf und starrte uns entgeistert an.

Doch wenig später – und nach anfänglichem Zögern – saß auch er in einer weißen Wolke und hämmerte auf einem Haufen Löwenkot herum. Einige Tage danach fiel mir allerdings auf, daß er seinen Emailteller nicht mehr zum gemeinsamen Abwasch in unser Camp brachte.

11 Mr. van der Westhuizen

Delia

Man vergißt so leicht,
daß im schwindenden Licht des Tages
die Schatten stets gen Morgen weisen.

WINSTON O. ABBOTT

Mit einer ausladenden Bewegung streifte Mark die silbergrauen Blätter von einem dünnen Catophractes-Zweig ab. Er tauchte den Stock ganz langsam in das Benzinfaß, zog ihn wieder heraus und zeigte auf die Stelle, wo der flüssige Überzug endete. »Das muß für acht weitere Wochen reichen.«

Es war Mai 1976, und einundzwanzig Monate waren vergangen, seit wir das Dreitausendachthundert-Dollar-Stipendium von der National Geographic Society erhalten hatten. Wieder einmal ging unsere Barschaft zur Neige. Wenn wir nicht sehr bald einen weiteren Zuschuß bekämen, würden wir unsere Forschungsarbeit aufgeben und die Mittel für die Heimreise verdienen müssen. Überdies brauchten wir dringend Geld für die Funkortung der Braunen Hyänen und der Löwen, denen wir in der dichten Buschsavanne, wo sie sich während der Trockenzeit meist aufhielten, nur schwer folgen konnten. In diesem Lebensraum konnten wir den Hyänen allenfalls etwa eine Stunde auf den Fersen bleiben, dann verloren wir sie aus den Augen. Und bis jetzt hatten wir noch immer keine Ahnung, wohin die Löwen in den trockenen Monaten abwanderten.

Einige Tage nach Marks Benzinprobe surrte ein Buschflugzeug dicht über den Baumwipfeln das Tal entlang, drehte eine Runde über dem Camp und stürzte sich wie ein Greifvogel auf unsere Bauminsel. Wir rannten hinaus und konnten gerade noch sehen, wie ein kleines Bündel aus dem Fenster purzelte und wie die Maschine zur Begrüßung mit den Tragflächen wackelte und abdrehte. Unsere Post aus Maun, mit einer Schnur zusammengebunden, lag im Gras. Wir haben nie erfahren, wer uns diese Gefälligkeit erwiesen hat.

Wir öffneten das Päckchen und fanden darin eine handschriftliche Nachricht von Richard Flattery, dem neuen Bankdirektor in Maun, die besagte, daß ein gewisser Mr. van der Westhuizen demnächst mit einem Zuschuß für unser Projekt im Dorf eintreffen werde. Van der Westhuizen hieß der Direktor der Südafrikanischen Naturschutzstiftung, an die wir uns wegen einer Beihilfe in Höhe von zwanzigtausend Dollar gewandt hatten. Wir erklärten den Tag zum Feiertag, den wir mit Pfannkuchen und selbstgemachtem Sirup begingen. Am nächsten Tag beluden wir den Landrover und machten uns auf den Weg zum Dorf, bevor die Sonne die Ostdüne erreicht hatte. Am Abend kurvten wir zwischen den Lehmhütten herum, die allesamt von flackernden Feuern sanft erhellt und in Rauchschleier gehüllt waren. Flatterys Haus, ein mit Mörtel verputzter Flachbau, stand gegenüber dem Schilfzaun von Dad Riggs Anwesen. Durch die vielfach geflickte Maschendrahttür erblickten wir Richard, der über einem Eimer Fische säuberte. Seine Frau Nellie briet frische Brassen auf einem Gasherd.

»Freut uns, Sie zu sehen ... haben viel über Sie gehört ..., ja, Mr. van der Westhuizen hat Geld für Sie. Wir werden Ihnen alles darüber erzählen – bleiben Sie doch und essen Sie mit uns, trinken Sie ein kaltes Bier!«

Wir nahmen die Mahlzeit, bestehend aus gebratenem Fisch, Kartoffeln und frischgebackenem Brot, in einem kleinen Eßzimmer ein, das in ein englisches Landhäuschen gepaßt hätte, wenn man von dem bewohnten Termitenhügel absah, der aus dem Fußboden emporragte.

Es stellte sich heraus, daß Richard wenig über das Stipendium wußte, nur, daß Mr. van der Westhuizen schon am nächsten Morgen in Maun eintreffen werde. Am Ende des reizenden Abends baten wir Richard, er möge unserem potentiellen Wohltäter unsere Einladung zum Mittagessen im Riviera überbringen, einem baufälligen Lokal am Ufer des Thamalakane.

Der Besitzer des Riviera, ein Gastwirt aus Selebi Phikwe, hatte uns erlaubt, auf unseren Einkaufsfahrten nach Maun bei ihm zu kampieren. Sein Anwesen bestand aus fünf windschiefen schilfgedeckten Strohhütten, die sich wie verlassene Vogelnester an das Steilufer des Flusses klammerten. Die größte Hütte, die wir benutzten, hatte ein mehrfach eingedelltes Dach und neigte sich bedenklich zum Fluß hin, nur noch gehalten von Drähten, die an einem mächtigen Feigenbaum befestigt waren. Die schäbige Behausung verschwand fast völlig im hohen Gras. Wir zerrten zwei verrostete Campingbetten unter dem eingefallenen Hüttenteil hervor, nahmen die schmuddligen Matratzen ab und hängten ein Moskitonetz – mehr Löcher als Maschen – an einem Dachsparren über unseren Schlafsäcken auf.

Mark Muller, ein junger Buschpilot, übernachtete ebenfalls dort, in einer der kleineren Strohhütten. Am nächsten Morgen wurden wir in aller Frühe von einem mahlenden Geräusch aufgeweckt. Muller startete seinen uralten Landrover, der an einen deutschen Kübelwagen aus dem Zweiten Weltkrieg erinnerte. Er ließ ihn mit laufendem Motor oben auf der Uferbank stehen, während er noch einmal in seine Hütte ging, weil er etwas vergessen hatte. Im nächsten Augenblick krachte das Vorderteil des Geländewagens durch die Wand unserer Behausung und blieb knapp zwei Meter vor unserem Bett stehen. Die Hütte schwankte bedrohlich, und es regnete Schilf, Stroh und Holzstangen. Wir sprangen auf, weil wir befürchteten, sie würde jeden Augenblick zusammenbrechen, aber sie stabilisierte sich wieder. Muller rannte hangabwärts hinter seinem entlaufenen Wagen her und murmelte unzusammenhängendes Zeug. »Tut mir leid«, sagte er, verschwand aus unserem Schlafzimmer und fuhr davon.

Wir begannen sofort mit den Vorbereitungen für das Festessen mit Mr. van der Westhuizen. Mark machte Feuer in einem rostzerfressenen dickbäuchigen Holzofen, der unter dem Feigenbaum stand, und der Rauch, der aus dem Ofenrohr quoll, trieb mir die Tränen in die Augen, während ich ein Orangenbrot buk. Mark ging einkaufen. Am Mittag hatten wir den Tisch mit kaltem Hammelfleisch, frischem Obst und heißem Brot gedeckt – das aufwendigste Essen, das wir seit unserer Ankunft in Botswana jemals zubereitet hatten.

Wir saßen auf Blechkanistern auf der Strohhüttenveranda und nahmen unser Essen zusammen mit Mr. van der Westhuizen ein, einem bedächtigen Mann mit angegrautem Haar und einer leichten Gehbehinderung. Auf dem breiten, träge dahinströmenden Fluß planschten Wasserhühner im Röhricht, und am anderen Ufer kam eine Pavianhorde zur Tränke.

Als Mr. van der Westhuizen uns über unsere Forschungsarbeit befragte, gerieten wir beide zunehmend in Verwirrung. Er wußte offenbar fast nichts über uns und unsere Tätigkeit.

Schließlich fragte Mark: »Haben Sie unsere Vorschläge gelesen?«

»Vorschläge?«

»Die wir der Südafrikanischen Naturschutzstiftung unterbreitet haben.«

»Ich verstehe nicht recht. Oh . . . , da muß ein Mißverständnis vorliegen. Ich komme nicht von der Stiftung.« Dann erklärte er uns, er sei Architekt in Johannesburg. Er habe von unseren Forschungen gehört und wolle von seinem eigenen Geld zweihundert Dollar für unser Projekt spendieren.

Zweihundert Dollar reichten kaum für eine Füllung unseres Zusatztanks und für die Fahrtkosten. Wir versuchten unsere Enttäuschung zu verbergen: »Wir sind Ihnen für Ihren Beitrag wirklich sehr verbunden, er hätte zu keinem günstigeren Zeitpunkt kommen können.« Doch es half nichts. Wir hörten kaum noch, was er sagte, und nach einer Ewigkeit fuhr Mr. van der Westhuizen in seinem funkelnagelneuen Geländewagen davon. Wir starrten schweigend in den Fluß.

Ein Schraubstock zermalmte meinen Kopf, und ein scharfer Keil drang von oben in meinen Schädel ein und zerspaltete mir das Hirn. Der Schmerz wurde unerträglich. Ich versuchte, mich aufzurichten, doch eine Welle von Übelkeit überschwemmte mich. Unter dem Moskitonetz schlief Mark unruhig neben mir. Ohne den Kopf zu bewegen, stieß ich ihn an. »Mark . . . , Tabletten . . . , ich muß Malaria haben.«

Er befühlte meine Stirn, sprang aus dem Bett und brachte mir sechs bittere Chloroquintabletten aus dem Erste-Hilfe-Kasten. Ich schluckte sie mühsam herunter. Er trug mich zu einer Matratze auf dem Boden einer kleineren Hütte, deren Wände keine Löcher hatten. Es hatte keinen Sinn, mich in das Missionskrankenhaus von Maun zu schaffen, wo es gegen Malaria auch nichts Besseres gab als Chloroquin und man sich leicht Tuberkulose oder Schlimmeres holen konnte. In der Regenzeit grassierte die Malaria in Maun. Wie hieß es bei den Jägern: »Entweder du nimmst die Pillen, schwitzt das Fieber aus und wirst gesund, oder du stirbst!«

Die Hütte war dumpf und dunkel. Ich war begraben unter schweren kratzigen Wolldecken, aber ich fror noch immer wie ein Schneider, und meine Haut fühlte sich klamm an. Mark lag neben mir und versuchte mich zu wärmen, doch ich spürte keine Wärme. Das Blut in meinem Kopf pochte gegen meinen Schädel, und das grelle Licht aus dem einzigen winzigen Fenster stach mir in die Augen.

Dann begann mein Körper zu brennen. Mit letzter Kraft schob ich Mark beiseite und schlug die Zudecke zurück. Die Laken waren feucht, und ein fauliger Gestank drohte mich zu ersticken. Lange Zeit schwebte mein Geist im Dunkel umher, und mich überkam so etwas wie Frieden. Ich sah meine Heimat vor mir, Eichen und Tillandsien, das rote Ziegelhaus, in dem ich aufgewachsen war, und Fort Log, eine aus Kiefernstämmen errichtete Festung gegen imaginäre Indianer. Doch wenn ich meine Gedanken zu sammeln versuchte, schlug ich im Bett um mich und schrie laut auf. Die Heimat war weit weg . . .

Sehr viel später milderte sich das Licht, das durch das Hüttenfenster fiel, und mein Geist wurde klarer. Tap-tap-tap-tap. Wir würden es schon schaffen, in Afrika zu bleiben. Tap-tap-tap. Mark arbeitete an einer geliehenen Schreibmaschine, die neben meiner Matratze auf einer Blechkiste stand. Er trat zu mir. Saubere Laken und Wärme – ein behagliches Gefühl der Frische umschmeichelte mich. Sein vertrautes Lächeln, ein Kuß, heiße Suppe und kaltes, kaltes Wasser holten mich in die Wirklichkeit zurück. Ich wollte aufstehen, doch eine kräftige Hand legte sich auf meine Schulter und drückte mich aufs Bett . . . , Ruhe.

In den Tagen, die ich im Fieberdelirium verbracht hatte, war Mark nicht von meiner Seite gewichen. Er hatte Gesuche an Naturschutzorganisationen in der ganzen Welt geschrieben und ihnen unsere Fortschritte und Nöte geschildert. Als es mir eines Morgens besser ging, fuhr er ins Dorf, um den Stapel Briefe aufzugeben. Ich setzte mich in den Kissen auf und wartete auf seine Rückkehr. Mir war noch ein bißchen schwummerig, aber das aufrechte Sitzen tat mir gut. Ich beobachtete zwei Sichelhopfe, die vor dem Fenster im Feigenbaum umherflatterten. Nach einer Stunde hörte ich den Landrover vorfahren.

»Hallo, Boo! Freut mich, daß du schon sitzen kannst«, sagte Mark leise. Er setzte sich auf die Bettkante. »Fühlst du dich besser?«

»Ja, ich glaube, wir können schon bald in die Wüste zurückkehren.« Ich lächelte ihn an.

»Na, wir wollen nichts überstürzen«, erwiderte er und ging zu dem kleinen Fenster hinüber.

»Ist keine Post gekommen, nichts Neues von zu Hause?«

»Uuh . . . , nein.« Er starrte noch immer auf den Fluß hinter den Bäumen.

»Aber ist das nicht ein Brief von Helen?« Ich hatte einen von meiner Schwester beschrifteten Umschlag in der Gesäßtasche seiner Shorts erkannt.

Seine Hand fuhr zu seiner Hüfte hinunter. Er drehte sich um und kam mit gequältem Gesicht an mein Bett. »Mein Gott, Liebling, ich wollte es dir erst sagen, wenn du wieder kräftiger bist. Schlechte Nachrichten. Es geht um deinen Vater. Er ist vor ungefähr sechs Wochen gestorben – Herzschlag.«

Ich sank benommen aufs Bett. »Meine Mutter, was ist mit meiner Mutter?« hörte ich mich fragen. »Und wir haben nicht einmal das Geld, um nach Hause zu fahren.«

Mein Vater war unser bester Beistand gewesen. Er schrieb ermutigende Briefe, schickte uns nützliche Adressen und Nachschlagewerke, nicht zu vergessen die Zeitungsausschnitte mit den Footballberichten, die sich in unserem Postfach bei der Firma Safari South im Laufe der Monate ansammelten.

Mark streckte sich neben mir aus. Während unserer sieben Jahre in Afrika war es am schwersten zu ertragen, daß wir bei solchen Gelegenheiten nicht zu Hause sein konnten. Während wir fort waren, starben Marks Mutter und seine Großmutter. Und ich verlor nicht nur meinen Vater, sondern auch meine Großmutter. Und ich war bei der Hochzeit meines Zwillingsbruders nicht dabei. Wir kämpften gegen unsere Schuldgefühle an.

»Wenn du heimfahren willst, werde ich das Geld schon irgendwo beschaffen, Boo«, meinte Mark.

»Sorgen wir dafür, daß unser Projekt Erfolg hat, das ist die Hauptsache«, flüsterte ich.

Als ich endlich kräftig genug war, um den Arzt in Maun aufzusuchen, erfuhr ich von ihm, daß ich nicht nur an Malaria erkrankt sei, sondern auch an Hepatitis, Mononukleose und Anämie.

»Sie sollten auf keinen Fall vor Ablauf eines Monats in die Kalahari zurückfahren«, mahnte er mich mit seinem schweren schwedischen Akzent. »Sie brauchen Ruhe, denn sonst besteht das Risiko eines Rückfalls. Wenn das dort draußen passieren sollte, sähe es sehr schlimm für Sie aus.«

Aber ich konnte mich im Camp ebensogut erholen wie in der stickigen Hütte am Fluß, und wir mußten noch möglichst viel Forschungsarbeit erledigen, bevor uns das Geld ausging. Also verschwieg ich Mark die Warnungen des Arztes und gab vor, gesünder zu sein, als ich es tatsächlich war. Drei Tage später waren wir bereit zum Aufbruch.

Bevor wir Maun verließen, liehen uns unsere Freunde bei Safari South, die uns schon so oft geholfen hatten, ein Hochfrequenz-Funkgerät mit großer Reichweite. Das bedeutete, daß wir nun jeden Tag, zumindest in der Safarisaison, um die Mittagszeit mit den Jägern im Busch oder mit irgend jemandem in ihrer Zentrale in Maun Verbindung aufnehmen konnten. Zum ersten Mal seit Beginn unseres Forschungsprogramms hatten wir die Möglichkeit, Beziehungen zur Außenwelt herzustellen. Doch falls wir nicht bald ein Stipendium erhielten, war dies wohl unsere letzte Fahrt in die Kalahari.

Im Camp rationierten wir unsere Benzin-, Lebensmittel- und Wasservorräte noch strenger als je zuvor. Wenn wir für jede Hyänenpirschfahrt nur knapp fünf Liter Sprit und pro Tag weniger als vier Liter Wasser verbrauchten, konnten wir drei Monate durchhalten. Bis dahin müßten wir eine Antwort auf unsere neuen Stipendiengesuche erhalten. In der Zwischenzeit wollten wir noch einige brauchbare Resultate unserer Löwen- und Hyänenforschung zusammentragen. Anfangs war ich noch zu schwach, um die Fahrt im rumpelnden Landrover durchzustehen, und so ruhte ich mich im Camp aus, während Mark allein unterwegs war. Doch ich erholte mich allmählich, und acht anstrengende Wochen lang arbeiteten wir mit besessenem Enthusiasmus, weil wir wußten, daß wir schon bald vom Deception Valley würden Abschied nehmen müssen.

»Zero-zero-neun – hören Sie mich?« ertönte die verzerrte Stimme von Phyllis Palmer aus dem Funkgerät.

»Roger, Phyllis, sprechen Sie!«

»Delia, Hans Veit, der Direktor der Okavango Wildlife Society, ist in Maun. Er würde sich gern mit euch treffen, um die Möglichkeit eines Zuschusses zu eurem Projekt zu besprechen. Könnt ihr herkommen? Over.«

Wir blickten einander an und verdrehten die Augen. Vielleicht war das eine Neuauflage der Van-der-Westhuizen-Story, aber wir hatten keine andere Wahl. »Roger, Phil. Wir melden uns, sobald wir da sind. Danke.«

Als wir zwei Tage später in Maun waren, stellten wir erleichtert fest, daß Hans Veit tatsächlich der Direktor der Okavango Wildlife Society war und daß wir mit großer Wahrscheinlichkeit mit einem Stipendium rechnen konnten. Doch vor der endgültigen Entscheidung mußten wir nach Johannesburg fahren, um die Angelegenheit mit dem Forschungsausschuß der Gesellschaft zu erörtern.

Dort handelten wir einen Zuschuß für zwei Jahre Forschungsarbeit in der Kalahari aus. Die Mittel ermöglichten uns die Anschaffung eines besseren Gebrauchtwagens, eines Zelts und der dringend benötigten Funkortungsgeräte, und vor allem konnten wir in die USA fliegen, um unsere Familie wiederzusehen und uns mit amerikanischen Wissenschaftlern zu beraten.

Doch das erste, was wir in Johannesburg unternahmen, war der Gang in eine Konditorei. Wir standen vor den Glasvitrinen, die mit Kuchen und Gebäck aller Art gefüllt waren, und bestellten zwei Stück von jeder Sorte. Wir trugen die verschnürten weißen Pappschachteln in einen Park und setzten uns in die Sonne. Nachdem wir den Duft eingesogen hatten, bissen wir in jedes Stück hinein und verputzten zuerst die Kuchen, die uns am besten schmeckten. Lachend, die Lippen verschmiert mit Puderzucker, streckten wir uns auf dem Rücken aus, um unseren überforderten Mägen eine Erholungspause zu gönnen.

12 Rückkehr ins Deception Valley

Mark

Der Himmel ist dunkel, die Reise lang,
Und dennoch wird uns nimmer bang,
Solang wir uns drehn in unserm Sieb.

EDWARD LEAR

*I*m Oktober 1976 flogen wir von New York zurück nach Johannesburg. In der Stadt trafen laufend Berichte über den Terroristenkrieg in Rhodesien ein. Der Konflikt schwappte über die botswanische Grenze bei Francistown. Weiter südlich, längs der einzigen Hauptstraße in Richtung Osten und Norden, verprügelten und erschossen Terroristen Reisende an Straßensperren, die sie auf der achthundert Kilometer langen Route nach Maun errichtet hatten.

Vier hektische Wochen lagen hinter uns, seitdem wir das Deception Valley verlassen hatten, und wir wollten so schnell wie möglich dorthin zurück und unsere Funkortungsgeräte an Löwen und Hyänen ausprobieren. Doch es war riskant, in dieser Zeit nach Botswana zu reisen. Die Aufstände von Soweto schwelten noch, als wir von Johannesburg nach Amerika abgeflogen waren, und jetzt drohte nicht nur im Norden, sondern möglicherweise im ganzen südlichen Afrika die totale Anarchie.

Einige Monate lang hatte es Botswana vermieden, sich in die Konflikte an seinen Grenzen hineinziehen zu lassen. Aber nun ging das Gerücht, in der Umgebung von Francistown und des Dorfes Selebi Phikwe seien Trainingslager für Terroristen eingerichtet worden. In den letzten Monaten waren angolanische Flüchtlinge, von denen viele als Terroristen galten, in Maun aufgetaucht, und die Stimmung der Eingeborenenbevölkerung des Dorfes begann sich gegen die Weißen zu richten. Einmal schon war Delia beim Einkaufen im Ngamiland-Handelshaus von mehreren Männern belästigt worden. So etwas wäre noch vor zwei Jahren undenkbar gewesen. Eine Atmosphäre der Angst und des Mißtrauens breitete sich aus. Selbst das weltabgeschiedene Maun blieb von der großen Politik nicht unberührt.

166

Als Reaktion auf die vermeintliche Bedrohung, die von Rhodesien ausging, hatte die botswanische Regierung in aller Eile die Botswana Defense Force aufgestellt. Zusammen mit den mobilen Polizeieinheiten machte diese schlecht ausgerüstete Truppe Jagd auf die Aufständischen, die angeblich von Rhodesien und Südafrika aus das Land infiltrierten. Uns kamen zahlreiche Berichte zu Ohren, in denen es hieß, daß unschuldige Menschen durch Terroristen, die Defense Force oder die mobile Polizei verletzt oder umgebracht worden seien – niemand schien zu wissen, wer eigentlich verantwortlich war.

Wir hatten uns selbst und unseren Familien versprochen, daß wir unsere Fahrt in die Wüste aufschieben oder sogar das Land verlassen würden, falls die politischen Unruhen gefährlicher werden sollten. Doch als wir unsere Sachen zusammenpackten, überlegten wir uns, daß wir dann wohl ewig warten könnten und daß wir in Sicherheit wären, sobald wir uns in unserem entlegenen Camp in der Kalahari befänden. Die schlimmsten Zwischenfälle beschränkten sich auf Francistown an der rhodesischen Grenze, doch wenn wir es so einrichteten, daß wir diese Stadt auf der Fahrt nach Maun um die Mittagszeit passierten, hatten wir vermutlich kaum mit Ärger zu rechnen. Wir erstanden einen gebrauchten Toyota Land Cruiser, beluden ihn mit einer Tonne Vorräte und machten uns auf den langen Weg nach Norden.

Am frühen Nachmittag des ersten Tages erreichten wir die Grenze von Botswana, wo die geteerte Straße unvermittelt in eine tief ausgefahrene Kiespiste überging. Jeder Autoverkehr hörte auf. Wir waren allein auf der Straße und zogen eine Staubschleppe hinter uns her. Wir kamen an ärmlichen Maisfeldern und an vereinzelten, von Dornbusch*bomas* umgebenen Lehmhütten vorbei. Niemand winkte uns zu, und wenn die Menschen uns überhaupt wahrnahmen, schienen sie böse Gesichter zu machen.

In einer Kurve blockierte ein Haufen frischgefällter Stämme den Weg. Zehn bis fünfzehn Schwarze standen an der Seite – waren es Polizisten, Terroristen oder Soldaten? Sie trugen keine Uniformen, doch das besagte nicht viel. Mehrere Männer hatten kurze olivgrüne Maschinenpistolen umgehängt, andere hielten Gewehre in der Hand. Ich bekam eine Gänsehaut vor Angst und umklammerte das Lenkrad. Ich wollte weiterfahren, aber die Männer kamen mit schußbereiten Waffen auf uns zu. Wir mußten anhalten.

Wir verriegelten die Türen, und ich kurbelte mein Fenster herunter, ohne den Gang herauszunehmen und den Motor abzustellen, meine Füße auf Kupplung und Gas. Ich wollte die Straßensperre durchbrechen, wenn man uns zum Aussteigen aufforderte. Ein junger Schwarzer mit blutunterlaufenen Augen trat unsicher näher, seine Maschinenpistole war auf die Wagentür gerichtet. Er näherte sein Gesicht dem offenen Fenster, und sein Atem roch nach *Bujalwa*, dem Bier der Eingeborenen. Die anderen spähten in den Laderaum, hoben die Plane an, zeigten auf die Konservenkisten, das neue Zelt und die anderen Vorräte, während sie miteinander schwatzten. Der junge Mann an meinem Fenster begann mich mit Fragen zu bombardieren, den Finger am Abzug. Wer wir seien? Wohin wir wollten? Warum? Wem der Wagen gehöre? Wieso er in Südafrika registriert sei? Weshalb wir zwei so viele Büchsen Trockenmilch und so viele Beutel mit Zucker bräuchten?

Nach einer Weile begannen sich die Männer, die hinter dem Wagen gestanden hatten, am Straßenrand zu beraten, und der junge Bursche gesellte sich zu ihnen. Sie sprachen sehr schnell in einer Sprache, die ich nicht verstand. Ich unterdrückte den Drang, die Kupplung loszulassen und zu fliehen. Sie besaßen offensichtlich keine Fahrzeuge und konnten uns nicht verfolgen, aber ich befürchtete, sie könnten das Feuer eröffnen.

»Steig nicht aus . . . , leg dich auf den Boden, wenn ich es dir sage!« flüsterte ich Delia zu.

Die Männer schauten zu uns herüber, als der junge Bursche auf den Wagen zustolzierte und die Waffe auf meine Tür richtete. Er lehnte sich durch das Fenster und funkelte mich schweigend an. Mir drehte sich der Magen um, als ich mich an die Geschichten erinnerte, die wir in Johannesburg gehört hatten. Ein junger Lehrer aus Europa, der auf dem Weg zu seiner Schule in Nordbotswana war, war aus einem Bus gezerrt und mit Gewehrkolben übel zugerichtet worden – nur weil den Leuten sein Bart nicht gefiel. Vor der Abreise hatte Delia mich angefleht, ich solle mir den Bart abrasieren. »Das sind doch bloß Gerüchte«, hatte ich sie zu beruhigen versucht. Jetzt war ich mir nicht mehr so sicher.

»Du . . . , gehen.« Ich glaubte nicht richtig verstanden zu haben.

»*Go siami* . . . , okay?« fragte ich. Wortlos trat er vom Wagen zurück. Ohne ihn aus den Augen zu lassen, ließ ich langsam die Kupplung kommen. Die anderen Männer starrten hinter uns her, als wir losfuhren. Ich trat das Gaspedal ganz durch. Im Rückspiegel konnte ich sehen, wie sie uns beobachteten, und meine Rückenhaut sträubte sich. Erst vor wenigen Tagen war ein junges Mädchen in den Rücken geschossen worden, als es sich mit seinen Eltern von einer ähnlichen Straßensperre entfernte. »Bleib unten!« rief ich Delia zu und beugte mich tief über das Steuer, während ich so schnell wie möglich die nächste Straßenbiegung zu erreichen versuchte.

Nach mehreren Kilometern zog ich Delia an mich und hielt sie einen Augenblick lang fest umschlungen. Wir waren beide ziemlich mitgenommen von diesem Zwischenfall. Als wir uns wieder etwas gefaßt hatten, faltete ich eine Landkarte von Botswana auseinander. »Wir müssen so bald wie möglich von der Hauptstraße herunter«, sagte ich und betrachtete die große weiße Fläche, die Kalahari, mitten auf der Karte. »Es muß doch noch einen anderen Weg dorthin geben, selbst wenn wir querfeldein fahren müssen.« Doch von unserer Position waren es noch mehr als dreihundertzwanzig Kilometer bis zum Deception Valley. Selbst mit den zusätzlichen einhundertsiebzig Litern Sprit in unserem neuen Reservetank und den vierzig Litern Wasser in unseren Kanistern war das kaum zu schaffen.

»Mark, wie wäre es mit der alten Piste, die Bergie einmal erwähnt hat und die von Südosten dorthin führt?«

»Das ist eine Idee . . . Wenn wir sie finden, nehmen wir sie.«

Wir fuhren von der Straße hinunter und etwa zweihundert Meter in den Busch hinein, wo wir die Nacht verbrachten, eingerollt in unser neues gelbes Zelt, das wir nicht aufbauten, weil man es von der Straße aus hätte sehen können. Am folgenden Tag durchquerten wir bei einem kleinen Dorf am Rande der Kalahari eine weißverkrustete Senke, kamen durch einen Kraal und an einem Laden vorbei und fuhren auf einem Pfad, der wie ein Viehwechsel aussah, geradewegs in die Wüste hinein. Er schlängelte sich in verschiedenen Richtungen um ausgetrocknete Mulden und Pfannen herum, aber nach unserem Kompaß waren wir auf dem richtigen Weg zum Deception Valley, noch immer rund dreihundert Kilometer durch die Wüste.

Bei Einbruch der Nacht waren wir viele Kilometer von der letzten Straße, dem letzten Dorf, dem letzten menschlichen Wesen entfernt. Von nun an mußten wir die Entfernung durch die Zeit und die Zeit durch den Stand der Sonne, des Mondes und der Sterne bestimmen. Ich streifte meine Armbanduhr ab und legte sie in den Aschenbecher; sie sprach die Sprache einer anderen Welt.

Da wir nicht mehr befürchten mußten, entdeckt zu werden, machten wir am Abend ein Feuer, an dem wir lange saßen und leise davon sprachen, wie schön es war, wieder hier zu sein. Ein Löwe brüllte im Westen, nicht weit weg. Allmählich wich der Druck von meiner Brust, und zum erstenmal seit Wochen entspannte ich mich. Die Verstrickungen und Nöte der Menschenwelt – das Gedränge auf den Flughäfen, der Großstadtverkehr, die Kriege und Watergates – lagen weit hinter uns. Das ursprüngliche, unverfälschte Afrika umfing uns wieder. Als wir uns zum Schlafen niederlegten, fragten wir uns, ob im Tal wohl Regen gefallen und wie Mox während unserer Abwesenheit zurechtgekommen war.

Dichtes Dornengesträuch, heißer, schwerer Sand und die glühende Morgensonne erschwerten das Vorankommen am nächsten Tag. Wir fuhren immer tiefer in die Wüste hinein, und die Spur verlor sich im Gras und Busch. Würde sie vielleicht völlig verschwinden? Benommen von der Fünfzig-Grad-Hitze, wischten wir uns Gesicht und Nacken mit einem feuchten Lappen ab, wenn wir anhalten mußten, um den kochenden Motor abzukühlen. Delia stellte beim Fahren die Füße in einen Pappkarton; auf dem Metallboden hätten wir ein Steak grillen können.

»Es riecht nach Benzin!« Ich trat auf die Bremse, doch als wir hinaussprangen, floß das Benzin bereits an allen Ecken und Enden in den Sand. Der große Zusatztank hatte sich verschoben, und dabei war das Ableitungsrohr abgerissen. Der kostbare Vorrat schmolz zusehends dahin.

»Schnell! Wir brauchen etwas, um das Zeug aufzufangen!« Wir rannten zum Wagenheck und durchwühlten die Ladung. Doch kein Gefäß faßte mehr als ein paar Liter. Ich tauchte unter den Toyota und rammte meinen Finger in das Loch, das ich für die Benzinleitung in den Unterboden gebohrt hatte. Aber der Tankabfluß hatte sich versetzt und lag jetzt direkt auf dem Blech. Ich konnte ihn nicht erreichen und verstopfen. Ich grapschte eine Packung Dichtungsmasse aus dem

Werkzeugkasten, warf mich wieder in den Sand und versuchte mit benzingetränkten Sachen ein Stück der Masse in den schmalen Zwischenraum zu pressen. Aber ich kam nicht an die Öffnung heran, und bei dem ausströmenden Sprit hätte sie der Kitt ohnehin nicht verschließen können.

Der Tank war mit Stahlbändern und Bolzen am Boden befestigt; über ihm befanden sich ein Eisengitter und eine Tonne Ladung. In einem Anflug von Panik begannen wir, die Konserven, Wasserkanister, Geräte und Ausrüstungsgegenstände aus dem Laderaum zu werfen, während unser Benzin munter weiterfloß. Ich ergriff einen Schraubenschlüssel, setzte mich rittlings auf den Tank und versuchte mit ungeschickten, hektischen Bewegungen die Bolzen und Bänder zu lösen. Die Minuten vergingen. Das Geräusch des in den Sand tropfenden Benzins machte mich fast verrückt. Während ich fieberhaft arbeitete, sagte ich mir immer wieder: »Du mußt etwas übersehen haben ... *denk nach*!«

Endlich war der Tank locker, doch so sehr ich mich auch anstrengte, ich konnte ihn nicht anheben. Ich stieß den Spaten unter den Kasten und wollte ihn hochstemmen – er bewegte sich nicht. Meine Tennisschuhe hatten sich mit Benzin vollgesogen, und zum erstenmal schoß mir der Gedanke an eine Explosion durch den Kopf. Ich gewann schließlich meine Selbstkontrolle zurück, gab den Kampf mit dem Tank auf und begann klarer zu überlegen.

»Gieß das Wasser aus einem Kanister – wir müssen ihn mit Sprit füllen!« rief ich.

Ich holte hinter dem Vordersitz einen Schlauch hervor, stieß ein Ende in den Tank und saugte an dem anderen. Benzin schoß mir in den Mund. Würgend und spuckend stopfte ich den Schlauch in den Kanister. Nachdem auch der zweite Behälter gefüllt war, packte ich den länglichen Tank an einer Seite und hob ihn an. Da er jetzt leichter war, konnten wir ihn endlich aufrichten und nach hinten kippen. Ich verschloß den Ausfluß mit Dichtungsmasse. Der Rest unseres Benzins war gerettet! Völlig ausgepumpt setzten wir uns auf den Wagenboden. Mein Mund fühlte sich wie Watte an, und ich versuchte noch immer den ekelhaften Geschmack des Benzins auszuspucken. Dann sah ich, daß die Deckel von *beiden* Kanistern abgeschraubt waren. Im Eifer des Gefechts hatten wir unser gesamtes Wasser weggeschüttet!

Später saßen wir im Schatten des Wagens und steckten unsere nackten Füße tief in den kühlen Sand unter der Oberfläche. Wir hatten die Wahl, entweder ohne Wasser und mit wenig Benzin weiterzufahren oder zu wenden und die große Straße durch Francistown zu benutzen, auf die Gefahr hin, mit Terroristen oder Militär zusammenzustoßen. Plötzlich eilte Delia zum Führerhaus und kippte den Fahrersitz nach vorne. Sie hatte noch in Johannesburg eine Zweiliterflasche zusätzlich mit Wasser gefüllt und dort versteckt. Ein schwacher Trost – ein paar Schluck für uns, der Rest für den Kühler.

Als wir die verstreuten Konserven einsammelten, fiel mir der Sirup in den Büchsen ein; mit ihm konnten wir bis zum Deception Valley den ärgsten Durst stillen.

Nachdem wir uns also zur Weiterfahrt entschlossen hatten, zurrten wir den aufrecht stehenden Reservetank im Wagen fest, luden unsere Vorräte wieder auf und warteten im Schatten auf die Kühle des Abends. Bei Sonnenuntergang verstauten wir einige Obstkonserven hinter den Vordersitzen, und ich machte mit dem Taschenmesser kleine Löcher in die Deckel. Unterwegs nippten wir dann immer wieder an dem klebrigen süßen Saft.

Stunde um Stunde folgten wir dem gelben Lichtfleck der Scheinwerfer, hypnotisiert von dem endlosen Grasmeer, das uns entgegenwogte. Als wir vor Müdigkeit einnickten, hielten wir an. Wir standen neben dem Wagen und atmeten tief die kühle Nachtluft ein. Der Duft der Gräser und Büsche war erfrischend. Nachdem wir unseren Kurs mehrmals mit dem Kompaß überprüft hatten, fuhren wir weiter, bis es tagte, und legten uns dann in den Reifenspuren unter dem Wagen zum Schlafen.

In der folgenden Nacht mußten wir einige Male haltmachen, um mit dem Schlauch Benzin aus dem Reservetank in den Haupttank umzufüllen. Meine Sorgen wuchsen, denn am Morgen war der Pegelstand sehr niedrig.

Bei Sonnenaufgang setzten wir die Fahrt fort, und während ich am Steuer saß, überlegte ich mir, daß wir in der nächsten Nacht versuchen könnten, Wasser zu sammeln, indem wir unsere Zeltplane auf dem Boden ausbreiteten und die kondensierte Flüssigkeit auffingen. Für den äußersten Notfall hatten wir genügend Lebensmittel im Wagen und einen Spiegel, mit dem wir einem Flugzeug, falls eines über uns hinwegfliegen sollte, Signale geben konnten. Wir kamen immer langsamer voran, und ohne eine brauchbare Landkarte konnten wir nicht einmal genau sagen, wie weit es noch zum Deception Valley war.

Am Nachmittag eines späten Novembertages saßen wir endlich auf der Kuppe der Ostdüne, beschatteten die Augen gegen die Sonne und blinzelten hinab ins Deception Valley. Wir hätten in Hochstimmung sein müssen, aber wir hatten zuviel durchgemacht, und wir waren entsetzt über das, was wir sahen. Eingehüllt in Hitzeglast, erstreckte sich dort unten das alte Flußbett zwischen den schimmernden Dünen. Keine Ameise, kein Grashalm, kein einziges Lebewesen bewegte sich auf seiner kahlen, ausgedörrten Oberfläche – eine graue Platte mit verstreuten ausgebleichten Knochen und weißen Krustenbildungen.

Wir hatten gehofft, im Tal Erleichterung von der Hitze, der Dürre und dem sengenden Wind zu finden. Doch hier war alles genauso wie überall. Wir sprachen kein Wort.

Dutzendfach zogen Windhosen über die ausgelaugten Flächen, als fürchteten sie sich vor der Berührung mit dem heißen Boden. Von der Sonne verbrannt, mit aufgesprungenen Lippen und geröteten Augen durchfuhren wir langsam das Flußbett und hielten vor den Überresten unseres Camps an: Verbogene und zerbrochene Stangen, verschossene Planen und rostige Konservendosen lagen wild durcheinander unter einer Schicht aus Zweigen und Sand. Das Regal hing nur noch an einem ausgefransten Seil an seinem Ast, und der Sonnenschutz, den wir uns gebaut hatten, hatte sich in einen Schilfhaufen verwandelt. Halbmondförmige Sandhügel waren auf der windabgewandten Seite der Wasserfässer emporgewachsen, die am Rande des Camps standen. Abgesehen von dem Wind, der in den Bäumen raschelte, herrschte eine gespenstische Stille. Wir versuchten mit unserer tiefen Verzweiflung fertig zu werden. Überoptimistisch, wie wir nun einmal waren, hatten wir auf Regen gehofft. Doch er war ausgeblieben. Keine Antilopen, keine Löwen und Hyänen waren da. Nur Wind, Dornbusch, Sand und Hitze. Wir banden uns Tücher über das Gesicht gegen den sturmgepeitschten Sand und hoben hier einen Topf, dort eine Konservendose auf. Was hatten wir hier überhaupt zu suchen ... und wofür das alles?

Sonnenuntergang. Die Hitze und der Wind ließen nach. Die Wüste erstarrte in betäubtem Schweigen. Die rote Sonne versank hinter der Westdüne. Aus den Wäldchen in Captains Territorium erhob sich die belebende Stimme eines Schakals. Wir wußten, warum wir zurückgekommen waren.

Von nun an würde unsere ganze Forschungsarbeit davon abhängen, daß das Funkortungsgerät funktionierte, aber wir hatten damit noch keinerlei Erfahrung. Die Radiotelemetrie steckte letztlich noch in den Kinderschuhen, und andere Feldzoologen hatten feststellen müssen, daß das System recht unzuverlässig war und vielfach mehr Ärger als Nutzen brachte.

»Testen Sie das Gerät unter Bedingungen, die denen der tatsächlichen Freilandsituation möglichst ähnlich sind!« hieß es in der Bedienungsanleitung. Delia entfernte sich vierhundert Schritte weit vom Camp, legte sich einen senderbestückten Kragen um und begann auf Händen und Knien umherzukriechen wie eine nahrungsuchende Hyäne. Ich fummelte an Knöpfen und Schaltern herum und richtete die Antenne auf Delia aus, als ich hinter mir die weich schlurfenden Schritte von Mox vernahm. Einige Tage nach unserer Rückkehr waren wir nach Maun gefahren, um ihn von dort ins Camp zurückzuholen.

Ich drehte mich um zu der Stelle, wo er stand, den Besen in der Hand, mit dem er das Zelt ausfegen wollte. Er machte ein neugieriges Gesicht, als er seine scharfen Augen zuerst auf Delia und dann auf den Empfänger und die Antenne in meinen Händen richtete. Ich band mir einen der großen Kragen um den Hals.

»Radio ... Sender für *Peri* ... Hyäne, hier drin.« Ich zeigte ihm den rosigen Akrylblock, mit dem der Sender an dem schweren Gurt befestigt war.

Mox blickte vom Kragen zu Delia hinüber, dann wieder zu mir.

»Sender!« sagte ich mit Nachdruck, indem ich den Empfänger und die Peitschenantenne hoch hielt.

»Ooh! Missus ... *Peri? Peri* ... Musik?« fragte er leise. Er warf Delia wieder einen Blick zu und fuhr sich mit der Hand an die Kehle. Seine Mundwinkel kämpften gegen den schwachen Ansatz eines Lächelns an; er schniefte und wandte sich ab. Er mußte schon des öfteren das Bedürfnis gehabt haben, über uns zu lachen, aber er hatte sich stets beherrscht – er fürchtete wohl, wir könnten das als Zeichen von Respektlosigkeit auffassen.

»Huh«, schniefte er nochmals und verschwand im Zelt.

Wie ich die Antenne auch hielt oder das Empfangsgerät drehte, bei Entfernungen von mehr als vierhundert Metern – weit weniger als die zwei Kilometer, die der Hersteller uns zugesichert hatte –, konnte ich keinen Laut aus dem Sender an Delias Hals vernehmen. Wir setzten uns auf den Boden des Flußbetts und ließen die Köpfe hängen. Dies war ein entscheidender Schlag für unser Forschungsvorhaben. Wir mußten eine Sonderfahrt nach Maun und eine monatelange Verzögerung in Kauf nehmen, aber uns blieb nichts anderes übrig, als die Funkausrüstung zur Überprüfung und Neujustierung einzuschicken. Wir packten sie ein und übergaben sie einem Buschpiloten, der sie nach Südafrika mitnahm.

Unterdessen mußten wir wieder auf die alte Methode der Hyänenortung zurückgreifen. Da wir wußten, wie schwer es war, auf diese Weise eine Braune Hyäne aufzuspüren, fehlte es uns an der rechten Motivation, als wir stundenlang im rauhen Gelände herumkurvten und in den Lichtkegel blickten, der im verödeten Flußtal auf und ab tanzte. Um uns wachzuhalten, sangen wir Lieder und sagten Gedichte auf.

Die ersten Regenfälle zu Beginn des Jahres 1977 milderten die Hitze. Die Antilopenherden sickerten wieder ins Tal ein, und eines frühen Morgens trafen unsere Gelbschnabeltokos aus den Wäldern der Westdüne bei uns ein. Sie landeten auf dem Teetisch und bettelten um Futter. Noch bevor sie richtig Platz genommen hatten, war Delia bereits aufgesprungen und holte eine Schale mit gelbem Maismehl.

An einem anderen Morgen weckte uns Löwengebrüll auf, und von unserem Bett aus konnten wir einen großen Löwenmann sehen, der das Flußbett entlangschlenderte und auf das Camp zukam. Auf die Ellbogen gestützt, beobachten wir durch das Gitterfenster unseres Zeltes eine Herde von eintausendfünfhundert Springböcken, die sich in der Mitte teilte, um den Löwen durchzulassen. Die Antilopen wußten, daß er nicht auf der Jagd war.

Als der Löwe nur noch dreißig Meter entfernt war, erkannten wir seine orangefarbene Ohrmarke, Nummer 001. Wieder einmal war Bones nach einer Trockenzeit ins Deception Valley zurückgekehrt. Beim Akazienbusch neben dem Fenster blieb er stehen, warf uns einen lässigen Blick zu, hob den langen Quastenschwanz und schoß eine Ladung Urin in die unteren Zweige. Er brüllte noch einmal und lauschte dann mit hochgerecktem Kopf und gespitzten Ohren. Sein Blick schweifte weit das Tal hinauf nach Norden, von wo ein Löwenchor antwortete. Er entfernte sich rasch in diese Richtung, und wir folgten ihm im Wagen.

Am Wasserloch in der Mittelpfanne hielt er inne und sah seinen Artgenossen entgegen, die sich ihm in einer langen Einzelreihe näherten. Delia blickte durch das Fernglas. »Mark, es ist das Blaue Rudel!« Bones schritt ein Stück auf die anderen zu, bevor er sich hinlegte. Sein Rudel kam heran, und alle Löwinnen rieben zur Begrüßung ihre Wange an der seinen und schoben sich dann an seinem Körper entlang. Danach strebten Sassy, Spooky, Gypsy, Spicy und Blue direkt auf unseren Wagen zu, und nachdem sie ihn gründlich berochen hatten, benagten sie die Reifen, bis ich den Motor anließ, um sie zu verscheuchen. Chary, deren Rücken stärker durchhing als früher, war über diesen Unsinn erhaben und betrachtete das Ganze aus sicherer Entfernung.

Wir verweilten eine Zeitlang bei den Löwen und fuhren dann zurück. Als wir uns in Bewegung setzten, trabte Sassy, noch immer fasziniert von den rotierenden Rädern, dicht hinter der Heckstoßstange her, und die anderen folgten ihr in einer langen Reihe. Mox, dessen Gesicht sich zu einem seltenen Lächeln verzog, trat vor das Camp, einen Teller in der Hand, den er gerade abtrocknete. Wir müssen ihm wie Rattenfänger vorgekommen sein.

Angeführt von Sassy, besetzten die Löwen das Camp. Bones streckte sich neben der Feuerstelle aus. Mox stahl sich aus der Bauminsel heraus, schlug einen Bogen und gesellte sich zu uns in den Wagen. Mittlerweile war er an solche Überraschungsbesuche von Löwen, Leoparden und Hyänen gewöhnt, und der Wanderzirkus des Blauen Rudels machte ihm ausgesprochen Spaß. Sassy zog den Schlauch aus dem Wasserfaß heraus. Mit stolz erhobenem Haupt, als ob sie soeben eine kapitale Schlange getötet hätte, preschte sie mit ihrer Trophäe davon. Die anderen rasten hinterher. Blue setzte ihre Pranke auf das nachschleifende Schlauchende, aber Sassy ließ nicht locker, und der Schlauch riß entzwei. Spicy und Gypsy machten sich je über ein Stück her, und in Kürze waren vom Schlauch nur noch grüne Plastikfetzen übrig. Die Löwen überließen es uns, ein neues Verfahren zur bequemen Wasserentnahme zu ersinnen, und verzogen sich, um den Tag in »Löwenruh«, einer Buschhecke zweihundert Meter westlich, zu verschlafen.

Wir beobachteten die Löwen, sooft wir sie im Umkreis des Flußbetts entdecken konnten, doch eines Morgens in den letzten Maitagen des Jahres 1977 verfolgten wir das Blaue Rudel weit nach Norden durch das Tal. Es war das letzte Mal in diesem Jahr, daß wir die Tiere sahen, und unsere Befürchtungen, daß sie das Tal vor der Rückkehr unseres radiotelemetrischen Zubehörs verlassen würden, erwiesen sich als berechtigt. Eine ganze Saison war für unsere Löwenforschung verloren.

Als unsere Funkausrüstung zum dritten Mal zurückkam, funktionierte sie nicht besser als zuvor. Wir mußten uns mit ihr bei den Braunen Hyänen behelfen, die Löwen waren ja bereits verschwunden. Wir hatten nicht genug Geld und Zeit, ein anderes Modell zu erwerben.

Die einzige Möglichkeit, die Reichweite der Kragensender zu vergrößern, bestand darin, die Rahmenantenne höher anzubringen. Es genügte nicht, sie auf Armeslänge aus dem Wagenfenster zu halten. Deshalb banden wir sie an das Teilstück einer zerlegbaren Zeltstange, und indem wir unten weitere Teile anfügten, konnten wir die Antenne sechs bis sieben Meter fünfzig hoch über dem Wagen aufrichten. Delia und ich standen hinten auf dem Geländewagen und erprobten und trainierten die rasche Verkürzung und Verlängerung der Antennenstange, damit wir uns den Wanderbewegungen einer Hyäne anpassen konnten.

Eines Abends dann narkotisierten wir Star, legten ihr einen Kragensender um den Hals und betteten sie behutsam unter einen Jujubenbaum in der Buschinsel, einem Strauchdickicht unweit des Camps, wo wir sie im Auge behalten konnten. Wir beobachteten sie bis zum Morgengrauen und warteten sehnsüchtig darauf, daß sie wieder zu sich käme und sich trollte.

Nachdem wir kurz im Camp gewesen waren, um einen Happen zu essen, entdeckten wir, daß Star die Buschinsel verlassen hatte. Kein Grund zur Aufregung. Sie konnte nicht weit gekommen sein, und mit Hilfe des Kragensenders würden wir sie leicht wiederfinden. Delia kletterte auf den Geländewagen und drehte die Rahmenantenne, während ich den Empfänger auf Stars Frequenz einstellte. Sogleich ertönte ein Bip-bip-bip in meinem Kopfhörer. »Ich habe das Signal! Nichts – zurück nach links – jetzt nach rechts – noch ein bißchen – gut so! Das war's. Mach eine Kompaßpeilung, und dann los!«

Wir fuhren westwärts in das dichte Gebüsch des Sandvelds hinein und suchten das Gelände vor uns nach Star ab. Nach einigen Minuten hatten wir sie noch immer nicht gesehen. Ich hielt an und hob die Antenne hoch. »Sie will uns tatsächlich entwischen. Ich kann ihr Signal kaum noch hören.« Ich kletterte auf die Ladefläche des Wagens, stolperte über die herumliegenden Zeltstangen und begann mehrere Teilstücke zusammenzustecken. Als die Antenne etwa vier Meter fünfzig hoch war, frischte der Wind, der sich während der Trockenzeit regelmäßig am Morgen erhob, plötzlich auf und setzte den Antennenmast in heftige Bewegungen. Das Mittelteil schwankte und bog sich. Nur mit Mühe konnten wir den Mast wieder zerlegen. Wir fuhren weiter in die Richtung, aus der Stars Funksignale gekommen waren. Doch nach mehreren Hundert Metern waren aus dem Empfänger nur noch dumpfe atmosphärische Störungen zu hören. »Wir müssen diese verdammte Antenne höher hängen!« Ich begann weitere Stangen anzufügen, während Delia die schwankende Antennenspitze mit Haltetauen unter Kontrolle zu bringen versuchte. Sie war inzwischen den Tränen nahe, und ich war wütend – nicht auf sie, sondern weil das Ganze so frustrierend war.

Die Antenne erhob sich nun fast siebeneinhalb Meter und war kaum noch zu bändigen, denn der Wind wurde von Minute zu Minute stärker. Plötzlich geschah die Katastrophe. Der Mast wackelte gefährlich und brach zusammen, und die Antenne segelte in einen Dornbusch. Delia hielt die schlaffen Spannseile, und Tränen stiegen ihr in die Augen, während ich den Mast anstarrte, der wie ein Strohhalm geknickt war.

»Wir müssen hinauf auf die Düne!« knurrte ich. »Wenn wir ihr Signal da oben nicht hereinkriegen, dann schaffen wir es nie!« Wir warfen die Antennenteile in den Wagen. Durch die Büsche jagten wir zur etwa fünfzig Meter höher gelegenen

Dünenkuppe hinauf und steckten die unbeschädigten Teile zusammen. Noch immer kein Signal. Wir waren völlig verzweifelt. Monatelang hatten wir auf diese Funkausrüstung gewartet – und sie war unbrauchbar.

Eisiges Schweigen herrschte im Wagen, als wir zum Camp zurückfuhren, wo Mox uns empfing. Er stand neben dem Zelt und konnte sein Grinsen nur schwer verbergen, während er mit den Armen wedelte und nach Osten wies. Keine hundert Meter entfernt zog Star in voller Größe durch das Flußbett, und zwar in der entgegengesetzten Richtung!

Wir gaben die Idee mit der Antennenmastverlängerung auf. Fortan wollte ich die Antenne nur noch aus dem Wagenfenster halten und versuchen, die Funksignale innerhalb der Reichweite des Hyänensenders aufzufangen. Da wir nicht die mindeste Ahnung hatten, wo Star tagsüber schlief, bemühten wir uns, sie per Funk zu lokalisieren, indem wir viele Kilometer weit die westliche und östliche Dünenlandschaft abfuhren. Als das nicht klappte, kehrten wir zu unserer alten Methode zurück und sondierten allnächtlich das Flußbett mit dem Suchscheinwerfer. Sobald wir sie entdeckt hatten, konnten wir das Funkgerät benutzen, um ihr durch die Buschsavanne des Sandvelds zu folgen. Solange wir uns nicht weiter als drei- bis vierhundert Meter von ihr entfernten, hörten wir ihr Signal, und so gewannen wir, trotz der Mängel unserer Funkausrüstung, einige wichtige Erkenntnisse.

Am Abend, nachdem wir ihr den Kragen angelegt hatten, spürten wir Star auf dem Nordbuchthügel auf. Wir waren entschlossen, ihr auf den Fersen zu bleiben, wohin sie auch immer wandern würde, obwohl wir keine Ahnung hatten, wie weit und in welcher Richtung wir uns dabei vom Camp entfernen müßten. Wir hatten zusätzliche Lebensmittel- und Wasservorräte eingeladen. Es konnte ja durchaus sein, daß wir uns am anderen Morgen achtzig Kilometer weiter weg wiederfanden.

Star wandte sich nach Westen und entschwand im hohen Gras und Gebüsch des Sandvelds. In den nächsten zwölf Stunden sahen wir nichts mehr von ihr. Wir folgten ihrem schwachen Signal durch Dornbuschdickichte und dichte Wälder bis zur Ostdüne und dann auf deren Kamm nach Norden durch schier undurchdringliches Unterholz. Wir fuhren über umgestürzte Stämme hinweg, um Baumstümpfe herum und durch Dornbuschwälle hindurch, die oft drei Meter hoch und so zäh und störrisch waren, daß die Vorderräder des Wagens zuweilen vom Boden abhoben. Nach zwei oder drei Nächten waren die elektrischen Kabel, das Auspuffrohr und die Bremsleitungen des Toyota abgerissen. Erst nach ein bis zwei Wochen fand ich Zeit, die Leitungen durch einen kräftigen Gummischlauch zu schützen und mit Drähten wieder am Chassis zu befestigen. Zweige, Rinde und ganze Äste regneten auf die Kühlerhaube herab, wenn das Unterholz an den Seitenwänden vorbeischrammte und den Wagen umklammerte. Sooft ich konnte, hielt ich den Suchscheinwerfer oder die Antenne aus dem Fenster, um das Terrain vor uns zu erkunden oder Stars Standort durch Funksignale zu ermitteln. Delia notierte indessen Kompaßpeilungen, Entfernungsangaben und Kommentare zum Biotop und

Bones im Dünenwald unweit des Flußbetts.

Oben: Bones ist nach unserer Operation noch immer geschwächt. *Unten:* Spicy und Spooky, zwei Schwestern aus dem Blauen Rudel, an einem Springbock, den sie am frühen Morgen gerissen haben.

Oben: Bones wird von Blue provoziert, weil sie einen Anteil an ihrem Springbockriß verlangt. *Unten:* Bones zerrt an einem Spießbockkadaver und belastet dabei voll sein verletztes Bein.

Bones bei der Paarung mit Blue.

Oben: Blue mit ihren Kindern Bimbo und Sandy. In Dürrezeiten, wenn Beute Mangelware ist, lösen sich die Löwenrudel auf; Blue war mit ihrem Nachwuchs monatelang allein. *Unten:* Bimbo versteckt sich im hohen Gras, während seine Mutter auf der Jagd ist.

Oben: Nach dem Anlegen eines Sendekragens hieß es, die Tiere in den Schatten zu bringen. *Unten:* Braune Hyänen wie McDuff zählen zu den seltensten und am wenigstens erforschten Raubtieren der Erde.

Oben: Diablo tut sich an einem Spießbock gütlich, den er gerissen hat. *Unten:* Captain kämpft um seine Position in der Schakal-Rangordnung.

Oben: Star nimmt ihr Kind Cocoa auf, um es in das fünf Kilometer entfernte Gemeinschaftslager zu tragen. *Unten:* Pepper fordert Toffee zum Spielen auf. Alle Welpen des Clans wurden in einem Gemeinschaftslager aufgezogen.

Verhalten der Hyäne. Es war mir unbegreiflich, wie sie im schlingernden Wagen zur gleichen Zeit mit der Taschenlampe und dem Kompaß hantieren und auch noch leserlich schreiben konnte!

Da Star keine Löwenmahlzeiten plündern konnte, durchforschte sie die dichteste Vegetation, weil dort die Chance, einen Leoparden, eine Zibetkatze, einen Serval oder einen Schakal an einem frischen Riß zu überraschen, viel größer war als im offeneren Gelände. Sie gönnte sich nie eine Ruhepause – und uns auch nicht. Doch zum ersten Mal seit dem Beginn unserer Forschungstätigkeit vor mehr als drei Jahren erfuhren wir etwas Genaueres über die Lebensweise der Braunen Hyänen in der Trockenzeit, wenn sie sich fernab vom Flußbett aufhielten.

Einmal verließ Star frühmorgens den Wald und betrat eine mit hohem Gras bestandene Lichtung auf dem Dünenhang. Wir konnten sie von der Kuppe aus sehen. Sie bewegte sich schnuppernd durch das Gras, als plötzlich zwei hohe, schlanke Gebilde wie Laternenpfähle vor ihr auftauchten. Star schien wie gelähmt, senkte dann den Kopf und schritt weiter. Die Hälse wurden noch länger, bis die beiden Strauße schließlich aufstanden, ihr Gefieder zurechtschüttelten und sich wachsam umschauten. Unverhofft schoß die Henne mit flatternden Federn davon. Doch der große schwarze Hahn stellte seine Schwingen zu einem Fächer auf und stürzte sich auf Star. Seine kräftigen Füße schnitten durch das Gras und stampften auf dem Boden auf. Star sträubte ihr Fell und stürmte ihm entgegen. Als die beiden nur noch wenige Meter voneinander entfernt waren, brach der Strauß nach links zusammen, ließ den Flügel hängen und zog ihn hinter sich her, als gehöre er nicht mehr zu seinem Körper. Dann sackte er wie ein schwarz-weißer Federhaufen in sich zusammen. Als Star auf den Trick nicht hereinfiel, stand der Hahn wieder auf und begann im Kreis herumzurennen, wobei sein »gebrochener« Flügel schlaff herabhing. Es war ein spektakuläres Täuschungsmanöver, aber Star war viel zu erfahren, um sich dadurch zum Narren halten zu lassen. Sie durchstreifte die Gegend, die Nase dicht am Boden, bis sie schließlich das Nest entdeckte. Es war ein gefundenes Fressen für eine Braune Hyäne in der kargen Trockenzeit.

Sie stand zwischen den melonengroßen cremefarbenen Eiern und riß die Kiefer weit auf, um eines davon zu packen. Doch ihre Zähne glitten von der glatten Schale ab, das Ei rutschte aus ihrem Maul, und ihre Kiefer klappten zusammen. Sie probierte es noch einmal und verlagerte ihr ganzes Gewicht nach vorne, bis die Reißzähne die Schale sprengten und der nahrhafte Inhalt ausfloß. Sie schleckte drei Eier im Nest auf und trug acht weitere zum späteren Verzehr in ein Versteck.

Wir saßen in der Sonne auf dem Dünenkamm, viele Kilometer vom Camp entfernt, und kauten Biltong und tranken Kaffee – den wir durch ein Tuch seihen mußten, weil die Thermosflasche zerbrochen war. Ich flickte zwei Reifen, während Delia ihre Aufzeichnungen durchging, um die Route zum Camp zu bestimmen. Star hatte uns über dreißig Kilometer weit im Zickzackkurs herumgeführt. Wir hatten keine Ahnung, wie lange wir für die Heimfahrt brauchen würden.

Diese erste Verfolgungsjagd war so ergiebig, daß wir bald auch Shadow, Patches und Ivey mit Kragensender ausstatteten. Nach jeder Nachtfahrt ruhten wir uns, so gut es ging, in der Tageshitze aus und machten in der nächsten Nacht weiter. Nach mehreren solchen Tagen waren wir so weit, daß wir uns am liebsten den Löwen zum Fraß vorgeworfen hätten. Doch wenn wir uns zwischendurch zwei Nächte lang ausruhen konnten, verflogen diese Anwandlungen.

Von Anfang an hatten uns die zahlreichen Rätsel fasziniert, welche die Ökologie der Braunen Hyänen umgaben. Die Einzelinformationen, die wir auf den Verfolgungsfahrten während der Regenzeit über ihre Wanderbewegungen, ihr Sozialverhalten und ihre Ernährungsgewohnheiten zusammengetragen hatten, hatten lediglich neue Fragen aufgeworfen, die unseren Appetit auf mehr anregten. So unvollkommen unsere Funkausrüstung auch war, sie verhalf uns immerhin zu tieferem Einblick in das Leben der Hyänen während der Trockenzeit. Je häufiger wir ihren Funksignalen folgten, desto mehr bewunderten wir diese zähen, anpassungsfähigen Aasvertilger, die in einer so kargen und unberechenbaren Umwelt zu überleben vermochten.

Immer wieder staunten wir, wie Star mit den Unbilden der Dürre fertig wurde. Da Kadaverreste in den trockenen Monaten so weit verstreut sind und da die Braunen Hyänen vorwiegend von Aas leben, müssen sie ihr Schweifgebiet gegenüber der Regenzeit fast um das Doppelte vergrößern und riesige Entfernungen zurücklegen, um ausreichend Nahrung zu finden. Wenn man die Um- und Abwege mit einberechnet, dann bewältigte Star in vielen Nächten eine Strecke von mehr als fünfzig Kilometern. Die Energie, die sie bei diesen nächtlichen Marathonläufen aufwandte, um sich durch Dorngesträuch durchzuarbeiten oder lockere Sandflächen zu durchqueren, muß beträchtlich gewesen sein, und dabei nahm sie vielfach nur sehr wenig oder überhaupt nichts zu sich. In manchen Nächten mußte sie sich mit einem einzigen Horn, einem Huf, einem vertrockneten Fellstück oder ein paar ausgeblichenen Knochensplittern begnügen, und all das stammte von Kadaverresten, die Löwen, Schakale, Geier und andere Hyänen schon vor Monaten zurückgelassen hatten.

Die Braunen Hyänen besitzen überdies die bemerkenswerte Fähigkeit, monatelang, in Dürrezeiten sogar jahrelang, ohne Trinkwasser auszukommen. Sie decken ihren Nahrungsbedarf nur zu etwa sechzehn Prozent mit lebender Beute, doch in der Trockenzeit machen sie gelegentlich Jagd auf kleine Tiere; sie graben Springhasen und andere Nager aus ihren Bauen aus und stehlen hin und wieder die von Schakalen, Leoparden und Geparden erbeuteten Vögel und Antilopen. Das Gewebe solcher Beutetiere und Kadaver liefert den Hyänen nicht nur Nahrung, sondern auch Feuchtigkeit. Wenn es ausreichend regnet und die wilden Melonen gedeihen, werden diese Früchte wegen ihres Wassergehalts verzehrt.

Während wir unsere Braunen Hyänen studierten, führte Gus Mills in der südlichen Kalahari gründliche Untersuchungen zum Ernährungsverhalten der Tiere durch. Doch viele Fragen waren noch unbeantwortet, zum Beispiel die nach der sozialen Organisationsform dieser Art. Mills und seine Mitarbeiter beschrieben die

Braune Hyäne als solitär[2], aber wir beobachteten des öfteren an einem großen Löwenriß bis zu fünf Hyänen, die sich zusammenfanden und geselligen Umgang pflegten. Und wir wußten, daß die Tiere zumindest in der Regenzeit in Clans mit einer sozialen Rangordnung lebten. Vielleicht lösten sich in der Trockenzeit, wenn die Löwen und die großen Antilopen aus dem Tal abzogen, diese Gruppenbeziehungen auf, weil es dann weniger ergiebige Kadaver gab, welche die Hyänen zusammenführten; vielleicht besetzten die einzelnen Tiere dann getrennte Eigenbezirke.

Durch das radiotelemetrische Verfahren ermittelten wir, daß die Clanmitglieder in den trockenen Monaten tatsächlich seltener zusammentrafen und daß die Individuen allein umherstreiften. Doch obgleich sie oft viele Kilometer voneinander getrennt waren, hielten sie die Verbindung aufrecht, indem sie Duftmarken an Wechseln innerhalb eines gemeinsamen Reviers absetzten. Darüber hinaus bewahrte die Gruppe in den langen Dürremonaten ihre soziale Hierarchie. Wir wußten jedoch noch immer nicht, warum die Hyänen sich mit all diesen sozialen Konventionen belasteten. Da sie sich doch trennen und einen weiten Landstrich durchwandern mußten, um genügend Nahrung zu finden, warum gaben sie sich überhaupt die Mühe, miteinander in Kontakt zu bleiben? Die Beantwortung dieser Frage war weiterhin eine Hauptaufgabe unserer Hyänenforschung.

Eines Tages durchstreifte Ivey, das dominante Männchen des Clans, die Busch- und Waldlandschaft auf der Ostdüne. Der Zickzackkurs, den er einschlug, erhöhte die Chancen, daß er auf die Witterung eines Risses stieß. Für den Aasfresser war die letzte Nacht nicht schlecht gewesen: Er hatte bereits einem Schakal ein frischgetötetes Perlhuhn abgejagt und sich an einem Kudubein gütlich getan, das er vor einigen Tagen versteckt hatte. Da er nicht mehr hungrig war, brauchte er zum Abschluß seines nächtlichen Streifzugs nur noch die Ostgrenze des Clanterritoriums mit Duftmarken zu versehen.

Der Geruch eines Fremden stieg ihm plötzlich in die Nase. Er erstarrte mitten im Lauf und sträubte das Rückenhaar, als McDuff aus einem Akaziengebüsch hervortrat, keine fünfzehn Meter von ihm entfernt. McDuff, ein großes Männchen mit einem blonden Haarumhang auf dem kräftigen Nacken und den breiten Schultern, trug seinen imposanten groben Kopf hoch. Als er Ivey erblickte, schien er noch größer zu werden. Beide Männchen bauten sich wie Boxer voreinander auf und klopften mit den Vorderpfoten auf den Boden. Sie maßen einander mehrere Sekunden lang, dann senkte Ivey den Kopf und ging zum Angriff über. McDuff hielt die Stellung und wartete ab. Mit unheimlich klingendem Gebell und Geschrei packten sie einander im Nacken, warfen sich gegenseitig auf die Schulter und führten einen Schnauzenkampf auf. Staub wirbelte hoch, Äste zersplitterten. Die erste Runde ging an den Eindringling. Er brachte Ivey aus dem Gleichgewicht, biß sich seitlich an dessen Kopf fest und schüttelte ihn tüchtig. Blut tropfte aus Iveys Gesicht. Er kreischte und drängte nach hinten und oben, um sich zu befreien. Die Zähne rissen ihm die Wangen auf, als er versuchte, sich dem Angreifer zu entwinden. Wie ein Gefängniswärter, der einen Häftling abführt, marschierte McDuff mit Ivey im Kreis herum und schüttelte ihn so lange, bis er ihn schließlich zu Boden schleuderte.

Als McDuff erneut zubeißen wollte, wirbelte Ivey herum und packte ihn im Nacken. Stolpernd und einander umkreisend, traktierte einer den anderen mit Bissen in den Hals und das Gesicht. Nur zum Luftholen hielten die Kämpfenden inne. In einer letzten großen Kraftanstrengung drehte sich McDuff herum und befreite sich von Iveys Nackenbiß. Dann rannte er los, dicht gefolgt von Ivey, der nach seinen Fersen schnappte. Doch statt das Territorium zu verlassen, kehrte McDuff im weiten Bogen zurück, und im Lauf den Kampf fortsetzend, verschwanden die beiden Hyänenmännchen im Busch.

Einige Zeit danach sahen wir Ivey wieder. Sein Nacken und Gesicht waren übel zugerichtet. Aber die dicke Nackenhaut einer Braunen Hyäne hält solche Verletzungen aus, und sie würde schon bald verheilen. Es kam noch zu weiteren Kämpfen zwischen Ivey und McDuff, der meist den Sieg davontrug. Wir sahen Ivey immer seltener, dann gar nicht mehr. McDuff hingegen schien überall zu sein; er fraß an Kadavern gemeinsam mit Patches und Star und kontrollierte das Territorium des Clans, denn er verteilte seine Duftmarken im ganzen Tal. Der Deception Clan hatte einen neuen Anführer.

In einem Punkt gaben uns die Braunen Hyänen ein großes Rätsel auf: Wir hatten einzelne Tiere des Nachts fast zweieinhalb Jahre lang verfolgt, wußten aber nur sehr wenig über ihr Fortpflanzungsverhalten und hatten noch nie ein Hyänenkind gesehen. Wo versteckten sie bloß ihren Nachwuchs? Wir hatten zwar mehrere erwachsene Weibchen zusammen mit Pogo und Hawkins beobachtet, aber wir konnten beim besten Willen nicht feststellen, wer deren Mutter war. Unsere Untersuchung würde erst dann vollständig sein, wenn wir herausbrachten, wie oft die Hyänen sich paarten, wie viele Junge überlebten und wie diese aufgezogen wurden.

In der Trockenzeit des Jahres 1977 erschien Shadow eines Nachts an einem Spießbockkadaver, und wir bemerkten sofort – und zu unserer großen Freude –, daß ihr Gesäuge schwer von Milch war. Das war für uns die erste Gelegenheit, einer Hyänenmutter zu ihrem Wurflager zu folgen. Sie trug ein Bein des Kadavers in das Sandveld, wo sie schnell ins Unterholz eintauchte. Wir blieben dicht hinter ihr. Am Fuße der Westdüne, unweit des Leopardenpfads, veränderte ihr Funksignal die Tonhöhe und hörte dann unvermittelt auf. »Sie muß in ihren Bau gekrochen sein!« sagte ich, denn ich glaubte, sie stecke unter der Erde, wo ihr Sender nicht so gut funktionierte. Als auch nach drei Stunden weder Shadow noch ihr Signal wieder auftauchten, waren wir irritiert und enttäuscht, weil es uns nicht gelungen war, die Höhle zu orten. Wir banden etwas Toilettenpapier an einen Zweig, um die Stelle zu kennzeichnen, und fuhren zum Camp zurück.

Im Morgengrauen waren wir wieder da, horchten auf Shadows Funksignale und hielten Ausschau nach ihr. Kurz nach Sonnenaufgang empfingen wir das Signal, das näher kam und lauter wurde. Sie kehrte zum Lager zurück. Sobald keine Bewegung mehr angezeigt wurde, peilten wir es von drei verschiedenen Punkten im Gelände an. Dann verschwand es plötzlich wie ein Phantom. Zwei Stunden lang sahen und hörten wir nichts mehr von der Hyäne.

Nach zweieinhalb Jahren des Wartens waren wir fest entschlossen, diese Höhle zu finden. Ich fuhr langsam in das Gebüsch hinein, während Delia sich auf dem Wagendach umschaute, damit wir nicht zu nah an das Muttertier heranfuhren und es verschreckten. Als sie auf das Dach klopfte, hielt ich an. Vor uns lag der Eingang zu einer kleinen Höhle, die im Zentrum einer Springhasenkolonie gegraben worden war. Auf dem Erdwall waren die winzigen Fußspuren von Hyänenwelpen zu sehen. Ich lehnte mich aus dem Fenster, hängte noch einmal Toilettenpapier an einem Busch auf und setzte leise zurück.

In den folgenden zehn Tagen saßen wir in der Nähe der Höhle und erlebten kein einziges Mal, daß Shadow zu ihr zurückkehrte. Wir standen vor einem Rätsel und fragten uns, ob sie ihre Jungen verlassen oder aufgefressen habe. Vielleicht war unsere Anwesenheit eine zu große Belastung für die nervöse junge Mutter gewesen, vielleicht hatten wir sie durch unsere Witterung vertrieben.

David Macdonald[3] hat nachgewiesen, daß dominante Rotfuchsweibchen rangniedere Fähen, die Junge führen, so lange schikanieren, bis sie ihren Wurf im Stich lassen. Shadow war das rangniedrigste Mitglied des Deception Clans, und Patches oder Star konnten sie mehr als gewöhnlich eingeschüchtert haben. Wie dem auch sei, die Chance, eine Hyänenkinderstube zu finden, war uns entgangen.

Monate später erlebten wir fast das gleiche mit Patches, dem ranghöchsten Weibchen des Clans, das uns ebenfalls zu einer Höhle führte. Auch sie kam nicht mehr zum Wurfplatz zurück, und wir konnten keinen Blick auf ihre Jungen werfen, von denen nicht die geringste Spur zurückblieb. Wir zerbrachen uns den Kopf darüber, was die weiblichen Braunen Hyänen wohl mit ihren Welpen anstellten. Wir konnten damals noch nicht ahnen, daß die Antwort auf diese Frage eng mit dem geheimnisvollen Grund ihres Gemeinschaftslebens zusammenhing.

13 Abschied vom Tal

Mark

Ich blicke zurück: Alles hat sich verändert.
Was ich verlor, was ich beweinte,
Es war etwas Wildes, Sanftes, die kleinen dunklen Augen,
Die heimlich liebend mich ansahn.

JAMES WRIGHT

*E*s muß das Rascheln seiner Füße im Gras gewesen sein, das mich aufweckte. Ich machte die Augen auf und sah Bones, der wenige Meter entfernt stand und »seinen« Akazienbaum vor dem Gitterfenster des Zeltes bespritzte. »Guten Morgen, Mr. Bones«, sagte ich. »Schöner Tag heute. Was tun Sie hier noch so spät im Jahr?« Er wandte sein Gesicht dem Fenster zu und betrachtete uns einige Sekunden lang. Dann trottete er den Fußpfad entlang durch das Camp. Wir gingen ihm mit nackten Füßen nach. Er beschnüffelte die Klappe des Eßzelts und strebte der Feuerstelle zu. Mox wusch gerade, mit dem Rücken zu Bones, das Geschirr ab, als dieser am »Hyänentisch« vorbeischlenderte. Plötzlich füllte der massige Löwenkörper die Küche aus.

Ich pfiff leise. Mox blickte über die Schulter, warf einen Blechteller und das Handtuch ins Wasser und schoß in die Büsche. Nach einer Minute tauchte er hinter uns auf. »*Tau,* haha«, kicherte er. Er liebte die Löwen inzwischen genauso wie wir, und er meldete uns sogar ihren Standort, wenn er sie in der Nacht brüllen hörte. »*Msadi* Blue – *huuooah - kwa, kgakala ya bosigo*«, berichtete er dann am Morgen und zeigte auf die Dünen. »Letzte Nacht brüllte Missus Blue dort hinten, weit weg.«

Bones ging zum Arbeitstisch hinüber und nahm eine große Milchpulverbüchse ins Maul. Seine Eckzähne bohrten sich in das Blech, und ein weißes Staubwölkchen schoß an seiner Nase vorbei. Er nieste, schüttelte den Kopf und nieste noch einmal. Der Wasserkessel stand dampfend auf dem Feuerrost, und als Bones mit der Nase den heißen Griff berührte, zuckte er zurück. Darauf begab er sich zur

Schilf-Bade*boma*. Sein hohes Hinterteil füllte den Eingang aus. Er hob den Kopf zum Waschtisch empor und entdeckte die pinkfarbene Plastikschüssel mit dem Schmutzwasser, das von meinem »Schwammbad« übriggeblieben war. Meine Arme waren ölverschmiert, als ich mich am Vorabend gewaschen hatte, und ich hatte sehr viel Waschpulver genommen, um mich wieder säubern zu können. Bones begann die schwarze Brühe zu trinken. Seine Schnauze verschwand in der Schüssel, und die riesige rosige Zunge schlug das Wasser schaumig. Als er endlich fertig war, blickte er auf, stieß einen tiefen Seufzer aus und rülpste, wobei an seiner Nasenspitze eine große Seifenblase entstand. Er nieste abermals, die Blase zerplatzte, und er schüttelte sich den Schaum vom Maul.

Mit der Schüssel im Maul, die wie ein großer rosa Schnabel aussah, stolzierte er aus dem Camp. Auf der Schüssel herumkauend, zog er nach Norden durch das Tal und ließ unterwegs immer wieder zerbissene Plastikstückchen fallen. Es war ein weiter Weg zum Nordbaum und ostwärts über die Dünen, wo er sich schließlich im buttergelben Hochgras ausstreckte. Er wärmte sich in der Herbstsonne, und seine Mähne verschmolz mit dem Gras.

Später wanderte er weiter nach Osten. »Wir wüßten gerne, wohin du willst«, sagte ich. Doch es war gerade erst Juni 1977, und wir hatten unsere Funkausrüstung noch nicht zurückbekommen. Und da wir ihm keinen Senderkragen umlegen konnten, hatten wir keine Möglichkeit, seinen Wanderbewegungen zu folgen. Die Trockenzeit hatte längst angefangen, und in der ganzen Kalahari gab es kein Wasser mehr. Wir hätten gern gewußt, ob Bones zum Boteti-Fluß aufgebrochen war und ob er dort mit dem Blauen Rudel zusammentreffen würde. Erst nach Monaten würden ihn der Regen und die wandernden Antilopenherden wieder zum Deception Valley zurückführen.

»Viel Glück, alter Knabe!« sagte Delia leise, als Bones sich noch einmal umdrehte und dann durch die Savanne davonschritt.

Im September 1977 wurde es wieder heiß, und wir beide waren ausgelaugt nach den monatelangen radiotelemetrischen Versuchen mit den Braunen Hyänen. Da unsere Vorräte zur Neige gingen, fuhren wir nach Maun zum Einkaufen und zum Ausspannen. Als wir auf dem Rückweg die Nordostecke des Reservats passierten, trafen wir Lionel Palmer und zwei seiner Jagdkunden, einen Apotheker und dessen Frau aus Illinois. Gerne nahmen wir ihre Einladung an, die Nacht im Safaricamp zu verbringen, anderthalb Kilometer östlich der Reservatsgrenze.

Das Camp stand in einer Lichtung am Rande eines Akazienwaldgürtels, der dem Deception-Flußbett viele Kilometer weit in das Reservat der Zentralkalahari folgte. Fünf große und stabile Schlafzelte hatte man unter schattigen Bäumen aufgeschlagen. Liegestühle und kleine Cocktailtische waren um das Lagerfeuer inmitten einer Sandfläche aufgestellt. Das Eßzelt stand ein paar Meter entfernt unter einem mächtigen Akazienbaum und enthielt einen langen Eßtisch, eine gasbetriebene Tiefkühltruhe und einen Kühlschrank.

Im Küchenbereich, hinter einem Windschutz aus Rohrgeflecht, waren Eingeborene eifrig mit Kochen beschäftigt und buken Brot in einem großen Metallkasten, der halb in der Erde steckte und mit glühenden Kohlen bedeckt war. Ein junger Mann saß da und bearbeitete ein »Daumenklavier«, ein handflächengroßes Brett mit unterschiedlich langen Metallstreifen, die jeweils einen anderen Ton hervorbrachten. Ein anderer flocht einen Korb aus Grashalmen. Die Schränke waren gefüllt mit schwedischem Importschinken, amerikanischer Mayonnaise und Meeresfrüchten in Dosen.

Das Abbalgen und Einpökeln der erlegten Tiere geschah am Rande des Lagerplatzes, etwa hundert Meter vom Speisezelt entfernt. Dort waren Dutzende von Fellen aufgehängt, und Geier hockten wartend auf den Bäumen. Haufenweise lagen Schädel mit Gehörn herum, an denen mit Drähten Schildchen mit Namen und Adresse des jeweiligen Safarikunden befestigt waren.

Als unser Wagen ausrollte, riefen mehrere schwarze Kellner, angetan mit roten Jacken und quastenverzierten Mützen, laut »*Dumella*!« und klatschten zur Begrüßung in die Hände. Einer geleitete uns zu unserem Quartier, einem fünf mal sechs Meter großen Hauszelt mit großen Gitterfenstern und einem Sonnendach. Beiderseits des Eingangs stand ein Waschtisch und in der Mitte ein Tisch mit einem Spiegel, einem Insektenspray, einer Taschenlampe, einem neuen Stück Seife, einem Waschlappen und einem Handtuch, alles fein säuberlich in einer Reihe angeordnet. Im Inneren fanden sich große Eisenbetten mit dicken Matratzen, sauberen Laken und schweren Decken. Zwei Stühle, ein weiterer Tisch mit einer zusätzlichen Spraydose und einer Lampe vervollständigten die Einrichtung.

Delia fuhr mit der Hand sehnsüchtig an den Zeltwänden entlang. »Stell dir vor, wir hätten so ein Camp in Deception!«

»Hmm. Aber ich wette, bei den Leuten hat noch nie ein Löwe die Büsche direkt vor dem Fenster bespritzt!«

»Genau«, erwiderte Delia. »Und das würde ich für nichts in der Welt hergeben. Übrigens haben sie alle Büsche abgehauen und das Gras gemäht.«

»*Tisa de metse*!« rief Lionel aus seinem Zelt Syanda zu, einem hochgewachsenen freundlichen Kenianer mit angegrautem Haar, der für das Dienstpersonal zuständig war. Syanda gab den Befehl weiter, und gleich darauf schleppte ein junger Eingeborener zwei große Eimer mit heißem Wasser zu einer mit Schilf verkleideten Duschkabine. Ein leerer Kübel mit einem unten eingeschweißten Brausekopf, der an einem Ast hing, wurde herabgelassen, mit dem heißen Wasser gefüllt und wieder hochgezogen. Während wir uns wuschen, standen wir auf einem Holzrost, damit unsere Füße nur ja nicht mit dem Sand in Berührung kamen!

Frisch angezogen, gesellten wir uns zu den anderen am Lagerfeuer. Gläser, ein Eiskübel und Flaschen mit Whisky, südafrikanischem Wein und Erfrischungsgetränken waren auf einem Tisch arrangiert. Nandi, einer der Bediensteten, schürte das Feuer.

Wes, der Apotheker, war ein Mann in mittleren Jahren, mit feistem Gesicht, graumeliertem schwarzem Haar und zarten, fast weiblichen Händen. Seine Frau Anne, eine Lehrerin, war zierlich, gepflegt und unterhaltsam. Beide waren vom Hut bis zu den Stiefeln ganz in Khaki gekleidet. Wie die meisten Safaritouristen sahen sie aus wie einem Urlaubsprospekt entsprungen. Doch sie waren sympathisch, und wir mochten sie von Anfang an.

Syanda, ein weißes Leintuch über dem Arm, brachte eine Edelstahlplatte mit geräucherten Austern, in Wein pochierten Miesmuscheln, und gewürfelter gebratener Springbockleber. Wir tranken, aßen Horsd'œuvres und erörterten die Kuhantilopenjagd des vergangenen Tages. Im Westen, hinter den Bäumen, heulte ein Schakal.

Etwas später bat Syanda zu Tisch. Das Porzellan und die Weingläser auf der langen Tafel reflektierten das gelbe Licht der großen Gaslampen. Zwei Kellner reichten eine Terrine mit dampfender Spießbockschwanzsuppe herum. Der Hauptgang bestand aus Elenantilopensteak, gerösteten Zwiebeln, gebackenen gefüllten Kartoffeln, Spargel und frischgebackenem Brot mit Butter; dazu gab es kühlen Weißwein. Kaffee, Käse und Erdbeerpudding beschlossen das Mahl. Mit unserer Hilfe schaffte Lionel auch den Rest des teuren Weins, den seine Kunden mitgebracht hatten.

Die letzten Flammen verloschen in der glühenden Asche, als Anne, unterstützt von Lionel, uns aufforderte, von Bones zu erzählen, der mittlerweile in Nordbotswana schon fast zur Legende geworden war. Als wir die Geschichte beendet hatten, trat ein langes Schweigen ein. Dann sagte Anne: »Das ist die schönste Geschichte, die ich jemals gehört habe. Danke, daß Sie sie uns erzählt haben.«

Das Surren des schweren Reißverschlusses an der Eingangsklappe weckte uns am nächsten Morgen. »*Dumella!*« begrüßte uns Nandi und stellte ein Tablett mit Tee, Sahne und Zucker auf das Nachttischchen zwischen den Betten. Während wir an unseren Tassen nippten, füllte ein anderer Diener die Waschschüsseln mit siedendheißem Wasser und legte unsere Handtücher und Waschlappen bereit. Das Frühstück, serviert im Eßzelt, bestand aus frischem Obst, Würstchen, Schinken, Eiern, Toast, Käse, Marmelade und Kaffee. All dieser Luxus kostete die Kunden knapp tausend Dollar pro Tag!

Es war noch früh am Morgen, als wir die Jäger auf einer Fährte unweit der Reservatsgrenze verließen. Wir winkten zum Abschied und fuhren nach Südosten in das Wildreservat ein, unserem Camp entgegen.

Kurz vor Mittag, wenige Minuten vor der vereinbarten Funkverbindung mit dem Büro von Safari South in Maun, überquerten wir die Ostdüne. Im Camp stellte ich den Empfänger auf den Kotflügel und verband die Kabel mit der Batterie. Er erwachte knisternd zum Leben, und Delia wartete auf den Funkruf. Ich begab mich ins Zelt und begann mit der Übertragung unserer Aufzeichnungen.

»Zero-zero-neun; zero-zero-neun, hier ist vier-drei-zwei, hören Sie mich?« Es war Dougie Wright, ein anderer Berufsjäger, der uns von Lionels Camp aus anrief, wo er soeben mit weiteren Kunden angekommen war.

»Vier-drei-zwei, hier ist zero-zero-neun. Hallo, Dougie. Over«, antwortete Delia.

»Ich habe leider eine schlechte Nachricht für Sie, Delia. Over.«

»Oh . . . Reden Sie schon, Dougie, . . . was ist los? Over.«

»Lionel und Wes haben heute morgen einen von euren Löwen geschossen.«

». . . Oh . . . verstehe.« Ich konnte Delia kaum noch hören, als sie sagte: »Kennen Sie die Farbe und Nummer seiner Ohrmarke, Dougie?«

»Ah . . . er hatte eine orangefarbene Marke im linken Ohr . . . Nummer zero-zero-eins.«

»Mark! Mein Gott! Es ist Bones – sie haben Bones erschossen!«

Sie schluckte und ließ das Mikrophon fallen. Ich rannte aus dem Zelt, doch als ich zum Wagen kam, war sie fort. Sie lief quer durch das Flußbett.

»Nein, nein, nein, nein, nein!« Der Wind trug ihr Schluchzen zu mir herüber.

14 Das Trophäenlager

Mark

Wenn ich zurückschaue, um Kräfte zu sammeln für die
Fortsetzung meiner Reise, dann sehe ich die Meilensteine, die
zum Horizont hin entschwinden, und die verglimmenden Feuer
der verlassenen Lagerplätze, über denen Aasengel mit schweren
Schwingen kreisen.

STANLEY KUNITZ

*D*er alte, dunkle und stickige Schuppen war angefüllt mit Tierfellen, steifen, ein-
gesalzenen Fellen, mit eingeschrumpften Ohren und behaarten nackten Schwänzen. Jedes Teil wies ein Einschußloch auf, manche sogar mehrere.

Auf den Regalen an den Bambuswänden stapelten sich gebleichte weiße Schädel: Weißbartgnus, Zebras, Büffel, Impalas, Kudus, Leoparden, Schakale ... Und
Löwen. Durch die Löcher, in denen einst klare, glänzende Augen geleuchtet hatten, waren Drähte mit roten Metallschildchen geführt.

Wir fanden sein Fell in einem Stapel anderer Felle. Die orangefarbene Marke,
zero-zero-eins, war in seinem vertrocknetem Ohr kaum noch sichtbar. Mit schwe-
rem Herzen stocherte ich mit einem Schraubenzieher in den Knorpelfalten herum,
aber sie wollten die Marke nicht freigeben. Steinsalzkörner regneten auf unsere
Füße, als wir das platte, harte Fell aus dem Haufen hervorzogen; die Haare fühlten
sich an wie Stahlwolle. Die Narbe an seinem gebrochenen Bein, die von unserem
improvisierten chirurgischen Eingriff zurückgeblieben war, war über dem Knie
noch zu erkennen. Zu wissenschaftlichen Zwecken nahmen wir rasch ein paar
Messungen vor, trugen sie in ein Notizbuch ein und traten hinaus in das helle Sonnenlicht. Delia hatte Tränen in den Augen, und es verging einige Zeit, bis ich wieder sprechen konnte.

Bones war in der Trockenzeit getötet worden, als es in der Kalahari kein Wasser
gab. Mehr als tausend Spießböcke waren durch die Waldlandschaft längs des
Flußtals und nach Osten aus dem Reservat hinausgezogen, hinein in das Gebiet,

für das die Firma Safari South eine Jagdkonzession besaß. Bones war offensichtlich diesen Antilopen gefolgt, denn in der Kalahari wüteten Buschbrände, und Beute war extrem knapp.

Sie hatten ihn zusammen mit Rascal und einer Löwin des Blauen Rudels unter einem Busch entdeckt, nur wenige Meter außerhalb der Reservatsgrenze. Als er den Wagen hörte, hob er den Kopf von den Pranken. Wes und Lionel fuhren bis auf fünfzig Schritt an ihn heran, hielten an, betrachteten ihn durch die Feldstecher und schossen ihm durch das Herz. Wenn sie einmal erlebt hätten, wie er friedlich neben unserem Camp schlief, dann hätten sie gewußt, daß es ein leichtes gewesen wäre, auf ihn zuzugehen und ihm den Gewehrlauf an die Schläfe zu setzen. Hatten sie nicht seine orange-rote Ohrmarke bemerkt? Selbst wenn, es hätte keine Bedeutung gehabt. Unglückseligerweise verstehen Löwen nicht die Gesetze der Menschen; Bones und die anderen Tiere wurden zu jagdbarem Wild, als sie auf der Suche nach Nahrung das Reservat verließen.

Als der Schuß fiel, verdrückte sich die Löwin blitzschnell ins Gebüsch, aber Rascal blieb neben Bones stehen. Er knurrte und griff jedesmal an, wenn die Jäger ihre Trophäe zu holen versuchten. Sie konnten ihn nur vertreiben, indem sie in die Luft feuerten und ihn mit dem Wagen abdrängten.

Wir waren erschüttert, als wir von Bones' Tod erfuhren. Wir standen unter dem Jujubenbaum, hielten uns umfangen, fluchten und weinten. Tagelang versanken wir in Depressionen. Wenn sie seine Ohrmarke gesehen hatten, war es unbegreiflich, wie sie ihn erschießen konnten, zumal sie noch wenige Stunden zuvor von seiner Geschichte so gerührt worden waren. Am Ende erfaßte uns die Verzweiflung: Bones war das Symbol unserer Hoffnungen gewesen, unseres Glaubens an die Beziehungen, die zwischen den Menschen und den anderen Lebewesen bestehen könnten. Als er sterben mußte, schien alles verloren, was wir für die Erhaltung der Wildtiere in der Kalahari zu erreichen versuchten. Er war unser Patient gewesen, dann unser Freund und Talisman. Ein Freund hatte einen anderen umgebracht.

Als gelernte Biologen wußten wir, daß wir niemandem persönlich die Schuld an Bones' Tod geben konnten. Er war eine rechtmäßige Jagdtrophäe, und es war nicht die Schuld der Jäger, daß er das Wildschutzgebiet verlassen hatte. Im übrigen kann die sorgfältig regulierte Jagd ein sinnvolles Mittel zur Hege und Pflege bestimmter Tierbestände sein. Doch leider vertreten viele Regierungen den Standpunkt, daß sich der Schutz der Wildtiere nur lohnt, wenn er sich durch Jagd, Tourismus und andere Aktivitäten bezahlt macht. Wir wußten, daß das auch für Botswana zutraf, und wir versuchten unsere Emotionen zu mäßigen und Bones' Tod rationaler zu betrachten.

Wir hatten uns nie gegen die Jagd an sich ausgesprochen, doch einige Jäger, die wir kannten, gaben offen zu, daß sie ständig gegen die botswanischen Jagdbestimmungen und andere Regeln der Weidgerechtigkeit verstießen. Sie jagten Tiere vom Geländewagen aus, sie ließen zu, daß ihre Kunden mehrere Antilopen schossen, bis sie die gewünschte Trophäe bekamen, sie legten Steppenbrände, um Tiere leichter aufspüren zu können und um Löwen aus Dickungen zu vertreiben, sie wilderten in Schutzgebieten und erlegten Wild auch dort, wo die Abschußquoten bereits erschöpft waren. Wir konnten nicht nachprüfen, ob sie dabei übertrieben, doch jedenfalls belastete das unsere Freundschaft.

Weil wir uns als Ökologen verantwortlich fühlten, drängten wir auf eine bessere Durchsetzung der Jagdvorschriften durch die Wildschutzbehörde und protestierten energisch, wenn wir feststellten, daß einer der Jäger innerhalb des Reservats Tiere abgeschossen hatte. Außerdem empfahlen wir, die Quoten für die Wüstenlöwen zu reduzieren und die Abschußgebühren zu erhöhen. Diese Vorschläge waren für manche Jäger nur schwer zu verstehen, und sie hielten uns vor, wir arbeiteten gegen ihre Interessen, obwohl sie uns doch in all den Jahren so sehr geholfen hätten. Doch nicht alle Jäger und Safarikunden teilten diese Auffassung oder beteiligten sich an illegalen Praktiken, und viele blieben bis zuletzt unsere guten Freunde.

Die botswanische Wildschutzbehörde verwaltet den zweitkleinsten Etat von allen Regierungsstellen. Sie ist hoffnungslos unterbesetzt und außerstande, entlegene Landesteile wirksam zu kontrollieren. Beamte erzählten uns, daß allein in einem Jahr mehr als sechshundert Löwen, zumeist Männchen, von Viehzüchtern, Safarijägern und Eingeborenen *legal* abgeschossen worden seien. Hinzu kam eine große Dunkelziffer von vorwiegend männlichen Löwen, die von Wilddieben für den Schwarzmarkt mit Fallen getötet wurden.

Bedauerlicherweise fördert die Regierung von Botswana die Ausrottung aller Raubtiere außerhalb der Schutzgebiete durch den Erlaß eines einschlägigen Gesetzes. Es gestattet den Abschuß von Raubtieren auf Nutzflächen, wenn sie als eine Gefahr für Vieh, Ernten, Bewässerungsanlagen oder Zäune angesehen werden, ohne Rücksicht darauf, ob sie tatsächlich Haustiere belästigt haben oder nicht. Das ist für die Einheimischen Grund genug, jedes Raubtier abzuknallen, das sie außerhalb der Reservate und Nationalparks antreffen. Eine weitere Klausel des neuen Gesetzes erlaubt es einem Viehhalter, das Fell eines Räubers, der ein Stück Vieh gerissen hat, zu behalten. Ein Löwenfell erbrachte schon 1978 auf dem Markt etwa dreihundert Pula, das sind ungefähr dreihundert Dollar. Das Gesetz bezeichnet als »Raubtiere« auch zwei bedrohte Arten, Geparden und Braune Hyänen, ferner Löwen, Leoparden, Krokodile, Tüpfelhyänen, Paviane, Meerkatzen und Schakale.

Von Safarijägern erfuhren wir, daß »kapitale« Löwen – also solche mit vollen Mähnen – in den meisten Wüstenregionen immer seltener wurden und in anderen schon mehr oder weniger ausgerottet waren. Manche Kunden schossen junge Männchen mit bescheidenem Mähnenansatz ab, einfach deswegen, weil sie eine Lizenz erworben hatten und keine älteren Tiere finden konnten.

Das war für uns ein Alarmsignal. Wie lange noch würden die Kalahari-Löwen einen solchen Aderlaß aushalten, zumal vor allem die männlichen Tiere betroffen waren? Zweifellos war dadurch der Fortbestand der Population bedroht. Aus Brian Bertrams Studien an Serengeti-Löwen[1] ging hervor, daß weibliche Rudeltiere, die ihre Männchen verloren haben, noch längere Zeit unter verringerter Fruchtbarkeit leiden, nachdem neue Männchen zum Rudel gestoßen sind. Ein fremder Löwe tötet unter Umständen sogar die Jungtiere, die nicht seine eigenen Nachkommen sind, damit die Weibchen schneller wieder empfängnisbereit werden und seine Jungen gebären. Wenn ähnliches auch für die Löwinnen der Kalahari galt, dann bestand für diese Population erhöhte Gefahr. Wir mußten etwas unternehmen, um hier Klarheit zu schaffen.

Da bislang noch keinerlei Langzeitstudien an den Wildtieren der Zentralkalahari durchgeführt worden waren, mangelte es an den elementarsten Kenntnissen über die Löwenpopulation. Niemand, nicht einmal die Wildschutzbehörde, hatte die geringste Ahnung, wie viele Löwen dort lebten. Wir hatten uns zwar so intensiv wie möglich um die Löwen gekümmert, aber sie hielten sich ja nur jeweils zwei oder drei Monate im Jahr im Umkreis des Flußbetts auf. In diesen kurzen Zeitspannen konnten wir nur sehr wenig erforschen, was dem Schutz der Löwen zugute kommen konnte. Aus unseren Gefühlen für Bones erwuchs die Verpflichtung, vielleicht sogar eine Obsession, in dieser Hinsicht mehr zu tun. Wir waren entschlossen herauszubekommen, wie viele Löwen in der Zentralkalahari umherschweiften, was sie fraßen und ob ihre Ernährung ausreichte, welche Lebensräume sie und ihre Beutetiere benötigten und was gegebenenfalls das Überleben der Population gefährdete. Wir mußten unbedingt wissen, wie viele Tiere alljährlich geschossen oder in Fallen gefangen wurden, wie viele eines natürlichen Todes starben und wie viele Jungtiere am Leben blieben, um diese Sterblichkeitsrate auszugleichen.

Weil die Kalahari eine Wüste ist, war es eine der wichtigsten und faszinierendsten Aufgaben, zu klären, wie die Löwen und die anderen Raubtiere ihren Feuchtigkeitsbedarf deckten. So groß das Reservat auch ist, es enthält, abgesehen von den kurzen Regenperioden, keinerlei Wasser. Aber *müssen* Löwen überhaupt trinken? Die längste Zeit, die wildlebende Löwen erwiesenermaßen ohne Trinkwasser überstanden hatten, betrug neun Tage, aber vielleicht konnten sie es noch länger aushalten. Doch selbst dann waren sie vermutlich gezwungen, den Schutz des Reservats mehrere Monate im Jahr zu verlassen, um eine Wasserstelle zu finden. Vielleicht war Bones gerade zum Boteti unterwegs gewesen, als er erschossen wurde. Sollte das zutreffen, dann war das Reservat der Zentralkalahari trotz seiner beachtlichen Ausdehnung zu klein, um den Tieren in der Trockenzeit und in den Dürreperioden angemessene Lebensbedingungen zu bieten.

Auch wenn es uns gelingen sollte, all diese Fragen zu klären, würde es schwer sein, die botswanische Regierung davon zu überzeugen, daß Raubtiere eine wertvolle Ressource darstellten, die viel mehr Geld einbringen konnte, wenn sie geschützt würde. Damals herrschte jedoch die Meinung vor, daß Raubtiere, die sich an Vieh vergriffen, als Raubzeug ausgemerzt werden müßten.

Eine großangelegte Löwenuntersuchung in einer Tausende von Quadratkilometer großen unwegsamen Wildnis war indes ein Ding der Unmöglichkeit, sofern wir nicht das ganze Jahr über ständig Kontakt mit unseren Studienobjekten halten konnten. Das war nur mit einem Flugzeug und einem effektiven Funkortungssystem zu schaffen. Doch allein der Gedanke, wir könnten für unsere Forschungen ein Flugzeug bekommen, war absurd. Keiner von uns konnte fliegen, und ich hatte in meinem ganzen Leben nur einige wenige Male in einer kleinen Maschine gesessen. Überdies ist es in Afrika enorm kostspielig, ein Flugzeug zu besitzen und zu unterhalten. Schon um einen Geländewagen benutzen zu können, mußten wir fast am Hungertuch nagen. Die Vorstellung, wir könnten genug Geld für ein Flugzeug auftreiben, war einfach lächerlich. Aber wir mußten es versuchen.

15 Echo-Whisky-Golf

Mark

> Nur wenn wir staunend innehalten, überschreiten wir die
> Grenzen unseres kleinen Daseins.
>
> Rod McKuen

*A*n einem heißen Nachmittag Ende Oktober 1977 standen wir auf einem staubigen Weg in Maun und lasen einen Brief von Dr. Richard Faust, dem Direktor der Zoologischen Gesellschaft in Frankfurt. Ich war elektrisiert von der Nachricht, daß die Gesellschaft unser Ersuchen um Anschaffung eines Flugzeuges ernsthaft in Erwägung ziehe. Man wollte allerdings die Nummer meines Pilotenscheins und die Zahl meiner Flugstunden wissen. Irgendwie mußte ich vor der Beantwortung des Briefes fliegen lernen.

Wir ließen Mox im Dorf zurück, rasten zum Camp, warfen unsere besten Sachen in den Wagen und machten uns auf den Weg nach Johannesburg. Mehrere Tage später, um vier Uhr am Morgen, schlüpften wir in Benoni, einem Vorort von Johannesburg, leise durch das Gartentor von Roy und Marianne Liebenbergs Haus. Wir hatten Roy Liebenberg, einen Flugkapitän von South African Airways, etwa vor einem Jahr in Maun kennengelernt, als er einige Touristen zum Okavango-Delta geflogen hatte. Er interessierte sich für unsere Forschungsarbeit und hatte sich erboten, mir das Fliegen beizubringen, falls sich das einmal als notwendig erweisen sollte. Wir breiteten unsere Schlafsäcke auf dem Boden aus, um vor Tagesanbruch noch ein bißchen zu schlafen. Ich hoffte, daß er sich noch an sein Angebot erinnerte.

Um halb sechs stieg der Milchmann über uns hinweg, und ein paar Stunden später tauchten Roy und Marianne auf, um den Geländewagen und die beiden Bündel vor ihrem Haus zu inspizieren. Roy, ein gepflegter, bedächtiger und korrekter Mann mittleren Alters, zupfte an seiner spitzen Nase herum, und sein stoppelbärtiges rundes Gesicht verzog sich zu einem freundlichen Grinsen. Noch bevor wir richtig aus unseren Schlafsäcken gekrochen waren, bot er uns für die Dauer meines Flugunterrichts ihr Gästehäuschen als Unterkunft an.

Sechs Wochen später, nach vielerlei Verzögerungen wegen des schlechten Wetters, hatte ich meine Ausbildung nahezu abgeschlossen. Wir schrieben Dr. Faust, daß ich demnächst meinen Pilotenschein bekommen würde und daß ich bereits einundvierzig Flugstunden hinter mir hätte. Ich versicherte ihm, daß Roy mich auch in das Buschfliegen eingewiesen habe.

Wir konnten es kaum fassen, als der Zuschuß genehmigt und das Geld überwiesen wurde. Daß jemand, den wir niemals gesehen hatten, soviel Vertrauen in unsere Fähigkeiten setzte, war sehr ermutigend. Wir kauften eine zehn Jahre alte blau-weiße Cessna, auf deren Flügelunterseiten die Buchstaben EWG (Echo-Whisky-Golf) gemalt waren.

Wir waren so versessen darauf, ein Flugzeug zu bekommen und fliegen zu lernen, daß wir uns über die nächste Phase unseres Unternehmens nicht viel Gedanken gemacht hatten: Wie sollten wir die Maschine ins Camp schaffen? Mit einer Mischung aus Befürchtungen und Vorfreude machte ich mir klar, daß ich schon bald in die Kalahari fliegen müsse, in eine Region, die so entlegen und eintönig war, daß ein botswanisches Gesetz allen Piloten, die nicht mindestens fünfhundert Flugstunden auf dem Buckel hatten, das Überfliegen untersagte. Im ersten Jahr, bevor ich die geforderte Stundenzahl beisammen hatte, mußten wir die Umgebung von Gaborone meiden. Wenn das dortige Zivilluftfahrtsamt erfahren sollte, daß wir mit einem Flugzeug über der Kalahari herumkreuzten, würde man wahrscheinlich unsere Maschine stillegen, und das wäre das Ende unseres Projekts im Deception Valley.

Andere Schwierigkeiten machten uns noch größere Sorgen: Sobald Echo-Whisky-Golf im Camp war, mußten wir sie nicht nur warten, sondern auch eine Möglichkeit finden, regelmäßig Tausende von Litern Treibstoff herbeizuschaffen. Und ein großes Problem bestand auch darin, daß wir zunächst lernen mußten, uns in der Luft über der Kalahari zurechtzufinden, ohne uns zu verfliegen.

Am frühen Morgen nach dem Tag, als ich meinen Flugschein erhalten hatte, bereitete ich mich auf meinen ersten Flug über die Kalahari vor. Es war erst mein dritter Solo-Überlandflug, und Roy schien noch nervöser zu sein als ich. »Vergessen Sie nicht, daß es nach Überquerung der Straße von Gaborone nach Francistown keine Landmarken als Orientierungspunkte mehr gibt. Bestimmen Sie Ihre Position an der Eisenbahnlinie, bevor Sie weiterfliegen.« Er überprüfte noch einmal den Bleistift, den ich mir um den Hals gebunden hatte, und vergewisserte sich, daß die schwarze Plastikplane, mit der ich in einem Notfall Wasser auffangen konnte, im Heck verstaut war.

Ich gab Delia einen Abschiedskuß und schüttelte Roy die Hand. Die beiden wollten den Land Cruiser mitsamt einem Anhänger ins Camp bringen, gefolgt von einem schweren Lastwagen der Wildschutzbehörde, der mit Flugbenzinfässern beladen war. Sie schauten besorgt zu, wie ich in die Maschine kletterte und über die grasbewachsene Piste zum Start rollte. Als ich wendete und den Motor zum Start hochjagte, rannte Roy auf mich zu. Er ruderte heftig mit den Armen und zeigte auf den Luftsack. Ich stand in der falschen Richtung! Ich winkte zurück, lächelte verlegen, drehte die Maschine um hundertachtzig Grad und beschleunigte. Dröhnend stieg das Flugzeug in den sanften Morgenhimmel. Ein Gefühl der Freiheit und Wonne überkam mich wie ein Rausch.

Die Euphorie hielt nicht lange an. In einer Höhe von hundert Metern kam die Maschine vom Kurs ab – so schien es wenigstens. Ich war in einen starken Seitenwind geraten. Ich korrigierte meinen Kurs an dem Berggipfel vor mir und zog auf fünfhundert Meter hoch, dicht unter eine Wolkenschicht. Über Funk unterrichtete mich der Jan Smuts International Airport, daß die Schichtwolken aufsteigen würden und daß das Wetter für einen Flug nach Botswana gut sei. Die Karten zeigten mir, daß die Bodenerhebungen hinter Johannesburg abnahmen, und ich konnte mich ein wenig entspannen, weil ich beim Anflug auf die Kalahari mehr Platz zwischen den Wolken und dem Boden hatte.

Nach einer halben Stunde erstarb das Funkgeplauder, und ich hörte nur noch das Röhren des Motors und den pfeifenden Wind. Ich steuerte zwischen zwei Gipfeln der Waterberge hindurch, und wenig später entschwanden die letzten Spuren der Zivilisation. Die Kalahari begann sich vor mir zu entfalten. In vier Stunden mußte ich eine winzige Baumgruppe mit zwei Zelten inmitten dieser unermeßlichen Wildnis finden. Ohne Navigationshilfen und ohne die Möglichkeit, meine Position anhand der unzureichenden Landkarte zu bestimmen, mußte ich gleichsam den Versuch unternehmen, eine Nadel in einem Heuhaufen zu entdecken. Ich konnte mich nur an meinen Kompaß halten und darauf hoffen, daß ich die Kursabweichung durch den Seitenwind einigermaßen ausgeglichen hatte.

Statt aufzusteigen, senkte sich die Wolkendecke, und es begann zu regnen. Um unter den Wolken zu bleiben, verringerte ich die Höhe. »Bleiben Sie hoch, damit Sie das Deception Valley sehen können«, hatte Roy mich gewarnt. »Es ist die einzige Landmarke, die Ihnen anzeigt, wo das Camp ist.« Aber die Wolken zwangen mich immer tiefer hinab, bis ich das wogende Gras und die zwischen den Büschen aufblitzenden Sandwellen erkennen konnte. Wegen meiner geringen Höhe würde ich möglicherweise am Deception Valley vorbeifliegen, ohne es zu bemerken. Ich hatte das Gefühl, in Raum und Zeit verloren zu sein.

Ich war seit etwa drei Stunden in der Luft, als plötzlich Benzindämpfe in die Kabine eindrangen. Ein dünnes Treibstoffrinnsal floß über den Ansatz der linken Tragfläche und über das Heckfenster. Mein Magen zog sich zusammen. Der Vorbesitzer hatte mir versprochen, die verrotteten Gummibenzinbehälter in den Tragflächen zu erneuern, und ich hatte mich dummerweise darauf verlassen.

Das Rinnsal schien größer zu werden; es breitete sich auf dem Flügel weiter aus, floß über die Klappen und zerstäubte im Schubstrahl. Der linke Treibstoffanzeiger flackerte schwächer. Ich legte den Hebel nach links, um noch möglichst viel von dem entweichenden Sprit zu verbrauchen.

Ich wußte nicht, ob ich mit dem Benzin in der rechten Tragfläche bis zum Camp kommen würde, doch ich wußte, daß der kleinste elektrostatische Funke das Flugzeug in einen Feuerball verwandeln konnte. Ich öffnete die Fenster, um die Luftzirkulation in der Kabine zu verbessern.

Im selben Augenblick platzte der lecke Treibstofftank. Grünes Benzin ergoß sich aus der Tragfläche und rann am Rumpf entlang und vom Heckrad ab. Ich schaltete rasch auf den rechten Tank um und legte die Maschine rechts und links in die Kurve, während ich nach einem Landeplatz Ausschau hielt. Doch unter mir nichts als Dornbusch und kleine Bäume. Ich versuchte über Funk einen Notruf abzusetzen, hörte aber nur das Brummen der atmosphärischen Störungen.

Der Benzingestank nahm zu, und mein Kopf begann zu schmerzen. Ich trimmte die Maschine zum Geradeausflug und inspizierte die Kabine, um festzustellen, ob irgendwo Benzin eindrang. Der Teppichboden des hinteren Laderaums war feucht. Hochoktaniges Benzin sickerte in den Laderaum und in die Batteriehalterung hinter dem Klappsitz ein. Obwohl ich bereits den Hauptschalter abgedreht hatte, war die Gefahr einer Explosion erhöht. Schlimmer noch: Ich konnte nichts mehr dagegen tun.

Ich ließ die Maschine bis dicht über die Savanne absinken, damit ich eine Bruchlandung versuchen und aussteigen konnte, falls ein Feuer ausbrechen sollte. Als die Minuten vergingen, bewegte sich die Anzeigenadel des linken Treibstoffbehälters ins rote Feld und kam schließlich am Stift zum Stehen. Der Benzinstrom unter dem Flügel wurde schmaler, als sich der zerborstene Tank völlig entleert hatte. Da jetzt die Explosionsgefahr verringert war, war meine Hauptsorge, ob der Sprit in dem anderen Tank bis zum Camp reichen würde. Bis zu meiner vorausberechneten Ankunftszeit fehlte nur noch eine halbe Stunde, und der Zeiger stand zitternd über »Empty«. Schließlich blieb er am Anschlag stehen und rührte sich nicht mehr. Jede Minute kam mir wie eine Stunde vor, und ich wackelte mit den Flügeln, um zu prüfen, ob noch ein Rest Sprit im Tank war, der den Zeiger wieder in Bewegung versetzen konnte.

»Vergewissern Sie sich, daß alle elektrischen und Treibstoffsysteme abgeschaltet sind, entriegeln Sie die Tür, und versuchen Sie mit angezogener Steuersäule zu landen . . .« Die Anweisungen für eine Notlandung schossen mir immer wieder durch den Kopf.

Ich packte das Steuer fest. Ich hatte bereits einen steifen Nacken, weil ich mich ständig hin und her gedreht hatte, um irgendein besonderes Kennzeichen in der flachen, einförmigen Buschsavanne dort unten wiederzuerkennen. Wohl dutzendmal bildete ich mir ein, der Motor klänge schwächer und ich spürte eine merkwürdige Vibration. Ich hatte noch immer keinen brauchbaren Landeplatz gefunden, falls die Maschine ihren Geist aufgeben sollte.

Kurz vor der geschätzten Ankunftszeit lugte ich an dem wirbelnden Propeller vorbei. Doch bestimmt spielte mir meine Phantasie wieder einen Streich: Eine runde, schiefergraue Senke, über der tief ein lockerer Wolkenschleier hing, nahm im Dunst Gestalt an, gleich rechts vor mir. Ich hielt meinen Kurs, um ja keinen kostbaren Sprit zu verschwenden. Und plötzlich schimmerte das seichte Flußbett des Deception Valley von unten herauf.

Ich drosselte den Motor und segelte über die feuchte, wachsähnliche Oberfläche des Tales dahin. Sollte er doch seinen Dienst versagen – ich konnte jetzt landen und das Camp zu Fuß erreichen! Es hatte heftig geregnet. Mehrere Dutzend Giraffen standen in der Pfanne und beäugten neugierig das unbekannte Flugobjekt, das wie ein Riesenvogel vorüberschwebte. Langsam flog ich talaufwärts über die Herden der Spießböcke, Springböcke und Kuhantilopen hinweg, die das üppige Gras des Flußbetts abweideten. Dann war ich über der Gepardenpfanne, der Mittelinsel, der Schakalinsel, der Bauminsel, der Buschinsel und schließlich über dem Camp. Alle Wasserstellen standen voll Wasser, aber die Landepiste, die wir schon vor Monaten angelegt hatten, als wir noch gar nicht wußten, daß wir ein Flugzeug bekommen würden, machte einen stabilen Eindruck. Die Räder setzten hart auf, und ich ließ die Maschine zum Camp hin ausrollen. Echo-Whisky-Golf war daheim im Deception Valley!

Ein schwerer Sturm hatte die Zelte dem Erdboden gleichgemacht. Überall Wasser und Schlamm. Ich brauchte dringend Mox' Hilfe. Nachdem ich ein Zeltende aufgerichtet und eine eineinhalb Meter lange Kobra unter dem Bett weggescheucht hatte, machte ich ein kurzes Nickerchen auf der durchgeweichten Matratze. Dann füllte ich den guten Tank aus einem Faß Flugbenzin auf, das wir schon vorsorglich ins Lager geschafft hatten; ich wollte mit diesem einen Tank fliegen, bis ich den defekten austauschen konnte. Ich kletterte wieder in die Maschine und flog nach Maun.

Während wir in Johannesburg waren, hatte Mox das Dorfleben in vollen Zügen genossen. Als ich ihn fand, saß er neben seinem *Rondavel* und versuchte sich von seinem letzten Besäufnis zu erholen. Seine Augen waren blutunterlaufen trübe, und er hatte einen schlimmen Husten infolge des schweren, groben Tabaks, den er mit Streifen von braunen Papiertüten zu Zigaretten drehte. Auf unsicheren Beinen holte er seine Sachen und warf sie in den Geländewagen, den ich mir geborgt hatte.

Als wir auf der Start- und Landebahn des Dorfes eintrafen, muß ihm klargeworden sein, daß er mein erster Passagier sein würde, denn er war in wenigen Sekunden vollkommen nüchtern. Er versuchte mir zu erklären, daß er noch nie in einem *Fa-ly* gesessen habe, und ich tat so, als ob ich ihn nicht verstünde, weil ich wußte, daß ich keine andere Möglichkeit hatte, ihn ins Camp zu befördern. Er stieß mit dem Kopf gegen die Tragfläche, doch ehe er sich versah, hatte ich ihn angeschnallt und hob ab. Kein Buschflugzeug ist leise, vor allem nicht beim Start, doch meines vollführte einen Lärm wie der Teufel persönlich. Mox traten die Augen fast aus dem Kopf, und er klammerte sich am Sitz, an der Tür und am Armaturenbrett fest. Ich rief ihm zu: »Es ist *siami*! *Go siami*! Alles in Ordnung!«

Ich stieg höher und zog ein paar Schleifen, um meinen Kurs zu stabilisieren. Als

Mox sah, wie sein Dorf und der Fluß immer kleiner wurden, verzog sich sein Gesicht zu einem breiten Grinsen, und er zeigte auf die Hütten seiner Freunde am Flußufer. Bei jedem Flugmanöver entrang sich seiner Kehle ein kleines Lachen. Mit der Zeit war er so versessen aufs Fliegen und so stolz auf seinen neuen Status, den er dadurch gegenüber seinen Stammesgenossen errang, daß einige Jäger ihm den Spitznamen »Neil Armstrong« gaben.

Die nächsten drei Tage waren Mox und ich mit dem Aufräumen des Camps beschäftigt. In der dritten Nacht um halb zwei wurde ich vom Motorgeräusch des Land Cruisers aufgeweckt. Ich war kaum in meine Kleider geschlüpft, als der Wagen auch schon vor dem Zelt anhielt.

Delia und Roy krochen aus dem Führerhaus und standen im grellen Licht der Scheinwerfer, mit schmutzverfilzten Haaren und vor Erschöpfung tief eingesunkenen Augen. Nach der herzlichen, wenngleich etwas schmuddligen Begrüßung erklärten sie mir, daß der Viertonner mit dem Flugbenzin etwa einhundert Kilometer weiter östlich im Schlamm steckengeblieben sei. Wir müßten ihn ausgraben, wenn wir alle fünfzehn Fässer ins Camp schaffen wollten. Überdies hatten sie sämtliche Vorräte vom Land Cruiser abladen müssen, denn mit vollem Gewicht hätten sie die Schlammstrecke nicht bewältigen können. Säcke mit Mehl und Zucker, Kisten mit Konserven und die neuen Zelte sowie das Flugzeugzubehör – alles lag auf dem matschigen Boden neben dem Anhänger, den sie ebenfalls hatten zurücklassen müssen.

In den nächsten fünf Tagen ratterten Mox und ich schon im Morgengrauen durch das hohe Gras und die Buschsavanne zu dem steckengebliebenen Lastwagen. Zusammen mit dem Fahrer und dem Beifahrer schaufelten wir Tonnen von Schlamm unter dem Wagen fort und schleppten Steine herbei, die wir unter die großen Reifen schoben, aber der weiche Untergrund verschluckte alles. Jedesmal wenn wir so weit waren, daß der Laster zurücksetzen konnte, verwandelte ein Regenguß den Boden abermals in einen glitschigen Brei. Jede Nacht rollten wir ein Faß aus dem Morast heraus, luden es auf den Toyota und brachten es ins Camp. Die Fahrer hatten in der Nähe des Lastwagens ihr Lager aufgeschlagen, und wir versorgten sie mit zusätzlichen Lebensmitteln.

Als wir am fünften Tag das Sumpfloch erreichten, war der Lastwagen verschwunden, und der größte Teil der Benzinfässer lag auf dem Boden. Wir sahen den Wagen nie wieder, und nie wieder hat sich die Wildschutzbehörde erboten, uns beim Transport von Flugbenzin zu helfen.

Da wir versuchen wollten, das restliche Benzin auf einmal ins Camp zu schaffen, luden wir zehn der elf Fässer auf den Toyota und den Anhänger und befestigten das letzte mit Ketten an der vorderen Stoßstange. Dann fuhren wir los in Richtung Deception Valley.

Wir hatten gerade die Grenze des Reservats passiert, gut fünfzig Kilometer vor dem Ziel, als der Wagen vom Boden abhob und sich auf die rechte Seite neigte. Mox wurde auf den Boden geschleudert, und ich rammte mit dem Schädel das

Dach. Es gelang mir, den Wagen aufzurichten, bis er gegen ein dichtes Gebüsch prallte, sich schwerfällig drehte und auf den linken Rädern weiterfuhr. Im selben Augenblick rutschten die Benzinfässer ebenfalls nach links, und ich dachte schon, wir würden uns überschlagen. Ich riß das Steuer herum und trat auf die Bremse. In einem Schauer aus Sand, Blättern und abgerissenen Zweigen kamen wir zum Stehen.

Benommen und zerschrammt steckte ich den Kopf aus dem Fenster. Am anderen Ende einer langen, tiefen Furche spie ein deformiertes Faß Benzin in die Luft. In seiner Eingeborenensprache vor sich hin jammernd, raffte sich Mox vom Boden auf. Mit zitternden Händen holte er seinen Tabaksbeutel hervor und riß einen Streifen von einer braunen Tüte ab. »*Nnya*! Benzin – *mellelo* – Feuer!« schrie ich und griff nach seiner Hand.

Das Faß auf der vorderen Stoßstange hatte sich gelöst, und wir hatten es überfahren. Zum Glück war es nicht explodiert. Ich preßte etwas Dichtungsmasse in das Loch, wälzte das Faß von der Piste weg und hob das zerbeulte Auspuffrohr auf, das der Toyota verloren hatte. Wir fuhren langsam weiter, und Mox sog genüßlich an einer runzligen Zigarette.

Am nächsten Morgen mußte ich Roy nach Südafrika zurückfliegen. Also sanken Delia und ich früh am Abend auf unsere Matratzen, und Roy streckte sich wiederum auf der trockenen Stelle am Boden des Vorratszeltes aus. Mox hatte ein funkelnagelneues eigenes Zelt, das wir ihm aus Johannesburg mitgebracht hatten. Wir waren noch nicht richtig eingeschlafen, als Löwen auf der Flugpiste zu brüllen begannen. Wir sprangen aus dem Bett. Vielleicht war es das Blaue Rudel! Wir hatten es seit Bones' Tod nicht mehr gesehen, und da Rascal und eine Löwin dabei waren, als er erschossen wurde, befürchteten wir, daß sie uns nicht mehr akzeptieren würden.

Statt des Blauen Rudels lagen zwei junge Löwenmännchen, die wir noch nie gesehen hatten, mitten auf der Rollbahn und blinzelten in das Scheinwerferlicht. Ihre gefleckten blonden Mähnen glichen dem Bartflaum eines fünfzehnjährigen Jünglings. Sie ähnelten einander so sehr, daß wir vermuteten, sie seien Brüder. Einer hatte an der rechten Hüfte eine auffällige J-förmige Narbe. Die beiden kümmerten sich nicht im geringsten um uns und begannen wieder lautstark zu brüllen.

Ein bißchen enttäuscht fuhren wir zum Camp zurück. Als ich mich auf die Matratze fallen ließ, überlegte ich mir, daß diese beiden Junglöwen bestimmt nicht die Absicht hatten, das Territorium des Blauen Rudels zu übernehmen. Sie konnten Bones nie und nimmer ersetzen.

16 Zigeuner der Kalahari

Mark

Wie der Fluß suchten wir uns frei einen Weg.

ALDO LEOPOLD

Die Aufstellung und Einreichung eines Plans waren einfach, aber sehr viel schwerer war es, die Löwen aufzuspüren, ihnen Kragensender anzulegen und sie in der schier endlosen Weite der Kalahari-Wildnis zu verfolgen. Der Januar 1978 war bereits verstrichen, als wir das Flugzeug mitsamt dem dazugehörigen Treibstoff ins Lager geschafft hatten. Wir hatten keine Ahnung, wie lange wir für die Ausstattung der Löwen mit Sendern brauchen würden, doch es war ein Wettlauf gegen die bevorstehende Trockenzeit, in der sie acht Monate lang oder noch länger in der unermeßlichen Buschsavanne verschwinden würden. Internationale Naturschutzorganisationen hatten in unser Projekt investiert, und jetzt war es an uns, zu beweisen, daß unsere Vorschläge in die Tat umgesetzt werden konnten. Sollten wir scheitern, würden wir wahrscheinlich keine weiteren Mittel mehr bekommen.

Unser Plan war es, Löwen und Braune Hyänen im gesamten Deception Valley und zudem einige Löwenrudel im weiter nördlich gelegenen fossilen Flußsystem des Passarge und Hidden Valley zu narkotisieren und mit Sendern zu versehen. Zunächst einmal mußten wir die in einem so unwegsamen Terrain umherschweifenden Raubtiere finden. Unsere einzige Chance bestand darin, sie frühmorgens in der offenen Grasflur der Flußtäler auszuspähen.

In den nächsten sechs Wochen nahmen wir im Morgengrauen nur rasch eine Schüssel ungekochter Haferflocken mit Milchpulver zu uns. Dann stopften wir uns Biltong in die Taschen und rasten zur Maschine, die kalt und taufeucht in der fahlen Dämmerung stand.

»Strom eingeschaltet, Hauptschalter umgelegt, Drosselklappe zu!« Delia bibberte hinter der beschlagenen Windschutzscheibe.

»Zündung!« Ich wirbelte den Propeller herum und trat zurück. Ein weißes

Rauchwölkchen, ein Stottern und ein Aufheulen – Echo-Whisky-Golf erwachte zu neuem Leben.

Der Springbock Boeing, der die Piste als Zentrum seines Territoriums betrachtete, scharrte auf dem Boden herum, urinierte, um den Duft seines Kothaufens zu erneuern, und trabte lässig beiseite, als wir zum Start rollten. Er war so zahm geworden, daß wir aufpassen mußten, ihn beim Starten und Landen nicht über den Haufen zu fahren.

Beim Abheben huschte das Camp an uns vorbei, und wir erblickten Mox, der das Feuer schürte, und die Rauchfahne, die zwischen den Bäumen aufstieg. Wir flogen langsam nach Norden über das Flußbett hinweg und preßten die Stirn gegen die Seitenfenster, um nach Löwen Ausschau zu halten.

Die Zeiten waren vorbei, in denen wir wie Schildkröten auf der Erde umherkrochen und den Metallpanzer unseres Land Cruisers als Wohnung und Laboratorium überallhin mitschleppen mußten. Jetzt, da wir über die nächste Bodenerhebung hinwegblicken konnten, war unser Bild der Kalahari nicht mehr auf ein paar Quadratkilometer Savanne beschränkt. Wir flogen über die gewundene Rinne des alten Flußbetts dahin und warfen in der Morgen- und Abenddämmerung lange Schatten auf die braunen und grünen Flächen des Sandvelds. Aus der Luft entdeckten wir neue Pfannen und Schleifen – Segmente von versteinerten Flußläufen, die vor langer Zeit von wandernden Sanddünen abgeschnitten worden waren. Hidden Valley, Paradiespfanne, Krokodilpfanne – sie alle lagen hinter den Dünen verborgen. Vor kurzem hatte es heftig geregnet, und nun trug das Flußbett ein samtgrünes Gewand und eine funkelnde Kette von Wasserlöchern.

Von Anfang an gab uns das Flugzeug zu verstehen, daß ihm das Leben im Busch nicht gefiel. Sein Wechselstromgenerator brannte durch, und über zwei Monate lang, bis wir die Ersatzteile erhielten, mußte ich die Maschine mit der Hand anwerfen. Der Motor sprang zwar mit dem Strom aus dem Dauermagneten an, aber ohne Elektrizität aus der Batterie konnten wir die Funkanlage nicht benutzen, und auch der Kompaß fiel aus.

Die Kalahari wirkte monoton, und nur die winzige Stelle, an der sich unser Camp befand, konnten wir auf Anhieb erkennen. Wir folgten den fossilen Flußtälern, um uns nicht zu verirren, doch sie waren seicht und stellenweise kaum auszumachen; zuweilen wurden sie von dunklen Wolkenschatten in der Wüstentopographie ausgelöscht. Was den Kompaß anging, so spielte er uns auf dem ersten gemeinsamen Flug nach Maun einen üblen Streich: Wir waren auf einmal über dem Dorf Makalamabedi, etwa siebzig Kilometer östlich von unserem Kurs!

Wenn wir uns weit vom Deception Valley entfernen wollten, verstauten wir stets Lebensmittel und eine Überlebensausrüstung im hinteren Gepäckraum der Maschine. Wir wußten selten, in welcher Richtung vom Lager wir uns zu einem bestimmten Zeitpunkt befanden oder wie lange wir unterwegs sein würden, und außer Mox hatten wir niemanden, bei dem wir unseren Flugplan hinterlassen konnten. Wenn wir hätten notlanden müssen, wären unsere Rettungsaussichten nicht sehr groß gewesen. Eine besondere Gefahr stellten die Löcher im Boden dar. Wir mußten häufig im hohen Gras landen und starten, wo eine Dachsgrube, eine Fuchshöhle oder ein Springhasenbau ohne weiteres einem Bugrad zum Verhängnis werden konnten. Später eignete ich mir jedoch eine Technik an, solche Löcher zu vermeiden: Vor der Landung flog ich so niedrig, daß die Räder leicht den Boden berührten und so den Untergrund »abtasteten«.

»Löwen! Dort, in dieser Baumgruppe!« brüllte Delia, um das Motorgeräusch zu übertönen. Ich ging steil hinunter und flog tief über die flachkronigen Bäume dahin. Unter uns, etwa achthundert Meter von der Taupfanne im Hidden Valley entfernt, war ein Löwenrudel um einen Kuhantilopenkadaver verteilt. Mit gedrosseltem Motor kehrte ich um und fuhr die Klappen aus. Wir streiften die Spitze eines nahen Baumes, und nachdem Delia zur Markierung etwas Toilettenpapier ins Geäst geworfen hatte, nahm ich eine Kompaßpeilung und steuerte das Camp an.

Wir packten eine Campingausrüstung, Lebensmittel, Wasser, Narkosegewehr und Kameras in den Wagen, und Delia fuhr in Richtung der Löwen los. Ich blickte dem Wagen nach, bis er in der flimmernden Hitze entschwand. Es war das erste Mal, daß Delia allein in die Kalahari fuhr.

Mehrere Stunden später, als sie das Löwengebiet ungefähr erreicht haben mußte, startete ich und flog auf dem Kurs, den sie eingeschlagen hatte, ständig ausschauend nach dem weißen Fleck des Wagens. Ich erspähte ihn schließlich, als er wie ein Käfer durch den Busch krabbelte. Delia war zwar nicht mehr weit von unserem Treffpunkt im Flußtal entfernt, aber sie war vom Kurs abgekommen. Wenn sie nicht die Richtung änderte, mußte sie das Tal verfehlen. Ich ging hinunter und flog dicht über dem Wagen auf unser Ziel zu. Sie hielt an, änderte die Richtung und fuhr weiter. Befriedigt flog ich zu den Bäumen hinüber, unter denen wir die Löwen am Morgen entdeckt hatten. Der Kadaver war noch da, aber die Löwen nicht mehr. Ich zog ein paar niedrige Schleifen über dem Gebiet in der Hoffnung, das Rudel wiederzufinden.

Unterdessen traf Delia bei den Bäumen ein und begann auf einem relativ ebenen Abschnitt der Pfanne hin und her zu fahren, um eine Landepiste vorzubereiten. Dann schritt sie mit einem Spaten auf und ab. Sie füllte Löcher auf und schlug die schlimmsten Lehmklumpen und die höheren Grasbüschel platt, damit die Maschine heil landen konnte. Als sie knapp dreihundert Meter vom Wagen entfernt war und befriedigt ihr Werk betrachtet hatte, machte sie kehrt. Aufblickend entdeckte sie die Löwen: Sie hatten sich vom Riß zu den Bäumen am Rande des Flußbetts verzogen. Delia hatte sie in ihrem Eifer nicht kommen sehen. Jetzt bewegten sie sich in einer Linie direkt auf sie zu, zwischen ihr und dem Wagen hindurch; das erste Tier war nur noch knapp fünfzig Meter von ihr entfernt. Sie blieb wie angewurzelt stehen. Dem Blauen Rudel konnten wir in der Regel trauen, doch das hier waren fremde Löwen, die höchstwahrscheinlich zum ersten Mal einem menschlichen Wesen begegneten.

Die Löwinnen kamen nun langsamer und zielstrebiger auf Delia zu. Sie starrten angestrengt, hoben und senkten den Kopf und musterten sie ganz genau. Sie konnte das Flugzeug hören, das nur wenige hundert Meter entfernt am Himmel kreiste, aber sie hatte keine Möglichkeit, mir ein Zeichen zu geben.

Vorsichtig begann sie zurückzuweichen und versuchte in den Mienen und Gesten der Löwen zu lesen. Doch plötzlich wurde ihr klar, daß sie durch ihren Rückzug die Tiere zur Verfolgung einlud, und sie zwang sich zum Stillstehen. Die Löwen drangen weiter auf sie ein. Als sie auf dreißig Schritte herangekommen waren, befiel Delia eine Urangst. Sie hob den Spaten, schwang ihn wie eine Keule und stieß einen urigen Schrei aus, der von einer Neandertalerin hätte stammen können: »*Haarrauggh*!«

Wie auf Kommando blieben die Löwen stehen und setzten sich in einer langen Reihe auf die Hinterkeulen. Sie reckten Kopf und Hals vor und betrachteten neugierig das Herrentier, das mit seiner Waffe vor ihnen stand.

Delia hielt die Stellung, denn sie fürchtete sich zu bewegen, weil ihr die Löwen dann wieder folgen würden. Doch sie mußte an ihnen vorbei, wenn sie den schutzgewährenden Wagen erreichen wollte. Je länger sie hier verharrte, desto größer wurde die Gefahr, daß die Löwen sie annähmen. Langsam tat sie einen Schritt, dann noch einen, und so schob sie sich schräg an den Löwinnen vorbei, den Spaten in Hüfthöhe und die Augen fest auf das Rudel gerichtet. Die Tiere verfolgten sie wie eine Radarantenne: Ihre Köpfe drehten sich langsam mit, als sie in einem großen Bogen dem Wagen zuzustreben begann.

Sie hatte das Rudel bereits umrundet und begann rückwärts zu gehen, als eine Löwin unvermittelt aufstand und mit gesenktem Kopf schnell auf sie zutrabte. Sie widerstand dem übermächtigen Drang, davonzulaufen, stampfte auf den Boden, schrie und schwenkte den Spaten hoch über dem Kopf. Die Löwin hielt inne und hob eine Pranke leicht an. Delia blieb stehen. Die Löwin setzte sich hin.

Delia bewegte sich wieder rückwärts auf den Wagen zu, und die Löwin folgte ihr. Delia brüllte und schlug mit dem Spaten fest auf den Boden, und die Löwin setzte sich hin. Das Spiel wiederholte sich noch einmal. Doch inzwischen war Delia schon in der Nähe des Wagens. Als sie nur noch knapp zehn Meter von ihm getrennt war, schleuderte sie den Spaten der Löwin entgegen und rannte zum Land Cruiser. Die Löwin sprang auf den Spaten zu und beschnupperte ihn, während Delia die Wagentür aufriß und hineinkletterte. Mehrere Minuten lang lag sie zitternd auf dem Sitz.

Das Geräusch des Flugzeugs wurde lauter, und Echo-Whisky-Golf setzte zur Landung an, vor den Augen der aufmerksamen Löwen. Ich ließ die Maschine zum Wagen hin ausrollen und stellte den Motor ab. »Großartig! Du hast ja die Löwen gefunden«, rief ich fröhlich. Dann erst bemerkte ich ihr blasses Gesicht und die weit aufgerissenen Augen. Ich sprang aus dem Flugzeug in den Wagen und hielt sie fest umschlungen.

An diesem Abend betäubten wir drei Löwen der Gruppe, die wir fortan das Tau-

Rudel nannten, und versahen sie mit Sendern. Den folgenden Tag suchten wir mehrere Stunden lang im Tiefflug nach dem Blauen Rudel, das wir seit Bones' Tod nicht mehr gesehen hatten. Wir entdeckten auch diesmal keine Spur von den Löwen. Vielleicht wollten sie nach dem Zusammentreffen mit den Jägern nicht mehr ins Deception Valley zurückkehren.

Statt dessen fanden wir das Springbockpfannen-Rudel, das sein Territorium südlich des Camps besetzt hielt. Früh am Abend verpaßten wir Satan, dem Rudelchef, und der Löwin Happy einen Kragen. Während sich die beiden erholten, bauten wir unter einer Tragfläche ein kleines Camp auf, höchstens hundert Meter von ihnen entfernt. Delia hängte ein Moskitonetz an der Flügelverstrebung auf und breitete das Bettzeug aus, und ich holte den Wasserkanister und die Proviantkiste heraus und machte ein kleines Lagerfeuer. Schon bald brutzelte ein Haschee aus Dörrfleisch, Kartoffeln und Zwiebeln im Kessel über dem Kohlenfeuer.

Das Feuer erlosch, und der Mond lugte über die Dünenkämme und tauchte das Tal in silbriges Licht. Wir saßen unter der breiten Tragfläche und sahen den Springbockherden zu, die im Flußbett grasten. Die Löwen erhoben ihr Gebrüll, als wir endlich ins Bett krochen.

Etwas später wachte ich auf. Der Mond war untergegangen, und eine Schicht Zirruswolken verdunkelte die Sterne. Ich tastete nach der Taschenlampe. Die Batterien waren, wie gewöhnlich, fast leer, und das schwache gelbliche Licht vermochte kaum die Dunkelheit zu durchdringen. Doch als ich die Lampe langsam schwenkte, bemerkte ich den schwachen Schimmer von neun großen Augenpaaren, die im Halbkreis um die Maschine versammelt waren. Das gesamte Springbockpfannen-Rudel betrachtete uns aus einem Abstand von weniger als fünfundzwanzig Metern.

Das Flugzeug erregte noch immer die Neugier der Löwen, und ich hatte den Eindruck, sie hätten am liebsten ihre Zähne in seinen Schwanz und seine Reifen gebohrt. Es muß ihnen wie eine riesige Trockenmilchdose mit Flügeln vorgekommen sein. Delia und ich saßen etwa eine Stunde lang aufrecht, sprachen leise miteinander und knipsten hin und wieder die Taschenlampe an, um festzustellen, wo die Löwen waren und was sie taten. Schließlich entschwanden sie einer nach dem anderen in der Nacht.

Später galoppierte eine große Springbockherde an uns vorbei. Die Tiere grunzten und »zischten« ihren nasalen Warnruf. Dann ein tiefes, rasselndes Fauchen, gefolgt von einem Schlurfen, Knacken und Zerren und dem kehligen Geknurr fressender Löwen. Mit unserer Taschenlampe konnten wir gerade noch das Springbockpfannen-Rudel ausmachen, das sich, etwa dreißig Meter von der Tragflächenspitze entfernt, um die Beute stritt. Vor Beendigung der Mahlzeit konnten wir kaum einschlafen.

Wir verbrachten den Tag unter der Tragfläche und beobachteten die schlafenden Löwen. Die Senderkragen störten sie offensichtlich nicht im geringsten; sie trugen sie wie leichte Halsketten. Gegen vier Uhr am Nachmittag starteten wir, um die

Funktionstüchtigkeit der Sender in der Luft zu testen und um weiter südlich nach anderen Löwen zu fahnden. Zu unserer großen Freude konnten wir Satans Funksignal noch in einer Entfernung von ungefähr siebzig Kilometern einfangen.

Als wir wieder die Springbockpfanne anflogen, bemerkte ich zu meinem Entsetzen eine näherkommende schwarze Wolkenwand. Wir waren mit der Funkerei so beschäftigt gewesen, daß uns völlig entgangen war, wie sich hinter uns ein Unwetter zusammenbraute. Wir mußten landen und das Flugzeug sichern, bevor die Gewitterfront das Tal erreichte. Ich gab so viel Gas, wie ich riskieren konnte, und setzte zu einem rasanten Sturzflug an.

Plötzlich wurden wir von den starken Zugwinden, die dem Sturm vorausgingen, heftig geschüttelt. Die Graswellen unter uns zeigten eine Windgeschwindigkeit von mindestens siebzig Stundenkilometern an, und als wir das Tal erreichten, fegte der Sturm quer über das schmale Flußbett hinweg. Wir mußten bei Seitenwind landen und verhindern, daß sich die Maschine wie ein Wetterhahn drehte und mit einer Tragfläche in den Boden bohrte. Meine Pilotenausbildung hatte mich auf eine solche Situation kaum vorbereitet, und ich erinnerte mich undeutlich an die Bedienungsanleitung des Flugzeugs, in der vor einer Landung bei einem Seitenwind von mehr als fünfunddreißig Stundenkilometern gewarnt wurde.

Wir waren über dem Tal, als die ersten schweren Regentropfen gegen die Scheiben prasselten. »Schieb deinen Sitz zurück, zieh den Sicherheitsgurt fest an, und leg den Kopf in den Schoß!« rief ich Delia zu. Ich konnte gerade noch die Reifenspuren erkennen, die den schlaglochfreien Bereich des Flußbetts markierten. Wir rutschten seitwärts über eine Akazienbaumgruppe ab. Der Erdboden raste uns förmlich entgegen. Sobald wir dicht über dem Gras dahinglitten, drosselte ich den Motor und versuchte, gerade aufzusetzen. Doch dann hielt der Wind plötzlich den Atem an. Das rechte Rad rammte den Untergrund, und ich hörte ein lautes Krachen. Bevor ich reagieren konnte, verlor ich die Kontrolle über die Maschine.

Ich gab Vollgas und versuchte wieder an Geschwindigkeit und Höhe zu gewinnen. Doch eine Windbö traf eine Tragfläche, und das Flugzeug taumelte über das Flußbett auf die Dünen zu. Im letzten Augenblick rappelte es sich auf, drehte ab und stieg höher. Ich lugte zu Delia hinüber; ihr Kopf ruhte noch immer auf ihren Knien.

Der Wind war zu stark. Ich mußte den Boden mit Vollgas und hohem Heckteil ansteuern. Noch einmal setzte ich zum Landeanflug an. Ich gab reichlich Gas und stabilisierte die Maschine gegen den Wind. Wir waren jetzt dicht über dem Boden, aber noch zu weit vom Aufsetzpunkt entfernt. Ich gab noch mehr Gas, und das Flugzeug hob sich ein wenig. Der Wind packte zu – noch stärkere Querlage. Ich glaubte, wir befänden uns über der Piste, aber der Regen versperrte mir die Sicht. Ich blickte durch mein Seitenfenster und entdeckte unten die schwache Linie. Ich nahm etwas Gas zurück, und das rechte Bugrad begann zu rumpeln. Wir waren unten! Aber die Maschine brach allzu schnell seitlich aus, und weder das Ruder noch die Bremsen konnten sie aufhalten. Wir schossen von der Landebahn hinunter, durch das Gras und auf die Bäume zu, wo die Löwen lagen. Ich lehnte mich schwer auf beide Bremshebel, bis die Bugräder blockierten, und betete, daß wir von Erdlöchern verschont blieben. Die Umrisse der Bäume tauchten bedrohlich vor uns auf. Doch der Gegenwind half mir, das Tempo zu verringern. Endlich kamen wir holpernd zum Stehen.

Delia sprang vor mir hinaus und zerrte Pflöcke und Halteseile aus dem Heckladeraum. Ich stellte den Motor ab und half ihr, das Flugzeug gegen den Sturm zu sichern.

Unter einer Tragfläche schlugen wir unser kleines Zelt auf und machten auf einem Spirituskocher Teewasser und Suppe heiß. Wind und Regen schlugen die ganze Nacht auf das Zelt ein, und das Flugzeug schaukelte und ächzte, aber wir beide lagen warm und zufrieden in unseren Schlafsäcken.

In den folgenden Wochen flogen wir die ganze Zentralkalahari ab, und in immer größerer Entfernung vom Camp rüsteten wir Löwen mit Senderkragen aus. Delia fuhr oft stundenlang nach dem Kompaß durch die Gegend, um mich in irgendeiner fernen Pfanne oder Flußbettregion zu treffen. Wenn wir keine Löwen aus der Luft entdecken konnten, gingen wir mit Echo-Whisky-Golf in der Nähe einer Antilopenherde nieder und kampierten eine Nacht unter einer Tragfläche, um nach einem jagenden Rudel Ausschau zu halten. Und wenn wir zu unserem Basiscamp zurückflogen, suchten wir dessen Umgebung stets nach dem Blauen Rudel ab.

Die Zeit verrann. Es ging bereits auf Ende März zu, und die Regensaison würde höchstens noch ungefähr einen Monat dauern. Sobald dann die Antilopen aus dem Tal abzuziehen begannen, wurde es immer unwahrscheinlicher, daß wir diese Löwen noch fanden. Sie waren unsere wichtigsten Studienobjekte, weil sie unserem Camp am nächsten lebten und weil wir sie am besten kannten, doch bislang hatten wir ihnen noch keine Sender verpassen können. Vielleicht waren noch weitere Rudelmitglieder Jägern oder Viehzüchtern zum Opfer gefallen. Jedesmal wenn wir ins Camp heimkehrten, fragten wir Mox, ob er unsere Löwen gehört habe: »*Wa utlwa de tau bosigo ya maabane?*«

»*Nnya*«, lautete seine stereotype Antwort.

Eines Morgens jedoch, als wir von einem nächtlichen Aufenthalt im Passarge Valley zurückkamen, stand Mox mit strahlender Miene am Feuer. Er zeigte auf Löwenspuren, die sich überall in den Boden eingedrückt hatten, und führte uns dann zu einer mit englischen und Setswana-Brocken durchsetzten Pantomime durch das Camp. Er stelzte zur Bade- und Küchen*boma* und schob seine Hand in die Lücke zwischen zwei Holzpfähle, in der eine Schnur mit Biltongstreifen zum Trocknen gehangen hatte. Er zwickte sich ins Ohr, wies dann auf mein blaues Hemd und zupfte mit den Fingerspitzen an seinem Kinn herum, was bedeutete, daß es die Löwen mit den blauen Ohrclips und zwei junge Männchen mit schütteren Mähnen gewesen seien. Im letzten Akt zeichnete er mit dem Finger ein »J« in den Staub und klopfte sich auf sein Hinterteil; einer der beiden Junglöwen hatte also eine J-förmige Narbe auf der Hüfte. Es waren demnach dieselben beiden Männchen, die Delia, Roy und mir vor einigen Wochen auf der Rollbahn ein Ständchen dargebracht hatten.

Zu dritt zwängten wir uns in den Wagen und fuhren etwa vierhundert Meter weit zur Buschinsel, wo Mox das Rudel zuletzt gesehen hatte. Wir fuhren langsam, um den Löwen reichlich Gelegenheit zu geben, uns und den Land Cruiser schon von weitem mit den Augen zu verfolgen. Sie richteten sich halb auf, als wir uns näherten, und wir beobachteten ihr Mienenspiel und ihre Haltung, um etwaige Zeichen von Furcht oder Aggressivität zu erkennen.

Wir hätten uns keinerlei Sorgen zu machen brauchen. Sassy und Blue kamen, wie gewohnt, schnurstracks auf den Wagen zu, beknabberten die Reifen und beäugten uns durch das Wagenfenster. Ihre schnurrbärtigen Schnauzen und ihre harzfarbenen Augen waren nur eine Armeslänge von mir entfernt. Ich war versucht, die Hand auszustrecken und eine Zecke über Sassys Auge abzuzupfen, doch dann besann ich mich eines Besseren. Die beiden Junglöwen, denen wir die Namen Muffin und Moffet gaben, hatten sich wenige Meter neben den Löwinnen ausgestreckt. Trotz ihrer Jugend – sie waren nur etwa vier Jahre alt – hatten sie offenkundig das Blaue Rudel und dessen Territorium mit Beschlag belegt. Mit der Zeit würde sich erweisen, ob sie sich gegen ältere und größere Herausforderer würden durchsetzen können.

Wir saßen inmitten des Rudels, das im Schatten des Wagens ruhte. Es war ganz wie in alten Zeiten, nur daß Sassy, Gypsy, Liesa, Spooky und Spicy inzwischen voll erwachsen waren. Zusammen mit Blue und der alten Chary bildeten sie eine stattliche Löwengruppe.

Nachdem wir auch das Blaue Rudel »behandelt« hatten, trugen mehr als sechzehn Individuen aus fünf verschiedenen Rudeln, deren Territorien im Deception, Passarge und Hidden Valley lagen, unsere Sender, die wir vom Flugzeug oder vom Wagen aus orten konnten. Wegen der engen Beziehungen der so ausgerüsteten Löwen zu ihren Rudelgefährten, von denen wir bereits viele mit Ohrmarken versehen hatten, standen wir in unmittelbarem Kontakt mit mehr als sechsunddreißig Tieren. Außerdem hatten wir sechs Braune Hyänen, die dem Deception-Pfannen-Clan und einem anderen Clan aus der Umgebung der Gepardenpfanne angehörten, mit Sendern bestückt.

Nachdem wir nun alle Kragen verteilt hatten, brauchten wir in der verbleibenden Regenzeit nur noch den Spuren der Löwen tagtäglich mit dem Flugzeug zu folgen und ihre Wanderbewegungen zu dokumentieren. Die Braunen Hyänen würden sich ohnehin während der ganzen Trockenzeit in der Nähe des Tales aufhalten und waren somit leicht aus der Luft zu lokalisieren. Die Anspannung der letzten Wochen fiel allmählich von uns ab. Wir hatten es geschafft! Die Bühne war frei für unsere radiotelemetrischen Untersuchungen.

An dem Morgen, als wir der letzten Hyäne einen Kragen umgelegt hatten, erklärten wir den Rest des Tages zum Feiertag und fuhren zum Camp zurück. Dort wurden wir mit aufgeregtem Geflatter und Flügelschlagen begrüßt: Chief, Ugly, Big Red und vierzig weitere Gelbschnabeltokos fielen auf den Spannschnüren der Zelte ein und verlangten glucksend ihre tägliche Maisschrotration.

»Toko billy-billy«, rief Delia ihnen zu, als sie auf dem Fußpfad dem Schatten unseres Bauminselheims zustrebte. Ugly setzte sich ihr auf die Schulter, und Chief balancierte auf ihrem Kopf. Die gesamte Vogelschar folgte ihr bis zur Küche, wo sich Marique, der Marico-Blaßschnäpper, auf dem Boden vor ihr aufbaute und flügelschlagend und am ganzen Leibe zitternd um seinen Anteil bettelte. Ich mußte warten, bis ungefähr hundert Gefiederte sowie die Spitzmaus William und die Eidechse Laramie versorgt waren. Dann bekam auch ich mein Futter.

Am späten Nachmittag saßen wir unweit des Camps auf dem Flußbett und betrachteten die orange-rote Sonne, die das silbrige Gras in ein Flammenmeer verwandelte, bevor sie hinter der Westdüne versank. Wenig später hallte das Tal wider vom klagenden Geheul von Captain, Sundance, Skinny Tail, Gimpy und anderen Schakalen. Es klang wie ein Wiegenlied für die einsame Schönheit der Kalahari, die ringsum leise entschlummerte. Der Himmel entfärbte sich, und die Silhouette der Westdüne löste sich in der Dämmerung auf. Das »Klick-klick-klick« der bellenden Geckos, das sich wie aneinanderstoßende Murmelsteine anhörte, und die melancholischen Rufe der Kiebitze kündigten die Nacht an. Als dann ein kühler Wind von den Dünen herüberwehte, kehrten wir zum Camp zurück.

Mox hatte ein Feuer angezündet und tischte uns Antilopensteaks auf, bevor er sich in sein Quartier verzog. »*Go siami, Ra*«, rief er leise, was besagen sollte, daß er mit der Tagesarbeit fertig sei und uns eine gute Nacht wünsche. Das sanfte Schlurfen seiner Schuhe auf dem Lehmpfad klang freundlich, gemütlich, anheimelnd. Ich war froh, daß er bei uns war.

Wir hatten noch keine Lust zu essen, und so saßen wir eine ganze Weile schweigend da und starrten in die zuckenden Flammen. Als das Feuer in sich zusammensank und wir darüber hinwegsehen konnten, erblickten wir Muffin und Moffet, die wenige Meter vor uns neben dem Holzstapel lagen. Sie hatten sich uns schon früher angeschlossen, und nun sahen und hörten sie uns zu, wie wir uns leise unterhielten. Wir mußten uns in Erinnerung rufen, daß es wilde Löwen waren. Was wir in solchen Augenblicken empfanden, läßt sich nicht mit einem gängigen Wort beschreiben. Es war ein Gemisch von verschiedenen Gefühlen: Erregung, Dankbarkeit, Wärme, Solidarität.

Später standen die beiden auf, streckten sich und gingen dann zu einem der Bäume hinüber, die Bones so oft mit seinem Duft markiert hatte. Nur drei Meter von uns entfernt drehten sie sich um, hoben den Schwanz und spritzten in die Zweige. Mit Taschenlampen bewaffnet, folgten wir ihnen in die Küche. Sie wirkten so groß wie Pferde, als sie in der dreiwandigen Schilf*boma* standen. Muff reckte den Kopf hoch und legte seine Schnauze auf den Tisch. Ich hätte seinen Kopf tätscheln können, als seine fleischige Zunge die Steaks aufschlappte, die Mox für uns bereitgestellt hatte.

Unterdessen beschnüffelte Moff die Regale. Als er an den fast fünfundzwanzig Pfund schweren Mehlsack stieß, der hoch an einem Pfosten hing, packte er ihn mit den Zähnen und zog daran. Der Sack riß auf, und weißes Mehl schneite auf Moffs Maul und Mähne herab. Er wich zurück, nieste und schüttelte sich, bis die ganze Küche mit Mehl bestreut war. Dann grapschte er den Sack und stolzierte aus dem Camp, eine lange weiße Spur hinter sich herziehend. Muffin folgte ihm, und nachdem die beiden den Sack zerfetzt hatten, streckten sie sich lautlos neben der Küche aus, wie große Sandhaufen im Mondlicht. Indem wir ihr zärtliches Schnurren imitierten, näherten wir uns ihnen bis auf zwei Meter. Wir hockten uns auf den Boden und lauschten dem Gequietsche und Gerumpel ihrer Mägen. Nach einer halben Stunde erhoben sie sich, brüllten und trollten sich in Richtung Norden.

Jeden Morgen bei Sonnenaufgang stiegen wir in die stille, kühle Luft, um unsere sendertragenden Löwen und Hyänen zu orten. Ich hatte Delias Sitz um hundertachtzig Grad gedreht, so daß sie jetzt mit dem Gesicht zum Heck der Maschine saß und die Proviantbox als Arbeitstisch benutzen konnte. Sie stellte den Empfänger auf die Frequenz eines Löwen oder einer Hyäne ein, und während sie das jeweilige Signal mit dem Kopfhörer auffing und zwischen den beiden Antennen hin und her schaltete, dirigierte sie mich zu dem Tier hin. Sobald das Signal seine größte Lautstärke erreichte, waren wir unmittelbar über dem Gesuchten. Indem wir zwei oder drei Geländepunkte mit dem Kompaß anpeilten, konnten wir unsere Position in die Luftaufnahmen des Deception-Forschungsgebiets eintragen und so den genauen Standort des Studienobjekts an einem bestimmten Tag registrieren.

Darauf überflogen wir das Areal im Tiefflug und versuchten die Löwen ausfindig zu machen. Delia notierte den Biotoptyp, die Zahl der Löwen, ihre etwaige Beute sowie die Beutetierdichte des Gebiets, während sie ständig den auf und ab hüpfenden Flugzeugschwanz vor Augen hatte. Ich weiß nicht, wie sie das schaffte, ich hätte jedenfalls schon nach fünf Minuten mein Frühstück von mir gegeben. Gleichwohl war sie über zweieinhalb Monate lang täglich mit mir in der Luft.

Als ich etwas mehr Erfahrung hatte und sicher in niedrigen Höhen fliegen konnte, während ich gleichzeitig meine Beobachtungen auf Band sprach und das Funkgerät bediente, unternahm ich immer häufiger Alleinflüge. Solange ich in der Luft war, besuchte Delia die Hyänen oder bearbeitete unsere Forschungsergebnisse im Camp. Nachdem wir einige Jahre später eine Bodenfunkanlage erstanden hatten, konnten wir ständig in Kontakt bleiben, und wenn ich zu einer Notlandung gezwungen war, wußte sie, wo sie mich zu suchen hatte.

Eines der faszinierendsten Ergebnisse, das sich bei unseren radiotelemetrischen Untersuchungen abzuzeichnen begann, betraf die Beziehung zwischen dem Blauen Rudel und dem Clan der Braunen Hyänen im Deception Valley. Wo sich die Löwen in ihrem Regenzeit-Territorium auch aufhalten mochten, die Hyänen fanden sie. Nur selten schlug das Blaue Rudel ein Beutetier, ohne daß Star, Patches oder ein anderes Clanmitglied davon Wind bekam. Es stellte sich heraus, daß die

Braunen Hyänen hinsichtlich ihrer Nahrung weitgehend auf die Löwen angewiesen waren und daß sich ihr Territorium fast vollständig mit dem des Blauen Rudels deckte, sogar ihre Wechsel stimmten vielfach überein. Aus der Luft konnten wir das Flußtal wie ein riesiges Spielfeld überblicken, auf dem die Hyänen unfehlbar die Raubzüge der Löwen verfolgten, so daß sie sich bei einem Riß einstellten, sobald die großen Katzen abgezogen waren. Sie alle waren Spieler in einem Überlebenskampf.

Anfangs hatten wir befürchtet, das Flugzeug würde die Löwen vergrämen, und es wäre somit unmöglich, sie aus geringer Höhe zu beobachten. Doch unsere Sorgen waren unbegründet. Schon sehr bald konnten wir dicht über dem Gras in einem Abstand von fünfundzwanzig oder dreißig Metern an den Löwen vorbeifliegen, ohne sie zu stören. Wenn wir die Augen offenhielten, vermochten wir dabei sogar einen Senderkragen oder die Farbe der Ohrmarken zu erkennen. Die Reaktionen der Tiere auf das Flugzeug waren unterschiedlich. Muffin machte oft ein komisches Gesicht und drehte die Augen nach oben, ohne den Kopf zu heben, wenn wir über ihm hinwegglitten. Satan duckte sich zum Sprung und jagte manchmal im Spiel ein Stück hinter der Maschine her. Und wenn wir direkt über seinem Kopf waren, richtete er sich auf der Hinterhand auf und griff mit den Vorderpranken in die Luft. Gelegentlich landeten wir in der Nähe der ruhenden Löwen, fuhren dicht an sie heran und machten dann ein Picknick im Schatten der Tragflächen, während wir ihr Verhalten beobachteten.

Obwohl ihre Mähnen noch nicht voll entwickelt waren, ließen Muffin und Moffet, die inzwischen je gut zweihundert Kilo auf die Waage brachten, keinen Zweifel daran, daß sie ihren Anspruch auf das Territorium des Blauen Rudels im Deception Valley aufrechterhielten. Sie patrouillierten allabendlich und allmorgendlich das Tal ab, brüllten, hinterließen Kratzstellen und setzten ihre Duftmarken an Bäumen, Sträuchern und Grasbüscheln ab.

Eines Morgens jedoch wurde das Bündnis der beiden Löwenmänner auf eine harte Probe gestellt, als sie im Schlepptau von Blue dem Camp zustrebten. Blue war in Hitze und gab sich alle Mühe, ihre beiden forschen Verehrer zu bezirzen. Sie drehte und wand sich verführerisch vor ihnen und wedelte ihnen mit ihrer Schwanzquaste vor der Nase herum. Wenn zwei Löwen eine Löwin umbuhlen, gibt gewöhnlich einer der beiden auf – oder sie erfreuen sich gemeinsam der Gunst des Weibchens. Doch im vorliegenden Fall zeigte sich sehr bald, daß der Rivalenkampf noch nicht entschieden war.

Nachdem sich Blue mehrere Minuten lang neben dem Flugzeug ausgestreckt hatte, ging sie auf Mox' Zelt zu, und gleichzeitig näherten sich Muff und Moff ihrem Hinterteil, um sie zu besteigen. Dabei stießen sie mit den Schultern gegeneinander. Knurrend und fauchend richteten sie sich auf den Hinterbeinen auf traktierten einander mit Püffen, Bissen und Prankenhieben. Blue rannte zur anderen Seite der Bauminsel hinüber und duckte sich hinter einem Busch. Muffin war als erster bei ihr. Er wirbelte herum, um Moffet abzuwehren. Wieder kam es zu einer Rauferei zwischen den beiden, und Blue nutzte die Gelegenheit, sich in die Dickung am Rande des Flußbetts zu verziehen.

In der zweiten Runde trug Muffin an der linken Augenbraue eine Rißwunde davon, aus der Blut über sein Gesicht rann. Die beiden bewegten sich schnuppernd durch das Gras auf der Suche nach dem Weibchen.

Die Geschichte hätte hier zu Ende sein können, wenn Blue nicht in diesem Augenblick hinter dem Gebüsch hervorgelugt hätte. Muffin erblickte sie und trabte auf sie zu. Doch bevor er die Hälfte der Strecke zurückgelegt hatte, kam Moffet von hinten angestürmt. Die beiden gerieten noch heftiger aneinander. Sie wälzten sich auf dem Boden und entwurzelten Gräser und Sträucher, während sie mit den schweren Vorderpranken aufeinander einschlugen.

Als sie sich trennten, hatte Muffin seinen Anspruch auf Blue, die durch den Kampf sichtlich eingeschüchtert worden war, endgültig durchgesetzt. Er legte sich in der heißen Sonne hin und sah sie an. Moffet ruhte sich indessen unter einem Schattenbaum aus. Blue fühlte sich in der Hitze zunehmend unbehaglicher, und sie blickte immer häufiger zu der Stelle hinüber, wo Moff lag. Doch als sie aufstand, um sich zu dem anderen Löwen zu gesellen, zog Muff die Lippen kraus, runzelte die Brauen und ließ ein drohendes Knurren hören. Blue kauerte sich wieder hin und duldete heftig atmend den ganzen Morgen ihre »Gefangenschaft«. Die Lage entspannte sich erst, als Moffet sich etwas weiter weg einen günstigeren Schattenplatz suchte. Jetzt erlaubte es Muff seiner Angebeteten, sich zu erheben, und gemeinsam begaben sie sich zu der Stelle, die Moffet verlassen hatte.

Mehrere Tage lang, solange Muffin die Löwin umwarb, und noch eine Woche danach gingen sich die beiden Löwenmänner aus dem Weg, obgleich sie vorher unzertrennlich zu sein schienen. Zehn Tage nach ihrer Auseinandersetzung wurden wir früh am Morgen von Muffin aufgeweckt, der sich unter Gebrüll dem Camp näherte. Nachdem er den kleinen Akazienbaum im Küchenbereich bespritzt hatte, entfernte er sich nach Norden. Ein anderer Löwe antwortete ihm weiter oben im Tal, und ständig brüllend bewegten sie sich aufeinander zu. Als Moffet aus dem Gebüsch am Nordbaum auftauchte, trabten die beiden Löwen los, um sich zu begrüßen. Sie rieben immer wieder die Wangen, Leiber und Schwänze aneinander, als ob sie den Konflikt, der sie getrennt hatte, ausradieren wollten. Dann streckten sie sich zusammen in der Morgensonne aus, und Muffin legte Moffet seine Pranke auf die Schulter. Es wäre schon etwas mehr nötig gewesen als ein Streit um ein Weibchen, um die beiden auseinanderzubringen!

Jahrelang waren wir mit unserem Geländewagen durch den Busch geprescht, um winzige Informationskrumen zum Verhalten der Löwen und Braunen Hyänen einzusammeln. Doch seitdem wir das Flugzeug und die Funkausrüstung benutzten, floß uns förmlich ein Datenstrom zu. Wir wußten, wo sich Muffin, Moffet, Blue und das restliche Rudel an einem bestimmten Tag aufhielten und wie weit sie vom

Springbockpfannen-Rudel und von vier weiteren Rudeln entfernt waren. Um festzustellen, ob einer der Löwen ein großes Beutetier geschlagen hatte, brauchten wir nur aufzusteigen, seine Frequenz einzustellen und über seinen Kopf hinwegzufliegen.

Ich war in der Lage, alle kragentragenden Tiere mit fast hundertprozentiger Sicherheit aus der Luft aufzuspüren, und konnte in der Regel sagen, mit wem sie zusammen waren, in welchem Biotop sie sich befanden, wie weit sie in der Nacht gewandert waren und ob sie Junge führten oder nicht. Während der Regenzeit brauchte ich höchstens eineinhalb bis zwei Stunden, um alle unsere »Kragentiere« zu finden. Der Traum eines jeden Feldforschers war in Erfüllung gegangen.

17 Das Zigeunerkind

Delia

... die Dinge, die nicht erwachen, schenken Leben jenen, die
erwachen ... und so werden sie in diesem Frühling wieder
lebendig sein ... und immerfort ...

GWEN FROSTIC

Als Mark eines Morgens mit Echo-Whisky-Golf in der Luft war, umkreiste er
abermals die beiden Löwen, um sich zu vergewissern, was da unten vorging. Unter
demselben Baum, nur einen Meter voneinander entfernt, lagen Muffin und Satan,
rivalisierende Männchen aus dem Blauen und dem Springbockpfannen-Rudel.
Beide hatten das Kinn auf eine ausgestreckte Pranke gebettet und starrten einander
über die Grenze ihrer benachbarten Territorien bedrohlich an, ohne einen Muskel
zu rühren. Moffet war nirgends zu sehen.

Nachdem Mark zum Camp zurückgekehrt war, fuhren wir beide zu den Löwen
hinüber, die noch immer versuchten, sich gegenseitig in Grund und Boden zu starren. Es war inzwischen Mittag geworden, und der Baumschatten war weitergewan-
dert, so daß die beiden jetzt in der glühenden Sonne lagen. Langsam fielen Muffin
die Augen zu. Er nickte ein, und sein Kopf glitt seitlich ab. Sofort stieg ein dumpfes Grollen aus Satans Brust auf, und Muffins Kopf fuhr hoch, um sich erneut der
Herausforderung zu stellen.

Der Kampf dauerte bis zum Nachmittag. Jedesmal wenn sich einer der beiden
unbehaglich fühlte und seine Position verändern mußte, entrang sich seiner Kehle
ein leises Knurren. Es nahm an Lautstärke zu, während er seine Hinterpartie verlagerte und kaum merklich den Kopf bewegte, um sein Gegenüber nicht aus den Augen zu verlieren.

Kurz nach Sonnenuntergang standen die beiden Löwen langsam und laut knurrend auf. Keiner wagte den Blick abzuwenden. Schritt für Schritt entfernten sie
sich rückwärtsgehend vorsichtig voneinander, bis sie sich schließlich umdrehten
und in ihrem jeweiligen Territorium verschwanden. Es war gleichsam kein Schuß

gefallen, und dennoch hatten sie ihre Kräfte gemessen; die Auseinandersetzung hatte mit einem Unentschieden geendet.

Männliche Löwen, die mit Brüdern oder Altersgenossen ein Bündnis schließen, wie es Muffin und Moffet getan hatten, können ein Rudel und dessen Territorium leichter erobern und mit Beschlag belegen als ein einzelner Löwe.[1] Die Chancen standen schlecht für Satan, falls sich ihm Muffin und Moffet gemeinsam entgegenstellen sollten.

Die Grenzen benachbarter Rudelterritorien waren nicht völlig undurchlässig, und es gab gewisse Überlappungen: Mitglieder des Springbockpfannen-Rudels und des Blauen Rudels jagten gelegentlich in der Gepardenpfanne, im Grenzgebiet der beiden Territorien, solange die andere Löwengruppe nicht in der Nähe war. Doch vor allem die männlichen Löwen verwandten in der Regenzeit sehr viel Zeit und Energie darauf, ihre Herrschaftsgebiete zu behaupten. Sie brüllten, scharrten, kratzten, spritzten und kämpften notfalls, um die Ansprüche auf ihre Gebiete und letztlich auf die dort lebenden Beutetiere und fortpflanzungsfähigen Löwinnen geltend zu machen. Muffin und Moffet brachten viele Stunden damit zu, ihr Gebrüll ertönen zu lassen und die Territorialgrenzen mit Duftmarken zu versehen, und besonders lautstark gebärdeten sie sich in der Zeit unmittelbar nach der Übernahme des Blauen Rudels.

Mark spielte den beiden einmal einen üblen Streich, als sie eines Morgens in der Südpfanne ein Sonnenbad nahmen. Er hatte früher die Stimme von Moffet, als dieser Satan eine Antwort zubrüllte, auf Band aufgenommen. Jetzt stellte Mark den Wagen etwa zehn Meter vor der Stelle ab, wo Muffin und Moffet mit geschlossenen Augen friedlich ausruhten. Er hielt das Tonbandgerät ans offene Wagenfenster und schaltete es ein.

Als Moffet seine eigene Stimme vernahm, sprang er auf, wirbelte herum und wandte sich dem Wagen zu. Mark stellte das Gerät sofort ab, doch den armen Moffet konnte er nicht abschalten. Ganz aufgebracht über diese seltsamen Laute, preßte der Löwe ein donnerndes Gebrüll aus den Tiefen seines Leibes hervor, machte ein paar Schritte auf den Wagen zu und hielt dann mit vorgestrecktem Kopf, gespitzten Ohren und suchenden Augen inne. Als er keine Antwort erhielt, brüllte er noch einmal und blickte zurück zu Muffin, als ob er sagen wollte: »Komm schon! Auf geht's! Irgendein Idiot will uns unser Gebiet streitig machen!« Doch Muffin hob nicht einmal den Kopf von den Pranken und machte ein gleichgültiges Gesicht. Nach der vierten Schmetterstrophe ging Moffet zu Muffin hinüber und brüllte abermals. Muffin erhob sich, als ob ihm keine andere Wahl bliebe, und stimmte etwas halbherzig in das Gebrüll ein. Daraufhin trabten beide unter lautem Gebrüll, das sie nur unterbrachen, um Scharrmarken zu setzen, dicht am Wagen vorbei und auf den vermeintlichen Eindringling zu.

Einige Abende danach waren die beiden auf ihrem Kontrollgang an der Südgrenze, als Satans Stimme über die Dünen hinweg an ihr Ohr drang. Sie blieben abrupt stehen, lauschten und brüllten dann ihre Antwort, während sie mit den Hinterpfoten im Sand scharrten. Drei Stunden lang wogte das Löwengebrüll in der Gepardenpfanne hin und her, wobei sich die beiden Parteien langsam aufeinander zu bewegten.

Mehrere Stunden vor Tagesanbruch verstummte Satans Erwiderung auf die herausfordernden Rufe, und Schweigen senkte sich über das Tal. Muffin und Moffet rissen je eine Kuhantilope aus einer kleinen Herde, die an der Grenze zwischen dem Blauen und dem Springbockpfannen-Rudel weidete. Sie taten sich gerade an ihrer Beute gütlich, als Satan die Lichtung hinter ihnen betrat. Er schaute aus einer Entfernung von knapp zwanzig Metern zu, bis sich Muffin und Moffet schließlich umdrehten. Ihre Augen funkelten vor Angriffslust.

Mit furchtbarem Gebrüll und in einem Sandschauer setzten sie über die Kadaver hinweg und stürzten sich auf Satan. Unter dem Ansturm wich er mehrere Meter zurück; seine Hinterfüße zogen tiefe Furchen in den lockeren Sand. Seine mächtigen Pranken mit den vorgestreckten Krallen holten aus und trafen Moffet seitlich am Kopf. Dann richtete sich Satan auf der Hinterhand zu seiner vollen Höhe auf, entblößte seine langen Reißzähne im weit aufgerissenen Maul und nahm Muffin an. Wie zwei stämmige Preisboxer traktierte der eine des anderen Schultern, Mähne und Gesicht mit Bissen, Stößen und Prankenhieben. Dicke Muskelstränge traten wie Stahlseile auf ihren Rücken hervor.

Unterdessen hatte sich Moffet von Satans Schlag erholt und griff ihn von hinten an. Er bearbeitete ihn mit Zähnen und Krallen, während Muffin mit beiden Vorderpranken auf Satans Kopf einschlug. Unter Anspannung seiner gewaltigen Kräfte wirbelte Satan herum und schleuderte Moffet in die Dornenbüsche, doch der rappelte sich wieder auf und ging zusammen mit Muffin auf Satan los. Die beiden trieben ihn ins Gebüsch. Fünf Zentimeter dicke Äste zersplitterten wie Streichhölzer.

Muffin setzte seinen Frontalangriff fort, doch Satan machte ihm schwer zu schaffen, denn er bohrte ihm seine langen Eckzähne in Schulter und Brust. Gleichzeitig jedoch zerfleischte Moffet Satans Rücken und Flanken, die schon bald von offenen Rißwunden gezeichnet waren. Das Buschwerk schützte Satans Hinterpartie zwar teilweise vor Moffets Attacken, aber es hinderte ihn auch am Entkommen.

Muffins Gesicht war blutüberströmt von einer klaffenden Wunde, die vom rechten Auge bis zur Nasenspitze verlief. Er ermattete allmählich unter Satans Bissen und Schlägen, und seine Seiten hoben und senkten sich heftig vor Erschöpfung.

Als Muffins Kräfte nachließen, bewegte sich Satan von dem Gebüsch fort. Doch sobald er sein Hinterteil exponierte, nahm Moffet sein linkes Hinterbein zwischen die Zähne und biß mit unheimlicher Gewalt zu. Satan brüllte vor Schmerzen auf, aber da er zugleich mit Muffin konfrontiert war, konnte er sich nicht nach hinten wehren. Moffet ließ nicht locker, und das schien Muffin neue Kräfte zu verleihen. Er drängte auf Satan ein und verpaßte dessen Kopf so heftige Hiebe und Bisse, daß schwarze Mähnenfetzen und zerbrochene Zweige durch die Luft flogen und der Boden überall mit Blut besprützt wurde. Satans tiefes Knurren und Fauchen wurde immer schwächer und ging beinahe in ein Gewinsel über. Moffet umklammerte Satans Rückgratende mit den Kiefern und biß kräftig zu. Nervenstränge und Wirbel wurden mit einem dumpfen knirschenden Geräusch zermalmt. Satan sackte zusammen.

Die Brüder standen eine Minute lang über dem geschlagenen Gegner. Dann kehrte Moffet heftig atmend zum Antilopenriß zurück, und Muffin folgte ihm mit taumelnden Schritten.

Eine Zeitlang lag Satan reglos da. Sein röchelnder Atem gurgelte in seiner Kehle. Fleisch- und Mähnenfetzen hingen von seinem übel zugerichteten Nacken herab, und Blut troff von seinem zerbrochenen Rückgrat. Dann erhob er sich sehr langsam auf seine Vorderbeine und begann sich, das nutzlos gewordene Hinterteil nachziehend, in Richtung Süden davonzuschleppen. Doch nach etwa fünfzehn Metern brach er wieder zusammen. Er urinierte Blut und schnappte nach Luft. Immer wieder richtete er sich halb auf und kroch ein Stück auf sein Territorium zu. Aber jeder Versuch kostete ihn mehr und mehr von seiner schwindenden Kraft. Schließlich lief ein mächtiger Schauer durch seinen Körper, er fiel in sich zusammen und tat einen letzten langen Atemzug.

Als der Tag kam, war Satan tot.

Ich saß mit dem Rücken zur Flugrichtung im Cockpit und versuchte mich auf die Instrumente vor mir zu konzentrieren, doch aus dem Augenwinkel sah ich, wie das weiße Heck der Maschine über die Baumwipfel hinweghüpfte.

»Halt dich fest! Ich fliege noch eine Schleife. Versuch sie zu finden«, rief mir Mark über die Bordsprechanlage zu.

Ich klammerte mich an meinen Sitz, und die Maschine ging über dem Kamm der Westdüne in die Kurve. Das widerliche Warnsignal ertönte, als sie wegen zu geringer Geschwindigkeit in eine überzogene Fluglage geriet. Ich widerstand dem Drang, die Augen zu schließen, und suchte den Boden unter den Akazien nach einer Spur von Sassy und Gypsy ab, die sich seit einiger Zeit von den anderen Löwinnen des Blauen Rudels abgesondert hatten.

»Da sind sie – am Rand der Lichtung dort drüben!« rief ich.

»Okay – da stecken sie schon seit einigen Tagen. Wir nehmen am besten den Wagen und schauen sie uns etwas näher an.«

Diese Form des Fliegens, mehrere Stunden am Tag, ging mir mehr und mehr auf die Nerven, doch auch später, als Mark die Luftortung allein übernahm, hatte ich ein ebenso ungutes Gefühl. Die Fliegerei war im höchsten Maße riskant, und da Mark, wenn ich nicht dabei war, seine Aufmerksamkeit zugleich auf die Telemetrie und die Maschine richten mußte, wuchs die Unfallgefahr noch. Aber er beharrte darauf, daß es Zeitverschwendung sei, wenn wir beide vom Flugzeug aus die Löwen orteten.

Wir flogen also zum Camp zurück, luden das Empfangsgerät in den Wagen und folgten Sassys Funksignal die Westdüne hinauf. Die langgestreckten Leiber der Löwinnen lagen wie hingegossen im verdorrenden Gras auf dem Dünenkamm. Abgesehen davon, daß sie ständig mit dem Schwanz zuckten, um die Fliegen abzuwehren, rührten sie sich nicht, als wir uns näherten.

In einem Abstand von knapp sechs Metern hielten wir an. Ein winziger Kopf mit wolligen Ohren und dunklen Augen lugte über Sassys Bauch hinweg. Ein zweites Paar flauschige Ohren und verschlafene Augen tauchte auf, dann noch eins, bis uns schließlich fünf kleine Gesichter in einer Reihe anstarrten. Sassy und Gypsy, die wir seit ihrer Jugend kannten, hatten jetzt selbst Nachwuchs bekommen!

Die Kleinen stolperten auf kurzen, unsicheren Beinen um ihre Mütter herum, prallten gegeneinander und fielen auf ihre rundlichen, weichbehaarten Hinterteile. Ihr strohfarbenes Fell war mit braunen Rosettenflecken gesprenkelt. Als sie sich endlich wieder beruhigten, saugten drei an Sassy, während sich die beiden anderen zu Gypsy begaben.

Die Mütter waren etwa vier Jahre alt und, soviel wir wußten, war dies ihr erster Wurf. Sie betreuten ihre Welpen in der »Kinderstube«, einem Grasdickicht in der Nähe der Dünenkuppe, in deren Mitte ein ungewöhnlich hoher, ausladender Katappabaum stand.

Wir waren begeistert, daß wir die Löwenkinder gefunden hatten, denn um Vorschläge für den Schutz der Kalahari-Löwen ausarbeiten zu können, mußten wir mehr über deren Fortpflanzung wissen: wie oft sich die Löwen paarten, wie viele Junge geboren wurden, wie die Mütter ihre Sprößlinge während der langen Trockenzeit versorgten und wieviele Welpen aus jedem Wurf normalerweise überlebten.

Untersuchungen in der ostafrikanischen Serengeti haben ergeben, daß Löwinnen notorisch schlechte Mütter sind. Erst wenn sie selbst genug gefressen haben, lassen sie ihre Kinder an einen Riß heran. Häufig lassen sie ihre Jungen im Stich, zuweilen ohne erkennbaren Grund; offenbar pflegen sie lieber die Geselligkeit mit ihren Rudelgenossen, als Mutterpflichten zu übernehmen.

Obwohl in der Serengeti fast das ganze Jahr über ausreichend Beutetiere zur Verfügung stehen und das Leben für Raubtiere dort durchweg leichter ist als in einer Wüste wie der Kalahari, erreichen nur etwa zwanzig Prozent der Löwennachkommen das Erwachsenenalter.[2] Von denen, die nicht überleben, muß ein Viertel verhungern, oft nur deshalb, weil ihre Mütter es einfach nicht für nötig halten, sie zum Riß zu führen. Ein weiteres Viertel kommt durch Raubfeinde oder Unfälle ums Leben, und bei den übrigen zwei Vierteln ist die Todesursache unbekannt. Nach George Schaller werden adulte Löwen recht alt; sie haben eine vergleichsweise niedrige Todesrate und ziehen nicht sehr viele Nachkommen auf.

In der Kalahari, dachten wir, könnten die Verhältnisse anders sein. Falls die Sterblichkeit bei ausgewachsenen Löwen höher war, falls also ihre Lebensdauer in der rauhen Wüstenumwelt kürzer war, kümmerten sie sich vielleicht intensiver um ihren Nachwuchs. In der Hoffnung, diese und andere Informationen zu erlangen, hielten wir uns so viel wie möglich bei Gypsy und Sassy auf.

Bei den Löwinnen eines Rudels sind Brunst, Paarung und Geburtsvorgang vielfach zeitlich aufeinander abgestimmt, unabhängig von der Jahreszeit. Löwenmütter sondern sich häufig mit ihren Kindern vom Rudel ab und bilden eine eigene kleine Gruppe, bis die Jungen mit etwa vier Monaten alt genug sind, um mit den Wanderbewegungen der Erwachsenen Schritt zu halten. Ein neugeborenes Löwenbaby wiegt nur etwa anderthalb Kilo und ist fast völlig hilflos; die Augen öffnen sich erst zwischen dem dritten und fünfzehnten Lebenstag. Gypsys und Sassys Kinder waren wahrscheinlich zwei bis drei Wochen alt, als wir sie entdeckten.

Den Rest des Tages verbrachten die Mütter und Kinder im Schatten des Baumes. Meist schliefen sie. Ein Welpenknäuel kuschelte sich unter Sassys Nacken oder neben Gypsys Vorderbeinen zusammen. Wenn sich alle fünf dicht zusammendrängten, waren sie nur ungefähr so groß wie Sassys Kopf. Hin und wieder watschelte ein Kind zu einer der beiden Mütter hinüber, um zu saugen, und sehr bald folgten dann auch die anderen. Weder Gypsy noch Sassy kümmerten sich darum, welches Baby sie gerade säugten. In der Serengeti ist das Säugen ein Gemeinschaftsunternehmen der Rudellöwinnen; jetzt wußten wir, daß dies auch auf die Kalahari zutrifft. Die Kleinen nuckelten fünf bis acht Minuten lang, bevor sie ein Stückchen umherwanderten oder an der Seite der Mutter wieder einschliefen.

Als die Sonne unterging, wälzte sich Sassy auf den Bauch und sondierte aufmerksam den fünf Kilometer langen Flußbettstreifen, der zwischen den Dünen sichtbar war. Auch Gypsy hob den Kopf und hielt Ausschau. Dann standen die beiden unvermittelt auf, rieben ihre Gesichter aneinander und streckten ihren langen Rücken wie einen Bogen, wobei sie ihre Vorderpranken durch den Sand schoben. Danach entfernten sie sich in Richtung Norden, ohne sich noch einmal umzublicken. Drei Kinder folgten ihren Müttern eine kurze Strecke durch das Gras, doch Sassy und Gypsy waren sehr schnell im Busch verschwunden. Die Jungen verzogen sich in ihr Dickicht unter dem Baum, wo sie sich bis zur Rückkehr der Mütter versteckt hielten. Nichts außer den Pfotenabdrücken zwischen den Grasbüscheln verriet einem Raubfeind die Anwesenheit einer Löwenfamilie.

Durch einen »Wechselgesang« mit den anderen Löwinnen fanden die beiden Mütter den Weg zu den Rudelgefährten, mit denen sie am Nordende des Tales gemeinsam auf Springbockjagd gingen. Nachdem sie sich gesättigt hatten, kurz nach Mitternacht, kehrten sie zur Kinderstube zurück. Bei ihren sanft grollenden Lockrufen stolperten die winselnden Kleinen aus ihrem Versteck hervor. Während sie zwischen den mütterlichen Beinen umhertollten, beleckten Gypsy und Sassy die Gesichter und Rücken der Kleinen und drückten sie mit ihren rauhen, schweren Zungen zu Boden. Die Mütter rollten die Kleinen auf den Rücken und bearbeiteten deren Bauch und Schwanzregion mit der Zunge, wobei ihnen die winzigen Pfötchen ins Gesicht stupsten. Danach begannen die beiden Löwinnen ihre Sprößlinge zu säugen.

Gegen Morgen kamen Muffin und Moffet vorbei und legten sich neben Sassy nieder. Ein Löwenkind watschelte zu Muffin hinüber und stieß mit seinem Gesichtchen gegen dessen schnurrbärtiges Riesenmaul. Er ignorierte das zudringliche Kind, bis es sich zwischen seine Vorderbeine drängte, um sich unter seiner dichten zottigen Mähne einzukuscheln. Leicht verärgert zog Muffin langsam seine rechte Oberlippe hoch, runzelte die rechte Gesichtshälfte, so daß sein langer Reißzahn entblößt wurde, und ließ ein mißmutiges, halbherziges Knurren hören, als ob dieser Winzling keine größere Drohgebärde verdiene. Der Kleine legte die Ohren an, trottete zu Sassy, schob sich unter ihr Kinn und blickte mit runden Augen zu dem griesgrämigen alten Muffin hinüber.

Die Löwenmänner beteiligten sich nicht an der Jungenaufzucht, und sie besuchten vermutlich nur deshalb die Kinderstube, um den Löwinnen folgen zu können, wenn sie auf die Jagd gingen.

Zwar betreuten beide Weibchen die fünf Kinder, aber schon bald wurde deutlich, daß Sassy eine viel bessere Mutter war. Wenn es in dem Gewimmel der kleinen Körper, die an Gypsys Zitzen hingen, zu einem geringfügigen Gerangel kam, drehte sie knurrend den Kopf nach hinten, wälzte sich auf den Bauch oder schritt davon, ohne sich um die Babys zu kümmern, die nach mehr Milch greinten. Gleich darauf stritten sich dann alle fünf um Sassys vier Milchquellen. Laut wimmernd begab sich das überzählige Kind zu Gypsy, die es manchmal saugen ließ, manchmal aber auch nicht.

Die Tage vergingen, und Gypsy entfernte sich von Mal zu Mal länger von den Welpen. Überdrüssig, aber offensichtlich mit sich selbst zufrieden, brachte sie schließlich den ganzen Tag mit ihren anderen Rudelgenossen zu. Unterdessen war Sassy vollauf damit beschäftigt, die beiden Würfe großzuziehen.

Als die Jungen ungefähr acht Wochen alt waren, entdeckten wir eines Tages, daß Sassy mit ihren drei Kindern verschwunden war. Gypsy lag auf dem Rücken und nährte ihre beiden Sprößlinge, doch als die Kleinen kurz in Streit gerieten, bleckte sie die Zähne, zog die Nase kraus und fauchte sie wütend an. Dann schritt sie davon, während die Kinder, denen die Rippen durch das struppige Fell stachen, hinter ihr dreinschauten.

Gypsy schloß sich dem Rudel auf dem Leopardenwechsel an und lag den ganzen Tag faul bei den anderen herum. Statt am nächsten Morgen zu ihren Kindern zurückzukehren, erholte sie sich im Schatten, den Kopf an Liesas Rücken gelehnt. Abgesehen von ihren geschwollenen Zitzen, deutete nichts darauf hin, daß zwei hungrige Babys auf sie warteten. Beide Kinder Gypsys waren in schlechter Verfassung, doch eines war besonders schwach und abgezehrt: Ohne Milch würde es nicht mehr lange leben.

Als wir am nächsten Morgen das Gelände überflogen, fanden wir Sassy und ihre Kinder bei der alten Löwin Chary, mehrere Kilometer von der Kinderstube entfernt. Wir kreisten im Tiefflug über der Stelle und konnten erkennen, daß Chary vier eigene Nachkommen betreute, die einige Wochen älter waren als die von Sassy. Die beiden Löwenmütter ruhten nebeneinander und säugten friedlich ihre Jungen.

Wir wechselten den Kanal auf unserem Empfangsgerät und lokalisierten Gypsy, die sich, etwa fünfzehn Kilometer von ihren Jungen entfernt, bei Liesa aufhielt. Als wir anschließend zum Grasdickicht fuhren, stellten wir fest, daß das schwächere Löwenkind gestorben war. Das andere Baby kauerte verlassen und abgemagert am Baumstamm und blickte uns mit angsterfüllten Augen an. Vermutlich würde es in vierundzwanzig Stunden ebenfalls tot sein, wenn wir ihm nichts zu trinken gäben, doch noch bestand eine winzige Hoffnung, daß Gypsy zu ihm zurückkehren würde. Nach vielen quälenden Überlegungen kamen wir zu dem Schluß, daß es zwar sehr mühsam, aber auch sehr lehrreich sein würde, ein Löwenkind im Camp aufzuziehen. Wir wollten es adoptieren, falls Gypsy am nächsten Tag nicht zurückkommen sollte.

Am folgenden Vormittag hatte sich die pflichtvergessene Mutter sogar noch weiter von ihrem Kind entfernt, und wir wußten, daß es ohne Milch den nächsten Tag nicht überleben würde. Ausgerüstet mit einem Pappkarton und einer alten Decke, fuhren wir zur Kinderstube, um das verlassene Baby zu retten, doch zu unserer Überraschung lag Muffin neben ihm unter dem Baum. Das Kleine schwankte auf zitternden Beinchen zu dem großen Löwen hinüber und stupste mit dem winzigen Maul gegen dessen Bauch, auf der vergeblichen Suche nach milchgefüllten Zitzen. Mehrere Minuten lang starrte es, halb betäubt vor Hunger, zu Muff hinauf, stolperte dann zum Baum zurück und stieß mit herabhängendem Kopf und hin und her pendelndem Leib seine Stirn immer wieder gegen den Stamm. Sein abgemagerter Körper ließ seinen Kopf und seine Pfoten übergroß erscheinen. Schließlich, in den letzten Stadien des Verhungerns, stand es still da und lehnte den Kopf gegen die Rinde.

Da wir nicht genau wußten, wie Muffin reagieren würde, wenn wir das Löwenkind wegnähmen, beschlossen wir, am Abend wiederzukommen, sobald er auf der Jagd war. Inzwischen konnte das Kleine verhungert sein, aber zumindest würde ihm kein Raubfeind etwas antun, solange Muff in der Nähe war.

Es war ein ungewöhnlicher Tag für das Ende der Regenzeit. Es war schwül und still und nicht, wie gewöhnlich, mäßig warm und leicht windig. Die Tokos hockten schweigend in den Bäumen, sperrten die Schnäbel auf und spreizten die Flügel ab, um sich abzukühlen. Nichts regte sich außer den Fliegen, die um unsere Köpfe herumsummten oder auf unseren feuchten Handtüchern saßen und mit sichtlichem Behagen ihre beschmutzten Beine aneinanderrieben.

Am späten Nachmittag schob sich von Südosten her ein langer schwarzer Tunnel aus niedrigen Wolken heran. Er glitt rasch über die Dünen hinweg, füllte das Tal aus und raste auf unser Camp zu. Die Sonne versank am Westhimmel, und die Wolken nahmen eine mit Gold durchwirkte rosa und mauve Färbung an. Und als sie über unsere Köpfe hinwegfegten, verwandelte sich die Luft in einen Wirbel aus Wind und Sand.

Wir rannten los, um das Camp vor dem Sturm zu sichern, verschlossen die Zelte, zurrten das Flugzeug fest und stellten die Kisten mit unserer Ausrüstung auf Holzklötze. Wir hatten keine Hilfe, weil Mox in Maun Urlaub machte. Plötzlich schlug der Wind auf die Bäume ein, Donner grollte, und züngelnde Blitze zerrissen den Himmel.

Im Regen und Hagel zogen wir die letzten Spannseile der Zelte an. Mark brüllte mir zu: »Steig in den Wagen – wir müssen von den Bäumen weg!« Wir sprangen in den Toyota und fuhren ungefähr zwanzig Meter vom Camp weg. Die Jujuben- und Akazienbäume führten einen wilden Tanz über den Zelten auf, und die Regenmassen wurden fast waagerecht über den Boden gepeitscht. Durch das Unwetter hindurch konnten wir das Camp und das Flugzeug kaum noch erkennen.

»Da geht Echo-Whisky-Golf dahin!« Wie ein Wildpferd bäumte sich das Flugzeug gegen die Halteleinen auf, und die rechte Tragfläche stieg hoch in die Luft. Das Seil des Heckrades riß, und als sich die Maschine wie ein Wetterhahn in den Wind drehte, wurde der Pflock, an dem der linke Flügel befestigt war, aus dem Boden gezerrt. Das Flugzeug wirbelte herum und prallte gegen ein Benzinfaß auf den Zaun.

Mark sprang aus dem Wagen und über den Zaun und packte die rechte Tragflächenspitze, um das Überschlagen der Maschine zu verhindern, während ich gegen den Wind voranstolperte.

»Häng dich an die andere Tragfläche, denn sonst ist die Maschine verloren!« rief Mark. Ich stellte mich auf die Zehenspitzen, um den Flügel zu erreichen. Gemeinsam klammerten wir uns im prasselnden Regen an den breiten Tragflächen fest, die vom Wind angehoben wurden, so daß wir immer wieder sekundenlang den Boden unter den Füßen verloren. Meine Arm- und Rückenmuskeln schmerzten, ich konnte mich kaum noch halten.

Ein Blitz zuckte durch den Himmel, und ich kam mir vor wie ein Blitzableiter, als ich so an dem Metallflügel hing. Das Schlafzelt stemmte sich noch einmal gegen den Sturm und sank dann in sich zusammen.

Als der Wind nach einigen Minuten etwas nachließ, konnten wir Benzinfässer an den Tragflächen festmachen, um die Maschine zusätzlich zu stabilisieren. Wir inspizierten sie eiligst und entdeckten, daß das linke Höhenruder lädiert war. Der Sturm erhob sich von neuem, diesmal von Norden, und wieder hingen wir an den Tragflächen. Ich war mittlerweile völlig erledigt und hatte das Gefühl, meine Armknochen würden aus den Gelenkpfannen gezogen. Gerade als ich aufgeben wollte, legte sich der Sturm ein wenig. Meine Finger rutschten ab, und ich sank erschöpft in den Schlamm.

Mark stapfte durch das Wasser und half mir in den Wagen. »Gut gemacht, Boo«, meinte er und legte den Arm um mich. »Wir hätten das Flugzeug bestimmt verloren, wenn du nicht so gut durchgehalten hättest.« Er hüllte mich in sein Hemd ein und rannte davon, um die Maschine wieder festzuzurren. Ich spürte etwas Warmes und Klebriges an meinem Bein. Als ich hinlangte, stellte ich fest, daß es Blut

war. Ich knipste die Taschenlampe an und entdeckte an der Wade eine tiefe Rißwunde, die wahrscheinlich vom Zaun stammte.

Mark öffnete die Wagentür. »Ich will jetzt das Zelt wieder aufstellen. Komm
und hilf mir, wenn ich pfeife.«

Ich zitterte, ohne etwas dagegen tun zu können, und hoffte, Mark würde meine
Hilfe nicht brauchen. Der Wind hatte zwar nachgelassen, aber es schüttete noch
immer, und das Flugzeug stand in einem ständig größer werdenden Schlammsee.
Ein paar Augenblicke später hörte ich Mark pfeifen. Ich sprang aus dem Wagen
und verlor meine Sandalen im tiefen Schlick.

Er richtete die mittlere Zeltstange auf, und gemeinsam mühten wir uns ab, die
Spannschnüre wieder festzuzurren. Einige Stangen waren zerbrochen, eine Wand
hing schlaff herab, und der Boden war mehrere Zentimeter hoch mit trübem Wasser bedeckt. Doch immerhin hatten wir ein Dach über dem Kopf.

Als Mark die Lampe anzündete, sah er mein blutendes Bein. Ich wollte ihm erzählen, was geschehen war, aber meine Zähne klapperten nur noch. Er wickelte
mich in eine trockene Decke und verband dann meine Wunde. Als er auf die Tür
zuging, fragte ich ihn: »Willst du dich denn nicht auch zuerst trocknen?«

»Zuerst will ich etwas Warmes zu essen beschaffen.« Und damit lief er wieder in
das Unwetter hinaus.

Nach einigen Minuten war er wieder da, mit einem Tablett, auf dem Schalen mit
heißer Suppe und Tee standen. Das triefnasse Zelt wurde durch die Lampe erwärmt, und wir saßen auf den Blechkanistern, schlürften unsere heiße Suppe und
fühlten uns einigermaßen behaglich.

Nach fünf Stunden legte sich der Sturm so plötzlich, wie er begonnen hatte. Wir
lauschten in die Stille hinaus und wärmten uns gegenseitig. Ein Schakal heulte auf
dem Nordbuchthügel. Dann ertönte von Süden her Löwengebrüll – und da fiel uns
das Löwenbaby wieder ein.

Wir schnappten uns die trockenste Decke, füllten einen Kanister mit heißem
Wasser und fuhren zur Westdüne. Die durstige Erde hatte bereits sehr viel Regen-
wasser aufgesogen, aber ein großer Teil des Flußbetts stand noch unter Wasser.
Überall lagen zersplitterte Bäume herum. Mit Hilfe des Suchscheinwerfers fanden
wir endlich die Kinderstube. Neben dem Baum lag das Löwenbaby wie eine nasse
Stoffpuppe. Seine Augen starrten blicklos in die Nacht.

Soviel wir wußten, kehrte Gypsy nie wieder zur Kinderstube zurück. Sie jagte und
schlief mit den Löwinnen des Blauen Rudels, bis ihr Gesäuge keine Milch mehr
hatte. Aus ihrem Verhalten konnte man schließen, daß die Löwinnen der Kalahari
keine besseren Mütter waren als die in der Serengeti, doch für verallgemeinernde
Aussagen war es noch zu früh. Die junge, unerfahrene Gypsy hatte uns lediglich
gezeigt, wie Löwenbabys in der Kalahari nicht aufgezogen werden sollten. Junge
Mütter sind oft schlechte Mütter, doch sie können aus Erfahrung lernen.

Die Trockenzeit begann, und wir setzten unser Studium des Brutpflegeverhaltens bei Wüstenlöwen fort, indem wir Sassy und Chary und deren sieben Spröß-linge beobachteten. Nachdem sich Sassy der alten und erfahrenen Löwenmutter Chary angeschlossen hatte, waren die Überlebenschancen ihres Nachwuchses möglicherweise besser.

Sassys Kinder waren jetzt etwa zwei Monate alt, die von Chary ungefähr drei. Sie alle spielten und stritten wie Brüder und Schwestern. Sie kugelten unaufhör-lich übereinander und bearbeiteten sich gegenseitig mit Zähnen und Pfoten, nicht anders als Hauskätzchen. Des öfteren attackierten sie auch ihre Mütter, und manchmal ging Sassy auf ihr Spiel ein, Chary jedoch beteiligte sich nie an dem Herumtollen, obwohl sie allen Welpen gegenüber Geduld bewies.

Bei Raubtieren, ja bei allen Tieren, dient das Spiel nicht nur dem Vergnügen. Die Verhaltensweisen, die für die Jagd wichtig sind – Beschleichen, Hetzen und An-springen eines beweglichen Ziels –, setzen Koordination und Übung voraus, und gerade das wird im Spiel trainiert. Junge Löwen müssen nicht alle Bewegungen, die zum Beuteerwerb notwendig sind, erlernen; das meiste ist in ihren Genen ver-ankert. Doch durch spielerisches Kämpfen und Jagen vervollkommnen sie die Fer-tigkeiten, die sie für die Überwältigung eines flüchtigen Beutetiers brauchen.

Als ein Löwenkind eines Nachmittags neben Sassy ruhte, landete eine Fliege auf deren Schwanzquaste. Mit schielenden Augen verfolgte das Kleine die Fliege, die auf der Quaste herumspazierte. Sassy zuckte mit dem Schwanz, und im selben Au-genblick stürzte sich das Junge auf ihn und schlug dabei einen Purzelbaum. Ein zweites Jungtier kam hinzu, und beide hieben auf den Schwanz ein, der sich wie eine Schlange am Boden wand.

Sassy sprang hoch, wirbelte herum und versetzte ihren Kindern spielerisch ein paar Ohrfeigen. Sie richteten sich auf und gingen auf die Mutter los, die sich dar-aufhin durch das Gras davonmachte. Im Nu nahmen alle Jungen die Verfolgung auf. Schließlich fügte sich auch die alte Chary in die lange Reihe der Junglöwen ein, die hinter Sassy herrannten. Sie wanden sich durch das Dorngestrüpp und balgten sich, wenn sie einander zu nahe kamen. Sassy blieb unverhofft stehen, er-griff mit den Kiefern einen langen, dünnen Zweig und stolzierte mit hocherhobe-nem Kopf und Schwanz durch das Kindergewimmel. Die Kleinen zogen an dem Stock, wälzten sich im Sand und versuchten ihn ihren Zähnen zu entreißen. Aber keiner vermochte Sassy zu überlisten. Doch dann schnappte Chary nach dem ande-ren Ende des Steckens. Die Löwinnen balgten sich und jagten einander, und dabei zogen und zerrten sie an dem dünnen Zweig. Nach einiger Zeit legten sich alle Welpen in einer Reihe nieder und sahen zu, wie sich ihre Mütter um den zerknick-ten Stock stritten. Als davon nur noch ein zerschrotetes Stückchen Holz übrigge-blieben war, gaben Chary und Sassy den Wettstreit auf und verzogen sich keu-chend unter ihren Schattenbaum. Chary drehte die Ohren zur Seite und schaute uns nicht an, als sie an unserem Wagen vorbeikam. Ich hätte schwören können, es war ihr peinlich, daß sie sich eine Weile so hatte gehen lassen!

Später rissen Chary und Sassy im Wald der Westdüne eine junge Kuhantilope.

Sie hatten etwa zwanzig Minuten lang gefressen, als Muffin und Moffet auftauchten und die beiden Löwinnen vom Riß vertrieben. Die Löwenmütter kehrten zum Versteck der Jungen zurück, doch statt sie zu säugen, begaben sie sich wieder in die Richtung, aus der sie gekommen waren. Mit leisen, grollenden Lauten forderten sie die Kleinen auf, ihnen zum Kadaver zu folgen. Muffin und Moffet ignorierten die Jungen völlig und erhoben keinen Einwand, als sie neben ihnen zu fressen begannen, doch Chary und Sassy bekamen keinen einzigen Happen ab.

Nachdem die Jungen nun so alt waren, daß sie Fleischkost zu sich nehmen konnten, änderte sich ihr Tagesablauf. Die Löwenmütter ließen ihren Nachwuchs im Grasversteck zurück, während sie ihre Beute schlugen und sich sättigten. Dann kamen sie zurück und führten die Jungen zum Riß – oft mehrere Kilometer weit. Wenn Muffin und Moffet die Weibchen an einem Kadaver antrafen, vertrieben sie sie, aber sie teilten sich das Fleisch mit den Jungtieren. Die Kinder wurden auch weiterhin von Chary und Sassy gesäugt, allerdings nicht mehr so häufig und so ausgiebig wie früher.

Die Mütter gaben sich offensichtlich alle Mühe, ihre Sprößlinge gut zu versorgen. Doch als mit Beginn der Trockenzeit der Himmel wie blankgefegt war, das Gras abstarb und die Antilopen sich zerstreuten, wurden die Beutetiere seltener und kleiner. Und die Junglöwen wurden größer und hungriger.

18 Löwen ohne Rudel

Delia

Und mein Stamm ist zerstreut ...
STANLEY KUNITZ

In der wilden, weiten, offenen Landschaft der Kalahari kam man sich selbst in einem Zelt oft wie eingesperrt vor. Deshalb trugen wir an manchen Abenden unsere Segeltuch-Schlafsäcke auf das alte Flußbett hinaus und schliefen unter den Sternen. Der frische Duft des welkenden Grases und die milde, kühle Luft wirkten besser als ein Beruhigungsmittel. Inzwischen kannten wir fast jede Vogel- und Insektenart, die rings um uns her kreischte oder klickte, und diese vertrauten Laute im Verein mit dem Geheul der Schakale wiegten uns in den Schlaf. Während der Nacht schaute ich hin und wieder zum Kreuz des Südens auf und verfolgte seine flachgeschwungene Bahn am tiefen Firmament, bevor ich wieder einschlief.

Einmal, gegen vier Uhr morgens, zwang mich ein lautes Rascheln, die Augen weit aufzureißen. Die massige Gestalt eines Löwen tauchte, keine fünf Schritt entfernt, im Sternenlicht auf und kam direkt auf uns zu.

»Mark! Die Löwen sind da!« flüsterte ich eindringlich und tastete auf der dunklen Erde nach der Taschenlampe.

Tief in seinem Schlafsack vergraben, murmelte Mark mit belegter Stimme: »Keine Sorge! Wenn sie uns zu nahe kommen, verziehen wir uns ins Zelt.« In diesem Augenblick stand der Löwe bereits am Fuß von Marks Schlafsack und blickte auf uns herab.

»Mark«, sagte ich und versuchte, dabei die Lippen nicht zu bewegen, »sie sind schon *hier*. Steh auf!« Ich fand die Taschenlampe und knipste sie an. Moffets Bernsteinaugen blinzelten ins Licht. Gleichzeitig trat Muffin aus dem Schatten des Camps heraus und blieb zwei oder drei Schritte hinter seinem Bruder stehen. Wir lagen unter einem Busch, an dem die beiden mit Vorliebe ihre Duftmarken absetzten. Mark schob den Kopf aus dem Schlafsack hervor und lugte über seine Zehen zu den Löwen hinüber. Moffet hockte sich auf sein Hinterteil und begann mit den

Hinterpfoten zu scharren, während er laut vernehmlich urinierte. Er kennzeichnete sein Territorium.

Auch wenn es Muffin und Moffet waren, mir behagte es gar nicht, daß ich mich zwischen ihnen und ihrem Lieblingsbaum befand. Ich krabbelte aus meinem Schlafsack und bewegte mich, ohne die Löwen aus den Augen zu lassen, auf unser Zelt zu, das fast sechzig Meter entfernt am anderen Ende der Bauminsel stand.

Als ich mich an Marks Kopfende vorbeischlich, suchte er auf dem Boden nach seinen Kleidern.

»Ich weiß nicht, was ich anziehen soll«, sagte er, nackt und schlaftrunken.

»Mein Gott, das ist doch egal!« zischte ich ihm zu. Die beiden Löwen sahen zu, wie Mark umherstolperte, um seine Sachen und seinen Schlafsack zusammenzuraffen. Schließlich packte ich ihn am Arm und zog ihn zum Zelt hin. Vom Rande der Baumgruppe aus warfen wir einen Blick auf Muffin und Moffet, die ihre Köpfe aneinanderrieben und unserem ungeordneten Rückzug keinerlei Beachtung geschenkt hatten.

Die Regenfälle des Jahres 1978 waren ergiebig gewesen, aber sie hörten vor der Zeit auf. Die heftigen Winde der Trockenzeit hatten früher eingesetzt als gewöhnlich, und das Gras war viel eher als in den früheren Jahren zu Stroh geworden. Der Himmel war grau und trübe vom windgepeitschten Staub und Sand, und die Savanne wirkte schon im Juni so trocken wie sonst im August.

Die Kurzgräser auf dem seichten, schweren Boden des Flußbetts verdorrten rascher als die Vegetation auf den Dünen. Die Steppenantilopen wechselten vom Tal in die Busch- und Baumregionen der Dünenhänge über, wo das Laub länger grün blieb. Nach und nach spalteten sich die Herden auf, und die kleineren Gruppen zerstreuten sich in der Tausende von Quadratkilometern großen hügeligen Buschsavanne.

Jeden Tag im Morgengrauen eilten wir zum Flugzeug, um die Löwen aus der Luft zu lokalisieren. Wir befürchteten, sie könnten sich, wenn wir auch nur einen Tag mit der Funkortung aussetzten, in einen entlegenen Teil der Kalahari verziehen, wo wir sie nie mehr wiederfinden würden. Doch die Wochen vergingen, und die Rudel hatten sich noch immer nicht auf Wanderschaft begeben. Sie hatten freilich das ausgetrocknete Flußbett verlassen, nachdem die Antilopen abgezogen waren. Muffin und Moffet trabten nicht mehr durch die Mittelpfanne, um ihre »Grenzbäume« zu markieren, und Blue und die anderen Löwinnen kamen auch nicht mehr zum Camp. Doch das Blaue Rudel hatte sich nicht sehr weit von seinem Territorium in der Regenzeit entfernt. Wie konnten die Löwen dort überleben, nachdem die meisten großen Antilopen verschwunden waren und kein Trinkwasser mehr vorhanden war? Indem wir ihnen des Nachts mit dem Wagen und dem Funkgerät auf den Fersen blieben, fanden wir die Lösung.

Moffet hatte sich vor mehreren Tagen von Muffin und den Weibchen abgesondert und seither nichts gefressen. Er bewegte sich durch den Dornbusch im Osten des Tales. Plötzlich verfiel er mit gesenktem Kopf in einen flotten Trab und setzte im Zickzack einer huhngroßen Schwarzen Trappe nach, die vor ihm durch das Gras flüchtete. Als er bis auf drei Meter an den Vogel herangekommen war, strich dieser ab, doch Moffet machte einen Satz, stellte sich auf die Hinterbeine und erwischte ihn mit der breiten Vorderpranke. Mit hochgezogenen Lippen biß er in die Vogelbrust hinein, und er mußte niesen und den Kopf schütteln, um sein Maul von den Federn zu befreien. Wenige Minuten später war er, die Mähne noch immer mit Federn geschmückt, schon wieder auf der Jagd.

Zuerst wollten wir Moffets neuen Hang zur Vogeljagd nicht ernstnehmen, denn ein zweihundert Kilogramm schwerer Löwe hatte doch sicherlich nicht die Absicht, sich von solchen Häppchen zu ernähren. Doch noch am selben Abend erlegte er einen vierpfündigen Springhasen und jagte einem Mungo bis zu dessen Bau nach. Der Speiseplan der Löwen änderte sich auffallend.

Das Blaue Rudel erbeutete noch immer gelegentlich eine Giraffe, einen Kudu oder Spießbock im Dünenwald, aber weil diese großen Huftiere in der Savanne selten und weit verstreut waren, stellten die Löwen viel häufiger kleineren Tieren nach. Statt wie in der Regenperiode einen zweihundertfünfzig Kilogramm schweren Spießbock zu schlagen, begnügten sie sich nun mit fünfzehn- bis zwanzigpfündigen Stachelschweinen, Steinböckchen, Honigdachsen oder Riesentrappen. Doch eine solche Beute reicht kaum für einen oder zwei Löwen, und ganz sicher nicht für ein ganzes Rudel. Die sieben Löwinnen des Blauen Rudels, die in der Regenzeit stets beieinander blieben, mußten jetzt kleinere Gruppen bilden, damit sie genug zu fressen hatten, wenn sie ein Beutetier rissen.

Aus der Luft entdeckten wir, daß sich Chary und Sassy mit ihrem Nachwuchs wiederum vom Hauptrudel abgesondert hatten und im Umkreis der Krokodilpfanne umherschweiften, etwa acht bis zehn Kilometer östlich des Deception Valley. Ihr Jagdrevier war jetzt nicht mehr das Ufer des fossilen Flußbetts, sondern die Buschsavanne und der Wald, wo sich einige wenige Spießbock- und Giraffentrupps und mehr kleinere Beutetiere aufhielten. Die Löwinnen mußten fast jede Nacht acht bis fünfzehn Kilometer zurücklegen, um Nahrung zu finden.

Gypsy und Liesa jagten in der Nähe der Paradiespfanne, und das übrige Rudel durchkämmte die Dünentäler, drei bis fünf Kilometer westlich von Deception. Das Blaue Rudel hatte sich in kleine Weibchenrudel aufgespalten, während Muffin und Moffet von einer Gruppe zur anderen wanderten. Weil die Löwenmänner einige Zeit brauchten, um die verschiedenen Rudelteile aufzuspüren, waren sie nun länger von ihren Partnerinnen getrennt und mußten selbst mehr für ihre Verpflegung tun.

Das Wohngebiet des Rudels hatte sich flächenmäßig mehr als verdoppelt und umfaßte jetzt rund tausendfünfhundert Quadratkilometer. Gleichwohl hatten sich die Löwen noch nicht im eigentlichen Sinne auf Wanderschaft begeben, sondern lediglich ihren Aktionsraum nach Osten und Westen erheblich erweitert. Wir zeichneten eine Karte, auf der verschiedenfarbige Punkte den täglichen Standort der Tiere und ihre Verteilungsmuster innerhalb des Gebietes markierten. Sie sah aus, als hätte man sie mit Schrot beschossen.

Die anderen Rudel hatten in gleicher Weise auf die Trockenzeit reagiert, hatten sich zerstreut, auf der Suche nach Beute weiter vom Tal entfernt und angefangen, kleinere Tiere zu jagen. Je trockener es in den Wintermonaten wurde, desto mehr wichen die Nahrung, das Streifverhalten, die Lebensraumnutzung und das Sozialgefüge der Löwen von den Verhältnissen in der Regenzeit ab. Wir stiegen auch in mondhellen Nächten auf, um diese Veränderungen besser dokumentieren zu können.

Start um Mitternacht: In weiches Mondlicht getaucht, sackte die zinngraue Wüste hinter uns weg. Abgesehen von der Gaslaterne, die wir zur Befeuerung der Landebahn aufgestellt hatten, war kein einziges Licht zu sehen, als wir über der weltabgeschiedenen Stille der Kalahari dahinschwebten. Unsere Gesichter erglühten gespenstisch rot im Schein der Instrumentenlämpchen. Wir folgten den nächtlichen Bewegungen der Löwen und Hyänen unten auf der Erde.

Während wir uns alle Mühe gaben, die unscheinbaren Landmarken unter uns zu erkennen, entdeckten wir eines Nachts Happy, ein Mitglied des Springbockpfannen-Rudels, an der Grenze zum Territorium des Blauen Rudels. Innerhalb von zwei Wochen, nachdem Muffin und Moffet den armen Satan umgebracht hatten, hatte ein anderes Männchen namens Diablo das Rudel in der Springbockpfanne übernommen. Die Löwinnen hatten sich ihrem neuen Chef angepaßt, und in den letzten Wochen hatten wir sogar beobachten können, daß sich Happy und einige andere Weibchen mit ihm gepaart hatten. Doch als wir jetzt über Happy kreisten, konnten wir feststellen, daß sie sich nur wenige Meter von Muffin und Moffet entfernt befand, die gerade ihre Reviergrenze abpatrouillierten.

Wir waren neugierig, ob die beiden Männchen dieses fremde Weibchen in sein eigenes Territorium zurücktreiben oder es begatten würden – sofern es brünstig war. In der Serengeti umwerben Löwenmänner Weibchen aus fremden Rudeln, doch bisher hatten wir so etwas in der Kalahari noch nicht beobachten können. Wir flogen zum Camp zurück und fuhren dann mit dem Wagen nach Süden, um nach den Löwen Ausschau zu halten.

Als wir Muffin und Moffet fanden, bewegten sie sich zügig, die Nase am Boden, durch das Dickicht unweit der Gepardenpfanne. Unvermittelt blieben sie stehen und blickten hoch: Ihr Auge fiel auf die weniger als dreißig Meter entfernte Happy. Die beiden Löwen starrten sie einige Sekunden unverwandt an, und ihre Schwänze zuckten. Happy stand über den Männchen auf einer niedrigen strauchbewachsenen Sandwelle.

Die Löwin trat mit erhobenem Kopf und aufgerichteten Ohren langsam vor. Mit rumpelndem Brustkasten und peitschenden Schwänzen sprangen Muffin und

Moffet hoch und jagten etwa hundert Meter weit hinter ihr her. Doch Happy war ihnen zu schnell, und als sie die Verfolgung abbrachen, blieb auch sie gerade außerhalb ihrer Reichweite stehen. Die beiden blickten sie angriffslüstern an, zogen ihre Hinterpfoten durch das Gras und brüllten.

Wieder schritt Happy vorsichtig auf die beiden zu, und wieder hetzten sie hinter ihr her. Nach jeder Verfolgungsjagd wagte sie sich näher an die Löwen heran, die immer weniger Neigung zeigten, sie zu verfolgen. Als sie es geschafft hatte, sich ihnen bis auf weniger als zwanzig Schritte zu nähern, streckten sich Muffin und Moffet nebeneinander aus, um einer Darbietung zuzuschauen, die sich zu einer Katzenburleske steigerte.

Ihr Hinterteil hin und her schwingend, die Augen halb geschlossen und die Kiefer leicht geöffnet, bewegte sich Happy auf die wie hypnotisiert wirkenden Männchen zu. Muffin erhob sich und stolzierte ihr entgegen, doch sie galoppierte davon. Sobald er innehielt, drehte sie sich um und machte sich wieder an die beiden heran, diesmal bis auf wenige Meter. Muffin richtete sich so hoch auf, wie er nur konnte, und mit allem weltmännischen Gebaren, das ihm zu Gebote stand, ging er großspurig auf sie zu. Happy senkte verführerisch ihre Hinterpartie und lud ihn zum Besteigen ein. Aber als er von hinten auf sie zutrat, fauchte sie plötzlich und zog ihm ihre Pranke über die Nase. Muffin brüllte und wich mit angelegten Ohren und entblößten Reißzähnen zurück, als Happy sich ihm kokett entzog und dabei verlockend mit dem Schwanz schlug. Nach einigen weiteren Versuchen der beiden Männchen, ihre Gunst zu erringen, waren Muffin und Moffet offenbar das Spiel leid, und sie kehrten nach Norden in ihr eigenes Territorium zurück. Happy folgte ihnen in einem Abstand von ungefähr dreißig Metern, anscheinend störte es sie überhaupt nicht, daß sie sich auf fremdem Hoheitsgebiet befand.

Wir wußten, daß Liesa, Gypsy, Spicy und Spooky sich auf dem Kamm der Westdüne an einem Warzenschweinkadaver gütlich taten. Muffin und Moffet, mit Happy im Schlepptau, strebten geradewegs auf sie zu.

Da sich männliche Löwen in der Serengeti nicht selten mit Weibchen eines anderen Rudels einlassen, kamen für uns die Interaktionen von Muffin, Moffet und Happy nicht völlig überraschend. Andererseits war uns auch bekannt, daß in der Serengeti die weiblichen Rudelmitglieder geschlossene soziale Einheiten bilden, die keine fremden Weibchen akzeptieren oder in ihrem Territorium dulden.[1] Dort ist das Rudel sakrosankt: eine stabile Sozialgruppe aus nahverwandten Löwinnen und deren Nachkommen, die sich mit einem oder mehreren Männchen, welche ihnen bei der Territorialverteidigung helfen, zusammenschließen. Eine Löwin kann ausgestoßen werden und ein Nomadenleben führen, doch diese Nomaden finden keinen Anschluß bei anderen Rudeln. In der Serengeti hat ein Rudel über Generationen hinweg Bestand; es ist eine Familiengruppe, die Urgroßmütter, Großmütter, Mütter, Töchter, Tanten und Nichten umfassen kann.

Muffin, Moffet und Happy trabten unentwegt auf die Kuppe der Westdüne zu. Wir folgten ihnen mit dem Wagen und bereiteten Blitzlichter, Kameras und das

Tonbandgerät auf die bevorstehende Auseinandersetzung zwischen Happy und den Löwinnen des Blauen Rudels vor.

Als wir die vier Rudelweibchen vor uns im Suchscheinwerfer sehen konnten, hatten sie soeben ihre Mahlzeit beendet und beleckten einander das Gesicht. Die beiden Männchen begrüßten die Löwinnen, witterten das abgenagte Gerippe und streckten sich dann aus. Happy schlenderte an Spicy und Spooky vorbei und legte sich neben Muffin und Moffet. So unglaublich es klingt, keine Löwin zeigte auch nur eine Spur von Aggressivität. Wir stellten das Tonbandgerät ab und steckten die Kameras wieder weg. Es war verblüffend: Eine fremde Löwin war mitten ins Lager des Blauen Rudels spaziert, und dessen Mitglieder hatten davon kaum Notiz genommen!

In den folgenden vier Tagen wurde Happy umworben, zuerst von Muffin, dann von Moffet, als gehöre sie zum Blauen Rudel. In der Hitze des Tages lag Muffin so dicht wie nur möglich neben ihr und beobachtete jede ihrer Bewegungen. Wenn sie einen besseren Schattenplatz aufsuchte, folgte er ihr und streckte sich neben ihr aus, daß ihre Körper einander berührten. Manchmal leitete er die Begattung ein, indem er sich hinter sie stellte. Häufiger jedoch schritt sie mit zuckendem Schwanz und wedelndem Hinterteil vor ihm auf und ab, oder sie streifte mit ihrem Leib den seinen, bevor sie sich vor ihm hinkauerte. Wenn er über ihr stand, um die Kopulation auszuführen, beknabberte er ihren Nacken, während sie schnurrte und die Ohren anlegte. Sobald Muffin fertig war, trat er eiligst zurück, um Happys Prankenhieben zu entgehen, denn jedesmal fuhr sie fauchend herum und schlug nach ihm. Dann warf sie sich auf den Rücken, streckte alle viere von sich und wälzte sich mit geschlossenen Augen im Gras. Die beiden paarten sich auf diese stereotype Weise alle zwanzig bis dreißig Minuten, und zwar an zwei Tagen zu bestimmten Zeiten und zwei Nächte lang. Kein Wunder, daß Muffin keine Einwände erhob, als Moffet am Abend des dritten Tages den Liebesdienst übernahm!

Tagsüber ruhte Happy – Muffin oder Moffet stets an ihrer Seite – unter demselben Busch wie Spicy, und sie tat ganz so, als gehörte sie dazu. Am fünften Abend wanderte sie dann allein nach Süden und kehrte zu Diablo, Dixie und den anderen Mitgliedern des Springbockpfannen-Rudels zurück.

Ein solcher Weibchenaustausch zwischen Löwenrudeln war bis dahin noch nie beobachtet worden. War diese wanderfreudige Löwin eine Normabweichung, eine flüchtige »Fremde in der Nacht«? War ihr Verhalten ein Einzelfall? Wir konnten es schwerlich glauben. Da Happy von den Weibchen des Blauen Rudels so bereitwillig aufgenommen worden war, schien es normal zu sein, daß Löwinnen zwischen den Rudeln hin und her wanderten.

Der Wüstenwinter endete über Nacht – es gab keinen Frühling. Gegen Ende August wurden die Tage allmählich wärmer, aber die Nächte blieben bitterkalt. Und dann an einem stillen Morgen Anfang September schossen die Temperaturen plötzlich hoch.

Nachdem die heiß-trockene Jahreszeit in der Kalahari eingekehrt war, zeigte das Thermometer tagsüber oft fast fünfzig Grad im Schatten an; in der Nacht ging es auf fünf bis zehn Grad zurück. Temperaturschwankungen von über vierzig Grad innerhalb von vierundzwanzig Stunden waren keine Seltenheit. Die relative Luftfeuchtigkeit lag mittags unter fünf Prozent, und die erbarmungslose Sonne brannte die letzten Lebensspuren aus der Vegetation. Die Blüten der Akazien- und Catophractesbüsche – dieser rosafarbene und weiße Zauberteppich, der in der trockensten Zeit des Jahres normalerweise die Kalahari überzieht und den Antilopen saftige Nahrung bietet – kamen in jenem Jahr nicht zum Vorschein. Hie und da ließ eine kleine Blume ihr welkes braunes Gesicht zu Boden hängen, um bald zu verdorren und in den Sand zu sinken. Der heiße Wind fegte durch das ausgedörrte Tal und zerfetzte das trockene, brüchige Gras, so daß nur noch Stoppeln aus der aufgesprengten Erde emporragten, wie die Borsten eines abgenutzten Reisigbesens. Wir hatten schon vier Trockenzeiten überstanden, doch diese war die schlimmste.

Bis zum Oktober waren fast alle großen Antilopen aus den Dünen und dem Sandveld in der Umgebung des Deception Valley abgezogen. Während der Regenperiode drängten sich mehr als fünfzig Prozent dieser Tiere in dem alten Flußbett zusammen; jetzt wanderten weniger als ein Prozent auf der öden Fläche umher.

Chary und Sassy säugten noch immer ihre fünf und sechs Monate alten Jungen, doch sie selbst hatten seit fünf Monaten keinen Schluck Wasser mehr getrunken. Um Fleisch für die Heranwachsenden zu beschaffen, stießen sie immer weiter nach Osten vor, in das Grenzgebiet des Reservats, wo im Wald noch einzelne Antilopengruppen ästen. Sie mußten oft mehrere Nächte hintereinander jeweils fast fünfundzwanzig Kilometer zurücklegen, um einen einzigen Spießbock zu erbeuten.

Eines Morgens entdeckte Mark die beiden Mütter und ihre Kinder, zusammen mit Muffin und Moffet, außerhalb des Wildschutzgebiets. Die Löwen hatten, genauso wie einst Bones, die Grenze zum Weideland der Rinder überschritten, und wieder war die Jagdsaison eröffnet. Die bedächtige, altersweise Chary hatte schon viele Trockenperioden und vermutlich auch einige Dürrezeiten überlebt, indem sie ihr Jagdrevier außerhalb des Reservats verlegt hatte; sie schien die Gefahren zu kennen.

Eine Kuh müßte für einen Löwen eine ideale Beute sein: feist, langsam und schwerfällig. Doch obwohl Chary ihre Freundin Sassy und die Jungtiere bis auf dreihundert Meter an die Viehstationen heranführte, töteten die Löwinnen unseres Wissens kein einziges Haustier. Vielmehr machten sie Jagd auf die Antilopen, die hinter den Reservatsgrenzen nach Wasser suchten. Trotzdem wäre Chary und den anderen diese Zurückhaltung sicher nicht zugute gekommen, falls ein Viehzüchter sie bemerkt hätte. Muffin und Moffet blieben nicht immer bei den Weibchen, und sie waren weder so alt noch so weise wie Chary.

Wir vermochten inzwischen viele der Fragen zu beantworten, die mögliche

Schutzmaßnahmen für die Kalahari-Löwen betrafen: Sie konnten mindestens acht Monate lang ohne Trinkwasser auskommen, und sie wanderten nicht in eine bestimmte Richtung, sondern verteilten sich in der Trockenzeit über riesige Areale, um genügend Beute zu finden. Sie verließen das schützende Reservat nicht, um Wasserstellen aufzuspüren, wie wir zunächst angenommen hatten, sondern um sich ausreichend mit Nahrung zu versorgen. Die neun Löwinnen des Blauen Rudels vergrößerten ihr Wohngebiet um vierhundertfünfzig Prozent, von rund sechshundertfünfundsiebzig Quadratkilometern in der Regenzeit auf etwa dreitausendsiebenhundertfünfzig Quadratkilometer in den trockenen Monaten; das Springbockpfannen-Rudel dehnte sein Revier sogar um sechshundertfünfzig Prozent aus. Infolge dieser gewaltigen Gebietserweiterungen drangen die Tiere notwendigerweise in Gegenden vor, in denen sie Gefahr liefen, abgeschossen zu werden.

Im Zuge dieser Expansion schienen die Territorien zusammenzubrechen, die sie noch vor wenigen Monaten so energisch – selbst bis auf den Tod – verteidigt hatten. Die bislang geringfügigen Überlappungen der Rudelreviere nahmen gewaltig zu, und wir konnten beobachten, daß Diablo auf dem Leopardenpfad das alte Territorium des Blauen Rudels durchquerte. Gleichzeitig stießen Muffin und Moffet tief in das Gebiet des Ostrudels vor, oft mehr als dreißig Kilometer weit, und sie blieben dort über zwei Monate lang. Wenn sie dann einmal in ihr angestammtes Territorium zurückkehrten, hielten sie sich höchstens zwei oder drei Tage lang auf, bevor sie wieder aufbrachen.

Das Schweigen der Trockenzeit senkte sich über Deception. Kein Löwengebrüll und Schakalgeheul schallte mehr durch das Tal. Das lag nicht nur daran, daß die Löwen außer Hörweite waren; selbst wenn sie sich in der Nähe des Tales befanden, brüllten sie nicht. In unserem Camp konnten wir von ihnen nicht das geringste sehen oder hören. Verständlich, daß wir jahrelang die gängige Ansicht geteilt hatten, die Löwen würden in der Trockenzeit in eine unbekannte ferne Gegend abwandern. Ohne das Flugzeug und unsere telemetrischen Instrumente hätten wir niemals erfahren, daß einige Tiere noch immer innerhalb des Reservats umherstreiften, zuweilen nur ein bis zwei Kilometer vom Camp entfernt.

Während der heißen, trockenen Jahreszeit spalteten sich die Rudel in noch kleinere Gruppen auf als im kurzen Winter von Juni bis August. Allenfalls zwei Löwinnen teilten sich die Beute, die sie zu schlagen imstande waren, und oft waren sie auf sich allein gestellt. Muffin und Moffet verbrachten nur zwanzig Prozent der Zeit bei den Weibchen, während es in der Regenzeit siebenundfünfzig Prozent waren. In der Serengeti hingegen bleiben die Rudelherren das ganze Jahr über zu siebzig bis neunzig Prozent der Zeit bei den Weibchen.[2] Muffin und Moffet trieben sich häufig bis zu sechzig Kilometer von den Löwinnen ihres Rudels entfernt herum.

Die soziale Organisationsform der Kalahari-Löwen unterschied sich unter diesen extremen Umweltbedingungen beträchtlich von der ihrer ostafrikanischen Artgenossen. Besonders auffällig war das abweichende Verhalten der weiblichen Tiere. Schon bald fanden wir bestätigt, daß die Löwinnen in der Trockenzeit vielfach das Rudel und Rudelgebiet wechselten.

Wenn Chary, Sassy und die Jungtiere die Reservatsgrenzen nach beiden Seiten überschritten, nahmen sie gelegentlich geselligen Kontakt zu Mitgliedern des Ostrudels, des Blauen und anderer Rudel sowie zu einigen uns unbekannten Löwinnen auf. Es spielte offensichtlich keine Rolle, welchem Rudel die Tiere vor der Dürreperiode angehört hatten, jedenfalls stellten sich diese neuen sozialen Bindungen wie ganz selbstverständlich ein. Die Beziehungen zwischen Individuen aus verschiedenen Rudeln währten in der Regel nicht lange, es sei denn, in der betreffenden Gegend gab es so viele große Antilopen, daß die Gruppe genug Beute vorfand und somit beisammenbleiben konnte. Das traf zum Beispiel dann zu, wenn sich die Antilopen nach einem Steppenfeuer auf einer Fläche mit jungem Gras konzentrierten.

Wir konnten die Ergebnisse unserer täglichen Flugsondierungen kaum erwarten. Jede Einzelbeobachtung verschaffte uns einen neuen Einblick in das flexible Sozialverhalten der Löwen unter dem Umweltdruck der Trockenzeit. Das Geflecht der sozialen und asozialen Vorgänge – wer verband sich mit wem, wie viele Tiere bildeten eine Gruppe, und wie waren diese Wechselbeziehungen beschaffen? – war sehr dynamisch.

Manche Löwinnen pendelten häufiger als andere zwischen den Gruppen hin und her: Happy ließ sich vorübergehend mit Löwen aus vier verschiedenen Rudeln ein, und zwar insgesamt achtzehnmal in neunzehn Monaten, und am Ende schloß sie sich Spicy an, einem Mitglied des Blauen Rudels. Noch mehr überraschte es uns, daß Kabe, ein markiertes Weibchen des Orange-Rudels, eines Morgens der Nordpfanne zustrebte. Wir hatten sie seit drei Jahren nicht mehr gesehen, und jetzt zog sie mit einem Junglöwen und zwei jungen Weibchen des Springbockpfannen-Rudels umher. Nach einigen Tagen verließ sie ihre jugendlichen Begleiter und tat sich mit Dixie aus demselben Rudel zusammen – allerdings im alten Regenzeit-Territorium des Blauen Rudels. Wem all das etwas verwirrend erscheint, der versuche sich einmal vorzustellen, wie uns zumute war, als wir mit solchen Beobachtungen aus erster Hand konfrontiert wurden, nachdem wir miterlebt hatten, wie diese Löwen jahrelang im Kreis ihres eigenen Familienverbands miteinander gelebt, gejagt, geschlafen und gespielt hatten! Das gesamte Sozialsystem der Löwen, das wir seit Jahren zu ergründen versuchten, schien auf einmal aus allen Nähten zu platzen.

Sämtliche Löwinnen, die wir überwachten, verbündeten sich ausnahmslos mit Mitgliedern fremder Rudel. Der Zusammenhalt und die Rudelstruktur, so dauerhaft und grundlegend in der sozialen Organisation der Serengeti-Löwen, hatten sich in der Kalahari-Population vorübergehend aufgelöst. Das war ein faszinierendes Beispiel dafür, wie eine Tierart ihr soziales Gefüge an extreme ökologische Gegebenheiten anzupassen vermag.

Wir konnten jetzt nicht mehr mit Sicherheit sagen, daß die Weibchen eines Rudels miteinander verwandt waren; es war unmöglich, die Abstammung der älteren Tiere zu ermitteln, die wir nicht seit ihrer Geburt beobachtet hatten. Wir waren stets davon ausgegangen, daß Chary, die Älteste, im Blauen Rudel aufgewachsen sei, doch sie konnte genausogut im Ostrudel zur Welt gekommen und groß geworden sein. Und wir konnten nicht genau wissen, wer die Väter der unter diesen Bedingungen geborenen Löwenkinder waren, denn die Weibchen des Blauen Rudels paarten sich mit Männchen aus vier verschiedenen anderen Rudeln.

Chary, Sassy, ihre Nachkommen, Muffin, Moffet und viele anderen Löwen streiften weiterhin außerhalb des Wildschutzgebietes umher. Mit Beginn der Regenzeit würden vielleicht einige von ihnen in ihr ursprüngliches Rudelrevier heimkehren. Vielleicht – doch vorerst zeigte sich noch kein Wölkchen am Himmel.

19 Der Staub meines Freundes

Delia

Im auffrischenden Wind
sticht mir der Staub meiner Freunde,
die am Wege starben,
beißend ins Gesicht.

Stanley Kunitz

Selbst die Trockenzeit des Jahres 1978 hatte, trotz Staub und Fliegen, auch ein paar gute Seiten: Da das Gras abstarb, konnten wir unseren Studienobjekten leichter folgen, wir brauchten das Camp nicht vor Regen zu schützen, und die Tiere, die durch Wasser und Maisschrot von unserer Bauminsel angelockt wurden, waren noch zahlreicher und zutraulicher geworden.

Ein Neuzugang war ein graurückiger Zistensänger, den wir Pinkie nannten, ein winziger Vogel, der bequem in einer hohlen Hand Platz fand. Mit seinen rosigen Zahnstocherbeinen, dem plumpen Hinterteil und dem hochgestellten Schwanz sah er aus wie selbstgebastelt. Fast jeden Tag hüpfte Pinkie in unserem Schlafzelt umher und pickte unter Koffern und Kisten und zwischen den Segeltuchfalten nach Insekten. Die Bücher, Zeitschriften und Papiere, die wir am Kopfende des Betts aufgestapelt hatten, waren Pinkies Lieblingsjagdrevier.

Eines Nachmittags, als wir uns hingelegt hatten, sprang Pinkie von einem Buch herab auf Marks nackte Schulter und trippelte dann über Brust und Bauch bis zum Nabel. Er stellte sich auf die Zehenspitzen, verdrehte den Kopf und äugte hinein. Mark schüttelte sich vor Lachen, doch Pinkie verlor dadurch nicht den Boden unter den Füßen und schaute nur leicht indigniert. Im nächsten Augenblick bohrte er plötzlich seinen spitzen kleinen Schnabel wie einen Pfeil in den Nabel. Ich weiß nicht, was er dort suchte oder ob seine Mühen belohnt wurden, aber er schien ganz zufrieden, als er über den Boden und durch die Zelttür davonhüpfte.

Inzwischen hatten sich sieben Marico-Blaßschnäpper, Marique eingeschlossen, im Camp versammelt, und in kühlen Nächten schliefen sie alle, in einer Reihe dicht aneinandergedrängt, auf einem Akazienzweig. Die Vögel in der Mitte hatten es warm und gemütlich, doch nach einer Weile begannen die außen Sitzenden zu frösteln. Wie in einer Szene aus einem Disney-Film sprangen sie mit noch halbgeschlossenen Augen hoch, hüpften über die befiederten Rücken ihrer Kumpane hinweg und eroberten sich mit wackelnden Bewegungen einen warmen Platz in der Mitte der Reihe. Wenig später waren alle wieder fest eingeschlafen. Doch nach kurzer Zeit wurde es den außen Sitzenden zu kalt, und der Vorgang wiederholte sich. So ging es die ganze Nacht hindurch.

Der bei weitem schnellste Campbewohner war William, die Elefantenspitzmaus. Er hatte Mickeymausohren, einen krausen Schnurrbart und eine lange, unglaublich geschickte Gummischlauchnase. William hielt niemals still; unermüdlich war er mit flinken, ruckartigen Bewegungen unterwegs, wie jemand, der gleichzeitig auf das Gas- und Bremspedal tritt. Er zuckte ständig mit der Nase und stocherte mit ihr im Gebüsch herum, um den Tokos und Schnäppern den Maisschrot streitig zu machen.

Einer von Williams Wanderwegen führte unter den Stühlen in unserer »Teestube« unter dem Jujubenbaum hindurch. Da Elefantenspitzmäuse einen stark erhöhten Stoffwechsel haben, müssen sie jeden Tag gewaltige Futtermengen vertilgen. Deshalb hatte es William immer so eilig, aber trotzdem machte er hin und wieder eine kleine Pause, um uns im Vorbeigehen mit seiner Rüsselschnauze an den Zehen zu kitzeln. Er war jedenfalls eine der Hauptattraktionen des Camps.

Bisweilen hatten wir zahlreiche Mäuse im Camp, doch ihre Population schrumpfte arg zusammen, als Dr. Rolin Baker von der Michigan State University uns ersuchte, eine Kollektion von Kalahari-Nagetieren für das Museum der Universität zusammenzustellen. Weil wir nicht die Zeit hatten, uns darum zu kümmern, brachten wir Mox bei, Mäuse in Lebendfallen zu fangen, auf humane Weise zu töten und zu präparieren. Für jedes Exemplar, das er fing, setzten wir eine Belohnung aus und für jede neue Spezies ein zusätzliches Trinkgeld.

Mox übernahm seine neue Aufgabe mit beträchtlichem Enthusiasmus und Stolz; endlich fühlte er sich in die wissenschaftliche Arbeit mit einbezogen. Er versteckte seine Fallen in den Ecken des Zelts und hinter der Teebüchse. Jeden Morgen nahm er, wenn er seinen anderen Verpflichtungen nachgekommen war, eine Zange aus dem Werkzeugkasten des Wagens und schlich von einer Falle zur anderen, um seine Exemplare einzusammeln. Er brauchte zwar den ganzen Vormittag, um drei oder vier Mäuse auszustopfen, aber wenn er damit fertig war, wirkten die Präparate makellos und sehr naturgetreu.

Als wir eines Mittags lesend unter dem Jujubenbaum saßen, hörte ich, wie Mox sich hinter uns räusperte. Er wartete darauf, uns stolz seine letzte Ratten- und Mäusekollektion vorführen zu können. Die Tierchen waren auf einem Brett exakt angeordnet, mit angezogenen Füßen und herabhängenden Schwänzen. Dies waren seine bislang besten Präparate; sie schienen zu schlafen, wenn man von den mit Baumwolle ausgefüllten Augenlöchern einmal absieht. Ich wollte Mox gerade zu seiner hervorragenden Leistung beglückwünschen, als ich eine Nase bemerkte, die aus der Reihe hervorragte. In der Mitte steckte, die lange Schnauze noch immer weit vorgestreckt, unser William!

Da uns die Zoologische Gesellschaft Frankfurt ein Flugzeug beschafft hatte, hofften wir, sie würde unser Vorhaben auch weiterhin unterstützen, doch als das Jahr 1978 zu Ende ging und das neue Jahr begann, waren wir wieder einmal knapp bei Kasse. Richard Flattery, der Direktor der Standard Bank, vermittelte uns freundlicherweise ein befristetes Darlehen ohne Sicherheiten; er wußte nur zu gut, daß wir nichts zu bieten hatten, und brachte deswegen das Problem überhaupt nicht zur Sprache. Um Geld zu sparen, legten wir Echo-Whisky-Golf still und verschoben unseren Flug nach Maun bis zum Januar. Wir rechneten damit, dann eine Zusage für ein Stipendium in unserer Post vorzufinden.

Lange bevor wir unsere Sachen gepackt hatten, stand Mox schon wartend neben der Maschine. Er trug seinen Festtagsstaat, der sich erheblich verbessert hatte, seitdem er bei uns arbeitete. Ein großer schwarzer Kamm krönte sein Hinterhaupt, und er hatte eine Sonnenbrille mit blauer und roter Fassung aufgesetzt. Marks flickenbesetzte Jeans bedeckten seine spindeldürren Beine, und dazu trug er die Tennisschuhe, die Mark vor den Wildhunden gerettet hatte. Er sollte zum ersten Mal nach mehr als drei Monaten ins Dorf zurückkehren und war so aufgeregt wie ein Springbock, der in seinem Revier allein auf das Eintreffen seiner Weibchen nach einer langen Trockenzeit wartet.

Nach der Landung in Maun gingen wir mit Mox zuerst zur Standard Bank, um ihm seinen Lohn und die Prämie für seine Nagetierkollektion auszuzahlen. Die Summe belief sich auf über zweihundert Pula – etwa zweihundertfünfzig Dollar. Das war mehr Geld, als er jemals in die Hände bekommen hatte. Gemeinsam mit Richard Flattery drängten wir ihn, ein Sparkonto anzulegen, doch er schien ein angeborenes Mißtrauen gegen das Bankwesen zu hegen. Als wir ihm nachdrücklich klarmachten, daß sein Geld in einer Bank am sichersten aufgehoben sei, drehte er sich um und rannte auf den Hof, wo ein paar Ziegen und Esel grasten. Wir holten ihn ein.

»Was ist los, Mox?« fragte ich ihn mit sanfter Stimme. Er hielt seine Augen eine Zeitlang auf den Boden geheftet und blickte dann langsam zu mir hoch.

»Cowboys.«

»Cowboys?«

»Ee, *Cowboys*!« Er streckte seine rechte Hand vor, machte mit Zeigefinger und Daumen einen Trommelrevolver nach und setzte eine düstere Miene auf. In gebrochenem Englisch erklärte er, worum es ging: Vor einigen Monaten hatte er offenbar einen billigen Cowboyfilm gesehen, in dem eine Bank ausgeraubt worden war. Und obwohl in Botswana noch kein einziger Bankraub passiert war, gelang es uns nicht, Mox umzustimmen. Er war überzeugt, daß jeden Augenblick maskierte Männer mit donnernden Hufen vor der Bank auftauchen und das ganze Geld stehlen würden. Er ließ sich nicht davon abbringen, daß seine Ersparnisse im *Rondavel* seiner Mutter besser aufgehoben seien.

Wir liehen uns Richards Landrover aus und brachten Mox zu seiner strohbedeckten Lehmhütte. Die gesamte Kinderschar eilte zu seiner Begrüßung herbei, bewunderte seine Sonnenbrille und tanzte um ihn herum. Wir vereinbarten, ihn hier in zwei Tagen wieder abzuholen, und fuhren weiter.

Weil wir wissen wollten, wie es um unser Stipendium stand, kümmerten wir uns als erstes um unsere Post im Schließfach von Safari South. Zwischen einem Stapel von zwei Monate alten Weihnachtskarten steckte auch ein Telegramm der Zoologischen Gesellschaft Frankfurt. Wir zogen uns in einen stillen Winkel des Innenhofes zurück, wo ich den Umschlag aufriß. Die Nachricht war vom Telegraphisten der Post übel entstellt worden, aber sie besagte, daß wir wieder einmal gerettet waren: Die Gesellschaft hatte die Absicht, uns für die beiden nächsten Jahre die notwendigen Mittel zu gewähren. Mark warf mich hoch in die Luft.

»Weißt du was?« fragte er. »Mach dich fein – ich führe dich zum Abendessen aus!«

Und so feierten wir mit einem Monat Verspätung Weihnachten, darüber hinaus unseren sechsten Hochzeitstag und unser Stipendium mit einem Festmahl in der Island Safari Lodge am Ufer des Thamalakane-Flusses. Die Wirtsleute, Yoyi und Tony Graham, spendierten uns eine Flasche Sekt und ein Nachtquartier. Es war kaum zu glauben: ein Tischtuch, Weingläser, Kellner, eine richtige Dusche, ein richtiges Bett! Seit unserer Ankunft in Gaborone vor vielen Jahren waren wir noch nie so verliebt ineinander und in unsere Arbeit gewesen.

Nach zwei Tagen, die mit Einkaufen und Briefeschreiben ausgefüllt waren, hielten wir vor dem *Rondavel* von Mox' Mutter an, auf dem Weg zum Rollfeld und zum Deception Valley. Neben einem Feuer rührte ein junges Mädchen in einem Kessel mit dampfendem Maisbrei, während einige andere Kinder im Sand spielten. Sie alle blickten uns schweigend an, als wir auf die Hütte zutraten. Als wir uns nach Mox erkundigten, erhielten wir keine Antwort. Ein älteres Mädchen, das ich wiedererkannte, kam aus dem Haus. Nein, sie kenne niemanden mit Namen Mox, erklärte sie kurz angebunden, als langweile sie unsere Fragerei. Mehrere Nachbarn versammelten sich um unseren Wagen. Alle zuckten die Achseln – keiner hatte je etwas von Mox Maraffe gehört.

Zwei Tage lang fuhren wir herum und suchten ihn. Noch zweimal schauten wir bei der Hütte seiner Mutter vorbei, und obgleich wir keine Spur von ihm entdeckten, hatten wir das Gefühl, daß er sich drinnen versteckt hielt. Mox hatte einfach beschlossen unterzutauchen, und seine Sippe unterstützte ihn dabei. Wir gaben es schließlich auf.

Zuerst waren wir verletzt und verärgert. Wir konnten es durchaus verstehen, daß er seine Stelle aufgeben wollte. Das Leben in der Wüste, fern von seiner Familie, war für einen jugendlichen Junggesellen nicht gerade erstrebenswert. Aber er hatte uns viel bedeutet, und wir glaubten, er habe für uns ähnliches empfunden.

Zumindest hätte er uns seine Absicht mitteilen können, statt einfach zu verschwinden. Ein Jäger in Maun meinte allerdings, die Tatsache, daß Mox uns mit der schlechten Nachricht verschont habe, sei so etwas wie eine liebevolle Abschiedsgeste.

Mox hatte sich bei den Dorfbewohnern großes Ansehen erworben. Er war nicht nur in einem Flugzeug geflogen, sondern er war der *Kgosi,* der große Mann, der mit Leuten zusammenarbeitete, die Löwen totschossen und dann wieder zum Leben erweckten. Er galt nicht mehr als Dorftrottel. Respekt und eine neue Identität – das war das Wichtigste, das er aus der Kalahari heimgebracht hatte, doch das nutzte ihm wenig, solange er isoliert blieb.

Wir fragten jedesmal nach ihm, wenn wir nach Maun kamen, aber wir haben ihn nie wiedergesehen.

Nachdem der Zuschuß der Zoologischen Gesellschaft eingegangen war, flogen wir im Januar 1979 nach Johannesburg, um neue Zelte und Vorräte zu kaufen und die Maschinen inspizieren zu lassen. Am ersten Abend beschlossen wir, einen Stadtbummel zu machen und uns vielleicht einen Film anzusehen.

Hochhäuser, Türme und Drehrestaurants schwebten über dem Nachtleben der City. Zahllose grelle Lichter ließen die Sterne verblassen. Hupen, Motorenlärm, Geschrei und Sirenen. Abgaswolken und Menschenmengen. Mark nahm mich beim Arm und zog mich fort. Ich trat auf eine fettige Tüte mit den Überresten einer Fischmahlzeit. Bevor wir unser Leben im Wüstensand begonnen hatten, war mir nie aufgefallen, wie schmutzig die Bürgersteige einer Großstadt sind.

Wir hielten uns dicht aneinander, blieben stehen, drehten und wanden uns, wichen den Passanten aus. Als wir uns dem Kino näherten, erkannten wir plötzlich ein Gesicht. Ich ergriff Marks Arm, und wir betraten eine kleine Buchhandlung und lugten über ein Regal hinweg: Einer der wenigen Menschen, die wir in Johannesburg kannten, ging draußen vorbei.

»Warum haben wir das getan?« fragte Mark.

»Ich weiß nicht.«

Wir hielten einen übergroßen Abstand von unserem Vordermann, als wir uns in die Schlange vor der Kinokasse einreihten. Wir fanden zwei abgesonderte Plätze in einer Ecke des Zuschauerraums. Doch die Leere um uns füllte sich rasch mit redenden und lachenden Besuchern, und als der Film anfing, hörte das Reden und Lachen nicht auf.

»Gehen wir!«

Wieder auf der Straße, entdeckten wir ein kleines Café. Die Tischchen auf dem Bürgersteig waren um eingetopfte Bäume gruppiert – richtige Bäume! Wir bestellten zwei Glas südafrikanischen Weißwein, und dann saßen wir schweigend da und beobachteten das nächtliche Großstadtleben.

Am nächsten Morgen gingen wir in einen Laden, um einige kleine Geschenke für die Menschen in Maun zu kaufen, die uns im Laufe der Jahre soviel geholfen hatten. In den Regalen schimmerten kostbares Porzellan, Bleikristall und Silber. Eine attraktive grünäugige Dame von etwa dreißig Jahren bot uns ihre Hilfe an. Wir konnten uns für die verschiedenen Artikel, die sie uns vorschlug, nicht entscheiden, weil sie weder zu Maun noch zu unserem Geldbeutel paßten.

»Kommen Sie aus Botswana?« fragte sie.

Ich berichtete, daß wir seit sechs Jahren in der Kalahari lebten, um dort Löwen und Hyänen zu studieren.

»Oh . . . , mein Vater lebte früher auch in der Kalahari«, sagte sie darauf.

»Wirklich? Wie heißt er denn?«

»Sie werden ihn schwerlich kennengelernt haben, er ist vor einigen Jahren gestorben. Er hieß Berghoffer – Bergie Berghoffer.«

Im ersten Augenblick brachten wir kein Wort heraus. »Sie – Sie sind Bergies Tochter?« stammelte ich.

Seit mehr als fünf Jahren wollten wir uns mit Bergies Angehörigen in Verbindung setzen, um ihnen zu sagen, wie sehr wir ihn geliebt hatten, und um uns erkenntlich zu zeigen für das, was er für uns getan hatte. Doch wir hatten die Namen seiner verheirateten Töchter nicht gekannt.

Sie stellte sich als Heather Howard vor und rief aus der ersten Etage ihren Mann Mike herunter, damit auch er sich die Flut von Geschichten anhören konnte, die wir über Bergie zu erzählen wußten. Die beiden erinnerten sich, daß er einmal von »seinen verrückten amerikanischen Freunden« gesprochen habe, »die in der Kalahari, mit nichts als einem Landrover, ihre Zelte aufgeschlagen hatten, um die Wildtiere zu erforschen«. Sie hatten sich schon immer gefragt, was wohl aus uns geworden sei. Leider mußten wir ihre Einladung zum Abendessen ablehnen, da wir schon am Nachmittag nach Botswana zurückfliegen wollten. Wir versprachen, uns bei unserem nächsten Besuch in Johannesburg wieder zu melden.

Doch wir meldeten uns nicht bei unserem nächsten Aufenthalt und auch nicht beim übernächsten. Wenn wir in die Nähe des Ladens kamen, hatten wir Angst, zufällig auf die beiden zu treffen und ihnen erklären zu müssen, weshalb wir nicht angerufen hatten. Wir konnten unser Benehmen selber nicht verstehen. Wir sehnten uns zwar nach menschlicher Gesellschaft, aber trotzdem mieden wir sie. Wir hatten das Gefühl, daß nur wir gegenseitig unser exzentrisches Sozialverhalten verstehen würden, und dadurch, daß wir uns selbst genügten, wurde der Umgang mit anderen Menschen nur noch erschwert.

Fast ein Jahr nach unserer ersten Begegnung mit Heather und Mike besuchten wir sie endlich. An einem sonnigen Nachmittag fuhren wir durch die welligen grünen Felder des südafrikanischen Hochvelds zu ihrem Haus vor der Stadt. Das Wiedersehen mit den beiden war sehr schön, und sie stellten nie eine Frage, die unser langes Ausbleiben betraf. Vielleicht verstanden sie das besser als wir; Bergie hatte schließlich einen großen Teil seines Lebens allein in der Wildnis verbracht.

Heather war freundlich, doch zugleich etwas nachdenklich. Nachdem wir eine Weile miteinander geplaudert hatten, erklärte sie, ihr Vater habe den Wunsch geäußert, seine Leiche solle verbrannt und die Asche in einem stillen grasbewachsenen Tal irgendwo in der Wildnis verstreut werden. In all den Jahren seit seinem Tod, sagte Heather, habe die Familie immer den Eindruck gehabt, daß die Zeit dafür noch nicht gekommen sei. Doch jetzt sei es soweit: Bergie würde sich bestimmt freuen, wenn wir ihm gemeinsam seinen letzten Wunsch erfüllten.

Wir wanderten durch die Wiesen zu einem Bach, der wirbelnd über Felsblöcke dahinschoß. Schmetterlinge tanzten in einer leichten Brise. Als ich Bergies Asche dem Wind übergab, glaubte ich sein Gesicht zu sehen, das mich anlächelte. Wir entließen ihn wieder in die Freiheit. Ein wenig Asche verfing sich in einem Spinnennetz, das zwischen hohen, schwankenden Schilfhalmen ausgespannt war.

Ich drehte mich um und blickte auf den fernen Dunstschleier über der Stadt, die sich jenseits der grünen Hügel ausbreitete. Mir kamen Zweifel, ob Bergie – wie uns – die Wildnis noch sehr lange erhalten bleiben werde.

Im Februar 1979 flogen wir in die Kalahari zurück. Unsere Maschine war voll beladen mit Ausrüstungsgegenständen und Vorräten. Nachdem wir tagelang ausgepackt, gesägt und gehämmert hatten, betrachteten wir wohlgefällig unser neues Camp mit seinen fünf Zelten. Das kleine gelb und braun eingefaßte Eßzelt kuschelte sich neben den Jujubenbaum mitten auf der Bauminsel. Drinnen stand ein Tisch mit Tischtuch und Stühlen, und an beiden Seitenwänden hatten wir »Schränke« aus Orangenkisten aufgestellt, die Steingutteller, Körbe und Gläser enthielten. Ein Pfad wand sich zwischen den Bäumen hindurch zum Schlafzelt, und darin befand sich ein richtiges Bett, das Mark aus Packkisten zusammengezimmert hatte. Das Zelt, das uns als Büro und Labor diente, war ausgestattet mit einem großen Arbeitstisch, Bücherregalen, einer Schreibmaschine, einem Aktenschrank und einem zweiten Tisch, den wir als Schreibtisch benutzten. Hinzu kamen ein Vorratszelt mit einem gasbetriebenen Kühlschrank und einer ebensolchen Gefriertruhe sowie eine neue, aus drei Schilfwänden bestehende Küchen*boma*.

Wenn nur Bergie das alles noch erlebt hätte!

20 Die Schule der Aasfresser

Delia

... kurzum, überall sehen wir wunderbare Anpassungen ...

CHARLES DARWIN

*W*ir hatten unsere Hyänenforschung neben der Löwenbeobachtung während der gesamten Trockenzeit des Jahres 1978 und in den anschließenden Wintermonaten weitergeführt. Star war mittlerweile über elf Jahre alt, und ihr einst dichtes langes Haarkleid hatte sich so gelichtet, daß stellenweise die derbe graue Haut zum Vorschein kam. Ihr blondes Cape war größtenteils verschwunden, Kampfnarben standen auf ihrem lederigen Nacken hervor, und ihre Zähne waren infolge der jahrelangen Knochenbearbeitung zu Stummeln abgenutzt. Sie war offensichtlich etwas langsamer geworden, vielleicht ein bißchen steif in den Gliedern, und sie ruhte sich auf ihren nächtlichen Streifzügen gern ein wenig aus.

Vom Flugzeug aus entdeckte Mark ihr Funksignal vier Tage hintereinander am selben Standort auf der Westdüne. Das war für eine Braune Hyäne ungewöhnlich; ein wüstenlebender Aasfresser kann sich den Luxus solcher Unbeweglichkeit nicht leisten. Wir konnten uns nur zwei Gründe vorstellen, warum das Signal unverändert vom selben Ort kam: Entweder hatte sie ihren Kragen verloren, oder sie war tot.

Mit dem Empfangsgerät im Wagen orteten wir ihren Sender auf dem Dünenhang westlich des Camps. Als wir uns durch das zähe Dornengebüsch vorarbeiteten, wurde ihr Signal stärker, doch von Star sahen wir keine Spur. Ich machte mich schon auf das Schlimmste gefaßt. Jeden Augenblick würden wir im Sand ihre entstellten Überreste finden, die Knochen von Geiern sauber abgenagt.

Mark hielt an, stellte den Motor ab und zeigte nach vorn. Ungefähr fünfzehn Meter vor uns tauchte über einem niedrigen Strauch Stars verwittertes altes Gesicht auf und blickte uns an. Sie schüttelte kalkweißen Sand aus ihrem Fell, schlug mit dem Schwanz und ging zu einem Loch in einem kleinen Sandhügel hinüber. Sie steckte den Kopf in die Öffnung und gab einen leisen schnurrenden Ton von sich. Hervor kamen drei winzige kohlschwarze, klettenähnliche Fellknäuel. Star war also nicht nur gesund und munter, sondern sie hatte sogar Kinder bekommen, und das in einer Erdhöhle, die nur knapp dreihundert Meter von unserem Camp entfernt war! Die Kleinen schauten mit dunklen Augen zu ihrer Mutter auf, die sie mit ihrer mächtigen Schnauze liebkoste, während die Welpen zwischen ihren Beinen umherstolperten.

Endlich hatten wir eine Gelegenheit, eine Hyänenmutter bei der Jungenaufzucht zu beobachten. Wir befürchteten, daß Patches und Shadow ihren Nachwuchs im Stich gelassen hatten, weil wir versucht hatten, ihr Verhalten zu studieren, doch Star war so vollkommen an uns gewöhnt, daß unsere Anwesenheit sie sicherlich nicht stören würde. Wir nannten das weibliche Hyänenkind Pepper und die beiden männlichen Cocoa und Toffee.

Wir wußten zwar damals schon sehr viel über die Ernährungsgewohnheiten der Braunen Hyänen, aber ihr Sozialgefüge war uns immer noch ein Rätsel. Wir konnten uns nicht erklären, warum sie in einem Clan, einem Sippenverband, lebten. Warum schlossen sie sich zu Gruppen zusammen, obwohl sie doch Aasfresser waren und – im Unterschied zu anderen geselligen Raubtieren – einander bei der Jagd auf große Beutetiere nicht zu unterstützen brauchten? Weshalb teilte Patches, das dominante Weibchen, die Nahrung mit Star und Shadow, wenn sie alles für sich allein behalten konnte? Weshalb bewohnte ein Clan ein gemeinschaftliches Territorium, wenn die Tiere nicht aufeinander angewiesen waren?

Star hatte einen vorhandenen Springhasenbau zur Wurfhöhle erweitert. Drei tiefe Gräben im Sand führten zu getrennten unterirdischen Gängen, die jeweils durch dichte Akazienbüsche kaschiert waren. Tagsüber schlief sie etwa fünfzehn Schritte entfernt im schütteren Schatten, und alle drei bis vier Stunden lockte sie die Jungen durch Schnurren am Höhleneingang hervor. Die Kleinen stolperten aus dem Bau und begrüßten sie mit überschwenglicher Begeisterung, wuselten immer wieder um sie herum und stießen dabei unaufhörlich heisere Quieklaute aus. Sie staksten mit »grinsendem« Gesicht umher, legten die Ohren an und ringelten die Schwänzchen über dem Rücken zusammen, und Star beleckte und beknabberte sie reihum. Dann streckte sie sich in einer der kühlen Sandfurchen aus und säugte ihre Jungen zwanzig bis fünfundzwanzig Minuten lang.

Schon im Alter von drei Wochen begannen die Hyänenkinder draußen zu spielen. Anfangs stolperten sie fast nur übereinander und fielen um. Doch sobald sie einigermaßen das Gleichgewicht halten konnten, übten sie sich im Schnauzenkampf und Nackenbeißen. Star beteiligte sich nur selten an dem Spiel; sie lag geduldig da, während die Kleinen mit aller Kraft versuchten, ihr die Ohren, die Nase und den Schwanz abzubeißen, oder ihren runden, staubbedeckten Bauch traktierten. Im Gegensatz zu Löwen- und Menschenmüttern verlor Star nie die Geduld. Wenn die Kleinen zu zudringlich wurden, drehte sie sie auf den Rücken und beleckte die zappelnden Sprößlinge. Sobald sie entkommen konnten, watschelten sie dann davon und fielen wieder übereinander her.

Sofort nach Einbruch der Dunkelheit führte Star ihre Kinder in die sichere Höhle, und dort blieben sie, während sie selber nahrungsuchend kilometerweit umherstreifte. Doch da sie alle vier oder fünf Stunden heimkehren mußte, um die Jungen zu säugen, konnte sie nicht soviel Zeit wie die anderen Hyänen dem Nahrungserwerb widmen und sich nicht allzu weit von der Kinderstube entfernen. Dadurch war die Futtermenge, die sie in der Zeit der Jungenaufzucht beschaffen konnte, beschränkt.

Als die Jungen sechs Wochen alt waren, packte Star eines Abends Peppers Rücken behutsam mit ihren mächtigen Kiefern und trug ihre Tochter die Startbahn entlang, quer durch die Talsenke und in ein Gebüsch auf dem Nordbuchthügel, und brachte sie in einem neuen Erdloch unter. Anschließend holte sie Cocoa und Toffee. Wir wußten nicht, warum Star mit ihren Kindern umzog, doch es ist bei manchen Raubtierarten, etwa Schakalen und Wölfen, nichts Ungewöhnliches, daß der Nachwuchs seine Entwicklung in zwei oder drei verschiedenen Lagern durchmacht.

Wie dem auch sei, wir hatten jetzt die Möglichkeit, das Innere einer Wurfhöhle der Braunen Hyänen genau zu inspizieren. Bewaffnet mit Taschenlampen, Notizbuch und Maßband, begaben wir uns zu der aufgegebenen Kinderstube. Als wir den Platz erreichten, hockte sich Mark hin, um die sandigen Flächen rings um den Eingang zu untersuchen.

»Wonach suchst du?« fragte ich.

»Nach Fährten. Es könnte sich ja ein Leopard oder ein Warzenschwein hier eingenistet haben, nachdem Star abgezogen ist.«

Wir suchten zwischen den Hunderten von winzigen Hyänenspuren nach Hinweisen auf ein neues, größeres Raubtier.

Mark war mit dem Ergebnis zufrieden. »Scheint alles in Ordnung zu sein. Du nimmst dir diesen Eingang vor, ich den größeren.«

Mit dem Kopf voran kroch ich durch den offenen Graben und dann in einen Tunnel, der etwa fünfundsiebzig Zentimeter hoch war. Indem ich Kopf und Schultern einzog, konnte ich mich gerade hineinzwängen. Ich richtete die Lampe in die pechschwarze Finsternis. Der Tunnel verlief ungefähr vier Meter geradeaus und dann nach links. Falls sich ein Warzenschwein oder ein Leopard in diesem dunklen Verlies häuslich eingerichtet hatte, mußte das Tier sich sehr bedroht fühlen, als wir beide grunzend und hustend von beiden Seiten näherkrochen. Im Geiste sah ich schon wütende Augen um die Ecke starren.

Flach auf dem Bauch liegend, mich mit den Händen ziehend und mit den Zehen abstoßend, arbeitete ich mich zentimeterweise voran. Hin und wieder stieß ich mit dem Kopf gegen die Decke, worauf Sand auf meinen Nacken und Rücken niederregnete. Noch immer auf die Ellbogen gestützt, kroch ich durch den sanft abfallenden Gang, wobei ich die Taschenlampe vor mir her schob.

Als ich mich dem Ende der geraden Strecke näherte, hielt ich inne und lauschte. Ich konnte Marks dumpfes Poltern und Scharren hören. Vorsichtig leuchtete ich um die Ecke, halbwegs darauf gefaßt, das zischende Fauchen eines in die Enge getriebenen Leoparden zu vernehmen. Ich riß die Lampe zurück. Als nichts geschah, schob ich mich weiter vor und lugte um die Biegung.

Vor mir lag eine runde Kammer. Sie hatte einen Durchmesser von etwa anderthalb Metern und war knapp einen Meter hoch. Von der Decke hingen behaarte graue Wurzeln herab. Hier hatten die Hyänenkinder offensichtlich die meiste Zeit zugebracht; kleine Vertiefungen im Sandboden zeigten an, wo sie geschlafen hatten. Drei kleine und zwei größere Gänge führten von der Kammer weg.

Ich konnte Mark noch immer nicht sehen, aber mit Worten, die dumpf wie in einem Faß klangen, beschrieben wir einander den Bau. Wir stellten fest, welche Gänge unterirdisch miteinander verbunden waren, und vermaßen sie. Die Sauberkeit des Baus beeindruckte mich; Star war eine erstklassige Hausfrau. Kein Kot und keine Abfälle lagen herum, nur ein paar Knochen, und lediglich der feuchte, modrige Erdgeruch stieg uns in die Nase. Der Schädel einer jungen Giraffe und das Schulterblatt eines Spießbocks waren die einzigen Einrichtungsgegenstände.

»He! Mich beißt etwas!« rief Mark aus dem anderen Tunnel. Ich wußte nicht, ob er eine Maus oder einen Leoparden meinte, doch dann verspürte auch ich am ganzen Körper schmerzhafte Stiche. Ich war so entsetzt, daß ich gar nicht auf die Idee kam, mich in der Kammer umzudrehen und mit dem Kopf voran zu flüchten. Vielmehr begann ich, so schnell ich konnte, auf dem Bauch rückwärts zu kriechen. Hektisch schob und zog ich mich mit Händen und Füßen zurück, stieß dabei mit dem Rücken immer wieder an die Decke und erreichte endlich den Eingang. Als wir beide in der Sonne und frischen Luft standen, entdeckten wir, daß wir über und über mit Flöhen bedeckt waren.

Wir streiften sämtliche Kleider ab, übergossen uns mit Wasser aus dem Kanister und schlichen zum Camp zurück. Diesmal war ich froh, daß uns dort kein Mox erwartete! Es mag mehrere gute Gründe geben, warum eine Hyänenmutter ihre Kinder in eine neue Höhle bringt – vielleicht um den Heranwachsenden eine größere Heimstatt zu bieten oder um sie vor Raubfeinden zu schützen, die das alte Wurflager ausfindig gemacht haben –, doch ich bin nach wie vor davon überzeugt, daß es auch darum geht, der florierenden Flohpopulation zu entkommen.

Im Alter von zwei Monaten spielten Pepper, Cocoa und Toffee abends bei Sonnenuntergang für längere Zeit draußen herum, und dabei entfernten sie sich bis zu zehn Meter von Star und der neuen Höhle. Doch beim leisesten Rascheln im Gras oder selbst beim Anblick einer Krähe, die über ihnen dahinflog, rasten sie zu ihrer Mutter oder verschwanden im Bau.

Wenn Star auf Futtersuche ging, richtete sie sich auf, schüttelte ihr Fell und schritt davon, ohne einen Blick auf die Jungen zu werfen. Da diese inzwischen schon etwas älter waren, gab sie sich keine große Mühe mehr, sie in der sicheren Höhle unterzubringen. Pepper und Cocoa galoppierten etwa fünfzehn Meter hinter der Mutter her und kamen dann zum Bau zurück; Toffee, der immer einen etwas verschreckten Eindruck machte, sah ihnen vom Eingang aus zu. Alle drei ver hielten sich ganz still, bis Stars Schritte in der dürren Vegetation verklungen waren, und dann tollten sie noch eine Viertelstunde herum oder erkundeten die Umgebung, bevor sie sich ins Innere des Baus zurückzogen. In diesem Alter waren die Welpen kaum größer als eine Hauskatze und somit eine leichte Beute für Löwen, Leoparden, Geparden oder Schakale.

Mit zweieinhalb Monaten hatten die Kleinen volle, rundliche Bäuche. Eines Abends packte die Hyänenmutter Cocoa am Nackenfell und wanderte in westlicher Richtung durch den Busch. Wir blieben ihr mit dem Wagen dicht auf den Fersen und beobachteten, daß sie vom Nordbuchthügel ins Flußtal abstieg und sich dann nach Norden bewegte. Cocoa hing die ganze Zeit wie eine schlaffe Stoffpuppe von ihrem Maul herab.

Mark hatte an diesem Morgen Moffet unter einem alleinstehenden Baum entdeckt, und jetzt eilte Star am dunklen Flußufer entlang geradewegs auf den Standort des Löwen zu. Durch das Fernglas konnten wir gerade noch Moffets massigen Körper ausmachen, der vollkommen reglos unter dem Baum ruhte. Löwen beschleichen und schlagen des öfteren Braune Hyänen, und wenn Star ihren Kurs nicht änderte, würde sie Moffet direkt in die Arme laufen.

Ich hob das Glas an die Augen und sah mit Sorgen, daß Star dem Löwen immer näher kam. Braune Hyänen scheinen keine guten Augen zu haben, und falls sich Moffet nicht von der Stelle rührte, würde sie ihn vermutlich erst sehen, wenn es schon zu spät war. Die Nacht war totenstill; seine Witterung würde ihr erst in die Nase steigen, wenn sie nur noch wenige Schritte von ihm entfernt war. Star setzte ihren Weg fort, die drohende Gefahr nicht ahnend.

Moffet wälzte sich herum und zog die Pranken unter seinen schweren Leib. Er hob den gewaltigen Kopf, und seine Augen waren fest auf Star gerichtet, die im Flußbett auf ihn zutrabte. Da wir schon früher Löwen beim Anpirschen an Braune Hyänen beobachtet hatten, vermuteten wir, Moffet werde abwarten, bis Star sich ihm auf zwanzig oder dreißig Schritt genähert habe, und dann angreifen. Er würde schon über ihr sein, bevor sie reagieren könnte.

Als Star jedoch bis auf etwa siebzig Meter herangekommen war, blieb sie stehen und hielt Ausschau nach vorn. Dann machte sie abrupt kehrt und umging den Löwen in einem weiten Bogen. Moffet ließ den Kopf wieder auf die Vorderpranken sinken und setzte offensichtlich seinen Schlaf fort.

Star wanderte über drei Kilometer weit nach Norden, und auf dem ganzen Weg bewegte sich Cocoa kein einziges Mal. Der Mond war noch nicht aufgegangen, aber im Sternenlicht, das vom versteinerten Flußbett reflektiert wurde, konnten wir mühelos die dunkle Gestalt der Hyäne erkennen, die sich durch das trockene Gras bewegte. Sie wandte sich nach Nordosten zur Düne empor und bahnte sich einen Weg durch den dichten Dornbusch. Sie ging nochmals ungefähr achthundert Meter, hielt jedoch ab und zu inne, um Ausschau zu halten und sich umzuhören. Es war uns unbegreiflich, warum sie Cocoa so weit schleppte.

Wir durchbrachen eine hohe Strauchgruppe, hinter der sich eine große Lichtung auftat, und stellten sofort den Motor ab. Wie vor den Kopf geschlagen starrten wir auf die Szene vor uns. Da lag ein riesiger Höhlenkomplex, der aus mehreren großen, grauen Sandwällen bestand, die etwa fünfzehn Meter lang waren. Auf jedem Wall standen junge Braune Hyänen unterschiedlichen Alters, die augenscheinlich zu verschiedenen Müttern gehörten. Hier also waren die vermißten Jungen, die, von denen wir angenommen hatten, Shadow und Patches hätten sie im Stich gelassen. Sämtliche Nachkommen des Clans waren in einem Gemeinschaftslager versammelt – dem ersten, das jemals ein Mensch gesehen hatte!

Jetzt hatten wir die Antwort auf all die Fragen, die wir uns seit Jahren über den Sinn und Zweck des Gemeinschaftslebens der Braunen Hyänen gestellt hatten. Diese Aasfresser leben in einem Clan zusammen, der Nahrung und Territorium gemeinsam nutzt, und sie ziehen in vorbildlicher Zusammenarbeit ihre Jungen gemeinschaftlich auf, um mit den harten und unbeständigen Umweltbedingungen der Kalahari fertigzuwerden.

In der Wissenschaft kommt es nur sehr selten vor, daß einem Forscher nach jahrelangen Bemühungen eine neue Entdeckung praktisch in den Schoß fällt. Wir waren sprachlos. Star bettete Cocoa behutsam in den Sand und trat zurück. Alle anderen Welpen kamen herbei und berochen den neuen Lagerinsassen. Cocoa wirkte weder ängstlich noch scheu, er hob vielmehr seine kleine schwarze Nase und beschnupperte die buntgemischte Kinderschar, die ihn begrüßte. Während Star unterwegs war, um Pepper und Toffee in den Kindergarten zu bringen, erkundete Cocoa seine neue Umgebung.

Die Kalahari mit ihrem spärlichen und unberechenbaren Nahrungsangebot macht es einer Hyänenmutter schwer, genügend Futter für sich und ihre heranwachsenden Kinder zu finden. Wir entdeckten später, daß jedes Jahr in der Regel nur ein Weibchen des Clans Junge bekommt, und dadurch wird die Zahl der Nachkommen im Gemeinschaftslager begrenzt. Wenn alle Kinder dort sicher untergebracht sind, darf jede weibliche Hyäne mehrere Nächte hintereinander frei umherschweifen, so lange, bis sie Nahrung ausfindig macht, die sie zu den Jungen heimtragen kann. Da die Mutter nicht jede Nacht mehrmals zu ihrer eigenen »privaten« Wurfhöhle zurückkehren muß, steht dem Clan insgesamt mehr Zeit für die Futterbeschaffung zur Verfügung, und somit ist eine regelmäßigere Nahrungszufuhr für den Nachwuchs gesichert. Alle adulten Weibchen, ob sie Kinder haben oder nicht, schaffen Nahrung für die Jungen im Gemeinschaftslager herbei.[1] Sogar einige Männchen beteiligen sich daran. Weil die Braunen Hyänen allein auf Nahrungssuche gehen, aber ihre Nachkommen im Kollektiv großziehen, zeigen sie eine außergewöhnliche Mischung aus sozialem und solitärem Verhalten – ein Spiegelbild der launischen Natur des Landes, das ihre Heimat ist.

Mit der Entdeckung des Gemeinschaftslagers änderte sich unser Tagesablauf: Frühmorgens machte Mark nun einen Rundflug und lokalisierte die Löwen und

Hyänen, und anschließend fuhren wir zu den Löwen, die dem Camp am nächsten waren. Am frühen Abend übertrug Mark seine Tonbandaufzeichnungen auf Papier, während ich zum Hyänenlager hinüberfuhr, um die Tiere die halbe oder ganze Nacht zu beobachten.

Ich nahm Notizbücher, eine Taschenlampe, Kameras, ein Tonbandgerät, einen Schlafsack, frisches Brot und Thermosflaschen mit Suppe und heißem Tee mit. Hinten im Wagen hatte ich zusätzliche Konserven und einen Wasserkanister, für den Fall, daß ich länger ausbleiben mußte als vorgesehen. Wenn ich beim Lager eintraf, waren meist keine Hyänen in Sicht, und so betrachtete ich den Sonnenuntergang und lauschte in die hereinbrechende Nacht hinaus. Ein Schakal heulte auf der Norddüne, ein Trapphahn stieß seinen Territorialruf aus, und Hunderte von keckernden Geckos stimmten ihre allnächtliche Serenade an. In der Dunkelheit konnte ich den fast sechs Kilometer entfernten Schein von Marks Lagerfeuer sehen.

Eines Abends, noch bevor die Hyänenkinder aus der Höhle hervorgekommen waren, spürte ich im Wagen plötzlich einen Stoß. Ich schreckte hoch und schaute mich nach der Ursache um. Ich wollte das Ganze schon als Einbildung abtun, als der Wagen wieder einen Ruck machte. Ich öffnete die Tür, um nachzusehen, ob vielleicht eine Grasschleiereule auf dem Dach gelandet war. Nichts. Abermals erbebte der Wagen, und jetzt wurde mir die Sache allmählich unheimlich. Dann warf ich einen Blick durch das Rückfenster, und da erkannte ich Moffets mächtiges Haupt, das langsam über der hinteren Bordwand auftauchte. Er steckte seine Nase in das Bettzeug auf der Ladefläche und beschnüffelte den Werkzeugkasten und den Ersatzreifen. Er senkte den Kopf wieder, packte die Anhängerkupplung mit den Kiefern und schüttelte den Wagen wie ein Spielzeug.

»He, Moff, hör auf!« rief ich durch das Fenster. Er gab dem Wagen noch einen letzten Ruck und kam dann bis auf einen halben Meter an das offene Fenster heran. Er hob den Kopf und blickte mir tief in die Augen. Ganz sanft sagte ich: »Schau, das war doch nur Spaß. Wenn du am Wagen rütteln willst, nur zu!«

Moffet gähnte gewaltig, schüttelte sich und schritt zum Hyänenlager hinüber, wo er an einem kleinen Baum eine Duftmarke absetzte. Er entschwand im Gebüsch, und die J-förmige Narbe auf seiner Flanke war das letzte, was ich von ihm sah.

Jene einsamen Nächte auf dem Dünenhang, unter den Sternen, die tief am Himmel hingen, zählen zu den schönsten Erlebnissen meines Lebens. Nach und nach lernte ich auch die Hyänenkinder persönlich kennen. Pippin, der Älteste, war über drei Jahre alt und schon ein junger Erwachsener. Er streifte bereits allein umher, aber er suchte immer noch das Lager auf, um mit den Jüngeren zu spielen. Chip war der Zweitälteste, und auch er trieb sich außerhalb des Lagerbereichs herum. Die jüngeren Sooty und Dusty, Bruder und Schwester, blieben die ganze Zeit im Kindergarten, zusammen mit Puff, einem ganz jungen Weibchen. Schließlich waren da noch die Neuzugänge Pepper, Cocoa und Toffee.

Am Abend nach unserer Entdeckung der Gemeinschaftshöhle sah ich Patches mit einem frischen Springbockbein im Maul auf einem der ausgetretenen Graspfade daherkommen. Alle Welpen sprangen beim Geräusch ihrer Schritte auf und sträubten das Fell. Die jüngeren verschwanden im Höhleneingang, denn soviel sie wußten, rührte das Geräusch von einem Löwen oder einem anderen Raubtier her. Sobald Patches sich so weit genähert hatte, daß sie zu erkennen war, sprangen die älteren Welpen auf sie zu und umkreisten sie zur Begrüßung mehrere Minuten lang. Sie legte das Antilopenbein in den Sand, beschnupperte jedes Jungtier, das unter ihrer Nase vorbeiparadierte; dabei leckte sie ihnen die Ohren und den Rücken. Nachdem Sooty der Alten seine Reverenz erwiesen hatte, ergriff er das Bein, stürmte in die Höhle, und alle anderen folgten ihm. Patches schlief auf dem Wall, während sich die Kleinen drinnen den Magen vollschlugen.

In derselben Nacht, aber etwas später, trottete Shadow aus dem Gebüsch. Die Kleinen umringten sie und wirbelten dabei so viel feinen Staub auf, daß eine weiße Wolke über der Stelle hing. Shadow warf sich auf einen Sandwall, und Puff begann zu saugen. Mit ihren Pfoten knetete sie das weiche Gesäuge. Ich hatte gerade entschieden, daß Shadow Puffs Mutter sein müsse, als Dusty ebenfalls zu trinken begann. Wegen des Altersunterschieds konnten Puff und Dusty nicht beide Shadows Töchter sein: Sie säugte also mindestens ein Junges, das nicht ihr eigenes war. Später konnten wir zuschauen, wie Patches und Star jeweils ein Kind der anderen nährten. Gemeinschaftliches Säugen war bis dahin nur bei wenigen wildlebenden Raubtieren beobachtet worden, unter anderem bei Löwen und Wildhunden, aber noch niemals bei Hyänen. Es war ein weiterer Beleg für das kooperative Sozialsystem der Braunen Hyänen.

Da die stillenden Weibchen des Clans alle Jungen säugten und da alle Weibchen Futter zur Höhle brachten, war zunächst nicht auszumachen, wer wessen Mutter war. Zum Glück hatten wir die früheren Trag- und Stillzeiten der weiblichen Clanmitglieder sorgfältig registriert. Indem wir diese Informationen mit dem Alter der Welpen verglichen und viele Stunden am Lager zubrachten, konnten wir die Familienverhältnisse klären. Wir wußten, daß Pippin aus einem früheren Wurf von Star stammte und somit ein Halbbruder ihrer derzeitigen Welpen Pepper, Cocoa und Toffee war. Pippins Vater war von einem anderen dominanten Männchen verdrängt worden. Chip war Patches' Kind, und Puff gehörte zu Shadow; nur Dustys und Sootys Mutter kannten wir nicht.

Da Star, Patches und Shadow Nahrung herbeischafften und Pippin das Lager besuchte, um die Gänge von losem Sand zu befreien und mit den Kleinen zu spielen, sollte man meinen, es hätte stets großes Gedränge geherrscht. Doch das war nie der Fall. Die ausgewachsenen Weibchen kamen nicht jede Nacht, und sie trafen selten gleichzeitig ein. Wenn sie dennoch einmal an der Höhle zusammentrafen, nahmen sie kaum Notiz voneinander. Wir erlebten niemals, daß das zugewanderte adulte Männchen, der Vater der Welpen, seine Kinder besucht oder ihnen Futter gebracht hätte.

Weil die adulten Tiere so lange auf Nahrungssuche unterwegs waren, mußten die Kleinen die meiste Zeit ohne deren Schutz auskommen. Die Clanmitglieder schliefen weitverstreut unter Büschen oder Bäumen im ganzen Territorium, manchmal acht Kilometer von der Höhle entfernt. Gelegentlich ruhte ein Alttier tagsüber in der Nähe des Lagers, doch stets in einem Abstand von wenigstens zweihundert bis dreihundert Metern.

Die Kleinkinder wurden durch die Höhle selbst und durch die anwesenden älteren und größeren Jungtiere geschützt. Pepper, Cocoa und Toffee streiften oft bis zu fünfundzwanzig Meter weit im hohen Gras umher, doch beim Anblick oder Geräusch eines sich nähernden Tieres, sei es ein Löwe oder ein Stachelschwein, schossen sie in einen der Gänge und verschwanden unter der Erde. Nach einigen Minuten schoben sie dann ihre Ohren, darauf die Augen und schließlich die Nasen wie Periskope über den Rand des Erdlochs, um festzustellen, ob die Gefahr vorbei war. Wenn sie sahen, daß die älteren Jungtiere nicht in Deckung gegangen waren, sprangen sie wieder ins Freie, um ihr Spiel fortzusetzen.

An einem späten Nachmittag trabte ein Rudel von acht Wildhunden auf die Höhle zu. Die kleineren Welpen tauchten unter, aber Chip, Dusty und Sooty, die schon zu drei Vierteln erwachsen waren, blieben draußen und stellten sich den Eindringlingen. Als sie mit gesträubtem Haar auf dem höchsten Sandwall standen, machten sie einen recht furchterregenden Eindruck. Die Hunde umkreisten dreimal den Lagerbereich und wagten sich verschiedentlich näher heran, um die Lage besser sondieren zu können, doch schließlich zogen sie ab. Als aber eines Nachmittags Moffet an der Höhle vorbeikam, verzogen sich alle Jungen, einschließlich Chip, Dusty und Sooty, unter die Erde, und sie erschienen erst wieder, nachdem der Löwe schon seit mehr als einer halben Stunde wieder verschwunden war.

Gelegentlich entfernten sich die Jungen zu weit von der schützenden Höhle. Als Puff etwa so groß wie eine kleine, stämmige Bulldogge war, wanderte sie eines Nachts weiter umher als gewöhnlich. Lautes Geschrei und Kampfgetöse drang aus dem Hochgras bis zu uns. Als wir am Ort des Geschehens eintrafen, schleppte ein Leopard ihren zerfleischten Körper zu einem Akazienbaum. Selbst nach Puffs Tod säugte und versorgte Shadow, ihre Mutter, weiterhin die anderen Hyänenkinder.

Wenn die Sonne untergegangen und die Tageshitze gebrochen war, lugten die Kleinen aus den vier Höhleneingängen hervor. War keine Gefahr im Verzug, kamen sie aus den Gängen und streckten sich auf den aufgeworfenen Sandhügeln aus. Sobald dann später kühle Luft über die Dünenhänge ins Tal strömte, begannen die Welpen, Grashalme, Zweige und alte Knochen zu beschnuppern. Überall steckten sie ihre Nase hinein. Das ist eine wichtige Lektion für Hyänen, die meist in hohem Gras umherstreifen, wo die Sicht stark eingeschränkt ist und sie weit verstreute Kadaver aufspüren müssen. Wenn sie erwachsen sind, sind sie weitgehend auf ihren Geruchssinn angewiesen, mit dem sie Gefahren wittern und den Kontakt untereinander aufrechterhalten, nämlich durch Duftmarken.

Pepper, Cocoa und Toffee versuchten schon solche Duftmarken zu setzen, als ihre Afterdrüsen noch längst nicht das zähflüssige Sekret der Alttiere zu erzeugen vermochten. Immer wieder hoben sie über einem Stengel ihre flaumig behaarten Schwänzchen, drehten sich herum, hockten sich hin und bemühten sich, ihre duftenden Visitenkarten abzugeben, und jedesmal beschnüffelten sie die Stelle, um festzustellen, ob sie Erfolg gehabt hatten.

Im Alter von ungefähr vier Monaten, kurz nach dem Umzug in das Gemeinschaftslager, entdeckten sie, daß sie tatsächlich imstande waren, die klebrige Masse abzusondern. Sie waren sehr stolz auf sich, stelzten im Lagerbezirk umher, hoben den Schwanz und hefteten überall weiße, schmierige Tropfen an – sogar am Schwanz eines nichtsahnenden Alttiers und an den Beinen unseres Kamerastativs.

Spiele, in denen die Jungen ihre Kräfte maßen, waren ein wesentlicher Bestandteil ihrer Entwicklung. Von dem Tag an, an dem sie erstmals die mütterliche Höhle verließen, zeigten sie in ihren Kampfspielen die gleichen Verhaltensweisen wie die ausgewachsenen Tiere im echten Kampf: Maulzerren, Nackenbisse, Schnappen nach den Hinterläufen und Verfolgungsjagden. Im Spiel entwickelten sich die sozialen Bindungen zwischen den Jungen und wahrscheinlich auch die kämpferischen Fähigkeiten, die sie später für den Statuswettstreit innerhalb der Rangordnung des Clans benötigen würden.

Jedesmal wenn Pippin bei der Höhle auftauchte, begrüßten ihn die Kleinen ganz aufgeregt: Sie umzingelten ihn, zogen ihn am Schwanz und sprangen hoch, um ihn in die Ohren zu zwicken. Er benahm sich wie der typische große Bruder und veranstaltete mit ihnen eine fröhliche Hetzjagd kreuz und quer durchs Gebüsch. Dabei ließ er sich stets einholen, doch er wich den zuschnappenden Kiefern aus, indem er den Kopf hin und her warf.

Wenn Hyänenkinder nicht in Gemeinschaftshöhlen aufwachsen könnten, würden sie nicht vom Schutz und der Spielerfahrung im Kreise der älteren Jungtiere profitieren, und sie hätten auch kaum die Möglichkeit, von allen adulten Clanmitgliedern zu lernen und soziale Bindungen mit ihnen einzugehen.

Wir schrieben Februar 1979. Schon seit Monaten hatten wir den trüben Himmel nach irgendeinem Zeichen auf Regen abgesucht. Der Februar ist gewöhnlich der Höhepunkt der Regenzeit, doch in diesem Jahr zeigte sich nur selten eine Wolke am Himmel, und die Mittagstemperaturen stiegen auf fünfundvierzig Grad im Schatten an. Hin und wieder erhob eine Kumulusformation ihr massiges Haupt über den Horizont im Osten, doch sie entschwand stets sehr bald wieder und ergoß ihr lebenspendendes Naß über andere Landstriche. Anfang April verzogen sich die Wolken endgültig, und wir ließen alle Hoffnung fahren. Die Regensaison des Jahres 1979 war ausgeblieben. Abgesehen von einem kurzen Schauer, hatten die Tiere und Pflanzen im Deception Valley seit zwölf Monaten ohne jede Feuchtigkeit auskommen müssen, und auch in den nächsten zehn Monaten war mit Niederschlägen nicht zu rechnen. Die Kalahari war durch die Dürre wie gelähmt.

Wenn die Löwen, die sich jetzt über riesige Flächen jenseits des ausgetrockneten Flußsystems verteilten, ab und zu das Tal aufsuchten, fanden sie nur so kleine Beutetiere vor, daß für die Braunen Hyänen nichts übrigblieb als blutbeschmierte Federn und Stacheln oder ein paar Hörner oder Hufe. Die Geparde und Wildhunde waren verschwunden, nachdem die letzten Springböcke das Tal verlassen hatten. Ameisen, Termiten, Vögel, Nagetiere und vereinzelte Steinböckchen waren nunmehr die einzige Beute, die den Leoparden und Schakalen zur Verfügung stand, und selbst diese Kleintiere waren bereits zum größten Teil vertilgt. Star, Patches, McDuff und Pippin legten auf der Suche nach Nahrung jede Nacht dreißig Kilometer und mehr in der grauen Wüstenlandschaft zurück. Das Nahrungsangebot konnte sich in der bevorstehenden Trockenzeit nur noch verschlechtern, und da kein Regen gefallen war, gab es auch keine saftigen wilden Melonen.

Im Alter von achtzehn Monaten hatten Dusty und Sooty damit begonnen, selbst für ihren Lebensunterhalt zu sorgen. Genauso wie Pogo und Hawkins in früheren Jahren zottelten sie hinter Star, Patches oder Shadow her, wenn eine von ihnen das Lager verließ. Pepper, Cocoa und Toffee blieben oft allein in ihrer unterirdischen Behausung zurück, die jetzt still und einsam dalag. Manchmal mußten sie tagelang geduldig auf etwas Freßbares warten. Star war das einzige Weibchen, das noch Milch hatte, und die inzwischen sechseinhalb Monate alten Welpen waren noch immer sehr stark von dieser Milch abhängig.

In einer windigen Nacht wanderte Star auf dem Leopardenpfad nordwärts zur Bergie-Pfanne und dann in nordöstlicher Richtung die Hänge der Ostdüne hinauf. Um Mitternacht hatte sie fast zwanzig Kilometer hinter sich gebracht und noch immer nichts Genießbares gefunden, weder für sich noch für ihre Jungen. Sie stocherte mit der Nase in den Eingängen mehrerer Ratten- und Springhasenbaue herum, doch niemand war zu Hause. Sie war müde und streckte sich neben einer Gruppe von breitblättrigen Lonchocarpusbäumen aus, etwa eineinhalb Kilometer vom Flußbett entfernt.

Muffin und Moffet durchstreiften schon seit Tagen die Sandveldregion östlich des Tales und überquerten dabei mehrfach die Grenze zwischen dem Wildschutzgebiet und dem Weideland der Rinder. In dieser Nacht kehrten sie nach Westen in ihr ehemaliges Regenzeit-Territorium zurück. Mühsam schleppten sie sich die Ostdüne hoch. Da sie nur eine einzige Kuhantilope zu Gesicht bekommen hatten, die ihnen entwischt war, waren sie ausgehungert.

Star lag flach auf der Seite, hatte den narbenbedeckten Kopf und den Nacken in den kühlenden Sand gebettet und scharrte hin und wieder ein paar Sandkörner auf ihren faltigen Bauch. Auf einmal hörte sie ein leises Geräusch. Vielleicht waren die Schritte der näherkommenden Löwen im Wind untergegangen, vielleicht hatte sie auch zu fest geschlafen. Als sie aufsprang, war es zu spät. Muffin und Moffet stürzten sich auf sie und zerfleischten ihren Körper. Sekunden später war Star tot.

251

21 Pepper

Delia

Mehr als befreundet, weniger als Freund.

WILLIAM SHAKESPEARE

Pepper, Cocoa und Toffee konnten nicht wissen, daß ihre Mutter tot war. Stunde für Stunde, Nacht für Nacht lagen sie auf den Höhlenwällen, das Kinn auf den Pfoten, und beobachteten den Pfad, auf dem Star gewöhnlich heimkam. Die Zeit verging, und die Jungtiere wurden immer lethargischer; sie spielten nicht mehr. Alle paar Stunden trotteten sie auf dem Platz herum und berochen noch einmal die wenigen Splitter der ausgelaugten Knochen. Den langen heißen Tag verbrachten sie in der kühlen Höhle und schützten so die Feuchtigkeit in ihren ausgezehrten Körpern. Ihre knochigen Schultern standen spitzwinklig hervor, und die Haare begannen ihnen auszufallen. Die Tage waren unglaublich heiß und trocken, als hätte es auf der Erde noch niemals Wasser gegeben, doch zumindest die Nächte waren erträglich kühl.

Am vierten Abend nach Stars Tod kamen Pepper, Cocoa und Toffee nicht aus der Höhle heraus. Drei Nächte lang saßen wir vor den mondbeschienenen Sandwällen und hofften auf ein Lebenszeichen. Wir mußten wissen, was los war, und deshalb krochen wir in einen der Hauptgänge hinein, knieten uns hin und lauschten. Kein Laut drang aus dem Inneren, und kein kleiner Fußabdruck zeigte sich im Sand. Die Welpen mußten verhungert oder verdurstet sein.

Doch als wir aufstanden und zum Wagen zurückgehen wollten, kam aus der Höhlenöffnung ein Wimmern hervor. Wenigstens ein Hyänenkind mußte noch am Leben sein – aber wie lange noch?

Gegen Mitternacht raschelte es im Gras westlich der Höhle, und Pippin, der Halbbruder der Welpen, betrat mit einem frischgeschlagenen Springhasen im Maul die Lichtung. Er legte die vier Pfund schwere Beute in den Sand, ging zum Eingang hinüber und schnurrte laut. Augenblicklich krabbelten alle drei hervor, um ihn mit aufgeregten Quieklauten willkommen zu heißen. Sie umkreisten Pippin immer wieder, bevor sie zum Springhasen rannten und ihn zur Höhle hin zerrten. Unterwegs hielten sie inne, um nochmals um Pippin herumzuspringen und dabei eine große Staubwolke aufzuwirbeln. Dann zogen und rissen sie so lange an der Beute, bis sie im Höhleninneren verschwunden waren.

Pippin stand mit langen, schlaksigen Beinen und abgemagertem Leib allein auf dem Wall. Ohne den Kopf zu bewegen, verdrehte er die Augen und blickte uns lange an, genauso wie es Star, seine Mutter, so oft getan hatte. Dann schüttelte er sein langes Haar, zuckte mit dem Schwanz und trollte sich ins Gebüsch. »Mark! Vielleicht will er sie adoptieren«, flüsterte ich. Jetzt hatten nicht nur Stars Kinder eine Überlebenschance, sondern auch für unsere Hyänenforschung war dies eine Sternstunde. Annahme an Kindes Statt ist bei wildlebenden Tieren äußerst selten; bei den meisten Arten überlassen Gruppenmitglieder in der Regel die Waisenkinder ihrem Schicksal und sind nur darauf bedacht, den eigenen Nachwuchs aufzuziehen.

Am nächsten Morgen kam Dusty in aller Frühe zur Höhle und brachte ein großes Stück Giraffenhaut, an der noch ein wenig Fleisch hing. Im Abstand von wenigen Schritten folgte ihr Chip, das ältere männliche Jungtier. Quiekend und grinsend, den Schwanz hoch aufgerichtet, eilten Pepper, Cocoa und Toffee herbei und umdrängten ihren älteren Lagergefährten. Cocoa grapschte das Hautstück, und alle verschwanden in der Höhle. Wenn wir diese Szene beobachtet hätten, ohne die Identität der einzelnen Hyänen zu kennen, wären wir sicherlich davon ausgegangen, daß hier Vater und Mutter ihre Kinder fütterten. In Wirklichkeit jedoch waren sie Vettern.

In den folgenden Tagen begannen bestimmte Clanmitglieder für Pepper, Cocoa und Toffee zu sorgen. Jetzt erkannten wir auch, weshalb wir die Mutter von Dusty und Sooty nicht hatten ermitteln können: Sie war gestorben, und die Jungtiere waren, genauso wie Stars Kinder, vom Clan adoptiert worden.

Da nun die Kleinen von Patches, Shadow, Dusty und Pippin gefüttert wurden, wuchsen sie kräftig heran. Braune Hyänen säugen zwar ihre Sprößlinge oft bis zum Alter von zehn bis zwölf Monaten, aber diese drei hatten schon mit sieben Monaten von einem Tag auf den anderen ohne die Milch ihrer Mutter auskommen müssen. Trotz dieser radikalen Nahrungsumstellung gediehen sie offenkundig recht gut mit der Fleisch-, Haut- und Knochenkost, die man ihnen brachte, und ihre Aussichten verbesserten sich zunehmend.

Wir studierten das Gemeinschaftslager mehr als drei Jahre lang und machten dabei manch interessante Entdeckung, vor allem, daß Adoptionen bei den Braunen Hyänen häufig vorkommen. In unserer Beobachtungszeit waren siebzig Prozent der überlebenden Jungtiere adoptierte Waisenkinder.

Die meisten Hyänenweibchen bleiben in ihrem Geburtsclan; sie sind somit alle miteinander verwandt. Weil wir den Clan so lange überwachten, kannten wir viele

Verwandtschaftsbeziehungen. Patches und Shadow waren Stars Kusinen und demnach Peppers, Cocoas und Toffees Tanten zweiten Grades. Dusty war eine ältere Kusine und Pippin, wie wir wußten, ihr Halbbruder. Die drei Welpen waren also von der eigenen Verwandtschaft an Kindes Statt angenommen worden. Die Hyänen, die lange nur mit Verachtung betrachtet wurden, helfen ihren Artgenossen, indem sie ihre Kinder nähren und adoptieren; sie sind nicht nur sehr gesellige, sondern anscheinend auch sehr selbstlose Geschöpfe.

Doch wie selbstlos sind sie tatsächlich? Warum versorgten Patches, Shadow, Dusty und Pippin in der schlimmsten Dürrezeit Stars Waisen mit Futter, das sie wohl gerne selbst gefressen hätten? Warum unterstützten sie auf eigene Kosten die Nachkommen einer anderen Mutter?

Ein Teil der Antwort liegt wahrscheinlich in der soziobiologischen Theorie der Sippenselektion begründet.[1] »Tüchtigkeit« in der Darwinschen Formel vom »Überleben des Tüchtigsten« bezieht sich nicht auf die körperliche Stärke eines Individuums, sondern vielmehr auf seine Überlebensfähigkeit und die Zahl der Gene, die es an künftige Generationen weitergeben kann. Jedes Lebewesen, einschließlich des Menschen, kann seine genetische »Tüchtigkeit« auf zwei Wegen steigern: direkt durch die Hervorbringung von Nachkommen, die eine Hälfte seiner Gene in sich tragen, und indirekt durch Erhöhung der Überlebenschancen seiner entfernteren Verwandten – Kusinen, Neffen, Nichten –, die einen kleineren Anteil seiner Gene mitbekommen.[2]

Da Pepper, Cocoa und Toffee Shadows Nichten und Neffen zweiten Grades waren, besaßen sie zum Teil die gleichen Gene wie sie. Und indem Shadow die drei am Leben erhielt, erhöhte sie ihr genetisches Potential. Ihr einziges eigenes Kind, Puff, war umgekommen. Falls Pepper, Cocoa und Toffee ebenfalls gestorben wären, hätte Shadow eine ihrer wenigen Chancen eingebüßt, das eigene Erbgut an künftige Generationen weiterzugeben. Das ist ein wichtiger Gesichtspunkt, denn eine weibliche Braune Hyäne hat in ihrem Leben nicht oft die Möglichkeit, Nachkommen großzuziehen. Die drei Welpen besaßen im übrigen jeweils zu einem Drittel die gleichen Gene wir ihr Halbbruder Pippin; daß er sie fütterte, kam somit auch ihm genetisch zugute.

Nach der Theorie der Sippenselektion handelten demnach die Clanmitglieder, die sich der Welpen annahmen, nicht wirklich altruistisch. In Wahrheit war die Nahrung, die sie zur Höhle brachten, um ihre jüngeren Verwandten am Leben zu erhalten, nichts anderes als eine Investition in die Weiterführung der eigenen Erblinie. Selbstverständlich war den Braunen Hyänen selbst nicht bewußt, weshalb sie die Waisenkinder mit Nahrung versorgten. Im Laufe der Evolution ihres Sozialverhaltens müssen die Tiere, die über »Helfergene« verfügten, eine größere Zahl von Blutsverwandten durchgebracht haben als jene, denen diese Gene fehlten; so hat sich die Verhaltensform als Bestandteil der natürlichen Lebensweise entwickelt.

Chip und Sooty, die Vettern der Welpen, beteiligten sich nicht an der Nahrungsversorgung. Sie kamen zwar zur Höhle, um mit Pepper, Cocoa und Toffee zu spielen, aber wir hatten sie im Verdacht, daß sie eigentlich nur auf ein paar Happen Futter erpicht waren. Tatsächlich stahlen Chip und Sooty mehrmals das Aas, das für die kleinen Höhlenbewohner bestimmt war.

Aber wieso fütterte die Kusine Dusty die Welpen, wenn die Vettern es nicht taten? Sie waren doch alle im selben Grade miteinander verwandt. Die Antwort lautet vermutlich, daß die meisten Weibchen lebenslang in ihrem Geburtsclan bleiben und von einer wachsenden Clangröße profitieren, während die meisten Männchen abwandern und somit keinen Nutzen daraus ziehen. Da Vettern und Kusinen nur zu einem Achtel am gleichen Genmaterial teilhaben, ist das für ein Männchen wohl kein ausreichender genetischer Anreiz, sich an der Fütterung zu beteiligen. Es gewinnt mehr, wenn es die Nahrung für sich behält, als wenn es sie in das Überleben der wenigen eigenen Gene investiert, die von den Vettern und Kusinen getragen werden. Weil das Männchen sich schließlich absondert, um ein Nomadenleben zu führen oder sich einem anderen Clan anzuschließen, würde es keinen unmittelbaren Vorteil von einer zahlenmäßigen Zunahme seines Geburtsclans haben. Im Durchschnitt haben Halbgeschwister doppelt so viele Gene gemeinsam wie Vettern und Kusinen, so daß ein Halbbruder, obwohl auch er am Ende vielleicht den Clan verläßt, durch die Welpenbetreuung sein genetisches Potential mehr erhöht als ein Vetter.

Auf der anderen Seite kommt es jeder weiblichen Hyäne eines Clans zugute, wenn sie die Welpen versorgt, gleichgültig, wie entfernt sie mit ihnen verwandt ist, denn sie wird höchstwahrscheinlich im Clan bleiben. Wenn sie bei der Jungenaufzucht mithilft, vergrößert sich die Zahl der Clanangehörigen, die somit das Territorium und die Nahrungsressourcen besser verteidigen können. Und vielleicht das Wichtigste von allem: Es werden mehr Weibchen zur Verfügung stehen, die sich eventuell um die Kinder der besagten Hyäne kümmern.

Das ist die Erklärung dafür, daß Hyänenwelpen von allen Weibchen des Clans und von den nächstverwandten Männchen aufgezogen werden.[3] Daß ein solches Verhalten nicht auf schierem Altruismus beruht, läßt es nicht weniger ungewöhnlich erscheinen – oder ist etwa ein Vogellied weniger schön, weil es eine Funktion erfüllt? Indem wir den Selektionsdruck begreifen, der auf die Evolution eines Verhaltens einwirkt, das uns bei Tieren – und auch bei uns Menschen – auf den ersten Blick altruistisch erscheint, erkennen wir, daß in solchen Verhaltensweisen ein natürliches und schließlich auch ein notwendiges Element des Eigennutzes enthalten ist.

Diese Gedanken gingen mir durch den Kopf, als ich Dusty beobachtete, die noch keine eigenen Kinder hatte, aber ihren jüngeren Verwandten Futter brachte. Gibt es überhaupt echte Selbstlosigkeit in der Natur – im Menschen? Warum waren wir nach Afrika gekommen und hatten dort so hart und so lange unter so widrigen Umständen gearbeitet? Hatten wir das nur für die Tiere getan? Oder zum Teil auch für uns selbst?

Seitdem die Welpen wieder, wenngleich bescheiden, mit Futter versorgt wurden, begannen sie auch wieder zu spielen. Eines späten Nachmittags erwachte Pepper noch reichlich benommen aus dem Schlaf. Gähnend trottete sie ein paarmal im Lagerbezirk umher und biß dann Cocoa, der noch ein bißchen schlafen wollte, in den Nacken und zupfte ihn an Ohren und Schwanz. Als er sich erhob, um es ihr heimzuzahlen, rannte sie weg und sauste geräuschvoll durch das dürre Gras und Gebüsch der Umgebung. Einige Minuten später raste sie wieder zum Sandwall zurück, sprang über der Höhle hoch in die Luft und schoß staubaufwirbelnd in einen Eingang hinein. Nach wenigen Sekunden lugten ihre schwarzen Ohren, Augen und Nasenlöcher über den Rand der Öffnung. Offensichtlich wollte sie sich vergewissern, ob ihr auch alle zuschauten. Als sie sah, daß das der Fall war, verließ sie die Höhle mit einem Satz, rannte Toffee über den Haufen und entschwand abermals im Gebüsch.

In der Regel war Pepper die Anführerin und die Erfinderin neuer Spiele. Einmal kam sie vorsichtig zu meinem Wagen herüber, streckte langsam die Schnauze vor, um die Stoßstange zu beschnuppern, und galoppierte dann mit gesträubtem Fell zur Höhle zurück. Auf dem Wall angekommen, blickte sie zum Wagen zurück und rollte mit den Augen. Daraufhin führte sie mit behutsamen Schritten ihre Brüder im Gänsemarsch zum Toyota. Die drei stellten sich nebeneinander auf, beschnüffelten ihn und sausten wieder davon. Bei jedem neuen Annäherungsversuch wurden sie selbstsicherer, bis sie schließlich sogar unter dem Wagen herumspazierten. Ich hörte, wie sie den Unterboden ausgiebig beleckten, beschnupperten und an ihm herumnagten.

Als ich eines Nachts nach einer mehrstündigen Sitzung den Dünenhang hinabfuhr, mußte ich feststellen, daß ich den Wagen nicht zum Stehen bringen konnte, so heftig ich auch auf die Bremse trat. Ich packte das Lenkrad mit festem Griff und tat alles, um Termitenhügeln, Erdlöchern und Büschen auszuweichen. So raste ich den sandigen Hang hinunter und landete im ebenen Flußbett. Die Weiterfahrt verlief glatt, bis ich im Camp anhalten mußte. Ich nahm das Gas weg, hatte aber meine Geschwindigkeit unterschätzt. Während ich das Bremspedal bis zum Boden durchtrat, schoß ich über unseren Parkplatz hinweg und am Schlafzelt vorbei und kam erst einen Meter vor dem Bürozelt endlich zum Stehen. Mark, der seine Schreibarbeiten beendet hatte und zu Bett gegangen war, lugte, auf die Ellbogen gestützt, aus dem Zeltfenster. Ich schlug die Eingangsplanen zur Seite und sagte so charmant wie möglich: »Reg dich nicht auf, aber ich glaube, die kleinen Hyänen haben die Bremse angefressen.« Sie hatten tatsächlich die Bremsschläuche glatt durchgenagt, so daß die gesamte Bremsflüssigkeit ausgeflossen war.

Da das Helferverhalten der Braunen Hyäne das Thema meiner Doktorarbeit sein sollte, beobachtete ich die Gemeinschaftshöhle mehr als tausend Stunden lang, und die Jungtiere gewöhnten sich völlig an mich. Eines Nachmittags blieb ich nicht wie gewohnt im Wagen, sondern setzte mich in das hohe Gras am Rande der Lichtung. Sobald Pepper und Cocoa aus der Höhle hervorkamen, trotteten sie auf mich

Oben: Bei der Annäherung von Raubtieren ergreifen die Springböcke panikartig die Flucht.
Unten: Starbuck, Happy und Dixie vom Springbockpfannen-Rudel und Spicy vom Blauen Rudel teilen sich die Beute nach einer erfolgreichen Gemeinschaftsjagd.

Oben: Pepper und Cocoa schleppen einen Steinböckchenkadaver zur Höhle. *Unten:* Dusty versucht ein Straußenei aufzubeißen, das in der Trockenzeit eine wertvolle Nahrungsquelle ist.

Oben: Echo-Whiskey-Golf. *Unten:* Pepper begrüßt Delia während einer ihrer Beobachtungen.

Charys und Sassys Nachkommen trinken zum ersten Mal in ihrem Leben Wasser. In der Dürrezeit, also mehr als neun Monate lang, mußten die Löwen ihren Feuchtigkeitsbedarf ausschließlich mit den Körpersäften ihrer Beutetiere decken.

Oben: Endlich wird die Dürre durch ein spektakuläres Nachtgewitter unterbrochen. *Unten:* Mark bringt unser Hab und Gut in Sicherheit.

Oben: In einer langanhaltenden Dürreperiode nähert sich die zweitgrößte Gnupopulation Afrikas dem Ziel ihres 500 km langen Marsches, das ihnen Nahrung und Wasser verheißt.
Unten: Grausames Ende der Wassersuche.

zu, steckten ihre Schnauze in mein Haar und begannen mir Ohren, Nacken und Gesicht zu beschnüffeln. Ich verhielt mich mucksmäuschenstill und versuchte, mir das Lachen zu verkneifen, als sie mir mit ihren kalten, feuchten Nasen in den Nakken und auf den Rücken bliesen. Nach einer Weile wandten sie ihre Aufmerksamkeit wieder den Knochen zu, die um den Sandwall herum lagen.

Während ich bei den Tieren saß, konnte ich neue Verhaltensdetails beobachten und ungewöhnliche Aufnahmen machen. Pepper ließ es sogar zu, daß ich ihren Schädel- und Halsumfang maß, während sie um mich herumschnupperte. Doch ich mußte dabei sehr auf meine Gerätschaften aufpassen; einmal schnappte sie mir das Notizbuch vom Schoß und rannte damit zur Höhle. Glücklicherweise ließ sie es unmittelbar vor dem Eingang fallen, so daß ich es mir ohne große Schwierigkeiten wiederholen konnte.

Manchmal fuhr mir Pepper mit ihrer übergroßen Pfote über den Arm, genauso wie sie es bei Cocoa machte, wenn sie ihn zum Spielen auffordern wollte. Und einmal, als sie acht Monate alt war, schnappte sie mit ihren Schneidezähnen nach meinem kleinen Finger und starrte mir ins Gesicht, was ebenfalls eine Aufforderung war. Sie hätte mir ohne weiteres den Finger abbeißen können; deshalb senkte ich den Blick und entzog ihr rasch meine Hand. Es wäre mir ein Vergnügen gewesen, mit ihr herumzutollen, doch das hätte die Objektivität unserer Forschungsarbeit beeinträchtigt. Zudem stellte ihr kraftvolles Gebiß eine nicht zu unterschätzende Gefahr dar. Da ich auf solche Einladungen zum Spiel nicht reagierte, sahen die Junghyänen am Ende in mir kaum mehr als einen Gegenstand der Neugierde. Pepper kam stets zum Wagen, wenn er vorfuhr, und beroch mich beim Aussteigen, doch dann ignorierte sie mich gewöhnlich für die Dauer der Beobachtungsperiode. Ich achtete sorgsam darauf, daß ich wieder im Wagen war, bevor eines der Alttiere eintraf, denn sie gaben sich weniger entspannt, wenn ich, nur knapp zehn Meter vom Gemeinschaftslager entfernt, im Freien saß.

Die Trockenzeit des Jahres 1979 war die schlimmste, die wir erlebten, weil ihr überhaupt keine Regensaison vorangegangen war. Ende September zeigte das Thermometer wieder fünfzig Grad im Schatten an, und die relative Luftfeuchtigkeit betrug tagsüber weniger als fünf Prozent. Die erwachsenen Tiere benötigten mehr Nahrung, um ihren eigenen Feuchtigkeitsbedarf zu decken, und besuchten die Höhle nicht mehr so häufig. Zuweilen gingen die Welpen zwei oder drei Nächte lang leer aus, und zum ersten Mal seit dem Beginn unseres Hyänenstudiums sahen die jungen und alten Tiere gleichermaßen abgezehrt und mager aus. Abermals blieben Pepper, Cocoa und Toffee die meiste Zeit in der kühlen Höhle und spielten nur noch selten.

Als Mark und ich an einem Spätnachmittag in der Küche beschäftigt waren, sahen wir zu unserem Erstaunen Pepper auf dem Trampelpfad auf uns zukommen. Sie war noch nicht ganz ein Jahr alt. Hyänenwelpen verlassen ihr Lager gewöhnlich erst im Alter von fast eineinhalb Jahren, und auch dann bleiben sie noch drei oder vier Monate lang ihren erwachsenen Artgenossen dicht auf den Fersen, ehe sie allein umherstreifen. Doch die kleine Pepper hatte den weiten Weg zu uns ganz allein gefunden. Das muß für sie ein schreckliches Abenteuer gewesen sein; sämtliche Haare standen von ihrem dünnen Körper ab, so daß sie einer Flaschenbürste nicht unähnlich war. Daß sie sich schon so früh selbständig auf Nahrungssuche begeben hatte, war ein weiterer Beweis dafür, daß die Jungen von den Alten nicht genug zu fressen bekamen.

Pepper betrat die Küche, ohne einen Augenblick zu zögern. Sie ging zu der Stelle, wo ich in einem Eintopf rührte, roch den Holzlöffel, packte ihn und versuchte ihn mir zu entreißen. Ich hielt fest und gewann das Tauziehen, obgleich ich ihr liebend gern den ganzen Topf überlassen hätte. Während der großen Dürre fiel es mir sehr schwer, dem Drang zu widerstehen, den Hyänen und Löwen in irgendeiner Form zu helfen. Doch unsere Aufgabe war es, zu erforschen, wie die Tiere überlebten und ob das Wildschutzgebiet über ausreichende Ressourcen zu ihrem Fortbestand verfügte, nicht aber, ihnen das Leben angenehm zu machen. Wir verbrannten unsere Abfälle und vergruben sie tief im Sandveld, weitab vom Flußbett. Wir bewahrten unsere Lebensmittel außer Reichweite auf und vergaßen es tunlichst nicht, die Wasserbecken zu leeren – ich fühlte mich dabei jedesmal schuldig –, damit die Tiere in unserer Bauminsel nichts zu trinken vorfanden. Wir taten alles Erdenkliche, um die Hyänen davon abzubringen, das Camp als eine Oase in der Wüste zu betrachten. Wenn sie merkten, daß sie nicht an die Quellen der verlockenden Gerüche herankommen konnten, beachteten sie sie meist nicht mehr.

Pepper war allerdings eine Ausnahme. Nachdem sie sämtliche Regale und Kisten in der Küchen*boma* berochen hatte, schritt sie auf dem Pfad zum Eßzelt. Sie ging hinein, und ehe wir sie aufhalten konnten, packte sie das Tischtuch und zog daran, bis alle Teller auf den Boden krachten. In der nächsten halben Stunde stöberte sie in allen Ecken des Camps herum, beschnupperte die Wasserfässer, steckte den Kopf in die Zelttüren und stellte sich unter dem Hängeregal auf die Hinterbeine. Es war schon dunkel, als sie endlich abzog, und wir folgten ihr im Wagen, um festzustellen, wie gut ihre Fähigkeiten, sich mit Nahrung zu versorgen, bereits entwickelt waren.

Mit gesträubtem Fell wandte sie sich nach Norden, beschnüffelte hier und da den trockenen Boden und leckte ein paar Insekten auf. Beim Akazienpunkt hielt sie inne und starrte das Tal entlang. Im Suchscheinwerfer erkannten wir die großen Augen eines anderen Raubtiers, das aus einer Entfernung von ungefähr hundert Metern auf uns zukam. Erschreckt wich Pepper langsam zum Wagen hin zurück, duckte sich unter ihn und verbarg sich hinter einem Vorderrad. Nur die weit aufgerissenen Augen lugten hervor. Durch den Feldstecher sahen wir Chip, ihren Vetter, näherkommen; sie hatte ihn anscheinend aus der Distanz nicht wiedererkannt. Nachdem Chip uns einmal umkreist und weitergezogen war, kam Pepper wieder zum Vorschein und setzte ihren Weg nach Norden fort.

In der Nähe des ausgetrockneten Wasserlochs in der Mittelpfanne wurde sie von zwei Schakalen abgefangen. Sie starrte die beiden kurz an und eilte in Richtung Höhle, die immer noch gut drei Kilometer entfernt war. Durch Peppers Furcht kühner geworden, hefteten sich die Schakale an ihre Fersen, mit den Nasen dicht an ihrem Schwanz. Sie legte die Ohren an und beschleunigte ihre Schritte. Ein Schakal, der offenbar gemerkt hatte, daß er es mit einem Neuling zu tun hatte, schoß vor und zwickte Pepper ins Hinterteil. Sie klemmte den Schwanz zwischen die Beine und zog ihre Hinterpartie ein, aber beide Schakale schnappten jetzt nach ihren Läufen, während sie sich fast sitzend voranarbeitete.

So ging es mehrere Hundert Meter weit, bis Pepper jäh stehenblieb. Als ob ihr soeben eingefallen wäre, daß sie doppelt so groß war wie die Schakale, richtete sie sich zur vollen Höhe auf, sträubte die Nackenmähne und jagte die Angreifer den ganzen Weg bis zum Flußbett zurück. Wir folgten ihr, bis sie sicher zur Höhle heimgekehrt war. Außer ein paar Ameisen und Termiten hatte sie keinerlei Futter gefunden.

Mehrere Wochen danach war Mark über Nacht in Maun, und ich war allein im Camp. Nach Einbruch der Dunkelheit hörte ich Lärm in der Küche und schlich vorsichtig den Pfad entlang, um nachzusehen, wer sich dort herumtrieb. Pepper kam um die Ecke und geradewegs auf mich zu, um meine Zehen und Finger zu beschnüffeln. Ich ging ihr nach, während sie das Camp inspizierte und die Bauminsel verließ. Auf dem flachen Flußbett blieb sie stehen. Ich setzte mich eineinhalb Meter neben sie. Sie drehte sich um, blickte mich an und ließ sich dann mit erhobenem Kopf auf ihr Hinterteil nieder. Der Mond am Westhimmel war zwar erst zu einem Viertel voll, aber ich konnte die Kalahari kilometerweit überschauen. Die dunklen Umrisse der Dünen zeichneten sich vor dem spärlich erhellten Himmel ab. Die Nacht war still. Wir saßen beisammen, zwei kleine Gestalten auf dem Wüstenboden. Ich hatte mich der Kalahari, der Natur, noch nie so nahe gefühlt. Nach etwa zehn Minuten zuckte Pepper mit dem Schwanz und schritt davon, ohne noch einmal zurückzublicken. Ich fragte mich, wohin *ich* wohl gehen würde, um in der Wüste mein Abendessen zu finden.

Cocoa und Toffee erforschten gleichfalls die weitere Umgebung der Höhle auf der Suche nach Futter. Eines Nachts wurde Toffee, der stets der Vorsichtigste war, kurz nach Verlassen des Lagers von einem Leoparden überwältigt und getötet. Wir fanden seine Überreste hoch auf einer Akazie eingezwängt, nur knapp hundertfünfzig Meter von der Höhle entfernt. Sooty verschwand aus der Gegend; wahrscheinlich hatte er sich vom Clan getrennt. Shadows ausgedörrte Leiche entdeckten wir auf dem knochentrockenen Wüstenboden. Sie war, wie Star, Löwen zum Opfer gefallen. McDuff, das ranghohe Männchen, starb aus unbekannten Gründen. Vom ganzen Clan waren nur Patches, Dusty, Pippin, Chip, Pepper und Cocoa übriggeblieben. Die Dürre verlangte ihren Tribut.

Pepper und Cocoa begannen mit den erwachsenen Tieren umherzustreifen, wenn es ihnen gelang, eine solche Begleitung zu finden. Patches, das einzige adulte Weibchen, ihr Halbbruder Pippin und ihr Vetter Dusty gestatteten den Welpen, ihnen zu folgen, und teilten alle Nahrung, die sie ausfindig machen konnten, mit ihnen. Die jungen Hyänen näherten sich mittlerweile dem subadulten Stadium, und sie hatten augenscheinlich auf diesen Exkursionen sehr viel gelernt, sie kannten die Territoriumsgrenzen des Clans, das Geflecht der Wechsel im heimischen Revier und wußten, wie man die Beute eines anderen Raubtiers aufspürt.

Wenn die Jungtiere keine erwachsene »Begleitperson« fanden, wanderten sie allein umher. Gewöhnlich kehrten sie gegen Mitternacht zur Höhle zurück, weil es dann am wahrscheinlichsten war, daß ein Verwandter ihnen Nahrung bringen würde. Selbst in der Zeit der schlimmsten Dürre fütterten Patches, Pippin und Dusty die Jungen so oft wie möglich.

Mark war eines Abends in unserer Bade*boma* und nahm im Dunkeln eine Schwammdusche. Den Kopf voller Seifenschaum, beugte er sich gerade über das Becken, als plötzlich eine Zunge über seine nackten Zehen hinwegstrich. Er stieß einen lauten Schrei aus und machte einen Satz nach hinten. Im selben Augenblick fuhr Peppers Kopf hoch, traf den Tisch und warf die Wasserschüssel um. Sie machte kehrt und schoß auf den Eingang zu, doch sie verfehlte ihn und rammte den Türpfosten. Dadurch geriet sie noch mehr in Panik. Wie eine abgeprallte siebzigpfündige Kanonenkugel irrte sie in der kleinen Hütte herum, während Mark konfus hin und her trippelte und brüllte, weil er nicht wußte, wer da bei ihm war. Schließlich preschte Pepper einfach durch die Hüttenwand und hinterließ ein großes Loch im zersplitterten Schilfgeflecht.

Als beide ihre Fassung wiedergewonnen hatten, schüttelte Pepper die Schilfstücke aus ihrem langen Haar und spazierte lässig zur Küche hinüber. Dort nahm sie den leeren Wasserkessel, auf dessen Henkel noch die Zahnspuren ihrer Mutter zu sehen waren, ins Maul und schritt in die Nacht hinaus.

22 Muffin

Mark

In seinem schäbigen Schloß im Staub
Verdrängt er die Erinnerung an sein Reich;
Doch treuer ist er ihm als je zuvor,
Weil er aus ihm verbannt.

EMILY DICKINSON

*G*relles Sonnenlicht ergoß sich durch die entlaubten Bäume ins Camp. Die sengenden Strahlen verfolgten uns in jeden Winkel unserer Insel. Es war, als gäbe es keine Jahreszeiten mehr – nur noch Hitze. Ein Tag glich dem anderen, über Wochen und Monate hinweg. Bis zum September 1979 hatte das Deception Valley in zwanzig Monaten nur zehn Zentimeter Regen abbekommen. Die Kalahari war eine weite graue Ödnis, die sich bis zum grauen Himmel erstreckte, als flehe sie ihn um Regen an, der nicht fallen wollte.

Die Quecksilbersäule des Thermometers, das wir an einen Baum im Camp angenagelt hatten, stieg auf mehr als fünfzig Grad an, die Temperaturen am Boden des offenen Flußbetts lagen bei fünfundsechzig Grad. Tag für Tag gossen wir kleine Wasserpfützen auf unser Segeltuchbett und suhlten uns stundenlang wie stumpfsinnig darin. Oder wir streckten uns auf dem Zeltboden aus oder drückten uns in eine Ecke des Zelts.

Die Hitze heftete sich an uns wie ein Blutegel und saugte unsere Kräfte aus. Alle Arbeiten, auch die kleinsten, erledigten wir im Zeitlupentempo und waren hinterher völlig erschöpft. Wenn wir uns von unserer Lagerstatt erhoben, breiteten sich oft dunkle Flecken hinter unseren Augen aus; benommen senkten wir dann den Kopf zwischen die Knie, bis die Übelkeit vorüber war. Die Stunden der Hitzestarre lähmten und verwirrten unser Hirn. Manchmal mußten wir innehalten und überlegen: »Warum sind wir noch immer hier und versuchen die fünfte – oder ist es die sechste? – Trockenzeit zu überleben . . ., das erste – oder zweite – Dürrejahr?«

Weil die Luftfeuchtigkeit so gering und die Verdunstung so stark war, schwitzten wir nicht; das heißt, die Feuchtigkeit auf unserem Körper verdampfte, bevor sie die Haut befeuchten konnte. Wir tranken literweise Wasser, das warm und rauchig war nach dem Abkochen über dem offenen Feuer, aber es schmeckte dennoch gut. Wenn die Sonne endlich hinter der Westdüne unterging, fröstelte unsere Haut unter dem klebrigen Belag aus Staub und trockenem Salz. Wir konnten es kaum erwarten, ein Schwammbad zu nehmen. Doch sobald wir nackt und naß in der *Boma* standen und der Wind durch die dünnen Schilfwände pfiff, bibberten wir – und fluchten, weil es uns immer entweder zu heiß oder zu kalt war.

Häufig getrennt, zuweilen gemeinsam, durchstreiften Muffin und Moffet monatelang viele Kilometer weit die verwüstete Wüste. Manchmal waren sie fünfzig oder sechzig Kilometer von ihren Löwinnen entfernt, und nur noch selten trafen wir sie bei ihren Gefährtinnen an. Für das Blaue Rudel war es eine Zeit des sozialen Zerfalls, der erzwungenen Isolation. Die Löwen erbeuteten höchstens hier und da noch eine Ratte, einen Springbock, ein Stachelschwein oder ein Steinböckchen, doch niemals genug, um als Rudel beisammenbleiben zu können.

Wie wir verfielen auch Muffin und Moffet tagsüber in eine Art Hitzestarre. Sie lagen auf dem nackten Sand und den brandgeschwärzten Stoppeln unter einem abgestorbenen Busch, der ein wenig Schatten spendete. Ständig bewegten sie ihr Maul, schoben die Zunge zwischen den trockenen Lippen vor und drehten die ausdruckslosen Augen in unsere Richtung, wenn wir ihre Exkremente zur Analyse einsammelten. Ihr Bauchfell war eingezogen und lag dicht an den Rippen an, ihre Mähnen waren schütter, zerzaust und glanzlos wie das Haar eines bettlägerigen Invaliden.

Schon seit zwei Wochen hatten sie nichts Handfestes mehr zwischen die Zähne bekommen. Da es in ihrem einstigen Territorium im Deception Valley keine großen Antilopen mehr gab, waren sie nach Osten gewandert und jagten nun jede Nacht in der lichten Waldlandschaft an der Reservatsgrenze. Jetzt lagen die beiden heftig atmend neben einem Strauch – die einzigen Lebewesen weit und breit.

Als an diesem Abend die Hitze abklang, zogen sie ostwärts zur Grenze des Schutzgebiets und krochen durch den Drahtzaun. Sie witterten nicht nur Beute, sondern auch Wasser. Vor ihnen, in einer *Boma* aus Dornengestrüpp, waren Rinder, die vor Angst unruhig zu werden begannen. Lautlos pirschten sich die Löwen an.

Plötzlich schoß ein glühender Schmerz durch Muffins Bein. Er brüllte und hieb mit der Pranke auf die Falle ein, deren Bügel über seinem verdrehten Fuß zugeschnappt waren. Er biß in den Stahl, wälzte sich auf dem Boden und zerfetzte sich die Beinmuskeln, als er an der Kette und dem Holzblock zerrte, an dem sie befestigt war. Moffet eilte zu ihm und beroch den zerfleischten Fuß und die Falle, aber er konnte nichts für ihn tun.

Die ganze Nacht versuchte sich Muffin zu befreien. Keuchend und stolpernd zog er immer wieder den schweren Holzblock im Kreis durch den Sand. Moffet

blieb in seiner Nähe und schaute ihm zu. Am Morgen kam ein eingeborener Viehzüchter angeritten, legte sein Gewehr an und schoß Muffin in Kopf und Nacken.
Moffet rannte davon, nach Westen auf die Reservatsgrenze zu, doch der Mann
und seine kläffende Hundemeute setzten ihm nach. Mehrmals krachten Gewehr-
schüsse, und die Kugeln klatschten rings um den flüchtenden Löwen in den
Sand.

Noch am selben Vormittag überflog ich die Stelle, wo ich in der Nähe des Zauns
Muffin und Moffet zuletzt gesehen hatte. Ich empfing Muffins Funksignal, das
weit weg aus östlicher Richtung kam. Mit einem dumpfen Gefühl in der Brust
drehte ich ab und steuerte den Sender an. Ich versuchte mir einzureden, Muffin
habe sich vielleicht zum Fluß geschleppt, doch die ungewöhnliche Klarheit des
Signals verriet mir, daß er seinen Kragen nicht mehr trug.

Ungefähr hundert Kilometer östlich erreichte das Signal über dem Dorf Mopipi
am Xau-See sein Maximum. Indem ich einmal niedrig über den Strohdächern hin
und her flog, ermittelte ich die Hütte, in der sich der Kragen mit dem Sender befinden mußte. Als ich nach unten schaute, erblickte ich das Fell eines großen männlichen Löwen, das neben einem niedrigen Schuppen im Sand aufgespannt war.
Leute rannten im Dorf umher und zeigten zu meiner Maschine hinauf.

Ich landete auf einer nahen Lichtung und war sofort von einer händeklatschen-
den, winkenden und lachenden Menschenmenge umringt. In düsterem Schweigen, aber innerlich aufgewühlt durch den Tod eines weiteren guten Freundes,
bahnte ich mir einen Weg durch die Menge zum Dorf und zu der Hütte, die ich aus
der Luft ausgemacht hatte. Eine Frau mittleren Alters kam an die Tür und sah mich
verlegen an. »Jemand aus diesem Haus hat einen Löwen erschossen«, sagte ich.
»Sie müssen den Kragen haben, den er um den Hals trug.«

Da die Frau nicht begreifen konnte, was mich zu ihrem *Rondavel* geführt hatte,
wirkte sie zunächst irritiert und verschüchtert. Ich zwang mich zu einem kleinen
Lächeln, um sie zu beruhigen. Dann sah ich Muffins abgewetzten und blutbefleck-
ten Kragen, der hinter ihr an einem Pfosten hing; der Sender funktionierte noch.
Sie gab ihn mir, und ich fragte sie, wie viele Löwen erschossen worden seien. Sie
erwiderte, sie wisse es nicht, aber ihr Mann habe nur ein Fell von der Ranch mit ins
Dorf gebracht. Ich erklärte ihr, daß ich in einigen Tagen wiederkommen würde,
um von ihm Genaueres über Muffins Tod zu erfahren. Als ich wieder in der Luft
war, stellte ich Moffets Frequenz ein, doch sein Signal blieb aus. Es fiel mir
schwer, Delia zu berichten, daß Muffin tot und Moffet unauffindbar war.

Noch wochenlang setzte ich die Suche nach Moffet fort, hörte aber nie wieder
sein Signal. Ich vermute, daß er angeschossen worden war und sich zum Sterben
irgendwo verkrochen hatte. Wahrscheinlich hatte eine Kugel seinen Sender zer-
schmettert.

23 Uran

Delia

Er reißt die Erde auf und sucht geschmolzne Pracht
In alten Adern . . .

GENE DERWOOD

*D*as kleine runde Wasserloch in der Springbockpfanne war seit Monaten ausgetrocknet. Sein rissiger grauer Boden war gesprenkelt mit den makellosen Fußabdrücken der großen und kleinen Tiere, die auf der Suche nach Wasser hierhergekommen waren. Da gab es alte Abdrücke, entstanden zu der Zeit, als das Loch noch frisches Wasser enthielt: Eine Braune Hyäne war zum Trinken niedergekniet, ein Löwe im Schlamm ausgerutscht, und ein Stachelschwein hatte mit seinem Borstenschwanz über den Boden gewischt. Dann gab es die tiefen Spuren jener Tiere, die durch den Schlamm zu den letzten abgestandenen Pfützen in der Mitte gestapft waren, und die Trittsiegel eines Spießbocks, der verzweifelt im Morast herumgetrampelt hatte, um noch an ein paar Sickertropfen heranzukommen. Und schließlich gab es da die Fährten von Tieren, die hergekommen waren, herumgeschnuppert hatten und unverrichteter Dinge wieder abziehen mußten.

Die Wasserstelle war gesäumt von großen Akazienbüschen und kleinen Jujubenbäumen, und wenn wir uns hinter sie hockten, waren wir gut versteckt. Wir waren zur Springbockpfanne gefahren, in der Hoffnung, dort Kotproben von Löwen und Hyänen zu finden. Die Kotuntersuchungen waren wichtig, denn sie gaben uns, neben den direkten Beobachtungen, Aufschluß über den Nahrungserwerb der Raubtiere während der Dürrezeit.

Plötzlich drang ein lautes Wop-wop-wop an unser Ohr. Aufgeschreckt blickten wir nach oben und sahen einen Hubschrauber, der über den Bäumen kreiste. Wir drückten uns tiefer in die Büsche, um nicht gesehen zu werden. Wir waren irritiert, entsetzt, verärgert und neugierig. Was hatte ein Hubschrauber hier zu suchen?

Der Helikopter entfesselte einen Staubsturm, als er aufsetzte. Der Rotor kam zum Stehen, und drei junge Männer in ausgebeulten Jeans stiegen aus. Blaue Plastikbeutel mit Bodenproben waren an einem Metallgitter zwischen den Kufen angebunden. Wir stellten uns vor, und die drei erklärten uns, sie seien Geologen, unter Vertrag bei einer internationalen Minengesellschaft.

»Wonach schürfen Sie?« fragte Mark.

Der Chefgeologe blickte nervös auf Marks Schulter und dann zu Boden: »Nun ja, wir dürften es eigentlich nicht sagen, aber ... nach Diamanten«, stammelte er.

Ein schwerer Druck legte sich mir auf die Brust, und meine Handflächen begannen zu schwitzen. Die Vision einer gewaltigen Diamantenmine, mit großen offenen Gruben, Abraumhalden, Förderbändern, Lastwagen und Blechbaracken inmitten des alten Flußtals, schoß mir durch den Kopf. Vielleicht würde an der Stelle, wo einmal die Hyänenhöhle war, ein Parkplatz entstehen!

»Haben Sie eine Schürfgenehmigung für diese Gegend?« fragte ich.

Die Antwort kam allzu schnell: »Wir wollen nicht im Deception Valley arbeiten; wir brauchen es nur für Navigationszwecke. Wir schürfen im Südteil des Reservats.«

Nach ein paar hochtrabenden Kommentaren über die Schönheiten der Kalahari kehrten die Männer zu ihrem Hubschrauber zurück und hoben ab. Hinterher entdeckten wir überall im Deception Valley in regelmäßigen Abständen Schürflöcher und blaue Plastikbeutel.

Einige Wochen später überflog eine rot-weiße Beaver – ein einmotoriges Buschflugzeug des Typs, der seit Jahren in Alaska verwendet wird – mehrmals unsere Rollbahn und landete. Als sie ausrollte, spürte ich wieder den dumpfen Druck in der Brust.

Der Pilot und sein Navigator stellten sich als Hal und Caroline vor, Minensachverständige im Dienste von Union Carbide. Caroline hatte sandfarbenes Haar, ein freundlich lächelndes Gesicht und Sommersprossen. Hal, der aus Michigan stammte, war hochgewachsen, dunkel und außergewöhnlich höflich. Er erklärte, sie benutzten ein Magnetometer, um in der Kalahari Uran aufzuspüren. Wir luden sie zum Tee ins Camp ein, um mit ihnen über ihr Vorhaben zu reden. Kein Mensch hatte uns von ihrem Kommen unterrichtet oder uns gesagt, was sie im Reservat vorhatten.

Die Tokos, Schnäpper und Meisensänger versammelten sich in den Bäumen über unseren Köpfen und vollführten ihr gewohntes fröhliches Spektakel. Unsere Gäste staunten, wie zahm die Vögel waren, und berichteten ganz aufgeregt, daß sie am Morgen vom Flugzeug aus einen Löwen gesehen hätten. Wie herrlich es doch sei, meinten sie, in einer echten, jungfräulichen Wildnis inmitten all dieser wilden Tiere zu leben! Während ich den Tee eingoß, versank ich in trüben Gedanken. Wie lange wohl würde noch die Wildnis der Kalahari erhalten bleiben, wenn sie im Deception Valley Mineralien entdecken sollten?

Sie verkündeten stolz, daß sie und andere in den nächsten Wochen die Pfannen und Trockenbetten im Wildschutzgebiet abfliegen würden. Die alten Flußtäler machten, was Uranvorkommen angehe, einen vielversprechenden Eindruck. Wenn sie fündig werden sollten, würde ein Bohrtrupp folgen, um zu sondieren, ob im Deception Valley Tagebau möglich sei – vielleicht genau hier, wo wir säßen.

Wir waren empört. Nachdem wir fast sechs Jahre allein in der Kalahari gelebt hatten, wurden wir plötzlich von Leuten überrumpelt, die bei uns Tee tranken und uns frohgemut mitteilten, daß sie zu der Zerstörung all dessen, was wir zu bewahren bestrebt waren, einen Beitrag zu leisten hofften.

»Die Rollbahn, die Sie angelegt haben, ist nicht übel«, bemerkte Hal. »Wir haben uns schon gefragt, ob wir vielleicht Ihr Camp als Tankstelle benutzen könnten – die Hubschrauber und Flugzeuge könnten hier landen und auftanken.«

»Nein«, gab ich barsch zurück. »Es tut mir leid, aber wir arbeiten hier mit empfindlichen Tieren. Das würde viel zuviel Trubel geben.«

»Oh, ich verstehe. Na ja, das ist sehr schade. Es wäre eine große Hilfe, doch wir respektieren Ihren Standpunkt.«

Ich dachte: Das wäre das letzte, daß wir euch auch noch *helfen*, die Kalahari zu ruinieren, du hirnverbrannter Hundesohn! Laut sagte ich: »Möchten Sie noch etwas Tee?« und lächelte übertrieben freundlich.

Nach ein paar Minuten belanglosen Geredes verabschiedeten sich die beiden und flogen mit ihrer Beaver davon.

Zu den wichtigsten Maßnahmen zum Schutz der Wildtiere in der Kalahari gehörte die Erhaltung der Pfanne und alten Flußbetten. In Jahren mit ausreichenden Niederschlägen überzogen sich die Flußtäler mit nahrhaften Gräsern, der Hauptnahrung der Steppenantilopen während der Setzzeit. Die Wälder rings um die Täler waren lebensnotwendige Futterquellen für Giraffen, Kudus, Steinböckchen und Elenantilopen sowie für grasfressende Antilopen, die sich in Trocken- und Dürrezeiten auf Laubäsung umstellen. Diese Huftiere lockten Raubtiere an, deren Jagdrevier sich größtenteils auf das ausgetrocknete Flußsystem konzentrierten.

Die fossilen Flußläufe, die sich durch die Dünen schlängeln, stellen zwar nur einen winzigen Teil des gesamten Schweifgebiets dar, aber sie zählen zu den wertvollsten Lebensräumen der Wüste. Ein Tagebaubetrieb mit allem, was dazugehört, im Deception Valley oder in irgendeinem anderen fossilen Flußtal, wäre eine Katastrophe für die Wildtiere der Kalahari. Und jetzt, scheinbar über Nacht, war unser Deception Valley für die Bergwerksindustrie interessant geworden. Man hatte Uranlagerstätten in australischen Trockenbetten dicht unter der Oberfläche entdeckt; das gleiche konnte auch in der Kalahari geschehen.

Mehrere Wochen lang hörten wir tagtäglich Flugzeuge und Helikopter über der Wüste. Unsere Berichte an die botswanische Regierung, in denen wir dringend um Schonung des Reservats ersuchten, blieben unbeantwortet. Wir konnten nur abwarten. Der Fluglärm flaute allmählich ab, doch wir hatten keine Ahnung, welche Resultate die geologische Bestandsaufnahme erbracht hatte.

266

Eines Morgens vernahmen wir dann jenseits der Ostdüne ein dumpfes Dröhnen, und wir erblickten eine Staubwolke, die sich kilometerweit über die Savanne ausbreitete. Wir standen im Flußbett unweit des Camps und mußten zusehen, wie eine Kolonne von Lastwagen und Sattelschleppern und ein fünfundzwanzig Tonnen schwerer Bohrkran in einer langen Reihe auf das Tal zurollten. Union Carbide war in die Kalahari eingedrungen, um Probebohrungen durchzuführen und festzustellen, ob sich der Abbau von Uran rentiere. Wir trafen in der Mittelpfanne mit dem Konvoi zusammen und unterhielten uns mit der Bohrmannschaft über ihre Pläne.

Doug, der leitende Geologe, ein junger Mann mit feistem, unterwürfigem Gesicht, scharrte beim Reden mit der Stiefelspitze auf dem Boden herum. Er versprach uns, seinen Leuten zu verbieten, durch das Flußtal zu rasen, die Tiere zu hetzen, die Braunen Hyänen zu erschrecken, die abends möglicherweise ihr Camp besuchten, und in der Nacht umherzufahren, wenn die Löwen und Hyänen unterwegs waren.

»Ich weiß, wie wichtig Ihre Forschungen sind – die Wildschutzbehörde hat es mir erklärt –, und ich werde mich bemühen, Ihre Arbeit nicht zu behindern.«

Wir waren sehr erleichtert und schüttelten ihm die Hände, bevor er wieder in seinen Wagen stieg. Aber wir mußten schon bald erfahren, daß sein Kooperationsangebot nur dazu dienen sollte, uns zu besänftigen.

Jahrelang waren wir mit höchstens fünfzehn Stundenkilometern im Tal umhergeschlichen. Doch jetzt ratterten, all unseren Bitten und Protesten zum Trotz, schwere Fahrzeuge bei Tag und Nacht mit achtzig Stundenkilometern durch das Flußbett, auf denselben Wegen, die Pepper und Cocoa regelmäßig benutzten. Sie fraßen tiefe Furchen in den empfindlichen Boden und rissen Wunden, die auch in hundert Jahren nicht verheilen würden. Immer wieder bettelten, flehten und drohten wir, bis wir schließlich die Zusage erhielten, daß die Lastwagen ihr Tempo mäßigen und nachts nicht mehr fahren würden. Die Versprechungen wurden nie eingehalten. Die wenigen Spring- und Spießböcke, die ins Tal zurückkehrten, um ihre alten Territorien zu besetzen, verließen fluchtartig das Flußbett.

Weggeworfene Fässer, Bierdosen und andere Abfälle blieben an den verschiedenen Lagerplätzen zurück, wo sich die Bohrleute häuslich eingerichtet hatten. Lange blaue Plastikbänder markierten die Stellen, die später noch genauer untersucht werden sollten. Sie flatterten an den Zweigen der Akazienbäume, wie die Markenzeichen der Firma, die Anspruch auf das Tal erhob.

Jeden Nachmittag fuhren wir zum Bohrkran hinüber, wo immer er auch gerade im Einsatz war, und erkundigten uns besorgt nach den Ergebnissen. Doug zog mit seinen Stiefeln Linien in den Sand und versicherte uns, man habe kein Uran in nennenswerten Mengen gefunden. Aber die offiziellen Karten wollte er uns nicht zeigen.

Elf Tage nach dem Einfall ins Tal sammelte sich der Lastwagenpulk in der Nähe unseres Camps. Die Leute hatten ihre Bohrtests abgeschlossen und angeblich keine lohnenden Uranvorkommen entdeckt. Wir sahen ihnen nach, bis sie hinter der Ostdüne verschwanden, auf dem Weg zu einem anderen versteinerten Fluß. Wir wußten nicht recht, ob wir ihnen glauben durften.

Unsere Forschungsarbeit hingegen hatte sich gelohnt; allmählich zeichnete sich ab, was zum Schutz der Kalahari notwendig war. Doch waren wir nicht zu spät gekommen? Sollte alles verloren sein und der Gier des Menschen nach Mineralien und mehr Weideland zum Opfer fallen? Wir waren zwei Menschen, denen eine zur Ausbeutung entschlossene Macht gegenüberstand. Wir wußten inzwischen sehr viel über dieses Ökosystem, aber das war nicht genug. Andere Leute mußten sich der Sache annehmen. Die Regierung von Botswana mußte einsehen, daß die Kalahari ein kostbares Naturerbe war, nicht bloß ein Landstrich mit ausbeutbaren Ressourcen.

Wir wollten tun, was in unseren Kräften stand. Um einen Anfang zu machen, rissen wir alle blauen Plastikstreifen herunter, die wir finden konnten.

24 Blue

Delia

Das Grün der Felder ist verdorrt, verbrannt, vergangen.
Verschwunden aus dem Tal, wo einstmals Bäche sprangen . . .

TERRY GILKYSON

*B*lue stand auf der Norddüne. Der Wind blies ihr ins Gesicht. Die einst so geschmeidige und kraftvolle Löwin war sehr abgemagert, mit einer eingefallenen Taille wie eine Wespe. Das Haar war ihr auf dem Rücken an mehreren Stellen ausgefallen, die sich als kreisrunde graue Flecken zeigten, und ihre Lippen waren blaß.

Sie hob den Kopf und stieß sanfte Gurrlaute aus – in Richtung Osten, Süden und Westen. Sie spitzte die Ohren, um auf eine Antwort zu lauschen. Die meiste Zeit ihrer sieben Lebensjahre hatte Blue damit zugebracht, Seite an Seite mit mindestens einigen Löwinnen des Blauen Rudels zu schlafen, zu jagen, zu fressen und zu säugen. In anderen Jahren hätten ihre Rudelgefährtinnen ihr Gurren erwidert und wären aus dem Gebüsch gesprungen, um zur Begrüßung den Kopf an dem ihren zu reiben. Doch seit eineinhalb Jahren – in derselben Zeit, in der wir die Hyänenkinder heranwachsen sahen – waren sie durch die Dürre versprengt. Monatelang hatten wir Blue nicht mehr in Begleitung einer Artgenossin gesehen.

Sie konnte nicht wissen, daß Chary und Sassy sich mehr als achtzig Kilometer von ihr entfernt aufhielten. Mit ihren sieben kleinen Welpen, die mühsam hinter ihnen herzockelten, wanderten die beiden Löwinnen auf der kahlen Ebene östlich des Reservats umher. Gelegentlich trafen sie mit fremden Löwen beiderlei Geschlechts zusammen, welche die Kleinen akzeptierten, als ob es ihre eigenen Kinder wären. Die Männchen gaben den Welpen sogar von ihrem Futter ab, so wie es Muffin und Moffet getan hatten. Wenn nicht die verblichenen Ohrmarken gewesen wären, hätte nichts darauf hingedeutet, daß Chary und Sassy einmal dem Blauen Rudel angehört hatten.

269

In der achtzehnmonatigen Dürrezeit hatte sich das Rudel aufgelöst. Blue war als einzige im angestammten Territorium geblieben. Die anderen durchstreiften ein riesiges, mehr als dreitausendsiebenhundertfünfzig Quadratkilometer großes Wald-, Busch- und Savannengebiet und fraßen alles, was sie erwischen konnten.

Nachdem Gypsy ihre Kinder durch Vernachlässigung ihrer Mutterpflichten verloren hatte, war sie zusammen mit Liesa weit in den Südosten des Deception Valley abgewandert und machte Jagd auf Ducker, Kudus, Stachelschweine und kleinere Nagetiere. Happy vom Springbockpfannen-Rudel und Spicy vom Blauen Rudel zogen zwischen verschiedenen Löwengruppen hin und her und taten sich dann zusammen. Im offenen Buschland und in der Grassavanne genau südlich des Tals stellten sie Springhasen, Steinböckchen und sonstigen Kleinsäugern nach. Im Mai 1979 hatten beide innerhalb weniger Tage jeweils zwei Kinder geboren, wie das bei Rudelgenossinnen häufig der Fall ist. Wir konnten beim besten Willen nicht sagen, wer die Väter waren, denn die Weibchen hatten sich mit Männchen aus drei verschiedenen Rudeln gepaart.

Es war ein aufregender Augenblick für uns, als wir erstmals zuschauen konnten, wie Happy und Spicy unterschiedslos ihre Kinder säugten. Gemeinschaftliches Säugen war bis dahin nur bei nah verwandten Löwinnen desselben Rudels beobachtet worden. Happy und Spicy konnten nicht nah verwandt sein, da sie aus verschiedenen Rudeln stammten. Diese und ähnliche Vorgänge hatten große Bedeutung für die Evolution und Ökologie kooperativen Verhaltens bei Löwen, das Mark als Thema für seine Doktorarbeit gewählt hatte.

Moffet hatten wir nicht mehr wiedergesehen, obwohl Mark auf seinen Erkundungsflügen das Empfangsgerät stets auf seine Frequenz einstellte. Ab und zu vernahm er ein schwaches Piepsen, das ihm Hoffnung machte, daß Moffet sich noch immer irgendwo in der Wüste herumtrieb. Doch immer wenn Mark diese Phantomsignale ansteuerte, verschwanden sie.

Als wir bei Blue auf der Norddüne saßen, hatte ich das Gefühl, daß sie für unsere Gesellschaft dankbar sei. Sie schlief im Schatten des Wagens, und durch die offene Tür hindurch hätte ich sie mit dem Fuß kraulen können. Die Reifen faszinierten sie noch immer. Sie legte sich auf den Rücken, streckte die Beine in die Luft, drehte den Kopf zur Seite und knabberte am Gummi herum.

Normalerweise hätte sie sich bis zum Sonnenuntergang nicht gerührt. Aber sie war ausgehungert, und so begann sie bereits um vier Uhr ihren Streifzug in Richtung Norden auf den Dünenwald zu. Vom Dünenhang aus konnte sie das Tal nach Norden und Süden ungefähr zwei Kilometer weit überblicken, doch kein Beutetier war in Sicht.

Mehr als zwei Stunden lang zog sie im Zickzackkurs zwischen den Büschen umher, immer wieder innehaltend, lauschend und schauend, aber sie fand nichts Genießbares. Schwer atmend legte sie sich hin, um ein Weilchen auszuruhen, und setzte dann bei Einbruch der Nacht ihren Weg zur Westdüne fort. In der Nähe einer sandigen Senke blieb sie plötzlich stehen, duckte sich langsam, bis ihre Schulterblätter über ihrem Rücken vorstanden und pirschte einen Springhasen an, der vor seinem Bau umherhüpfte. Als sie bis auf fünfzehn Schritt herangekommen war, machte sie einen Satz nach vorne. Doch der Springhase hatte sie bemerkt. Mit atemberaubender Geschwindigkeit und mehrfach Haken schlagend schoß er, den buschigen Schwanz wie eine Fahne schwenkend, auf sein Schlupfloch zu. Blue setzte ihm nach, daß der Sand hochwirbelte. Ihre Nase berührte seinen Schwanz, als er im Bau verschwinden wollte. Er hatte ihn nicht genau getroffen, und in der Sekunde, die er dadurch verlor, schlug Blue mit der Pranke auf das noch immer exponierte Hinterteil. Sie packte den Springhasen mit den Kiefern, zog ihn aus seinem Loch und kaute mit halbgeschlossenen Augen langsam und rhythmisch auf ihm herum, als genieße sie jedes Häppchen dieses knapp vierpfündigen Beutetiers. Nach fünf Minuten war von ihm nichts mehr übrig als ein paar Blutstropfen und Haarbüschel im Sand. Dieser kleine Imbiß würde nicht lange vorhalten, und so machte sich Blue wieder auf den Weg durch den Wald.

Sie fand in dieser Nacht nichts mehr zu fressen, auch in der nächsten nicht, obwohl sie noch weitere dreißig Kilometer hinter sich brachte. Sie legte sich oftmals hin, um zu rasten und ihre juckende Haut zu kratzen. Von Tag zu Tag breiteten sich die kahlen Stellen auf ihrem Körper weiter aus, und wir befürchteten, sie habe die Räude, eine schlimme Hautkrankheit, die durch mikroskopisch kleine Grabmilben verursacht wird. Diese Parasiten können auf einem gesunden Tier leben, ohne ihm zu schaden, aber sie können Haarausfall und Hautveränderungen hervorrufen, wenn das Tier in schlechter Verfassung ist, zum Beispiel infolge von Unterernährung.

Obgleich Blue schlecht ernährt und geschwächt war, begann ihr hagerer Unterleib anzuschwellen, und ihre Zitzen vergrößerten sich. Wir machten uns Sorgen um sie, denn es würde ihr schwerfallen, in dieser Dürrezeit Junge aufzuziehen, ohne die Mithilfe von Rudelgefährtinnen und ohne die Aussicht auf größere Beutetiere. Mitleid überkam uns, als wir sie eines Morgens in einem Hochgrasdickicht beim Säugen von zwei kätzchengroßen männlichen Welpen entdeckten. Zu einer Zeit, da sie selbst kaum genug zu fressen hatte und im Umkreis von Tausenden von Kilometern kein Wasser zu finden war, konnte sie es sich eigentlich nicht leisten, die Feuchtigkeit und die Nährstoffe abzugeben, die für die Ernährung des Nachwuchses notwendig waren.

Wir besuchten Blue jeden Tag, um zu erfahren, wie sie ihre Jungen in der Dürre aufzog. Zu den ersten Dingen, auf die ihre Kinder, Bimbo und Sandy, ihre Augen richteten, gehörte unser zerbeulter Toyota. Des öfteren lagen die Mutter und ihre Sprößlinge im Schatten des Wagens, und wenn wir wegfuhren, mußten wir aufpassen, daß nicht ein Schwanz oder ein Bein unter die Räder geriet.

Am Abend ließ Blue die Kleinen allein, gut versteckt in einer Hochgras- und Buschdickung, und wanderte beutesuchend meilenweit umher. Nach Stunden kam sie zurück, blieb in einem Abstand von fünfzig oder hundert Metern stehen und schnurrte zärtlich. Dann regte es sich im Gras, die Kleinen torkelten heraus und antworteten ihr mit heiserem hohem Winseln. Wenn Blue sie mit ihrer rauhen pinkfarbenen Zunge ableckte, drehten und wanden sie sich. Bimbo rappelte sich auf und versuchte, sich in Richtung der Zitzen davonzustehlen, während die Mutter noch eifrig mit Sandy beschäftigt war. Doch ihre mächtige Pranke brachte den kleinen Ausreißer von den Beinen, und gleich darauf war er wieder von ihrer großen Zunge umhüllt. Sobald das Belecken und Beknabbern beendet waren, versammelte sich die Familie unter einem Baum, wo Blue ihre Kinder säugte.

Futter war so knapp, daß Blue ihre Kinder manchmal vierundzwanzig bis sechsunddreißig Stunden lang allein lassen mußte, um etwas Genießbares aufzutreiben. Beide Welpen waren dünn, und Sandy, der kleinere, zeigte bereits Schwächesymptome. Immer häufiger setzte er sich einfach ins Gras und sah apathisch seinem Bruder zu, der im Gebüsch umhertollte oder mit Zweigen spielte. Nach jedem Säugen schrie Sandy lautstark nach mehr Milch.

Als die Kleinen etwa zwei Monate alt waren, lockte sie Blue eines Abends mit sanften Schnurrlauten und begann sich durch das Gras von ihnen zu entfernen. Bimbo und Sandy trotteten hinterdrein, als die Mutter westwärts den Dünenhang hinabschritt. Doch während sie das Flußtal durchquerte, blieben die Kleinen immer weiter zurück. Bimbo war zwanzig Meter hinter ihr, Sandy sogar dreißig, und beide wimmerten vernehmlich. Blue blieb stehen und wartete, ständig Lockrufe ausstoßend, aber sobald die beiden zu ihr aufgeschlossen hatten, ging sie weiter, ohne ihnen eine Ruhepause zu gönnen. Sie führte sie zum Kamm der Westdüne – ein Marsch von ungefähr fünf Kilometern – und ließ sie dort im hohen Gras unter einem Baum zurück. Dann ging sie auf die Jagd.

Vor zehn Monaten, während eines kurzen Regenschauers, hatte Blue zum letztenmal getrunken; seither mußte sie ihren Feuchtigkeitsbedarf allein mit ihrer Nahrung decken, die aus Springhasen, Mäusen, Honigdachsen und Löffelhunden bestand. Oft mußte sie in einer Nacht mindestens fünfzehn Kilometer zurücklegen, um Beute zu finden, und immer häufiger forderte sie Bimbo und Sandy auf, sie wenigstens auf einen Teil der Wegstrecke zu begleiten. Sandy fiel es von Mal zu Mal schwerer, mit ihr Schritt zu halten. Er war um ein Drittel kleiner als Bimbo, hatte ein dünnes Haarkleid, und die scharfen Kanten seiner winzigen Knochen bohrten sich durch seine Haut.

Eines Morgens waren Blue und Bimbo allein. Sandy hatten sie irgendwo zurückgelassen, oder vielleicht war er einem Leoparden, einem Schakal oder einer Hyäne zum Opfer gefallen. Mutter und Sohn lagen unter einem Dornenbusch. Der heiße Wind warf kleine Wellen aus Sand, Ruß und Asche zwischen den geschwärzten Grasstoppeln auf, die ein Steppenbrand übriggelassen hatte. Blues Rippen und Beckenknochen zeichneten sich unter ihrer Haut ab, ihre Mundschleimhaut war weißlich, und ihr Haar hatte sich überall auf dem Rücken und Bauch gelichtet. Sie liebkoste Bimbo, der auf seinen Hinterbeinen stand und seine weichgepolsterten Vorderpfoten gegen ihr Gesicht drückte. Mit ihrer breiten

Zunge drehte sie ihn auf den Rücken, und während er ihre Stirn ableckte, beknabberte sie seinen eingefallenen Körper. Obwohl Blue Hunger litt, schien sie fest entschlossen, ihr einzig verbliebenes Kind nicht im Stich zu lassen.

Sie trug ihren Senderkragen nun seit achtzehn Monaten. Die Ränder waren ausgefranst, und die Antenne glich einer ausgeleierten Sprungfeder. Es wurde immer schwieriger, ihre schwachen Funksignale in der Luft aufzufangen, und schon mehrmals hatten wir sie auch vom Wagen aus nicht lokalisieren können. Es widerstrebte uns zwar, sie zu narkotisieren, wenn Bimbo bei ihr war, aber ihr alter Sender mußte unbedingt ersetzt werden. Und das war auch eine gute Gelegenheit, ihren körperlichen Zustand etwas genauer zu untersuchen.

Wir warteten bis zur Abenddämmerung, als Mutter und Kind unter einem großen Akazienstrauch eingeschlafen waren. Dann schoß Mark aus einer Distanz von zehn Metern das Narkosegewehr ab, nachdem er die kleinste Pfeilgeschwindigkeit eingestellt und den Schalldämpfer aufgesetzt hatte. Der Pfeil trudelte durch die Luft und drang geräuschlos in Blues Flanke. Sie sprang hoch, hob die Füße reihum vom Boden ab und blickte sich um, als wäre sie von einer Schlange gebissen worden. Bimbo betrachtete seine Mutter neugierig eine Minute lang und schaute sich ebenfalls im Gras um, doch dann schliefen beide wieder ein.

Nach einer Viertelstunde hatte die Droge offensichtlich ihre Wirkung getan. Blue wachte nicht auf, als Mark zur Probe mit dem Fuß im Gras raschelte. Als wir aus dem Wagen stiegen, schoß Bimbos Kopf hoch, und er starrte uns durchdringend an. Er hatte uns schon oft in voller Größe gesehen, doch noch nie waren wir ihm so nahe gewesen und sogar auf ihn zugekommen. Während wir uns Blue langsam näherten, blickte er immer wieder von seiner Mutter zu uns hinüber, aber sie schlief so tief wie noch nie. Wenn sie nichts gegen uns einzuwenden hatte, dann brauchte auch er keine Bedenken zu haben. Also bettete er sein Kinn auf die Vorderpfoten und schaute aus drei Metern Entfernung zu, wie wir seine Mutter in den nächsten eineinhalb Stunden verarzteten.

Als wir Blue auf die andere Seite wälzten und sie gründlich untersuchten, stellten wir fest, daß sie in einer noch schlechteren Verfassung war, als wir vermutet hatten. Am Unterleib hatte sie fast alle Haare verloren, und dicker Schorf bedeckte großflächig ihre Flanken und den Nacken. Höchstwahrscheinlich hatte sie die Räude.

Die Behandlung dieser Krankheit im Freileben ist ziemlich kompliziert, denn das Tier muß, wenn die Parasiten abgetötet werden sollen, in eine chemische Lösung eingetaucht werden. Wir verfügten weder über die entsprechende Vorrichtung noch über die erforderlichen Medikamente.

»Ich habe eine Idee«, flüsterte Mark. »Wir können etwas Motoröl ablassen und sie damit einschmieren. Wenn wir das Öl gründlich einreiben und sie es nicht sofort wieder ableckt, besteht eine Chance, daß dadurch die Milben erstickt werden.«

Das kam mir verrückt vor, aber mir fiel auch nichts Besseres ein. Mark kroch unter den Wagen und zapfte ungefähr drei Liter schwarzes Öl ab; so blieb uns noch genug für die Heimfahrt. Wir gossen es über Blue und rieben es mit den Händen in ihr ganzes Fell ein. Bimbo drehte den Kopf hin und her, als wir seine Mutter auf den Rücken rollten und ihre Brust bearbeiteten. Nach der Behandlung sah Blue wie das Opfer einer Ölpest aus: Sand, Öl und Asche bildeten einen einzigen schmierigen Belag.

Wir legten ihr einen neuen Senderkragen um, notierten und photographierten den Zustand ihres Gebisses und spritzten ihr ein Antibiotikum ein. Aus einer Entfernung von drei Metern konnten wir bei Bimbo keinerlei Räudesymptome entdecken, und so packten wir unsere Sachen zusammen und kehrten zum Wagen zurück. Blue hob bereits den Kopf und blickte sich um.

Nach zwei Tagen hatte sie zwar den größten Teil des Sandes von ihrem Fell abgeleckt, aber eine Ölschicht blieb erhalten, und sie schien die Roßkur gut überstanden zu haben. Ja, sie kratzte sich längst nicht mehr so oft, und schon nach einer Woche kam an den Rändern der großen grindigen Stellen gesunde rosige Haut zum Vorschein. Sobald die Haare wieder nachwuchsen, machte der Heilungsprozeß rasche Fortschritte. Dreieinhalb Wochen nach dem Ölbad hatte sich Blues Fell fast vollständig erholt.

Noch im Alter von drei Monaten war Bimbo fast ausschließlich auf die Muttermilch angewiesen und im Wachstum zurückgeblieben. Wenn er sich in der Nähe seiner Mutter aufhielt, zeigte er zwar Interesse an der Beute, die sie schlug, aber er begleitete sie nur selten auf ihren Jagdausflügen. Da ihre Beutetiere meist klein waren, verspeiste sie sie im allgemeinen selber, während Bimbo mehrere Kilometer entfernt in seinem Versteck wartete.

Eines Abends riß Blue eine Honigdachsmutter und deren Kind, und nachdem sie das Alttier aufgefressen hatte, brachte sie Bimbo den Jungdachs. Sie legte ihn auf den Boden. Bimbo schlug seine Zähne in den Nacken der Beute und stolzierte hocherhobenen Hauptes mit ihr herum. Dann kauerte er sich hin, hielt den Dachsrücken mit den Pfoten fest und verzehrte sehr schnell die drei Pfund Fleisch. Es wurde offensichtlich Zeit, daß Blue für ihren Sohn mehr Fleisch herbeischaffte.

In der folgenden Nacht ließ sie Bimbo am Fuß der Ostdüne zurück und durchstreifte das trockene Gestrüpp des Dünentals und anschließend den nächsten Hang. Als sie sich dem Kamm näherte, erblickte sie etwas, was sie seit langem nicht mehr gesehen hatte. Sie duckte sich und schlich weiter. Oben auf der Düne hob sich wie eine Silhouette vor dem violett-schwarzen Nachthimmel der Umriß eines Weißbartgnubullen ab, der eine lange Reihe von dunklen Gestalten anführte. Eingehüllt in eine Staubwolke, die schwärzer war als die Nacht, zogen Hunderte von Antilopen über die Düne dahin.

Mit zuckender Schwanzspitze drückte sich Blue vor der Herde flach auf den Boden. Als das dritte Gnu vorüberkam, sprang sie vor und auf seinen Rücken; ihre Pranke hieb auf seine Schulter ein, daß sich die Krallen tief in der zähen Haut verhakten. Das Gnu schnaubte und keilte aus und zerrte sie durch das stachlige Dornengebüsch. Aber sie ließ nicht locker und verlagerte ihr ganzes Körpergewicht unter den Nacken des Opfers. Sobald das torkelnde Gnu zu Boden ging, ließ sie seine Schulter los und schlug ihre Kiefer in seinen Hals, um ihm die Luft abzudrücken. Löwin und Antilope lagen zusammen auf der Erde. Das Gnu trat mit den Hufen um sich und schnappte verzweifelt nach Luft, dann wurde es still. Heftig keuchend, biß Blue in die Flanke ihres Opfers, leckte das Blut auf und tat sich an den zarten Eingeweiden gütlich.

Nach wenigen Minuten jedoch machte sie sich auf den drei Kilometer langen Rückweg zu Bimbos Versteck. Auf ihren Lockruf hin kam er hervor und folgte ihr, die Nase an ihrer Schwanzspitze, zurück zum Riß. Zwei Schakale hatten den Kadaver entdeckt und zerrten an ihm herum. Blue machte einen Satz nach vorne und verscheuchte sie. Dann begannen Mutter und Kind gemeinsam zu fressen, ohne Hast und mit sichtbarem Behagen.

Schließlich streckte sich Bimbo neben seiner Mutter aus und entschlummerte. Zum erstenmal im Leben war sein Bauch rund und voll.

In der folgenden Nacht witterte Patches, die Braune Hyäne, den stechenden Geruch, der vom aufgerissenen Leib des Gnukadavers ausging. Um Mitternacht hatten Blue und Bimbo die ganze Beute bis auf die Haut, die Knochen und die daranhängenden Fleischreste verzehrt. Patches umkreiste vorsichtig den Platz, bis sie sicher war, daß die Löwen abgezogen waren. Mit gesträubter Halsmähne und aufgerichtetem Schwanz vertrieb sie die Schakale, die sich bereits an dem Kadaver zu schaffen machten, und begann die großen Knochen, die Sehnen und die Haut zu verspeisen.

Pepper und Cocoa, die sich bisher mit alten Knochen und einem gelegentlichen Springhasen hatten begnügen müssen, waren in ihrer Höhle. Plötzlich flog in einer Staubwolke ein ganzes Gnubein, an dem noch Haut und Fleischfetzen hingen, durch den Höhleneingang. Unter heftigem Gerangel und Gequieke zogen die beiden Welpen das Bein in die innere Kammer. Patches streckte sich auf einem der Erdwälle aus und schlief; sie hatte das schwere Bein fast fünf Kilometer weit geschleppt.

Als wir am nächsten Abend die Höhle aufsuchten, lag Pepper wie hingegossen auf einem Wall. Normalerweise wäre sie aufgestanden und zum Wagen gekommen, um dessen aufregende Gerüche zu inspizieren. Diesmal war es anders. Sie öffnete lediglich ein Auge, lugte kurz zu uns herüber, scharrte lässig ein bißchen Staub über ihren Bauch und schlief wieder ein.

Das von Blue gerissene Gnu hatte zwei Löwen und drei Hyänen gesättigt. Aber es war nur ein einziges Gnu, und Gnus waren in diesem Teil der Kalahari eine Seltenheit.

25 Schwarze Perlen in der Wüste

Mark

Ein Ökologe muß sich entweder ein dickes Fell zulegen und so tun, als gingen ihn die Konsequenzen der Wissenschaft nichts an, oder er muß zum Arzt werden, der die Zeichen des Todes in einer Gesellschaft erkennt, welche sich für gesund hält und nichts Gegenteiliges hören will.

Aldo Leopold

Am Morgen nach Blues erfolgreicher Gnujagd war ich mit Echo-Whisky-Golf eher am Himmel als die Sonne und versuchte die Löwen und Hyänen ausfindig zu machen, bevor die tückischen Wüstenwinde auffrischten. Mit Blues Signal im Kopfhörer setzte ich über den Bäumen zum Sinkflug in das Dünental an und entdeckte zu meiner großen Überraschung, daß sich Blue und Bimbo an einem Weißbartgnu gütlich taten. Woher war es wohl gekommen, und wieso hatte es sich in diese Gegend verirrt? Während unseres ganzen Aufenthalts im Deception Valley hatten wir nur selten Gnus gesichtet, in den letzten drei Jahren fast kaum eines. Es mußte ein versprengter alter Bulle sein, dessen Herde mindestens hundertfünfzig Kilometer weiter südlich stand. Da jedoch Gnus sehr gesellige Tiere sind, war mir unerfindlich, warum er ganz allein den weiten Weg zurückgelegt hatte.

Ich schaltete auf Moffets Frequenz um und stieg höher, während ich angestrengt dem Knistern lauschte. Doch es war hoffnungslos, und so wechselte ich den Kanal, um Geromino zu orten, ein Mitglied des Ginger-Rudels.

Als ich das Deception Valley hinter mir hatte, bemerkte ich Staubwölkchen oder möglicherweise Rauchwölkchen, die vor mir über die ganze Breite der Savanne aufstiegen. So etwas hatte ich aus der Luft noch nie gesehen. Ich flog näher heran und konnte Hunderte, ja Tausende von schwarzen Punkten ausmachen, die sich in langen Einzelreihen durch das Buschveld bewegten. Noch ganz verdattert, rief ich über Funk das Camp: »Gnus! Delia, ich habe Zehntausende von Gnus gefunden! Sie ziehen nach Norden!«

Ich nahm Gas weg und verlor an Höhe. Unter mir wanden sich die Marschkolonnen der Gnus durch die Buschsavanne, wie lange schwarze Perlenketten in der lohfarbenen Weite der verdorrten Kalahari. Was wir damals noch nicht wußten: Wir hatten zufällig die zweitgrößte Gnuwanderung der Welt entdeckt.

In Maun hatten wir die Jäger von alten Zeiten erzählen hören, als sie stundenlang auf der Straße nach Francistown warten mußten, weil Hunderttausende von Gnus die Fahrbahn überquerten. Doch niemand wußte, woher die Tiere gekommen waren und wohin sie zogen. Viele Leute vermuteten einfach, daß die Populationen in regenreichen Jahren förmlich explodierten und in Dürrezeiten wieder stark zurückgingen. Nur wenige Monate vor dieser Wanderbewegung hatte eine landesweite Bestandsaufnahme aus der Luft, durchgeführt von einem ausländischen Expertenteam, den Nachweis erbracht, daß zweihundertzweiundsechzigtausend Gnus in ihrem südlichen Kalahari-Verbreitungsgebiet heimisch waren – der zweitgrößte Bestand nach den Herden der Serengeti. Aber die Forscher waren auch zu dem Schluß gekommen, daß diese Antilopen in Botswana niemals auf Wanderschaft gehen.

Im Frühlicht des Morgens, der auf meine Entdeckung der wandernden Gnus folgte, waren Delia und ich in der Luft. In dreißig Metern Höhe über der Savanne kreisend, folgten wir den Wanderwegen nach Süden tief in die Kalahari hinein, um festzustellen, wo die Wanderung begonnen hatte, welche Bedingungen dort herrschten, welchen Kurs die Gnus eingeschlagen hatten, wie schnell sie sich bewegten und wohin sie zogen. Wir trugen möglichst viele Details zusammen, um den Vorgang angemessen beschreiben zu können.

In den vorausgehenden fünf Jahren hatte es in der Kalahari reichlich geregnet. Die Gnuherden hatten ein Vagabundenleben geführt; sie waren, angelockt von den verstreuten Regenwolken und grünen Weideflächen, immer tiefer in den südlichen Teil der Wüste vorgedrungen, fern von den einzigen Seen und Flüssen, die rund fünfhundert Kilometer weiter nördlich lagen. In jeder Trockenzeit mußten sie zwar mehrere Monate lang ohne Trinkwasser auskommen, aber sie fanden genügend Feuchtigkeit in ihrem Grünfutter. Der Graswuchs auf und an den Hunderten von Salzpfannen trocknete zwischen den Regenzeiten nie völlig aus. In den Regenperioden hatten sich die Gnubestände durch die Geburt vieler neuer Kälber vergrößert, und diese wuchsen dank der Proteine und Mineralstoffe der Pfannenvegetation zu kräftigen und widerstandsfähigen Tieren heran.

In diesem Jahr, 1979, in dem die Niederschläge ausgeblieben waren, hatte sich das grüne Gras braun verfärbt, und jetzt, Mitte Mai, war es kaum mehr als hartes, brüchiges, ausgelaugtes Stroh.

Die Gnus standen auf einem niedrigen Sandhügel. Ihre Mähnen, Bärte und strähnigen Schwänze flatterten im trockenen Wind. Vielleicht war es Instinkt oder ein Verhaltensmechanismus, der sich über viele Generationen vererbt hatte – jedenfalls mahnte irgend etwas die Tiere, nach Norden zu ziehen, in die einzige Region, wo sie Wasser finden konnten, um die Dürre zu überstehen. Wahrscheinlich schon seit Jahrhunderten waren der Xau- und Ngami-See, die Flüsse Nghabe und Boteti sowie die südlichen Ausläufer des Okavango-Deltas ein Zufluchtsort für die Antilopen in Zeiten der Dürre. Im Staub, der von ihrem Weg aufstieg, senkten die Bullen, Kühe und Kälber den Kopf und setzten sich nach Norden in Bewegung.

Dieses Wanderverhalten unterschied sich von dem in der Serengeti, wo sich die Gnus oft zu riesigen Herden zusammenschließen. Da die Kalahari-Population in einer kargen Halbwüstenlandschaft lebt, ist sie beweglicher und stärker aufgelokkert. Sie wanderte jetzt in Herden von vierzig bis vierhundert Tieren, verteilt über eine breite Front, die von Ost nach West mehr als hundertsechzig Kilometer maß.

Nicht alle Herden zogen in dieselbe Richtung. Ein Teil, schätzungsweise über neunzigtausend Tiere, hatte den Kurs nach Norden eingeschlagen; weitere Zehntausende strebten dem fünfhundert Kilometer weiter östlich gelegenen Limpopo entgegen. Ob die Tiere nun nach Norden oder Osten wanderten, sobald sie einmal unterwegs waren, widmeten sie der Nahrungsaufnahme nur wenig Zeit, denn ohne Feuchtigkeit konnten sie das Futter, das sie sich einverleibt hatten, nicht verdauen. Ihr einziges Ziel war es, so schnell wie möglich Wasser und vielleicht auch besseres Weideland zu finden. Ohne Wasser wären sie sogar in einer grasreichen Savanne verhungert. Und selbst wenn Grünfutter im Überfluß vorhanden ist, kann es an Proteinen und wichtigen Nährstoffen mangeln, welche die Antilopen benötigen, um eine Dürreperiode zu überleben. Tagelang stapften die Gnus in langen Reihen voran, allerdings nur am frühen Abend, in der Nacht und am frühen Morgen, um Hitze und Austrocknung zu vermeiden.

Die Herden legten jede Nacht vierzig bis fünfzig Kilometer zurück. Aus der Luft glichen die staubigen Wanderpfade knochigen Fingern, die sich nach den Seen und Flüssen ausstreckten. Einige Gnus hatten bereits mehr als fünfhundert Kilometer hinter sich – von Süd- und Südostbotswana und sogar von jenseits der Grenze zu Südafrika. Die Wüste forderte ihren Tribut unter den sehr jungen und den alten Tieren; viele blieben zurück für die Aasfresser. Für die physische Kondition der Tiere waren die großen Entfernungen, die sie mit wenig Nahrung und ohne Wasser bewältigen mußten, eine harte Bewährungsprobe, aber die Evolution hatte sie für das Wanderleben ausgerüstet, und die Starken würden überleben.

Plötzlich blieben die Gnus stehen. Vor einem Hindernis, das viele von ihnen noch nie gesehen hatten, drängten sie sich zusammen und traten nervös auf der Stelle. Quer zu ihrem Weg verliefen stählerne Hochspannungsdrähte – der zur Eindämmung der Maul- und Klauenseuche errichtete Kuki-Zaun, der sich mehr als einhundertsechzig Kilometer weit längs der Nordgrenze des Reservats der Zentralkalahari erstreckt. An seinem östlichen und westlichen Ende schließen sich weitere Zäune an, welche die Wüste auf eine Länge von rund achthundert Kilometern umspannen.

Die Gnus waren von dem wasserreichen Lebensraum abgeschnitten, auf den sie sich über die Zeitalter hinweg in Dürrezeiten verlassen hatten. Sie wußten weder aus Erfahrung noch aus Instinkt, wie sie mit dieser Barriere fertig werden sollten.

Jäh gehemmt in ihrem Drang nach Norden und zum Fluß, der nur noch ein oder zwei Tagesmärsche entfernt lag, wandten sich die Herden nach Osten, am Zaun entlang. Sie hatten keine andere Wahl. Nachdem sie schon seit Tagen unterwegs waren, waren sie geschwächt, und nun verlängerte sich ihr Weg durch den Zaun noch um weitere hundertsechzig Kilometer.

Während die Tiere am Zaun entlangtrotteten, stießen sie auf viele andere Herden, die ebenfalls den See- und Flußufern zustrebten. Jeden Tag schlossen sich ihnen Giraffen, Spießböcke und Kuhantilopen an, die allesamt dringend Wasser benötigten, denen aber der Weg dorthin versperrt war.

Tausende und aber Tausende von Antilopen, die sich über riesige Savannengebiete verteilt hatten, waren durch die Zäune gezwungen, auf derselben Wanderroute dem Wasser entgegenzuziehen. Die Gräser dieses schmalen Geländestreifens waren schon bald zertrampelt und zerstört, in den Staub getreten von den Hufen der ersten durchziehenden Herden. Für die nachfolgenden gab es nichts mehr zu fressen. Immer mehr Tiere brachen vor Hunger, Durst und Erschöpfung zusammen. Ein Giraffenbulle verfing sich in den Drähten, die er mühelos hätte übersteigen können. Er versuchte sich zu befreien, aber die Stahldrähte schnitten sich tief in sein Fleisch ein, bis er vornübersank und sich dabei den Vorderlauf in Kniehöhe brach. An den Hinterbeinen noch immer gefesselt, scharrte er tagelang mit den Hufen auf dem Boden herum, so daß sich um ihn her kleine Sandhügel aufhäuften. Es gelang ihm nicht mehr, sich aufzurichten.

Schließlich erreichten die Herden die Stelle, wo ein von Norden nach Süden verlaufender Zaun, der sogenannte Makalamabedi, mit dem ost-westlichen Kuki-Zaun zusammentrifft, der hier nach Süden abknickt und ein ganzes Stück lang die Ostgrenze des Wildschutzgebiets bildet (siehe Karte auf S. 283). In diesem Winkel brach unter den Gnus das Chaos aus. Um dem neuen Zaun zu folgen, mußten sie nach Süden abdrehen, also quer zu der Richtung, die sie zum Wasser geführt hätte. Sie gerieten in Verwirrung und standen da mit hängenden Köpfen, bis viele Tiere zu schwanken und torkeln begannen und schließlich zusammensanken. Aber sie waren zäh, und ihr Ende ließ auf sich warten. Im Gegensatz zu ihren Artgenossen, die den schnell zupackenden Zähnen und Krallen eines Raubtiers zum Opfer fielen, starben die Opfer des Zauns einen langsamen, qualvollen Tod. Während sie dalagen und mit ihren Hufen noch im Staub umhertappten, wurden ihnen vielfach von Krähen und Geiern die Augen herausgerissen, und andere Aasfresser nagten ihnen die Ohren, Schwänze oder Hoden ab. Einige Tausend Tiere mußten an den Zäunen ihr Leben lassen, aber das war erst der Anfang des grausigen Gemetzels.

Endlich setzten die Gnuherden längs der eineinhalb Meter hohen Drahtsperre ihren Marsch nach Süden fort. Nach einem Tag hatten sie das Ende des Zauns erreicht – er hörte mitten in der Savanne einfach auf, als hätte man vergessen, ihn weiterzubauen. Die Herden wandten sich nach Osten. Der vorherrschende Ostwind trug ihnen den süßen, unverwechselbaren Geruch des Wassers zu. Sie konnten der Verlockung nicht widerstehen. Doch sobald sie das »lose« Ende des Zauns umrundet hatten, betraten sie ein Safari-Jagdrevier. Wenn sie zum Wasser gelangen wollten, liefen sie Gefahr, abgeschossen zu werden.

Nach zwei weiteren Tagesmärschen wechselten die Gnus, die den Treck, den Zaun und die Jäger überlebt hatten, vom Wald in eine weite Steppe über, die schwarz war vor Tausenden anderer Gnus. Doch der Duft des Wassers war stärker als alles andere; es war nur noch knapp vierzig Kilometer entfernt. Die Tiere stürmten voran.

Die Rinder aus den Kraals am Seeufer hatten die einst herrliche Ebene, die dem See vorgelagert war, völlig kahlgefressen. Ihr Boden war jetzt betonhart und viele Zentimeter hoch mit grauem Staub bedeckt, der von den Hufen der Gnus in die stille Morgenluft emporgewirbelt wurde. Hier und da reckte sich noch ein spindeldürrer Strauch in die verwüstete Landschaft.

Kadaver waren überall verstreut. Sterbende Tiere, die auf der Seite lagen, bewegten rhythmisch ihre Beine, als ob sie im Delirium noch immer auf das Wasser zuliefen. Kapitale Bullen und Kühe, die Zuchttiere der Population, scherten nach und nach aus den langen Reihen aus, die dem Xau-See entgegenstrebten. Unfähig, noch einen einzigen Schritt zu tun, knickten sie in den Knien ein, und ihre Köpfe sanken immer tiefer hinab, bis ihre Nüstern kleine Gruben in den Staub bliesen.

Als der zweite Morgen nach dem Verlassen des Reservats tagte, hatten die überlebenden Gnus fast den See erreicht. Aber sie brauchten nicht nur Wasser. Meilenweit gab es keinen Schatten, und zu fressen gab es auch nichts. Die Zeit war knapp; die Tiere mußten trinken und dann wieder zurück zu den vierzig Kilometer entfernten Waldgebieten, um Schatten und Äsung zu finden, bevor ihnen die Sonne die noch verbliebene Energie ausgesogen hatte (siehe Karte auf S. 281).

Plötzlich begannen sich die langen ordentlichen Reihen aufzulösen und im Kreis zu bewegen: Tausende von Antilopen flüchteten vor drei Lastwagen, die mit winkenden und höhnisch lachenden Menschen besetzt waren. In einem engen Bogen preschte ein Bedford-Fünftonner durch die Herde und machte dann kehrt. Mehrere Gnus, die beim ersten Durchgang angefahren worden waren, versuchten davonzustolpern. Der Fahrer kurvte hin und her und fuhr ein verletztes Tier nach dem anderen über den Haufen.

Als sechs Gnus niedergestreckt waren, hielten die Fahrer an, und lachende Eingeborene sprangen von den Lastwagen. Jeweils zwei Männer hielten die Tiere bei den Hörnern, während ein dritter mit einem Messer die Kehlen durchschnitt.

Als die Sonne höher und heißer am Himmel emporstieg, überquerten die Überlebenden eine weißschimmernde Salzpfanne und erstiegen eine letzte kahle Bodenwelle. Unter ihnen, keine achthundert Meter entfernt, erstreckte sich der blaue Wasserspiegel des Xau-Sees. Pelikane und Flamingos tanzten wie Blütenblätter auf der Oberfläche.

Weiter nördlich hatten einst fast fünfhundert Kilometer lange See- und Flußufer

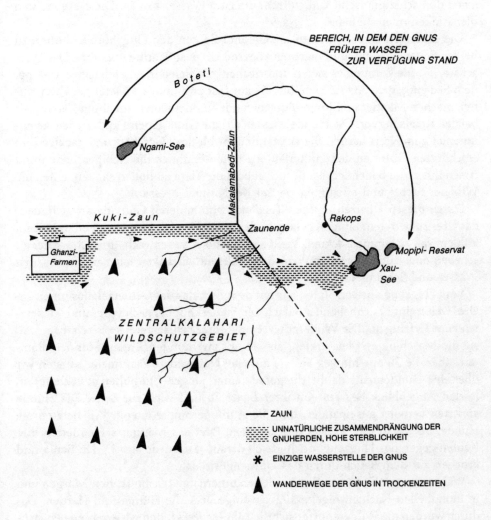

*BEREICH, IN DEM DEN GNUS
FRÜHER WASSER
ZUR VERFÜGUNG STAND*

B o t e t i

Ngami-See

M a k a l a m a b e d i - Z a u n

Rakops

Kuki-Zaun

Zaunende

Mopipi- Reservat

Ghanzi-
Farmen

Xau-
See

*Z E N T R A L K A L A H A R I
W I L D S C H U T Z G E B I E T*

———— ZAUN

:::::::: UNNATÜRLICHE ZUSAMMENDRÄNGUNG DER
GNUHERDEN, HOHE STERBLICHKEIT

* EINZIGE WASSERSTELLE DER GNUS

▲ WANDERWEGE DER GNUS IN TROCKENZEITEN

den Gnus in Dürrezeiten zur Verfügung gestanden, außerdem das etwa gleich lange Ufer des Limpopo im Süden. Doch jetzt wurde der größte Teil der gesamten Zentralkalahari-Population durch Zäune und Siedlungen in ein winziges Areal zusammengedrängt. Nur noch eine Uferzone von etwa drei bis fünf Kilometern stand den achtzigtausend Gnus offen, die zum Wasser kamen. Die Tiere mußten hier trinken oder sterben.

Die durstigen Gnus witterten die Gefahr, die von den Eingeborenenhütten zu beiden Seiten ausging, und machten zögernd ein paar Schritte vorwärts. Das Wasser war *da*. Sie konnten es sehen und riechen! Sie fielen in einen leichten Galopp, dem See entgegen. Als sie sich ihm bis auf fast zweihundert Meter genähert hatten, brachen Männer und junge Burschen mit Hundemeuten aus ihren Verstecken bei den Kraals hervor. Die Hunde wurden auf die Gnus gehetzt und trieben sie minutenlang im Kreis herum. Sie verstanden ihr blutiges Geschäft und packten ihre erschöpften Opfer an den Hinterläufen, zerbissen ihnen die Achillessehnen und rissen ihnen die Bauchdecke auf, und sobald die Tiere zu Boden sanken, eilten die Wilderer herbei und erledigten sie mit Keulen und Messern.

Durch diesen Überfall wurden Tausende von anderen Gnus daran gehindert, das Ufer zu betreten. Einigen gelang es dennoch, zum See vorzudringen, wo sie im kühlen Naß zusammensackten. Viele waren jedoch zu schwach, um sich wieder zu erheben oder auch nur zu trinken. Ihre Muffeln versanken langsam im seichten Wasser und Schlamm.

Vom Flugzeug aus verfolgten wir mit dem Fernglas das Gemetzel, das unten am Ufer weiterging. Zornbebend stieß ich den Steuerknüppel nach vorn, und wir setzten zum Tiefflug an. Die Wilderer waren mit ihrer Schlächterei so beschäftigt, daß sie die Maschine erst bemerkten, als sie mit zweihundertfünfzig Stundenkilomtern über die Steppe hinweg auf sie zuraste. Nur wenige Zentimeter sausten wir über eine Hundemeute dahin, die gerade einen jungen Gnubullen attackierte; im letzten Augenblick ließ sie von ihrer Beute ab und wich zur Seite. Die Hunde spritzten verwirrt auseinander, und die Antilope rannte davon. Wir hetzten die Hunde, bis sie in ihre Verstecke flüchteten. Drei der Männer schleuderten ihre Keulen gegen das Flugzeug, doch gleich darauf warfen sie sich in den Staub und krochen auf dem Bauch durch das Dornengesträuch.

Während der Wanderzeit der Antilopen unternahm ich am frühen Morgen und in mondhellen Nächten regelmäßig Tiefflüge über die Hütten und Herden. Dadurch wurden die Wilderer offensichtlich abgeschreckt, und wir konnten beobachten, daß die Herden fortan seltener beunruhigt wurden.

So paradox es klingt: Der See wurde den Gnus zum Verhängnis, obgleich er ihnen das ersehnte Naß spendete. Nachdem sie einmal sein Wasser gekostet hatten, kam ihre Wanderbewegung zum Stehen. Da sie wegen der Eingeborenensiedlungen nicht weiter nordwärts ziehen konnten, war ihnen der Zugang zu den Ufern des Flusses versperrt. Tag für Tag mußten sie vom See zum Schatten und Gras des Waldes zurückkehren, bevor es in der Sonne zu heiß wurde, und am Abend wieder

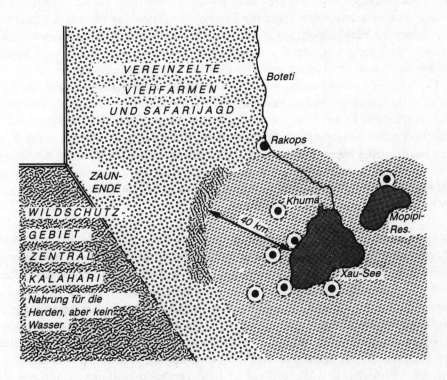

VEREINZELTE
VIEHFARMEN
UND SAFARIJAGD

Boteti

Rakops

ZAUN-
ENDE

Khuma

40 km

Mopipi-
Res.

WILDSCHUTZ-
GEBIET
ZENTRAL
KALAHARI

Nahrung für die
Herden, aber kein
Wasser

Xau-See

 SIEDLUNGEN

 **EINZIGES GEBIET, IN DEM DIE
GNUS NAHRUNG FINDEN**

 **ÜBERGRIFFE DURCH WILDERER UND
ÜBERWEIDUNG DURCH RINDER**

 **TÄGLICHER WANDERWEG DER GNUS
ZWISCHEN NAHRUNGSGEBIET UND WASSER**

den umgekehrten Weg durch die Steppe und Salzpfanne bewältigen. Hin und zurück war das eine gewaltige Strecke von rund achtzig Kilometern.

Mit jedem Tag jedoch wuchs die Entfernung zwischen Wasser und Futterquelle, weil die vielköpfigen Antilopenscharen das Grasland immer weiter kahlfraßen und damit zurückdrängten. Eine Zeitlang konnten die Tiere das durchhalten, doch es war absehbar, daß eines Tages die Energie, die ihnen das Wasser des Sees und die Äsung im Wald lieferten, für den ständig länger werdenden Hin- und Rückmarsch nicht mehr ausreichen würde. Sobald dieser kritische Punkt erreicht war, drohte den Gnus der Untergang: Hungersnot und Massensterben.

Der September, der Beginn der *heißen* Tockenzeit in der Kalahari, hätte den Antilopen nicht ungelegener kommen können. Die Temperaturen schossen nach oben, und Sandstürme fegten über die ausgedörrten Ebenen dahin. Da die Sonne früher auf- und später unterging, mußten die Gnus einen Teil ihres Weges in der Hitze des Tages zurücklegen. Die Todesrate stieg an, und Kadaver säumten die Steppe, die Salzpfanne und das Ufer des Sees. Weil kein Regen die leidenden Tiere aus der Falle des Xau-Sees befreite und in die Zentralkalahari zurücklockte, waren die meisten von ihnen zum Sterben verdammt.

Die großangelegte Landeinzäunung in Botswana begann in den fünfziger Jahren, als der Rindfleischexport zu einem wichtigen Industriezweig wurde und man die Notwendigkeit erkannte, die regelmäßig in den Viehbeständen auftretende Maul- und Klauenseuche einzudämmen. Wenn solche Epidemien ausbrachen, verweigerten die Länder der Europäischen Gemeinschaft aus Furcht vor Ansteckung die Einfuhr von Fleischprodukten aus Botswana. Es ist verständlich, daß die botswanische Regierung Maßnahmen zum Schutz dieser lukrativen Einnahmequelle ergreifen mußte. Das Amt für Tiergesundheit wurde mit der praktischen Durchführung betraut. Inzwischen hat diese Behörde rund tausenddreihundert Kilometer Absperrzaun in den Wildnisregionen des Landes errichten lassen; weitere elfhundert Kilometer sind derzeit im Bau.

Weil die Kaffernbüffel und einige Antilopenarten das Virus der Maul- und Klauenseuche übertragen können, gerieten deren Populationen in Verdacht, ein Infektionsherd zu sein, der immer wieder die Haustierbestände ansteckte.[1] Die Zäune wurden errichtet, um das Vieh von den Wildtierherden zu trennen, um infizierte Rinder von gesunden abzusondern und um die Weideflächen in Sektoren einzuteilen, die bei einem Ausbruch der Seuche schnell abgeriegelt werden können. Indem die Zäune die Wanderbewegungen von erkrankten Tieren verhinderten, ließ sich die Seuche, zumindest theoretisch, leichter kontrollieren. Doch die Krankheit breitet sich weiter aus und überschreitet auch die Sperrzäune.

Der Nutzen der Zäune ist mittlerweile sehr umstritten. Veterinärwissenschaftler bezweifeln die Wirksamkeit dieser Gesundheitsschutzmaßnahmen. Trotz großer Versuchsreihen konnte bislang nicht nachgewiesen werden, daß Wildtiere den Erreger der Seuche auf Haustiere übertragen.[2] Die Epidemiologie dieser Krankheit ist noch wenig erforscht, und niemand kann genau sagen, wie sie sich im einzelnen ausbreitet.

Die Zäune hatten sich schon lange vor dem Beginn unserer Untersuchung verheerend auf die Wildtierbestände Botswanas ausgewirkt. Im Jahre 1961 und abermals 1964 starben rund achtzigtausend Gnus im Bereich des Kuki-Makalamabedi-Zauns und zwischen diesem Gebiet und dem Xau-See. George Silberbauer, der 1964 Regierungsbeauftragter für den Ghanzi-Distrikt war, schätzte, daß alle fünf Tage ein Zehntel der Zentralkalahari-Population verendete, während sie in der Dürrezeit hinter dem Kuki-Zaun gefangengehalten wurde.[3] Es ist nicht bekannt, wie viele Tiere das Katastrophenjahr 1964 überlebten. Dr. Graham Child, Ökologe bei der botswanischen Wildschutzbehörde, bezeichnete die Sterblichkeit von 1970 als »die schlimmste seit Menschengedenken«.[4]

Bergie Berghoffer hatte vergebens versucht, Tausende von sterbenden Gnus zu retten. Wochenlang karrte er Wasser aus dem Boteti zu den Trögen, die er aus Dutzenden von Stahlfässern verfertigt und in der Nähe der Zaunecke aufgestellt hatte. »Es war entsetzlich«, meinte er. »Du konntest auf die armen Viecher zugehen, ihnen die Hand auflegen, und sie klappten einfach zusammen.«

Die Zebras, die einst das Deception Valley als Teil ihres Regenzeitreviers genutzt hatten[5], sind inzwischen vollständig ausgestorben. Wir haben in sieben Jahren kein einziges mehr gesehen. Die großen gemischten Herden von Spießböcken, Elenantilopen und Kuhantilopen, die nach George Silberbauer ein etwa fünf mal acht Kilometer großes Areal bei den Piper-Pfannen besiedelten, sind zu einem Bruchteil ihrer ehemaligen Regenzeitbestände zusammengeschrumpft.

Nach der Dezimierung der Antilopen der Zentralkalahari durch Dürre und Absperrzäune sind die überlebenden Tiere noch wichtiger für die dort lebenden Raubtiere geworden. Wenn alle großen Antilopen zugrunde gehen, steht den Löwen, Leoparden, Geparden, Wildhunden sowie den Braunen Hyänen und anderen Aasfressern ein ähnliches Schicksal bevor. Wir wissen zwar nicht, wie viele Karnivoren es gab, bevor die Zäune ihre Beutetiere reduzierten, aber ihre Zahl muß erheblich zurückgegangen sein.

Seitdem man in Botswana mit der Einzäunung der Kalahari begonnen hat, ist es für die dort heimischen Buschmänner immer schwieriger geworden, Antilopen zu jagen und zu erlegen, deren Fleisch für sie und andere Eingeborene einen der wenigen Eiweißlieferanten darstellt. Mit der Errichtung der Zäune ging der Proteinanteil in der Nahrung dieser Menschen drastisch zurück, wie Dr. Bob Hitchcock, der früher als Soziologe für die Regierung tätig war, festgestellt hat.

Die kritische Situation der Gnubestände muß heute in einem größeren Zusammenhang gesehen werden. Sie ist Teil eines umfassenderen Geschehens, des Wettstreits zwischen Menschen und Wildtieren um solche begrenzt verfügbaren Ressourcen wie Grasland und Wasser. Alternative Methoden der Bekämpfung der Maul- und Klauenseuche, etwa ein aufwendiges Impfprogramm, müssen ernstlicher in Erwägung gezogen werden (siehe dazu auch den Anhang).

In vieler Hinsicht herrscht in Botswana eine positive Einstellung zur Tierwelt; in der Tat ist etwa ein Fünftel des Landes als Nationalpark oder Reservat ausgewiesen. Die Regierungsbeamten waren uns stets wohlgesonnen und hatten uns die Genehmigung erteilt, Forschungen in der Zentralkalahari durchzuführen. Aber unsere Versuche, das Interesse und die praktische Unterstützung der Regierung für den Schutz der Gnus zu gewinnen, verliefen enttäuschend.

Wir schrieben Briefe und Berichte an die Wildschutzbehörde und schilderten darin die Wanderbewegungen und die hohe Sterblichkeit der Tiere. Wir machten Vorschläge, unter anderem für die Einrichtung einer Wildwartstation am Xau-See, die das Wildern und die Störung der Herden unterbinden sollte, und die Schaffung eines Korridors zwischen Reservat und See, damit die Antilopen leichter zur Tränke gelangen konnten. Doch auf all unsere Eingaben erhielten wir kaum eine Antwort.

Die Dürre hielt bis in den Oktober hinein an, und die Gnus starben in immer größerer Zahl.[6] Wir waren frustriert und fühlten uns in unseren Bemühungen, ihnen zu helfen, allein gelassen. Während unseres ganzen Aufenthalts in der Kalahari hatten wir noch nie so viel Tierleid und eine solche Zerstörung von Lebensraum gesehen. Das alles kam uns so sinnlos vor. Hätten sich die Antilopen über die viele Kilometer lange Flußuferlandschaft verteilen können, wie sie es in Dürreperioden seit Jahrtausenden getan hatten, dann wären die Verluste sehr viel geringer gewesen.

Fast jeder, den wir darauf ansprachen, riet uns, das Ganze zu vergessen. »Die Rinder sind eine zu wichtige Erwerbsquelle, Sie werden die Leute nie dazu bringen, die Zäune niederzureißen.« Ein paar Freunde warnten uns, man werde uns noch aus dem Land jagen, weil wir diese Frage hochbrächten. Aber Botswana ist ein demokratisches Land, und wir wollten nicht glauben, daß man uns deswegen ausweisen würde. Wir fühlten uns gezwungen, etwas zu tun, ehe es zu spät war. Wir wußten, daß die Berichte, die Dr. Silberbauer und Dr. Child über die früheren Massentode verfaßt hatten, einfach zu den Akten gelegt worden waren. Doch wir waren entschlossen, dafür zu sorgen, daß vor der nächsten Dürre eine Lösung gefunden wurde. Da im Lande niemand auf unsere Empfehlungen hören wollte, entschieden wir, das Problem in der ganzen Welt anzuprangern, um so die Unterstützung von prominenten Ausländern zu gewinnen, die vielleicht die botswanische Regierung zum Umdenken bewegen konnten.

Eines Tages erhielten wir über Funk die Einladung zu einem Diavortrag für Prinz Bernhard der Niederlande, der in Kürze die botswanischen Wildgebiete bereisen wollte. Kurz danach sollte Dr. Richard Faust von der Zoologischen Gesellschaft Frankfurt und eine Gruppe der Friends of Animals – unsere Hauptsponsoren – in Maun eintreffen. Das war ein unwahrscheinlicher Glücksfall. Zwei bedeutende Vertreter des internationalen Naturschutzes würden in wenigen Wochen praktisch auf unserer Türschwelle stehen – oder höchstens ein paar hundert Kilometer von ihr entfernt. Wir schrieben sofort an Dr. Faust und Prinz Bernhard, berichteten ihnen von der kritischen Lage der Gnus und luden sie in unser Camp ein, aber wir hofften kaum darauf, daß der Prinz unsere Einladung annehmen würde.

Gleichwohl machten wir uns Gedanken darüber, wie es wäre, wenn er doch annehmen sollte. Wo sollten er und seine Begleiter übernachten? Wir konnten uns nicht vorstellen, daß er und sein Stab unser Schlafzelt mit uns teilen würden. Ich bezweifelte auch, daß Seine Königliche Hoheit mit Echo-Whisky-Golf vorliebnehmen würde, und für ein viel größeres Flugzeug war unsere Rollbahn zu kurz. Was sollten wir ihm zu essen und zu trinken anbieten – Biltong und warmes, verräuchertes Wasser? Am meisten Kummer machte uns die Toilette. Die »Donnertrommel«, ein leuchtendrotes Benzinfaß mit einem in den Deckel eingeschnittenen Sitzloch, stand mitten im Flußbett.

Angesichts dieser Ungewißheiten beschlossen wir, rechtzeitig alle erdenklichen Vorbereitungen zu treffen, falls der Prinz geruhen sollte, nach unserem Zusammentreffen in Khwaii mit uns zu kommen. Delia schrubbte die Zeltböden (wobei sie wie immer die Spinnen in den Ecken verschonte), entfernte die alten Vogelnester aus einigen Töpfen, säuberte die Zuckerdose von Ameisen und buk Brot in unserem Kübelofen. Ich wienerte die Maschine, behängte ein paar Pfähle rund um die Donnertrommel mit Sackleinen und vergrub unter dem Jujubenbaum eine Flasche Wein, die wir uns für einen besonderen Anlaß aufgehoben hatten.

An dem Tag, als der Prinz in Botswana eintreffen sollte, flogen wir zur Khwaii River Lodge, einem schicken Hotel am Ostrand des Okavango-Deltas. Wir surrten über die Lodge dahin und landeten auf der langen grasbewachsenen Rollbahn. Ein Landrover holte uns ab und brachte uns zu einer Gruppe von weißgekalkten *Rondavels,* die auf einem sorgfältig manikürten Rasen standen. Der Speisesaal war dunkel getäfelt; dahinter lag die Überschwemmungsebene des Khwaii-Flusses, auf der sich kleine Gruppen von Moorantilopen eingefunden hatten, und im blauen Wasser ruhten Flußpferde wie graue Unterseeboote.

In der Lodge erfuhren wir zu unserer großen Erleichterung, daß der Prinz und seine Begleitung noch auf einer Rundfahrt im Busch seien. Wir waren unsicher, wie wir ihn formgerecht begrüßen sollten, und hofften, daß uns ein paar gute Fragen einfallen würden. Sollte Delia einen Hofknicks und ich einen Diener machen? Sollten wir ihn mit Majestät oder mit Hoheit anreden? Merkwürdige Überlegungen mitten in der Wildnis, aber wir wollten auf keinen Fall einen linkischen Eindruck machen.

Als wir am Abend die strohbedeckte Speisehalle betraten und uns verlegen einen Weg durch die Menge bahnten, blickten wir von einem Gesicht zum anderen in der Hoffnung, irgendwo den Prinzen zu erspähen. Gerade als wir am Mitteltisch vorbeikamen, ergriff eine Hand meinen Arm, und eine Stimme sagte: »Ich bin Bernhard – nicht Barnard wie der berühmte südafrikanische Herzchirurg. Sie müssen Mr. und Mrs. Owens sein.« Vor uns stand der Prinz der Niederlande, der mich soeben hatte wissen lassen, daß ich in meinem Gnubrief seinen Namen falsch geschrieben hatte. Ein feines Lächeln ging von seinen Augenwinkeln aus und breitete sich über sein ganzes sonnengebräuntes und sommersprossiges Gesicht aus. Sein schütteres Haar war glatt nach hinten gekämmt, und das ziemlich strenge Drahtgestell seiner Brille war ihm auf die Nase gerutscht. Ich erinnerte mich bei seinem Anblick an ein Foto von ihm, das ihn als Generalinspekteur der niederländischen Streitkräfte während der deutschen Invasion zeigte.

»Jedenfalls freue ich mich, Sie kennenzulernen«, fuhr er fort. »Bitte lassen Sie Ihre reizende Gattin hier neben mir Platz nehmen.«

Beim Essen sagte er nebenbei, aber mit einem unverkennbar erwartungsvollen Unterton, er würde gern mit unserem Flugzeug zum Camp fliegen. Leider könne er allerdings nur einen Tag bleiben.

Am nächsten Morgen um halb sieben trafen wir ihn und seinen Sekretär auf der Rollbahn. Als wir abhoben, blickte er mich an und fragte mit einem Lächeln: »Erlauben Sie?« Ich nannte ihm den Kurs zum Camp und übergab ihm das Steuer. Er brachte uns sicher ins Camp.

Nach einer Tasse Tee stiegen wir wieder auf und folgten der Wanderroute der Gnus bis zum Kuki-Zaun. Wir wichen den Geschwadern der Geier aus, die sich zum täglichen Leichenschmaus einfanden, und flogen bis zum Zaunwinkel, dann nach Süden. Fern im Osten stiegen Staubwolken von der Steppe auf: Tausende von Gnus kehrten nach ihrem langen Marsch zur Tränke wieder zum Wald zurück. Der Prinz schüttelte nur noch den Kopf und schob voller Ingrimm den Unterkiefer vor, während wir niedrig über die schwarzen Massen dahinflogen, die das ebene Gelände sprenkelten, soweit das Auge reichte. Es war viel heißer als noch vor zehn Tagen, und die Tiere wurden noch viel schneller dahingerafft. Wir überflogen ein Land der Zerstörung, des Todes und des Leids. Auf dem Rückflug zum Camp sprachen wir kaum ein Wort.

Als wir nach diesem deprimierenden Flug zum Camp hinübergingen, hob Chief, einer unserer freundlichen Tokos, von seinem Ast ab und landete auf der Glatze des Prinzen. Bei einer Tasse Tee versprach uns Bernhard, zusätzliche Mittel für unsere Forschungsarbeit zu beschaffen und die richtigen Leute in Europa über das Elend der Gnus zu informieren.

Ich grub den Wein unter dem Jujubenbaum aus, während Delia frisches Brot aus dem Kübelofen servierte. Gemeinsam mit den Tokos, Meisensängern und Marico-Blaßschnäppern, die auf dem Tisch umherhüpften, nahmen wir unser Mittagsmahl ein.

Am Nachmittag machte Prinz Bernhard die Bekanntschaft einiger Löwen, der Hyänenkinder und des Leoparden Pink Panther, der sich in einer Höhle verkroch und nicht mehr herauskommen wollte. Gegen Abend landeten wir wieder bei der Khwaii Lodge. Wir führten noch unsere Dias vor und flogen am nächsten Morgen nach Hause, um uns auf Dr. Fausts Besuch vorzubereiten.

Dr. Richard Faust ist ein Mann von ungewöhnlicher Energie. Er arbeitet sieben Tage in der Woche: von fünf bis acht als Direktor der Zoologischen Gesellschaft

Frankfurt, von acht bis fünf Uhr nachmittags als Direktor des Frankfurter Zoos und von fünf bis zehn Uhr nachts wieder im Dienste der Gesellschaft. Seine Afrikareise war sein erster Urlaub seit sieben Jahren, und auch jetzt betreute er eine Gruppe von Förderern der Gesellschaft.

Nun stand er auf dem Trittbrett des Geländewagens. Sein Haar flatterte im Wind, sein Gesicht war mit Staub bedeckt. Wir fuhren von einem Gnukadaver zum anderen, um die toten Tiere am Ufer des Xau-Sees und in der Salzpfanne zu zählen und ihr Geschlecht und Alter zu bestimmen. Am Abend rollten wir im Freien, nur wenige Meter vom Wasser entfernt, unsere Schlafsäcke aus und setzten uns um das Lagerfeuer. Bei Sonnenuntergang hatten wir ein junges Gnu beobachtet, das in den abklingenden Hitzewellen am Ufer stand und sich nicht traute, zum Wasser hinabzusteigen. Jetzt war die Dunkelheit erfüllt vom Leichengeruch und der Totenklage der Nachtvögel. Lange Zeit sprach keiner.

Gegen halb elf begann ein feines Beben die Luft zu durchdringen. »Horch . . . was mag das sein? Es klingt wie Wasser, das über Felsen rauscht.« Die Minuten vergingen, und das Geräusch schwoll zu einem Dröhnen an; ein dumpfes Stöhnen stieg von der Steppe auf. »Die Gnus kommen!«

Schwarze Gestalten bewegten sich über die Bodenerhebung, und eine Staubwolke schwemmte über uns hinweg. Ich ging leise zum Wagen und schaltete den Suchscheinwerfer ein. Ein Meer von Antilopen, deren smaragdgrüne Augen wie Phosphorpunkte aufleuchteten, ergoß sich über die Uferböschung und um unseren Lagerplatz.

Die Heerscharen schoben sich an uns vorbei und stiegen ins Wasser, wo sie schlürfend und planschend tranken. Jedes Tier blieb jedoch nur zwei oder drei Minuten im See. Dann wurde es von dem schwarzen Strom der Leiber mitgerissen, die dem Ufer und westwärts der Steppe entgegenstrebten. Fast ohne Unterbrechung traten die Gnus den Rückmarsch an. Nur für ein paar Schluck Wasser hatten sie den weiten Weg zurückgelegt! Um wieder in den Schatten zu gelangen, blieben ihnen nur wenige Stunden. Als ich den Antilopen zuschaute, die sich verzweifelt in den See stürzten und wieder aus ihm hervorkamen, dachte ich darüber nach, welche Bedeutung wohl die Wanderbewegung für den Schutz aller Wildtiere der Kalahari hatte.

Von den Gnus, den Löwen und den Hyänen haben wir viel gelernt: Das Reservat bietet trotz seiner Größe nicht genug angemessenen Lebensraum für die meisten seiner sehr wanderfreudigen Wildtierpopulationen, sowohl der Beutetiere als auch der Beutegreifer. Da das Schutzgebiet keine permanenten Wasserstellen besitzt und durch Zäune und menschliche Siedlungen von den einzigen Seen und Flüssen des Landes abgeschnitten ist, haben die Antilopenbestände kaum eine Möglichkeit, in schlimmen Dürrezeiten Wasser zu finden. Löwen, Leoparden, Braune Hyänen und andere Raubtiere der Kalahari können zwar unbegrenzt lange ohne Trinkwasser auskommen, aber das gilt nur, wenn ihnen Beute zur Verfügung steht, die sie ausreichend mit Nahrung und Feuchtigkeit versorgt.

Wir waren überzeugt, daß ein großer Teil der Wildtiere in der Kalahari zum Untergang verurteilt war, falls nichts unternommen wurde, um diesen Tieren besseren Zugang zum Boteti und zum Xau-See zu verschaffen, um die Störungen durch Wilddiebe zu unterbinden oder um eine andere brauchbare Lösung zu finden.

Kurzfristig war Regen die einzige Hoffnung für die Antilopen – Regen, der in der Wüste neues Gras sprießen lassen und die Tiere vom See weglocken würde. Die einzige langfristige Lösung bestand darin, das Areal zwischen dem Reservat und dem Xau-See in ein vergrößertes Schutzgebiet einzubeziehen oder für die Herden zumindest einen geschützten Korridor zum See einzurichten. Das würde freilich bedeuten, daß die weitere Besiedlung und viehwirtschaftliche Nutzung dieser Gegend gestoppt werden mußte.

Wir waren auch überzeugt, daß sich der Lebensstandard der dort ansässigen Eingeborenen erhöhen würde, wenn als Ersatz für die Rinderhaltung der Tourismus und andere Erwerbszweige im Rahmen des Wildtiermanagements gefördert würden. Doch schon als wir diese Vorschläge den Regierungsstellen in Gaborone unterbreiteten, wußten wir, daß sie kaum Aussichten hatten, angenommen zu werden – allzu viele wichtige Leute profitieren von der Rinderhaltung im Gebiet am Xau-See.

Dr. Faust war erschüttert über die Situation der Gnus und sagte unserm Forschungsvorhaben auch weiterhin seine Unterstützung zu. In den Monaten nach seinem und Prinz Bernhards Besuch hämmerten wir in unserem Zelt viele Stunden auf der Schreibmaschine herum oder arbeiteten unter dem Jujubenbaum, wo die Tokos unsere Bleistifte mit dem Schnabel traktierten. Wir schrieben Artikel für Zeitschriften in der ganzen Welt. Wir schickten Berichte und Rundschreiben an einflußreiche Persönlichkeiten, in der Hoffnung, irgend jemand könne die botswanische Regierung überzeugen, etwas für den Schutz der Gnus zu tun, oder die Europäische Gemeinschaft, die auf den Zäunen besteht, zum Umdenken bewegen.

Wir wagten kaum zu hoffen, daß all dies die Ansichten der Import-Export-Firmen oder der Beamten verändern würde. Aber wir hatten alles getan, was in unseren Kräften stand. Unterdessen hielten wir am trüben, verräucherten Himmel Ausschau nach Wolken. Doch es zeigte sich nicht eine.

26 Neues Leben in der Kalahari

Mark

Man konnte den Regen spüren,
ehe er fiel –
die Zeichen standen gut.

ROD McKUEN

Mitte Oktober 1980, mehr als zweieinhalb Jahre nach dem Beginn der Dürrezeit, zeigte sich eines Nachmittags eine Wolke. Nach vielen Monaten sengender Wüstenhitze stand eine einzige Ansammlung von Wasserdampf einsam über der Kalahari und narrte uns. Nach mehreren Stunden tauchten weitere auf. Die Wolken waren verstreut, aber sie wurden dunkler und schwerer am östlichen Himmel, zwischen unserem Tal und dem Xau-See.

Als der Regen unter einer Wolke Streifen auf den Himmel zeichnete, rannten Delia und ich zum Flugzeug. In einer Höhe von fünfhundert Metern flogen wir unter dem weichen, grauen Wasserdampfbauch einher, und der Regen prasselte gegen die Windschutzscheibe und strömte über die Flugzeughaut. Wir öffneten die Fenster und ließen die Arme draußen herabhängen. Das kühle Naß lief an ihnen hinunter und floß von den Fingerspitzen ab.

Ein frischer Geruch ergoß sich in die Kabine.

Wir steuerten den Xau-See an, während weitere Wolken den Himmel mit Feuchtigkeit anreicherten. Über der Ebene am See waren keine Wolken, doch unten drängten sich die dunklen Gestalten der Gnus zusammen und blickten nach Westen zum Wüstenhimmel auf. Dann schien die gesamte Oberfläche der Steppe in Bewegung zu geraten, als Tausende und aber Tausende von Antilopen westwärts zu galoppieren begannen. Ein angeborener Ordnungssinn veranlaßte die Tiere, mehrere Reihen zu bilden, von denen manche über eineinhalb Kilometer lang waren, und jede Reihe strebte einer Wolke und deren Regenschleier entgegen.

Der Dunst und die Wasserspritzer, welche die Maschine einhüllten, oder unsere große Erregung trübten unseren Blick, doch plötzlich erkannte ich voller Entsetzen, daß der Boden noch immer grau und verdorrt war. Wir hatten eine »Virga« durchflogen – Regen, der in der heißen Wüstenluft verdunstet, bevor er die Erde erreicht. Einige Gnus, die den Wolken am nächsten waren, wo eigentlich Regen hätte niedergehen sollen, hatten ihre Schritte verlangsamt und hielten den Kopf gesenkt. Andere blieben einfach stehen. Ob wohl ein Gnu äußerste Niedergeschlagenheit empfinden kann?

Ich drosselte die Geschwindigkeit, fuhr die Klappen ein wenig aus, und so bummelten wir eine halbe Stunde lang von einer Wolke zur nächsten und beobachteten die Herden unter uns. Als am Spätnachmittag die Temperatur absank, erreichten endlich die ersten weißen Wassersäulen den Boden. In der Savanne entstanden dunkle, feuchte Kreise. Es bildeten sich Tümpel. Die Gnus sammelten sich, um zu trinken und um die wenigen eingeweichten Grashalme zu verzehren, die sie finden konnten.

Drei Tage später regnete es wieder, dann abermals nach einer Woche. Überall schoß grünes Gras in die Höhe, und die Gnus begannen sich rasch zurück in die Kalahari und in das Reservat »durchzufressen«. Es waren natürlich nur die Überlebenden einer viel größeren Schar, die auf Wanderschaft gegangen war, aber immerhin hatten wir durch den Regen Zeit gewonnen – ein weiteres Jahr, um die Regierung von Botswana und die übrige Welt davon zu überzeugen, daß die Antilopen der Kalahari schützenswert waren.

Am Morgen nach dem ersten Regenfall war der Himmel noch immer voll von Kumulonimbus-Wolken, und wir machten uns mit dem Flugzeug auf die Suche nach den Löwen. Gerade als Sassys Signal laut in unseren Kopfhörern ertönte, trommelten dicke Tropfen auf den Rumpf. Wir überschritten das Maximum des Funksignals, während wir die Stirn an die Seitenfenster preßten und durch den Nebel zu den Bäumen hinabspähten, die unter uns vorüberglitten. Ich flog eine Steilkurve und kehrte zurück. Als ich Sassy erblickte, stand sie zusammen mit Chary und allen sieben halbwüchsigen Jungen in der Nähe eines mächtigen Akazienbaums. Da die beiden Löwinnen weit außerhalb des Reservats, oft nur wenige hundert Meter von den Rinderstationen entfernt, auf Gnujagd gegangen waren, hatten sie ihren gesamten Nachwuchs in der Dürrezeit durchgebracht. Sie waren in jeder Beziehung vorbildliche Mütter. Jetzt befanden sich alle Löwen unweit der Kuhantilopenpfanne und leckten sich im niederprasselnden Regen gegenseitig das Wasser von Rücken und Gesicht. Als wir weiterflogen, tollten die Jungtiere umher, und wir konnten ihre Fußabdrücke im feuchten Sand erkennen.

Blue und Bimbo entdeckten wir westlich der Krokodilpfanne, wo sie an einem Wasserloch tranken. Wir notierten uns ihre Position. Ich hatte gerade gewendet, um zum Camp zurückzufliegen, als ich einen großen männlichen Löwen erspähte, der nicht weit von den beiden am Rande eines Akaziengebüschs ruhte. Er tauchte nur als unscharfer Fleck fast direkt unter dem Flugzeug auf. Ich zog eine Schleife, um ihn mir genauer anzusehen. Doch die Maschine wurde im heftigen Wind abgetrieben, und so konnten wir den Löwen zwischen den Dutzenden von Buschgruppen nicht mehr ausfindig machen.

Kurz nach Sonnenuntergang erreichte der Regen endlich auch das Deception Valley. Pepper verfolgte in der Umgebung der Gemeinschaftshöhle eine Duftfährte, während Cocoa unter einem nahen Strauch ruhte. Die beiden Junghyänen richteten sich auf und spitzten die Ohren, als die ersten Regentropfen, die sie je gesehen hatten, Staubwölkchen auf den Erdwällen ringsum aufwarfen. Sie begannen die Feuchtigkeit von Zweigen, alten Knochen und ihren eigenen Nasenspitzen abzulecken, und schließlich schlappten sie Wasser aus den Pfützen am Boden auf. Im Alter von zwei Jahren lernten sie zum erstenmal Trinkwasser kennen!

Am folgenden Morgen hielten sich Blue und Bimbo in der Nähe des »Hundebeins« auf, wie wir den nördlichen Ausläufer des Deception Valley getauft hatten. Beim Vorbeiflug erblickte ich bei ihnen einen großen blonden Löwen, wahrscheinlich dasselbe Tier, das wir am Vortag gesehen hatten. Ich freute mich, daß die beiden nach fast zwei Jahren des Alleinseins einen neuen Gefährten gefunden hatten. Wenn die Regenfälle voll einsetzten und die Antilopen ins Tal zurückkehrten, würden vielleicht auch die Löwen wieder durch das Flußbett ziehen. Die Nächte und frühen Morgenstunden kamen uns leer vor ohne das Löwengebrüll, das zwischen den Dünen widerhallte. Ich flog zum Camp zurück und markierte den Standort der Dreiergruppe auf unseren Luftaufnahmen. Dann machten wir uns mit dem Wagen auf den Weg.

Wir spürten die drei Löwen in einer Lichtung zwischen zwei Dornbuschdickichten auf. Das Männchen lag auf der Seite und drehte sich nicht einmal um, als ich anhielt.

»Kaum zu glauben, wie entspannt er wirkt«, meinte Delia. Doch im selben Augenblick wandte er uns den Kopf zu.

Delia hob den Feldstecher an die Augen. Ich hörte, wie sie nach Luft schnappte.

»Mark! Es ist Moffet! Er lebt! Ich kann das Zeichen auf seiner Hüfte erkennen!«

Sein Senderkragen war zwar verschwunden, aber im rechten Ohr trug er noch die Überreste einer roten Marke. Er hatte zusehen müssen, wie Muffin in die Falle geriet und erschossen wurde, er war von einem berittenen Jäger und einer Hundemeute gehetzt worden, und möglicherweise hatte er auch eine Verletzung davongetragen. Aber er hatte all das überlebt, und die Dürre obendrein.

Nach einer Weile stiegen wir aus dem Wagen. Mit weichen Schnurrlauten, einer Imitation des Kontaktrufs, die wir seit langem zur Besänftigung der Löwen benutzten, krochen wir vorwärts. Moffet, der etwas abseits von Bimbo und Blue lag, verspeiste ein Stachelschwein, das er zwischen seinen breiten Vorderpranken hielt. Er beobachtete uns aufmerksam, doch dann seufzte er und schmauste weiter. Wir setzten uns unter einen Strauch, etwa fünfzig Meter entfernt. Es war wieder ganz wie in alten Zeiten!

Bimbo, inzwischen fast zwei Jahre alt, zeigte noch immer das neugierige Verhalten eines Jungtiers, obgleich er zu einem hundertachtzig Pfund schweren Jüngling mit einem struppigen Mähnenansatz herangewachsen war. Er stand gemächlich auf und schlenderte zu uns herüber. Kurz vor uns blieb er stehen und schaute zur Seite. Er leckte sich die Vorderpfote, beschnupperte den Boden und tat zögernd noch einen Schritt, wobei er den Fuß so vorsichtig aufsetzte, als ob er auf Eiern ginge. Ich wünschte nichts sehnlicher, als daß er uns vollständig akzeptierte, zum Zeichen dafür, daß seine Neugier größer war als seine Unsicherheit. Wenn er uns berührte, wäre das ein solches Zeichen.

Noch ein Schritt! Er beugte sich zu mir herüber, bis seine Nase nur noch knapp einen Meter von meinem Gesicht entfernt war. Er kam noch näher, und ich konnte das Spiegelbild der Wüstenlandschaft in seinen Augen sehen und die goldbraunen Flecken in seiner Iris, die sich an das veränderte Licht anpaßte. Immer wieder stieß er sein Maul nach vorne, doch dann wich er zurück und drehte ein wenig die Ohren. Nach einem letzten ungeschickten Annäherungsversuch steckte er hastig die Nase in die belaubten Zweige neben meinem Kopf und schnüffelte vernehmlich, als ob er die ganze Zeit nichts anderes im Sinn gehabt hätte. Daraufhin schritt er davon. Er hatte mich beinahe berührt, aber irgend etwas hatte ihn zurückgehalten. Die letzte Barriere blieb bestehen.

Wir saßen noch lange da und sahen zu, wie Moffet in aller Ruhe seine Mahlzeit beendete. Dann rieb er sich die Stacheln vom Gesicht und von den Schultern und leckte sich die Pranken. Als er sich gesäubert hatte, stellte er sich auf die Füße und kam auf uns zu. Seine Mähne schwang hin und her, und seine rosige Zunge fuhr über seine Lefzen. Er hielt vor unseren Füßen inne, betrachtete uns mit sanften Augen und machte dann kehrt, um sich neben Blue unter dem Schattenbaum auszustrecken.

Mitten in der endlosen Wildnis waren Moffet, Blue und Bimbo zumindest ein wenig abgeschirmt vor der rücksichtslosen Ausbeutung der Natur durch den Menschen. Vielleicht war es ihnen und Pepper und Cocoa und all den anderen Tieren vergönnt, einen kleinen Teil der Erde zu behalten, wo sie überleben und weiterexistieren könnten.

Doch dann fiel mein Blick auf einen nahen Baum und auf etwas, was wir beide bis dahin nicht bemerkt hatten: Im Gezweig waren blaue Plastikstreifen festgebunden, die im Winde flatterten.

Epilog

Delia und Mark

Der Ökologe darf nicht eine Stimme in der Wüste bleiben, wenn
er gehört und verstanden werden soll.

M. W. HOLDGATE

*B*lue, Bimbo und Moffet sind allein von der Dynastie des Blauen Rudels übriggeblieben, die einmal einen großen Teil des Deception Valley beherrschte. Als wir Bimbo zum letzten Mal sahen, war er ein kräftiger junger Bursche mit zottiger Mähne und ausgeprägtem Wandertrieb. Schon bald wird er zum Nomaden werden und auf der Suche nach einem eigenen Territorium und Rudel fernab vom Deception Valley umherschweifen. Bis dahin bleibt er zusammen mit seiner Mutter im angestammten Revier des Rudels und durchstreift mit ihr das Buschveld und das Waldland östlich des Tales im Umkreis der Krokodilpfanne. Ab und zu treffen die beiden mit Moffet zusammen, und dann gehen die drei gemeinsam auf die Jagd oder ruhen unter einem schattenspendenden Baum.

Moffet ist meist allein und stellt kleineren Tieren und Vögeln nach. Er läßt nur selten sein Gebrüll hören, weil er kein Territorium besitzt, aber manchmal gibt er ein sanftes Grollen von sich – vielleicht horcht er auf eine Antwort seines alten Freundes Muffin.

Ende 1980 gebar die alte Chary noch einmal drei Kinder, deren Vater vermutlich ein Löwe des Ostrudels unweit der Reservatsgrenze war. Sie und Sassy und ihre Sprößlinge leben dreißig bis achtzig Kilometer östlich von Deception, in der Nähe der Kuhantilopenpfanne und jenseits davon. In dieser malerischen Region, wo die dichten Katappa- und Langfadenbaumbestände in eine parkähnliche Landschaft und wellige Grassavanne übergehen, erbeuten die Löwinnen Kudus, Ducker, Kuhantilopen und durchziehende Weißbartgnus. Da sie mittlerweile neue Beziehungen zu anderen Löwen beiderlei Geschlechts in dieser Gegend angeknüpft haben, werden sie wahrscheinlich nie mehr in das alte Territorium des Blauen Rudels in der Nähe unseres Camps zurückkehren.

Liesa und Gypsy wohnen in der Umgebung der Paradiespfanne, wo Gypsy ebenfalls 1980 drei Junge zur Welt gebracht hat. Beim zweiten Mal erwies sie sich als eine viel bessere Mutter, und als wir die Kalahari verließen, wuchsen ihre Kinder gesund und kräftig heran.

Spicy und Spooky vom ursprünglichen Blauen Rudel schlossen sich dem Springbockpfannen-Rudel an, und Spicy zog ihren Nachwuchs im Schoße von Happys Familie auf.

Rascal und Hombre, die als Kinder dem Blauen Rudel angehörten, als wir sie erstmals kennenlernten, wurden später von Viehzüchtern gleich außerhalb des Reservats erschossen. Über ein Drittel der Löwen, die wir mit Ohrmarken oder Sendern ausgerüstet hatten, fiel noch vor unserer Abreise Berufsjägern, Wilddieben oder Viehzüchtern zum Opfer. Wir meinen, daß diese hohe Todesrate, die hauptsächlich die Männchen betrifft, fatale Folgen für den Fortbestand der Population haben muß.

Diablo, der Chef des Springbockpfannen-Rudels, wurde von drei kapitalen Löwen entmachtet, denen wir den Namen All-Stars gaben. Er entfernte sich etwa dreißig Kilometer weit westlich vom Deception Valley und tat sich mit zwei jungen Weibchen zusammen. Happy, Dixie, Sunny, Muzzy und Taco, die weiblichen Rudelmitglieder, kamen zusammen mit Spicy, Spooky und zwei Löwinnen aus anderen Rudeln während der kurzen Regenfälle noch einmal für einige Zeit in ihr altes Wohnrevier zurück. Doch inzwischen sind sie wieder über mehr als dreitausend Quadratkilometer Sandveld im Norden und Süden des Deception Valley verstreut.

Das gesamte Tau-Rudel, das Delia so sehr erschreckt hatte, als sie im Hidden Valley die provisorische Landebahn präparierte, wurde von Viehzüchtern erschossen, als es in der Trockenzeit das Schutzgebiet verließ.

Pepper ist zu einer fast adulten Braunen Hyäne herangewachsen, und sie sucht noch immer unser Camp heim, um, genauso wie ihre Mutter Star, den Wasserkessel zu stehlen.

Patches bekam spät im Jahre 1980 vier Kinder und brachte sie in das Gemeinschaftslager des Clans, wo Dusty und Pepper sie zusätzlich mit Futter versorgten. Dusty verlor einen eigenen Wurf und begann schon bald Patches' Welpen zu säugen, nachdem diese in die Gemeinschaftshöhle eingezogen waren. Chip, der Halbbruder der Kleinen, hilft bei ihrer Betreuung mit und spielt mit ihnen, Pippin, ihr Vetter, dagegen nicht.

Empfehlungen für den Schutz der Braunen Hyänen in der Zentralkalahari sind im Anhang zusammengefaßt.

Der Regen, der Ende 1980 auf das Gebiet des Xau-Sees niederging, lockte die Gnus zeitweilig in das Reservat zurück, nachdem noch Tausende von Tieren umgekommen waren. Doch abgesehen von vereinzelten Schauern, hielt die Dürre bis

1984 an. Die Herden ziehen noch immer zum See, der jedoch inzwischen völlig ausgetrocknet ist.

Die Grenzen des Wildreservats Zentralkalahari wurden in einer Zeit festgelegt, als man von den Wanderbewegungen der Antilopenpopulationen noch nichts wußte. Um diese Tiere zu erhalten, wenigstens in ihrem stark dezimierten Bestand, muß eine Lösung gefunden werden, die eben dieses Wanderverhalten berücksichtigt.

Da es uns am Herzen lag, daß die Gnuforschung weitergeführt wurde, beantragten wir Mittel für den Fortbestand des Deception Camps als Forschungsstation. Die Zoologische Gesellschaft Frankfurt erklärte sich bereit, die Unterkünfte und ein Forscherteam zu finanzieren. Doug und Jane Williamson studieren nun auf der Basis unserer vorläufigen Untersuchungen sehr viel eingehender die Ökologie der Antilopen. Sie berichten, daß allein im Jahre 1983 nur im Umkreis des Xau-Sees mehr als sechzigtausend Gnus gestorben sind.

Das Gnu-Problem hat beträchtliches Aufsehen erregt, und die botswanische Regierung erhielt Briefe aus aller Welt, in denen die Sorge um die Tiere zum Ausdruck kommt. Ein Beamter der Wildschutzbehörde teilte uns mit, daß das botswanische Landwirtschaftsministerium über eine Million Pula für die Entwicklung von alternativen Lösungen zur Versorgung der Kalahari-Antilopen mit Wasser bereitgestellt hat. Die Regierung hat auch dem Vorschlag zugestimmt, die weitere Besiedlung des Westufers des Xau-Sees vorerst zu unterbinden und damit diesen Wanderkorridor für die Gnus zu erhalten. In Gaborone ist die Kalahari Conservation Society gegründet worden, und die Möglichkeit, innerhalb des Schutzgebiets Wasserstellen für die Wildtiere anzulegen, wird weiterhin diskutiert.

Leider steht die Errichtung einer Wildwartstation am Xau-See noch aus, und die illegale Bejagung und Störung der Wanderherden sind nach wie vor ein ernstes Problem. Die Einheimischen hetzen die Gnus mit Autos, setzen Hunde auf sie an und bringen sie mit Gewehren, Speeren und Keulen um.

Mox haben wir nie wiedergesehen, aber wir fanden schließlich heraus, daß er auf einer Straußenfarm in Motopi arbeitete, einem Dorf am Boteti, knapp fünfzig Kilometer von Maun entfernt. Dem Besitzer der Farm zufolge sitzt er oft abends am Lagerfeuer und erzählt von Bones, vom Blauen Rudel, das ihn einst auf einen Baum gejagt hat, und von unserem ersten mißglückten Versuch, Star per Funk zu orten. Er trinkt noch immer Bier, versetzt zuweilen die Frauen von Motopi in Schrecken und gibt an mit seinem Titel *Ra de Tau*, »Herr der Löwen«.

Wir beide sind gegenwärtig damit beschäftigt, unsere Forschungsergebnisse auszuwerten und zu veröffentlichen und unser Studium an der University of California mit dem Doktorat abzuschließen. Bald werden wir in die Kalahari zurückkehren, um unsere Untersuchungen an Pepper, Dusty, Blue, Sassy, Moffet und den anderen Tieren, die wir seit sieben Jahren kennen, fortzusetzen.

Wir hätten auf Lebenszeit im Deception Valley bleiben können, dessen Geheimnisse eine nie endende Faszination auf uns ausüben. Aber ein solches Beharren hätte für die Kalahari wenig bewirkt. Wir mußten Daten aus sieben Jahren aufbereiten und unsere Befunde im Dienste der Wissenschaft und des Naturschutzes zusammenfassen und veröffentlichen. Nicht weniger wichtig war es, die Menschen in Botswana und überall in der Welt auf die Schätze hinzuweisen, die in der Kalahari verborgen liegen. Nichts von alldem hätten wir von unserem Camp aus bewerkstelligen können.

Wir hatten in der Wüste einige schwere Zeiten durchgemacht, aber die schwerste von allen war der Abschied vom Deception Valley. Im Dezember 1980 rumpelten wir eines frühen Morgens mit Echo-Whisky-Golf über die Rollbahn und stiegen in den Himmel über der Wüste empor. Der Springbock Boeing trottete zur Seite, und die Tokos im Camp flatterten in den Bäumen umher. Wir brachten kein Wort heraus, als Mark die Maschine nach Norden drehte, zu einem letzten Flug über unser Tal. Wir flogen tief über die Bäume hinweg, wo wir Bones' gebrochenes Bein operiert hatten, und über die Hyänenhöhle, wo wir Pepper unter einem Akazienstrauch liegen sahen. Wir drosselten das Tempo über dem Hang der Ostdüne, wo Star von Muffin und Moffet umgebracht worden war, und über der kleinen Lichtung auf dem Gepardenhügel, wo Captain und Mate ihre Kinder Hänsel und Gretel aufgezogen hatten. Dann schwenkten wir südwärts auf unseren Steuerkurs, einhundertdreiundsechzig Grad, ein und flogen einer anderen Welt entgegen.

Anhang

Schutzmaßnahmen
für die Wanderhuftiere der Kalahari

In Dürrezeiten wandern die Kalahari-Huftiere, vor allem die Weißbartgnus und Kuhantilopen, durch das Reservat Zentralkalahari und über die Grenzen des Schutzgebiets hinaus. Die Herden bewegen sich in Richtung des Ngami-Sees, des Okavango-Deltas, des Xau-Sees und der Flußläufe, die diese natürlichen Gewässer miteinander verbinden. Neben dem Trinkwasser benötigen die Antilopen in solchen Trockenzeiten mehr nahrhafte Äsung, als sie dann innerhalb des Reservats finden. Ihre Wanderbewegungen führen in Regionen, in denen die menschliche Besiedlung in den letzten zwanzig Jahren zugenommen hat, und dadurch ist es inzwischen zu einem direkten Wettbewerb zwischen Menschen und Wildtieren um begrenzt verfügbare Ressourcen wie Wasser und Grasland gekommen. Überdies versperren Zäune, die zur Eindämmung der Maul- und Klauenseuche (MKS) errichtet wurden, den Antilopenherden den Weg und drängen sie auf einem sehr kleinen Teil des früher nutzbaren Ufergeländes zusammen (siehe die Karten auf den S. 281 und 283).

Der Konflikt zwischen den dort ansässigen Menschen und den wanderfreudigen Wüstenantilopen wird nicht leicht zu lösen sein. Doch ohne sofortige Abhilfe werden die Huftierpopulationen die periodisch wiederkehrenden Dürrezeiten möglicherweise nicht lange überdauern. Folgende Empfehlungen werden zur Diskussion gestellt:

1. Gründliche Untersuchungen sind notwendig, um den qualitativen und quantitativen Nutzen der Sperrzäune für die MKS-Kontrolle zu ermitteln. Über die Art und Weise, wie diese Krankheitserreger von Tier zu Tier übertragen werden, ist bislang wenig bekannt, und trotz großangelegter Versuche konnte nicht schlüssig nachgewiesen werden, daß wildlebende Huftiere die MKS auf gesunde Haustierbestände übertragen.[1] Somit kann niemand mit Sicherheit sagen, daß die Wildtiere einen »Seuchenherd« darstellen, der durch Zäune eingedämmt würde.

Seit der Errichtung der Zäune in den frühen fünfziger Jahren hat Botswana mehr als neun größere MKS-Epidemien erlebt, die sich trotz dieser Zäune über weite Gebiete des Landes ausgebreitet haben. Das ist zum Teil darauf zurückzuführen, daß die MKS durch drei verschiedene Virusstämme ausgelöst wird, die jeweils fast gleichzeitig in verschiedenen Regionen auftreten können, wenn die Umweltbedingungen günstig sind. Es gibt außerdem Belege dafür, daß die Viren sowohl durch die Luft[2] als auch durch feuchte Erde, die an Fahrzeugen haftet[3], verbreitet werden. Demnach deutet vieles darauf hin, daß die Zäune die Entstehung und Ausbreitung der Krankheit nicht verhindern können. Erwiesen ist hingegen, daß sie sich auf die Bestände der Wanderhuftiere verheerend auswirken.

Die Beseitigung der Zäune wäre indes auf die Dauer keine Lösung des Gnu-Problems. Der menschliche Siedlungsdruck auf die wenigen Fluß- und Seeufer Botswanas ist so stark, daß den Kalahari-Antilopen selbst nach Entfernung der Zäune wahrscheinlich schon in naher Zukunft der Zugang zu den Gewässern versperrt sein wird. Die Regierung hat nie ernsthaft erwogen, in diesen Gebieten den Tourismus und andere wildtierverträgliche Erwerbszweige zu fördern. Doch dadurch könnte voraussichtlich der Lebensstandard der dort lebenden Menschen angehoben und zugleich ein bedeutendes Naturerbe erhalten werden. Um eine weitere Wildtierkatastrophe zu vermeiden, muß geklärt werden, wie die geplanten neuen Zäune das Leben der Tiere beeinflussen würden.

2. Botswana sollte Alternativen zu den Sperrzäunen in Erwägung ziehen, insbesondere ein modernes und effektives Impfprogramm. In der Vergangenheit sind oft weniger als fünfzig Prozent aller Rinder in Seuchengebieten während eines Ausbruchs der Krankheit geimpft worden. Und zumindest in einem Fall wurden überalterte Impfstoffe verwendet. Derzeit wird in den USA ein neuer Impfstoff entwickelt, der dem Rindvieh einen lebenslangen Schutz gegen die MKS verleiht.[4]

Es gibt noch andere Alternativen, die Zäune weitgehend überflüssig und die Fleischexportindustrie weniger abhängig von der unberechenbaren MKS machen würden: mehr Konservenfabriken in Gebieten, in denen die MKS endemisch ist, strengere Strafen, zum Beispiel Beschlagnahme von Rindern, für die Umsiedlung von Haustieren während eines MKS-Ausbruchs, Kontrolle der Grenzen von Quarantänegebieten mit Kleinflugzeugen anstelle von Zäunen.

3. Eine Teillösung für das Gnu-Problem wäre die Einbeziehung des Gebietes um den Xau-See in das Reservat Zentralkalahari. Falls die Regierung damit nicht einverstanden ist, sollte sie wenigstens das Gebiet zwischen dem See und der Ostgrenze des Reservats als Wanderkorridor ausweisen und die weitere Erschließung dieser Region verhindern. Der Korridor müßte auch in Jahren ohne Tierwanderungen freigehalten werden, doch er könnte dem Tourismus, der Safarijagd usw. dienen.

4. Am Xau-See müßte eine ständige Wildwartstation eingerichtet werden, um die illegale Bejagung der Wanderherden zu unterbinden.

5. Wir empfehlen nur mit Vorbehalt die Bohrung von Brunnen im Reservat zur Versorgung der Huftiere mit Wasser. Sollte man sich dennoch zu solchen Maßnahmen entschließen, wäre folgendes zu bedenken:

Das reichliche Vorkommen einer Grasart läßt keine Rückschlüsse auf ihre Qualität als Antilopennahrung zu. Wissenschaftliche Untersuchungen müssen zuvor klären, ob die Futterpflanzenarten im Reservat genügend Proteine und Nährstoffe enthalten, um die Antilopenbestände über Dürrezeiten hinwegzubringen. Falls nicht, kann das Überleben der Tiere nicht allein durch Wasserzufuhr gesichert werden.

Künstliche Wasservorräte können zu einer Konzentration der Antilopenpopulationen und zu einer regionalen Überweidung und Wüstenbildung führen. Solche Wasserstellen locken auch Menschen an, die sich dort als Viehhalter und Ackerbauern niederlassen. Dadurch würde den Gnus der Zugang verwehrt und ein ähnliches Problem entstehen wie etwa in Xade, das sich um ein Brunnenloch innerhalb des Reservats entwickelt hat.

6. Die Pfannen und fossilen Flußbetten machen nur etwa elf Prozent des Reservats aus, aber ihre Böden enthalten wichtige Mineralstoffe, und die dort wachsenden Gräser weisen ein günstigeres Protein-Faser-Verhältnis auf als die Gräser des Sandvelds. Obwohl diese Lebensräume nur einen kleinen Anteil des Gesamtgebiets darstellen, wurden sie in den Regenperioden der Jahre, in denen die Niederschlagshöhe mehr als fünfundzwanzig Zentimeter betrug, von fünfundsiebzig Prozent aller zahlenmäßig erfaßten Huftiere besiedelt. Unsere Untersuchungsergebnisse beweisen, daß die fossilen Flußbetten wichtige Biotope für die Wildtiere sind und besonderen Schutz verdienen.

7. Die Europäische Wirtschaftsgemeinschaft, vor allem Großbritannien, das den größten Teil des botswanischen Rindfleisches importiert, fördert nachhaltig die Viehwirtschaft Botswanas. EWG-Vertreter in Brüssel bestehen unerbittlich auf den Sperrzäunen, obwohl deren Nutzen bei der Bekämpfung der MKS nicht wissenschaftlich nachgewiesen worden ist und ungeachtet der Tatsache, daß die Zäune in den mehr als dreißig Jahren ihres Bestehens den Tod von mindestens einer Viertelmillion Gnus und ungezählter anderer Antilopen unmittelbar verursacht haben. Das »leichtverdiente« Geld fördert die übermäßige Rinderhaltung, die zur Überweidung und Versteppung führt – und zu einer zunehmenden Verdrängung der Antilopenbestände. Viele Eingeborene sind nicht mehr imstande, ihren Lebensunterhalt auf herkömmliche Weise durch die Nutzung von Wildtierprodukten selbst zu bestreiten, sondern werden immer abhängiger von Auslandshilfeprogrammen. Zugleich werden die wenigen reichen Viehzüchter, die den größten Teil der Viehbestände des Landes besitzen, immer wohlhabender.

Das Europäische Parlament sollte diese Politik unverzüglich ändern. Die Auslandshilfe sollte Botswana in den Stand setzten, eine Fremdenverkehrsindustrie aufzubauen (Tourismus, Foto- und Jagdsafaris, Wildtierhege usw.). Solche Erwerbszweige sind auf die Dauer ersprießlicher, weil sie weniger zur Umweltzerstörung beitragen, weniger Kosten verschlingen und wahrscheinlich geeignet sind, den Lebensstandard der Gesamtbevölkerung anzuheben.

Schutzmaßnahmen für die Kalahari-Löwen

1. Das sogenannte »Raubtierkontrollgesetz« sollte so geändert werden, daß Raubtiere nur dann getötet werden dürfen, wenn bewiesen ist, daß sie sich tatsächlich an Vieh vergriffen haben. Eine sofortige behördliche Untersuchung sollte angeordnet werden, und sofern hinreichende Beweise für einen Schaden vorliegen, sollte es im Ermessen der Behörde und nicht des jeweiligen Viehzüchters stehen, das Raubtier abzuschießen. Die Behörde sollte auch den Raubtierkadaver konfiszieren und den Verkaufserlös einem Fonds zuführen, der Viehhalter für Verluste durch Raubtiere entschädigt. Die Schädel aller Raubtiere sollen von der Wildschutzbehörde auf ihr Alter hin untersucht werden; diese Daten sind dringend erforderlich für eine Bestandsaufnahme der Populationsstruktur und -dynamik.

2. Ausgehend von der von uns ermittelten Bestandsdichte, empfehlen wir, die Abschußquoten für die Kalahari-Löwen um die Hälfte herabzusetzen und die Abschußgebühren für Safarijäger zu verdoppeln. Auch die Schädel aller von Jägern erlegten Löwen sollten zwecks Altersbestimmung der Wildschutzbehörde überlassen werden. In diesem Zusammenhang sei nochmals darauf hingewiesen, daß das vorliegende Buch keine wissenschaftliche Darstellung unserer Forschungsergebnisse ist. Vollständige und detaillierte Angaben über Bestandsdichten, Reviergrößen und Biotopnutzungen werden in Fachzeitschriften veröffentlicht.

3. Safarijäger sollten erst dann eine Abschußlizenz bezahlen, wenn sie bereits einen Löwen geschossen haben. Viele Jäger töten einfach nur deshalb sehr junge Löwen, weil sie im voraus eine Lizenz erworben haben und keine älteren männlichen Tiere finden können. Aus diesem Grunde nimmt der Jagddruck auf Löwenmännchen nicht ab, selbst wenn keine älteren Löwen vorhanden sind.

4. Die Gesetze gegen den Raubtierfang mit Ködern und Fallen müssen verschärft werden. Diese Praktiken führen dazu, daß Tiere, die keine Viehbestände geschädigt haben, unterschiedslos getötet oder verstümmelt werden. Das Auslegen von Ködern ist zudem eine beliebte Methode der Wilderer, Raubtiere aus Schutzgebieten herauszulocken.

5. Die Wildschutzbehörde sollte ihr Außendienstpersonal verdoppeln oder verdreifachen, um den bestehenden Gesetzen mehr Geltung zu verschaffen.

6. Eine der wichtigsten Maßnahmen zum Schutz der Löwen und anderer Wildtiere der Kalahari ist die bereits vorgeschlagene Erweiterung des Reservats Zentralkalahari bis zum Xau-See. Obgleich die Kalahari-Löwen monatelang ohne Wasser auskommen können, benötigen sie den Schutz des Reservats, um in langen Trocken- und Dürrezeiten geeignete Beutetiere finden zu können.

7. Bis man die vorgenannten Maßnahmen ergreift, sollte die Erlaubnis zum Abschuß von Löwen außerhalb des Reservats für die Dauer der Dürrezeiten aufgehoben werden, in denen viele Tiere das Schutzgebiet verlassen müssen, wenn sie überleben wollen.

8. Am Südende des Xau-Sees sollten Fremdenverkehrseinrichtungen geschaffen werden: eine Lodge mit Blick auf den See, Bootsfahrten auf dem See und flußaufwärts zum Fischen und Wildbeobachten, Fotosafaris zu den Makgadikgadi-Pfannen und den versteinerten Flußbetten des geplanten Nationalparks Zentralkalahari und so weiter.

Schutzmaßnahmen für die Braunen Hyänen

1. Weil die Braunen Hyänen als Aasfresser in einem semiariden Ökosystem leben, in dem ihre Nahrung vielfach nur begrenzt verfügbar ist, kommen sie natürlicherweise nur in geringer Zahl vor. Die Art ist durch Lebensraumschwund ernsthaft bedroht, da immer größere Teile der Kalahari-Wildnis als Weideland für Rinder genutzt werden. In Ghanzi, Tuli und Nojani sowie in den meisten Viehzuchtgebieten werden die Hyänen regelmäßig abgeschossen oder in Fallen gefangen. Der Schaden, den sie den Haustierbeständen zufügen, wird jedoch vermutlich stark übertrieben. Von einigen wenigen Ausnahmen abgesehen, waren ihre Beutetiere, wie wir bei der Erforschung ihres Jagdverhaltens im Deception Valley beobachten konnten, nie größer als Kaninchen. Selbst wenn zu Beginn der Regenzeiten die Springbockweibchen gleichzeitig ihre Jungen setzten, haben wir niemals erlebt, daß eine Braune Hyäne ein Antilopenjungtier gerissen hätte. Falls man eine Hyäne an einem Haustierkadaver antrifft, darf man nicht davon ausgehen, daß sie für den Tod des Tiers verantwortlich ist. In vielen Fällen – vielleicht in den meisten – eignet sie sich den Riß anderer Raubtiere an. Manche Viehzüchter in Südafrika lassen neuerdings Braune Hyänen auf ihrem Weideland zu. Die Öffentlichkeit muß also einsehen lernen, daß diese Hyänenart überwiegend von Aas lebt und sich in der Regel nicht an Haustieren vergreift.

2. Raubtiere, von denen die Braunen Hyänen hinsichtlich ihrer Ernährung abhängig sind, insbesondere Löwen und Leoparden, werden in ständig wachsender Zahl von Viehzüchtern, Wilddieben und Jägern abgeschossen. Die Erhaltung größerer Raubtierbestände ist wesentlich für den Fortbestand der derzeitigen Populationsdichte bei den Braunen Hyänen in der Zentralkalahari.

3. Die Sperrzäune bringen Tausenden von Antilopen den Tod, die andernfalls eine ständige Nahrungsreserve für die Braunen Hyänen und die anderen Raubtiere der Kalahari darstellen würden. Die Lösung dieses Problems ist entscheidend wichtig für den Schutz der Hyänen.

4. Da die Braune Hyäne kaum eine Gefahr für das Hausvieh und außerdem eine gefährdete Art ist, sollte sie nicht unter das botswanische »Raubtierkontrollgesetz« fallen. Die Viehhalter müßten die Schädigung ihrer Haustierbestände nachweisen, bevor sie die Erlaubnis zum Töten von Braunen Hyänen erhalten.

Anmerkungen

Prolog (S. 9–12)
[1] »Veld« ist die Bezeichnung für die weiten Grasfluren im südlichen Afrika / d. Übers.

Kapitel 2: Wasser (S. 28–41)
[1] Auf S. 307 findet sich eine Liste mit den wissenschaftlichen Namen der Säugetiere, Vögel und Schlangen, die im Text erwähnt werden.

Kapitel 4: Der Ruf der Kalahari (S. 54–74)
[1] Moehlman, S. 382–83
[2] Trivers, S. 249–64

Kapitel 5: Star (S. 75–87)
[1] Kruuk, S. 126
[2] Owens und Owens, 1979a, S. 405–8

Kapitel 10: Löwen im Regen (S. 140–159)
[1] Schaller, S. 33

Kapitel 12: Rückkehr ins Deception Valley (S. 166–181)
[1] Mills, 1978, S. 113–41
[2] Skinner, 1976, S. 262–69; Mills, 1976, S. 36–42
[3] Macdonald, S. 69–71

Kapitel 14: Das Trophäenlager (S. 187–191)
[1] Bertram, S. 59

Kapitel 17: Das Zigeunerkind (S. 212–223)
[1] Bygott, Bertram und Hanby, S. 839–41
[2] Bertram, S. 59

Kapitel 18: Löwen ohne Rudel (S. 224–233)
[1] Schaller, S. 34–42
[2] Schaller, S. 38

Kapitel 20: Die Schule der Aasfresser (S. 241–251)
[1] Owens und Owens, 1979b, S. 35–44

Kapitel 21: Pepper (S. 252–260)
[1] Hamilton, S. 1–52
[2] Dawkins, S. 95–131
[3] Owens und Owens, 1984, S. 843–45

Kapitel 25: Schwarze Perlen in der Wüste (S. 276–288)
[1] Young, Hedger und Powell, S. 181–84
[2] Hedger, S. 91
[3] Silberbauer, S. 20–21
[4] Child, S. 1–13
[5] Silberbauer, S. 22
[6] Owens und Owens, 1980, S. 25–27

Anhang
[1] Condy und Hedger, S. 181–84
[2] Hedger, S. 91
[3] Siegmund, S. 255
[4] Abelson, S. 1181

Wissenschaftliche Namen der im Text erwähnten Säugetiere, Vögel und Schlangen

Säugetiere

Braune Hyäne, Schabrackenhyäne, Strandwolf	*Hyaena brunnea*
Elenantilope	*Taurotragus oryx*
Erdferkel	*Orycteropus afer*
Erdhörnchen, Gestreiftes	*Xerus erythropus*
Erdwolf	*Proteles cristatus*
Falbkatze	*Felis libyca*
Gepard	*Acinonyx jubatus*
Großer Kudu	*Tragelaphus strepsiceros*
Honigdachs	*Mellivora capensis*
Kapfuchs	*Vulpes (= Canis) chama*
Karakal	*Felis caracal*
Kronenducker	*Sylvicapra grimmia*
Kuhantilope	*Alcelaphus buselaphus*
Leopard	*Panthera pardus*
Löffelhund	*Otocyon megalotis*
Löwe	*Panthera leo*
Savannenhase, Whyte-Hase	*Lepus whytei*
Schabrackenschakal	*Canis mesomelas*
Scharrtier, Surikate, Erdmännchen	*Suricata suricatta*
Schlankichneumon	*Herpestes sanguineus*
Serval	*Felis serval*
Spießbock, Oryxantilope	*Oryx gazella*
Springbock	*Antidorcas marsupialis*
Springhase	*Pedetes capensis*
Stachelschwein	*Hystrix sp.*
Steinböckchen, Steinantilope	*Raphicerus campestris*
Tüpfelhyäne, Fleckenhyäne	*Crocuta crocuta*
Warzenschwein	*Phacochoerus aethiopicus*
Weißbartgnu	*Connochaetes taurinus*
Wildhund, Hyänenhund	*Lycaon pictus*
Zibetkatze	*Viverra civetta*

Vögel

Blatthühnchen	*Actophilornis africanus*
Fischadler	*Haliaeetus vocifer*
Gelbschnabeltoko	*Tockus flavirostris leucomelas*
Granatastrild	*Granatina granatina*
Hottentottenente	*Anas hottentota*
Kronenkiebitz	*Stephanibyx coronatus*
Marico-Blaßschnäpper	*Bradornis mariquensis*
Maskenweber	*Ploceus velatus*
Meisensänger	*Parisoma subcaeruleum*
Ohrengeier	*Torgos trachelioutus*
Perl-Sperlingskauz	*Glaucidium perlatum*
Raubadler	*Aquila rapax*
Regenstorch	*Ciconia abdimii*
Riesentrappe	*Otis kori kori*
Rotaugenbülbül	*Pycnonotus nigricans*
Rotbauchwürger	*Laniarius atrococcineus*
Schmarotzermilan	*Milvus aegyptius*
Schnurrbärtchen	*Sporopipes squamifrons*
Schwarze Trappe	*Eupodotis afra*
Schwarzflügel-Gleitaar	*Elanus caeruleus*
Sichelkopf	*Rhinopomastus cyanomelas*
Sporengans	*Plectropterus gambensis*
Strauß	*Struthio camelus*
Turmfalk	*Falco tinnunculus*
Weißstorch	*Ciconia ciconia*
Ziegenmelker	*Caprimulgus rufigena*

Schlangen

Boomslang	*Dispholidus typus*
Puffotter	*Bitis arietans*
Schwarze Mamba	*Dendroaspis polylepis polylepis*
Speikobra, Schwarzhalskobra	*Naja mossambica*
Uräusschlange, Gebänderte	*Naja haje anchieta*

Literatur

Abelson, P. H., 1982, Foot-and-mouth vaccines, in: Science 218, S. 1181.

Bertram, B. C. R., 1975, The social system of lions, in: Scientific American 232, S. 54–65.

Bygott, J. D., B. C. R. Bertram und J. P. Hanby, 1979, Male lions in large coalitions gain reproductive advantages, in: Nature 282, S. 839–841.

Child, G., 1972, Observations on a wildebeest die-off in Botswana, in: Arnoldia (Rhodesia) 5, S. 1–13.

Condy, J. B. und R. S. Hedger, 1974, The survival of foot and mouth disease virus in African buffalo with nontransference of infection to domestic cattle, in: Res. Vet. Sci. 39, S. 181–184.

Dawkins, R., 1976, The Selfish Gene, Oxford University Press, New York.

Hamilton, W. D. 1964. The genetic evolution of social behavior, I. II., in: J. Theor. Biol. 7, S. 1–52.

Hedger, R. S., 1981, Foot-and-Mouth Disease, in: John Davis u. a. (Hg.), Infectious Diseases of Wild Mammals, Iowa State University Press.

Kruuk, H., 1972, The Spotted Hyena, University of Chicago Press, Chicago.

Macdonald, D. W., 1979, Helpers in fox society, in: Nature 282, S. 69–71.

Mills, M. G. L., 1976, Ecology and behaviour of the brown hyena in the Kalahari with some suggestions for management, in: Proc. Symp. Endangered Wildl. Trust, Pretoria, S. 36–42.

ders., 1978, Foraging behavior of the brown hyena in the southern Kalahari, in: A. Tierpschol 48, S. 113–141.

Moehlman, P., 1979, Jackal helpers and pup survival, in: Nature 277, S. 382–383.

Owens, D. und M. Owens, 1979a, Notes on social organization and behavior in brown hyenas, in: J. of Mammalogy 60, S. 405–408.

dies., 1979b, Communal denning and clan associations in brown hyenas of the Central Kalahari Desert, in: Afr. J. of Ecol. 17, S. 35–44.

dies., 1984, Helping behaviour in brown hyenas, in: Nature 308, S. 843–845.

dies., 1980, The fences of death, in: African Wildlife 34, S. 25–27.

Schaller, G. B., 1972, The Serengeti Lion. University of Chicago Press, Chicago.

Siegmund, O. H. (Hg.), 1979, The Merck Veterinary Manual, Merck & Co., Rahway, N. J.

Silberbauer, G., 1965, Bushmen survey report, Botswana Government Printers, Gaborone.

Skinner, J., 1976, Ecology of the brown hyena in the Transvaal with a distribution map for southern Africa, in: S. Afr. J. of Sci. 72, S. 262–269.

Trivers, R. L., 1974, Parent-offspring conflict, in: Am. Nat. 14, S. 249–264.

Young, E., R. S. Hedger und P. G. Howell, 1972, Clinical foot and mouth disease in the African buffalo, in: Ondersterpoort J. vet res. 39, S. 181–184.

Danksagung

Ohne die Unterstützung durch viele Menschen hätten wir weder unsere Forschungen betreiben noch dieses Buch schreiben können. Es war uns nicht möglich, im Text des Buches all jene zu nennen, die an uns geglaubt und uns über Jahre hinweg geholfen haben. Wir bedauern das und möchten ihnen versichern, daß wir ihre Beiträge nie vergessen werden.

Unser ganz besonderer Dank gilt den Friends of the Animals und der Zoologischen Gesellschaft Frankfurt unter Dr. Richard Faust, der uns für die Arbeit in einer so entlegenen Gegend der Welt ein Flugzeug und andere technische Hilfsmittel zur Verfügung gestellt hat. Die Gesellschaft hat das Unternehmen von 1977 bis 1983 finanziert und unterstützt uns auch weiterhin. Die persönliche Anteilnahme und der Zuspruch Dr. Fausts und seiner Assistentin Ingrid Koberstein haben uns ermutigt, auch in widrigen Zeiten durchzuhalten.

Großen Dank schulden wir ebenfalls der National Geographic Society für unser erstes Stipendium und dem niederländischen Zweig des World Wildlife Fund und der International Union for the Conservation of Nature für großzügige finanzielle Unterstützung. Prinz Bernhard der Niederlande sorgte für die Bereitstellung von Mitteln und machte es durch seinen Einfluß möglich, daß die Öffentlichkeit auf die schwierige Lage der Kalahari-Antilopen aufmerksam wurde.

Sehr verbunden sind wir der Okavango Wildlife Society für einen Zuschuß, der es uns erlaubte, unser erstes radiotelemetrisches Gerät zu erwerben und unsere Forschungen in einer kritischen Phase fortzuführen. Besonders dankbar sind wir dem Präsidenten Hans Veit, ferner Kevin Gill, Barbara Jeppe sowie Heinz und Danny Guissman.

Vieles verdanken wir der Familie Al und Marjo Price, die über die California Academy of Science dazu beigetragen haben, daß wir das Flugzeug in den Dienst unserer Forschungsarbeit stellen konnten.

Die verstorbene Dr. Beatrice Flad, eine warmherzige Dame, die zugleich beharrlich für das Wohl der Wildtiere eintrat, gab ihr Leben für den Naturschutz. Wir wissen es zu schätzen, daß sie uns bei der Niederschrift unserer Forschungsergebnisse finanziell unterstützte.

Dank auch an Dr. Max Dinkelspiel und seine Frau, die uns aus privaten Mitteln einen Flug in die Heimat zum Besuch unserer Angehörigen ermöglicht haben.

Sehr dankbar sind wir dem Amt des Präsidenten von Botswana und dem Department of Wildlife and Tourism für die Genehmigung, im Reservat Zentralkalahari zu arbeiten, für die Aufgeschlossenheit gegenüber unseren kritischen Anmerkungen und für die Bereitschaft, unsere Vorschläge zum Schutz der Kalahari zu prüfen. Wir wissen, daß es nicht immer leicht ist, die Interessen von Menschen und Wildtieren miteinander in Einklang zu bringen, und wir danken all jenen, die sich aufrichtig darum bemühen.

Neben unseren Sponsoren haben noch viele andere wesentlich zum Erfolg unseres Vorhabens beigetragen: Voller Dankbarkeit sei nochmals Kevin Gill genannt, der uns bei unseren Aufenthalten in Johannesburg bereitwillig sein Haus zur Verfügung stellte und uns stimmungsvolle Abende mit gutem Wein, herrlicher Musik und anregenden Gesprächen bescherte. Wir danken Captain Roy Liebenberg, der Mark das Fliegen beibrachte und uns mit Funkgeräten aushalf; Roy, seine Frau Marianne und ihre Kinder sowie Bruno und Joy Bruno haben uns viele Male in ihrer Familie aufgenommen. Dave Erskine und Rolf Olschewski haben viele tausend Liter Flugbenzin durch die Wüste in unser Camp geschafft. Dave verfertigte auch die Windsäcke für unsere Rollbahn, half uns bei Fotoarbeiten, regelte den Nachschub für die Minenarbeiter und beobachtete während unserer Abwesenheit die Braunen Hyänen. Bobby und Mary Dykes (Delias Zwillingsbruder und dessen Frau) halfen uns unermüdlich beim Entwickeln, Sortieren und Katalogisieren unserer Fotos, bei der Bearbeitung unserer Korrespondenz und beim Versand von Ersatzteilen für unser Flugzeug. Sie brachten sogar die Senderkragen für unsere Löwen und Hyänen mit nach Afrika.

Im südlichen Afrika gibt es noch immer viele Gegenden, in denen die Menschen aufeinander angewiesen sind – manchmal so sehr, daß ihr Überleben davon abhängt. In Bulawayo in Simbabwe erhielten wir von den Archers – Geoffry, Ruth, Margaret und Jean – freie Unterkunft, erstklassige Verpflegung und unzählige Tassen Tee sowie eine »Buschdusche« für das Leben in der Wüste. Wir danken den Familien von Tom Luke und Graham Clark, ebenfalls im Bulawayo, für ihre herzliche Freundschaft; Mr. und Mrs. White in Salisbury (Harare) für ihre Gastfreundschaft; Ted Matchel und Ian Salt vom Zimbabwean Department of Wildlife and National Parks für ihre Ratschläge bei der Suche nach einem geeigneten Forschungsareal.

In Gaborone haben uns Tom Butynski und Carol Fisher Wong mehrere Wochen lang bei sich aufgenommen, während wir uns auf die Sondierungsfahrten durch Botswana vorbereiteten. Und in all den Jahren haben wir, wenn wir aus dem Busch kamen, in Gaborone stets freundliche Aufnahme bei Pietman und Marlene Henning gefunden.

Sieben Jahre lang wurden wir von unseren Freunden in Maun mit allem Notwendigen versorgt – mit Ersatzreifen, Partys und guten Ratschlägen. Wir werden ihnen dafür nie genug danken können. Ihre Hilfsbereitschaft war der schönste Ausdruck jenes Pioniergeistes, der in den kleinen Dörfern am Rande des Buschvelds noch immer lebendig ist. Wir danken Richard und Nellie Flattery, Pete Smith, Eustice und Daisy Wright, Mark Muller, Dave Sandenberg, Hazel Wilmot, Toni und Yoyi Graham, Diane Wright, Dolene Paul, Dad Riggs, Cecil und Dawn Riggs, John und Caroline Kendrick, Larry und Jenny Patterson, P. J. und Joyce Bestelink und Kate und Norbert Drager. Ein besonderes Dankeschön an Phyllis Palmer und Daphne Truthe, die uns viele Nachrichten und Telegramme über Funk vermittelt haben.

Eine Gruppe von Menschen in Maun verdient besondere Anerkennung: die Berufsjäger, vor allem die von Safari South. Als wir mit unseren Rucksäcken und dem klapprigen alten Landrover ankamen, um das Leben der wilden Tiere zu studieren, verschwiegen die Jäger alle Bedenken, die sie unseretwegen zweifellos hegten, und sie hießen uns sogleich willkommen. Wir hätten unser Projekt ohne ihren Rat und Beistand schwerlich in Angriff nehmen können. Sie schenkten uns ein Funkgerät und unterhielten sich oft mit uns während der Jagdsaison – unsere einzige Verbindung zur Außenwelt –, sie überließen uns ihr Flugzeug für die Tierzählung, sie schenkten uns Zelte, Stühle und Tische, sie flogen Delia nach Maun, als sie an Malaria schwer erkrankt war, und erwiesen uns Hunderte von anderen Gefälligkeiten. Unser aufrichtiger Dank gilt Lionel Palmer, Dougie Wright, Willie Engelbrecht, Bert Miln, John Kingsley Heath, Simon Paul, Wally Johnson (Vater und Sohn) und David Sandenberg. Die meisten Jäger blieben unsere Freunde, obwohl wir mit ihren Jagdmethoden nicht immer einverstanden waren.

Wir führten viele aufschlußreiche Gespräche mit Steve Smith, Curt Busse und Carol und Derrick Melton, die uns in ihre Pavian-Forschungsstation im Okavango-Delta einluden.

Wir danken Dr. W. J. Hamilton III. für seine Bereitschaft, uns als Doktoranden anzunehmen, für seine Unterstützung und Ermutigung, während wir unsere Feldstudien betrieben, für seine große Geduld, die er uns bei der Ausarbeitung unserer wissenschaftlichen Ergebnisse entgegenbringt, und für das herzliche Lachen, das er und seine Frau Marion jedesmal erklingen lassen, wenn wir es am dringendsten brauchen.

Die Firma De Beers Consolidated Botswana gestattete es uns, Flugbenzin aus ihrem Tanklager zu erwerben und in ihrem betriebseigenen Laden Vorräte einzukaufen.

Wir bedanken uns bei Lake Price und Warren Powell, die uns im Jahre 1979 drei Monate lang bei den Feldstudien halfen. Sie beklagten sich nie über die langen Stunden am Zeichentisch, das knappe Wasser, die Ratten und Schlangen in ihrem zerfetzten Zelt oder die »Dreckarbeit« (Sammeln, Zerbröseln und Ausseihen von Löwen- und Hyänenexkrementen). Ihre Unterstützung und Gesellschaft waren für uns von unschätzbarem Wert.

Wir danken Gordon Bennett, der uns mehrfach sein Flugzeug und andere Geräte seiner Firma zur Verfügung stellte, und Cliff und Eva Thompson, Hans Pearson und Phil Parkin, die uns Ausrüstungsgegenstände zum Geschenk machten. Für ihre große Gastfreundschaft in Südafrika sind wir ferner Frank Bashall, Schalk Theron, Allistar und Maureen Stewart, Willy und Linda Vandeverre und Liz und Jane Cuthbert zu Dank verpflichtet.

Auch unsere Familien verdienen Anerkennung. Delias Eltern schickten uns ungezählte »Care-Pakete«. Marks Vater und Delias Mutter besuchten unser Camp und erfüllten es mit lang entbehrter Fröhlichkeit. Schade, daß wir die vielen interessanten Details ihres Besuchs nicht in diesem Buch verewigen konnten.

Unsere treuen Freunde Bob Ivey und Jill Bowman waren von Anfang an in unser Projekt verwickelt. Ihr Ansporn und Enthusiasmus haben uns sehr beflügelt, und sie beide haben das gesamte Manuskript dieses Buches gelesen und kommentiert. Wir verdanken ihnen mehr, als sie ahnen.

Wir danken Dr. Joel Berger, Carol Cunningham, Dr. W. J. Hamilton III., Dr. Murray Fowler, Helen Cooper und Dr. Bob Hitchcock für ihre konstruktive Kritik an unserem Manuskript. Helen Cooper (Delias Schwester) half uns auch bei der Auswahl der Motti. Dankbar sind wir ebenso unseren Lektoren Harry Foster (Houghton Mifflin) und Adrian House (Collins) für ihre Unterstützung und unendliche Geduld, desgleichen unseren literarischen Agenten Peter Matson und Michael Sissons.

Während einer vierjährigen Dürreperiode haben Doug und Jane Williamson die Gnu-Forschung und unser Camp übernommen. In unserer Abwesenheit haben sie unter extrem schwierigen Bedingungen einen wesentlichen Beitrag zur Wissenschaft und zum Schutz der Kalahari-Wildtiere geleistet.

Besonderen Dank schulden wir Mox Maraffe, der uns in der Wüste dreieinhalb Jahre lang zur Seite stand.

Mr. und Mrs. Langdon Flowers aus Thomasville, Georgia, haben uns liebenswürdigerweise in ihr Haus »Breezinook« in Montreat, North Carolina, eingeladen, wo ein großer Teil dieses Buches entstand. Für den Frieden und die Anregungen, die wir in diesem Refugium gefunden haben, sind wir ihnen zu größtem Dank verpflichtet.

Und zuletzt möchten wir Dr. Joel Berger und Carol Cunningham dafür danken, daß sie uns gelehrt haben, was wahre Freundschaft sein kann, auch nach siebenjähriger Trennung.

Register